Malte Pfeiffer

Feldforschung in der Theaterarbeit mit Jugendlichen

Bildungsprozesse und Praxisansätze zwischen Ethnografie und Theaterpädagogik

Kulturelle Bildung 70
Eine Schriftenreihe der Bundesvereinigung Kulturelle Kinder- und Jugendbildung e. V. (BKJ) bei kopaed

Kulturelle Bildung setzt auf den aktiven Umgang mit künstlerischen und ästhetischen Ausdrucksformen und Wahrnehmungsweisen: von Anfang an und lebenslang. Sie umfasst den historischen wie aktuellen Reichtum der Künste und der Medien. Kulturelle Bildung bezieht sich auf Formen der sich wandelnden Kinderkultur und der Jugendästhetik, der kindlichen Spielkulturen und der digitalen Gestaltungstechniken mit ihrer Entwicklungsdynamik.
Entsprechend der Vielfalt ihrer Lernformen, Inhaltsbezüge und Ausdrucksweisen ist Kulturelle Bildung eine Querschnittsdisziplin mit eigenen Profilen und dem gemeinsamen Ziel: in und mit Kultur leben lernen. Sie ist gleichermaßen Teil von Sozial- und Jugendpolitik, von Kunst- und Kulturpolitik wie von Schul- und Hochschulpolitik bzw. bezieht deren Orte, Institutionen, Professionen und Angebotsformen ein.
Die Reihe „Kulturelle Bildung" will dazu beitragen, Theorie und Praxis Kultureller Bildung zu qualifizieren und zu professionalisieren. Behandelt werden Felder, Arbeitsformen, Inhalte, Didaktik und Methodik, Geschichte und aktuelle Entwicklungen. Die Reihe bietet dazu die Bearbeitung akzentuierter Themen der Ästhetisch-Kulturellen Bildung, der Kulturvermittlung, der Kinder- und Jugendkulturarbeit und der Kulturpädagogik mit der Vielfalt ihrer Teildisziplinen: Kunst- und Musikpädagogik, Theater-, Tanz-, Museums- und Spielpädagogik, Literaturvermittlung und kulturelle Medienbildung, Bewegungskünste, Architektur, Stadt- und Umweltgestaltung.

Malte Pfeiffer

Feldforschung in der Theaterarbeit mit Jugendlichen

Bildungsprozesse und Praxisansätze zwischen Ethnografie und Theaterpädagogik

kopaed Kulturelle Bildung **70**

Bibliografische Information der Deutschen Nationalbibliothek
Die Deutsche Nationalbibliothek verzeichnet diese Publikation in der Deutschen Nationalbibliografie; detaillierte bibliografische Daten sind im Internet über http://dnb.ddb.de abrufbar

Diese Arbeit wurde im Jahr 2018 an der Fakultät für Erziehungswissenschaft der Universität Hamburg im Arbeitsbereich Theaterpädagogik als Dissertation angenommen.

Impressum

* Die Bundesvereinigung Kulturelle Kinder- und Jugendbildung e. V. (BKJ) setzt sich als Dachverband für Kulturelle Bildung für kulturellen und demokratischen Zusammenhalt ein. Die Gesellschaft mitzugestalten, ist Grundlage für Zufriedenheit mit der Demokratie und hängt von Teilhabechancen ab. Teilhabe beginnt damit, Menschen nicht nur zu meinen, sondern auch zu benennen. Die BKJ bemüht sich deshalb um gendergerechte und diskriminierungsfreie Sprache. Außerdem nutzt die BKJ das Gender-Sternchen (*), um zu verdeutlichen, dass sie alle Menschen einbezieht und benennt – jene, die sich weder dem weiblichen noch dem männlichen Geschlecht zuordnen möchten oder können, sowie jene, die dies tun. In direkten Zitaten sowie bei einem Rückgriff auf Kategorien aus anderen Quellen (z. B. wissenschaftlichen Studien) sind die Genderungs-Regeln nicht angewendet worden.

Umschlagfoto: Malte Pfeiffer
ISBN 978-3-96848-089-3
eISBN 978-3-96848-689-5
Druck: docupoint, Barleben

Arnulfstraße 205, 80634 München
Telefon: +49 (0)89 – 688 900 98
E-Mail: info@kopaed.de www.kopaed.de

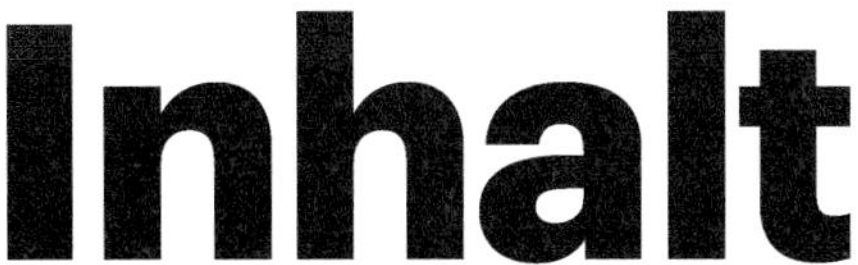

Inhalt

Malte Pfeiffer
Feldforschung in der Theaterarbeit mit Jugendlichen

Mein Dank gilt:
Wolfgang Sting, Ulrich Gebhard, dem Forschungskreis Ungewissheit der Fakultät für Erziehungswissenschaften an der Universität Hamburg, Frl. Wunder AG, allen Teilnehmenden der Fallstudie, dem Kolloquium Forschung Kulturelle Bildung und meiner Familie.

Vorwort

Kann sich die Theaterpädagogik beim professionellen Theater etwas abgucken?

Auf jeden Fall, das ist das Credo der vorliegenden Publikation von Malte Pfeiffer. Aber warum, was und wie?

Inwiefern zeigen sich im zeitgenössischen experimentellen Theater Arbeits- und Produktionsformen, die auch in der theaterpädagogischen Praxis, also in der Theaterarbeit mit nichtprofessionellen Gruppen und Spieler:innen einsetzbar sind? Zwar finden inzwischen biografische, alltagsorientierte, partizipative, kollektive und performative Arbeitsweisen Eingang in vielen theater- und kulturpädagogischen Projekten. Aber die Übertragbarkeit oder gar Wechselwirkung von konventionellen, experimentellen und theaterpädagogischen Theaterformen ist empirisch kaum erforscht.

Die Publikation „Feldforschung als künstlerische Praxis in der Theaterpädagogik" versucht genau das: sie untersucht den bislang im Arbeitsfeld der Kulturellen Bildung und Theaterpädagogik empirisch nicht reflektierten Praxiszugang der Feldforschung als künstlerisch orientierte Arbeits- und Produktionspraktik. Mit seiner Studie stellt Malte Pfeiffer eine theoretisch und empirisch fundierte Reflexion dieser spezifischen künstlerischen Praxis vor. Auf Basis eigener empirischer Datenerhebung und -analyse arbeitet er mit Hilfe der Grounded Theory Methode die Relevanz und Transfermöglichkeiten dieser inzwischen vor allem in der Freien Theaterszene angewandten künstlerischen Praktiken für theaterpädagogische und schulische Projektarbeit heraus.

Durch seine langjährige künstlerische und theater- wie kulturpädagogische Auseinandersetzung mit zeitgenössischer Darstellender Kunst und deren Arbeits- und Inszenierungsweisen verfügt Malte Pfeiffer über ein breites Fundament an „Praxiswissen", wie forschungsbasierte Theaterarbeit realisiert und angelegt sein kann. Dennoch gelingt es nicht vielen Künstler:innen die eigene Praxis wissenschaftlich kompetent zu erforschen und zu vermitteln. Bei Malte Pfeiffer ist das anders: er versteht es hervorragend, seine künstlerische Praxis, die des Performancekollektivs „Frl. Wunder AG" und die anderer Kunstschaffenden zu beschreiben, forschungsbasiert zu analysieren und – das ist der Gewinn der vorliegenden Arbeit – wieder in theater- und kulturpädagogische Praxis und Vermittlung zu übertragen. Aus zeitgenössischer Performancepraxis und theaterpädagogischer Feldforschung werden so inhaltliche und pädagogisch-didaktische Kriterien und Arbeitsvorschläge für eine aktuelle Theaterpädagogik vorgestellt.

Das zentrale Anliegen der Arbeit liegt – als entwicklungsorientierte Bildungs- und qualitative Prozessforschung – in der Entwicklung eines theoretisch und empirisch fundierten theaterpädagogischen Praxis- und Vermittlungsansatzes auf der Basis künstlerischer Feldforschung. Zugrunde liegt die These, dass ein didaktischer Ansatz, der Feldforschung als künstlerische Praktik in theatralen Proben- und Produktionsprozessen einsetzt, den Umgang mit ästhetischen Gestaltungsmitteln wie Inszenierungsqualitäten UND damit ästhetische Bildung zu vermitteln vermag. Die Untersuchung versucht also eine Brücke zwischen den drei Feldern Feldforschung, Theaterpraxis und Vermittlung zu schlagen und damit die Handlungsfelder Wissenschaft, Kunst und Didaktik zu verbinden. Die Arbeit identifiziert und bearbeitet eine Forschungslücke der Theaterpädagogik. Die theoretische, empirische und konzeptionelle Studie untersucht, wie ein im professionellen Theater praktizierter Rechercheansatz (Feldforschung) systematisch in die theaterpädagogische Theaterarbeit mit Kinder, Jugendlichen, Erwachsenen übertragen und pädagogisch wie methodisch-didaktisch gerahmt bzw. konzeptualisiert werden kann. Dabei sind die Aspekte Lebensweltbezug, Interdisziplinarität sowie Begegnung und Umgang mit Irritationen bzw. Fremdheit aus bildungstheoretischer, ästhetischer und theaterpädagogischer Perspektive beachtenswert. Mit den kulturphilosophischen und bildungstheoretischen Ansätzen zu ästhetischer Erfahrung (Lehmann), transformatorischer Bildung (Koller) und Fremdheit (Waldenfels) schafft Malte Pfeiffer eine produktive Rahmung für die Rekonstruktion und Interpretation der beispielhaften Feldforschungspraxis. Auf Basis der sorgfältigen Analyse und Ergebnisdiskussion wird in kritischer Weiterschreibung der Theaterpädagogik als Handlungswissenschaft so ein eigenständiges Vermittlungskonzept entwickelt. Eine wichtige Perspektiverweiterung ergibt sich dabei aus dem Brückenschlag zwischen professioneller und theaterpädagogischer Arbeitsweise. Denn im empirischen Teil werden zwei feldforschungsorientierte Beispiele aus ganz unterschiedlichen Arbeitskontexten – der Produktionsprozess von „Ein Bankett für Tiere" des Künstlerkollektiv Frl. Wunder AG und eine szenische Unterrichtsintervention mit einer Hamburger Profil-Oberstufenklasse am außerschulischen Lernort Bauernhof – vergleichend analysiert. Auf der Basis der zusammengetragenen Erkenntnisse wird abschließend eine theoriegeleitete, praxisrelevante und kritische Verdichtung theaterpädagogischer Vermittlungsfragen entwickelt, indem konkrete Arbeitsfragen, Aufgabenstellungen und Praxischecklisten vorgestellt werden. Dabei wird kritisch markiert, dass es in der theaterpädagogischen Arbeit nie um eine simple Imitation professioneller Praktiken oder eindimensionale methodische Rezepte gehen kann, sondern immer um eine differenzierte und situative Übersetzung von Theaterfragen in und für den jeweiligen Gruppen- und Arbeitskontext.

Malte Pfeiffers Publikation liefert somit einen differenzierten Beitrag zur Fachlichkeit der Theaterpädagogik, indem der Ansatz der künstlerischen Feldforschung als Recherche, Probenprozess und produktionsästhetisches Verfahren sowie Präsentationsweise eingeführt und systematisch gedeutet wird. Fachdidaktisch relevant ist, dass herausgestellt wird, warum Feldforschung als ästhetische Praxis eingesetzt wird und wie, also unter welchen Voraussetzungen und Bedingungen, nichtprofessionelle Akteur:innen mit diesem Vermittlungskonzept szenisch arbeiten und produzieren können. Der Forschungsertrag ist aus Sicht der Theaterpädagogik für ihre theoretische und didaktische Positionierung auch als kulturelle Bildung deshalb als bedeutsam einzuschätzen.

Wolfgang Sting

Einleitung

Feldforschung, Theater und Unterricht – das sind die zentralen Bezugsgrößen, in deren Spannungsverhältnis sich die vorliegende Arbeit verortet. Damit bewegt sie sich zugleich in größerer Perspektive zwischen den Disziplinen, Denk- und Handlungsräumen von Wissenschaft, Kunst und Didaktik – drei zum Teil sehr unterschiedliche Arbeitsfelder, die zugleich mein persönliches Interesse und Engagement innerhalb meiner Arbeitsbiografie widerspiegeln.

Das zentrale Anliegen dieser Arbeit besteht vor diesem Hintergrund darin, anhand einer wissenschaftlich fundierten Beschäftigung mit den Arbeitsweisen professioneller Theaterschaffender einen Beitrag zur (Weiter-)Entwicklung von Methoden für die Theaterpädagogik zu leisten: Wie lässt sich eine im zeitgenössischen Theater zu beobachtende Praxis, Feldforschung innerhalb von Probenprozessen zu nutzen, genauer beschreiben und möglichst fundiert in die Theaterpädagogik übertragen?

Als Teil des Theater- und Performancekollektivs Frl. Wunder AG bin ich seit dem Jahr 2006 damit beschäftigt, Produktionen in ergebnisoffenen Prozessen des *devising theatre* zu entwickeln. Bei dieser «experimentellen, gruppenorientierten Produktionsform von Theater» (Sting 2003: 73) wird Theater nicht auf der Grundlage einer Textvorlage oder eines Skriptes entwickelt, sondern entsteht in einem kollaborativen Prozess. Dieser ist vom fortlaufenden Entwerfen, Verwerfen und Weiterentwickeln von Ideen geprägt. Bei Frl. Wunder AG sind Ausgangspunkt für diese Prozesse und die daraus entstehenden theaterästhetischen Produkte häufig Materialsammlungen außerhalb des klassischen Probenraums, die starke Parallelen zu ethnografischen Feldforschungen aufweisen: An Orten wie einem Schlachthof, Swingerclub oder Schwimmbad sowie in der Begegnung mit *Expert*innen des Alltags*[1] oder bestimmter Fachgebiete wird unterschiedlichstes Material gesammelt, das später im Probenprozess bis zu einer Aufführung entwickelt und verdichtet wird. Diesen Prozess der Materialsammlung im Feld erlebe ich als äußerst produktiv und gewinnbringend für die Probenarbeit und die Auseinandersetzung mit den Themen, mit denen wir uns in einer Produktion beschäftigen.

Im theaterpädagogischen Kontext ist auf der anderen Seite in den vergangenen Jahren eine Entwicklung zu beobachten, Theater zunehmend als Regelfach an Schulen etabliert. Dem liegt der Anspruch zu Grunde, die Bedeutung des Theaters als Teil kultureller Bildung anzuerkennen und zu fördern. Daran anknüpfend zeigt sich aber auch die Herausforderung, dass Theater als Schulfach sich nun deutlich stärker als zuvor der Notwendigkeit stellen muss, das Unterrichtsgeschehen auch an Bildungsplänen und Curricula zu orientieren. Durch die Einführung konkreter Rahmenrichtli-

1 Der Begriff der Alltagsexpert*innen entstammt Dreysse & Malzacher 2007 und wird dort in Bezug auf die Arbeit des Regie- und Autorenkollektivs Rimini Protokoll verwendet.

nien für den Unterricht erhalten so plötzlich curriculare Inhalte eine Bedeutung, die nicht zwangsläufig in einer bisher gängigen Unterrichtspraxis wiederzufinden sind bzw. einem prozessualen und ergebnisoffenen Probengeschehen in gewisser Weise entgegenstehen: Plötzlich sollen spezifische Kompetenzen aufgebaut und überprüft werden, soziokulturelle Bezüge reflektiert oder theatertheoretische Konzepte bearbeitet werden. Hinzu kommt, dass aufgrund mangelnder Ausbildungsmöglichkeiten immer noch viele Lehrkräfte fachfremd unterrichten. Sie können so nur auf sehr rudimentäre Theatererfahrungen und Methoden zurückgreifen. Die von den Curricula eingeforderten Teilaspekte sind in meinen Augen durchaus sinnvolle und begrüßenswerte Bestandteile von Theater-Unterricht. In der Praxis lässt sich aber der hehre Anspruch, beispielsweise die soziokulturelle Dimension von Theater, seine Verbindung zu Lebenswelten, anderen Fächern oder Künsten im Unterricht zu vermitteln (vgl. Landesinstitut für Lehrerbildung und Schulentwicklung Hamburg 2009), nur schwer konkret gestalten. Hier fehlen anschauliche Methoden und gut begründete Ansätze, die auch *dann* anwendbar sind, wenn kein überreguläres Engagement der Lehrkraft außerhalb des Unterrichtsrahmens oder ein Kooperationsprojekt mit externen Kunstschaffenden stattfindet.

Als Fachdisziplin im universitären Kontext wiederum hat die Theaterpädagogik als Arbeitsfeld jenseits der klassischen Theaterwissenschaft vor allem aufgrund ihres starken Praxisbezugs häufig mit Legitimationsfragen zu tun. Denn die für den Bereich des wissenschaftlichen Arbeitens notwendige Schnittstelle zwischen Praxis und einer empirisch fundierten Theorie ist deutlich weniger ausgeprägt und beforscht als das in anderen Fachdisziplinen der Fall ist. Daher beschäftigt mich im Kontext meiner Tätigkeit im Hochschulkontext die Frage, wie wir die Prozesse des gemeinsamen Theatermachens mit Kindern, Jugendlichen oder Erwachsenen überhaupt wissenschaftlich beschreibbar machen und reflektieren können. Wie können wissenschaftliche Erkenntnisse wiederum für die Fortentwicklung des Denkens *über* und Handeln *mit* Theater fruchtbar gemacht werden? Als wissenschaftlicher Mitarbeiter habe ich im Fachbereich für Erziehungswissenschaften an der Universität Hamburg gearbeitet. Dabei sind mir interessanterweise vermehrt ethnomethodologische Verfahren begegnet, die in den unterschiedlichsten Fachkontexten zum Erforschen von Bildungsarrangements, -prozessen oder -situationen zur Anwendung kommen (vgl. auch Krüger 2013). Auch im Feld des Theaters und dessen Vermittlung finden sich inzwischen einige empirische Untersuchungen, die auf sozialwissenschaftliche und ethnografische Methoden zurückgreifen, um ihren Untersuchungsgegenstand möglichst praxisnah zu beforschen (vgl. z. B. McAuley 1998, Wartemann 2011, Husel 2014, Barthel 2017, Westphal & Bogerts 2018).

Ethnografie begegnet uns im Kontext der hier vorliegenden Arbeit folglich gleich auf *zwei* Ebenen. Sie findet sich als mögliches Handlungsinstrument einer künstlerischen Theaterpraxis, die ethnografische Methoden wie die der Feldforschung nutzt, um Material für die Bühne zu entwickeln (vgl. Kapitel 2.2.1 & 2.2.2), sowie als Forschungsinstrument, über welches spezifische Ausschnitte von Alltag (oder Unterricht) beobachtet, erforscht und gedeutet werden (vgl. Kapitel 2.2.3).

In Bezug auf den zentralen Gegenstand dieser Arbeit geht es nun um die Frage nach einer künstlerisch oder didaktisch motivierten Übertragbarkeit ethnografischer Feldforschung im Kontext Theaterprobe. Dabei schwingen vor dem Hintergrund der zuvor skizzierten Teilbereiche und Beobachtungen normative Setzungen und Arbeitshypothesen mit: Nämlich 1), *dass* ein wissenschaftlicher Weltzugang wie der der ethnografischen Feldforschung überhaupt als «starting point» von Stückentwicklungsprozessen einen produktiven Ausgangspunkt für die Genese von Material und Inhalten darstellen kann und 2) dies potentiell auch im pädagogischen Kontext tun könnte.

Das im Einzelfall vorhandene Praxiswissen, wie entsprechende Prozesse überhaupt gestaltet werden können (vgl. Kapitel 2.2.4), ist bis jetzt nur wenig erforscht. Ein systematischer Übertrag auf einen pädagogischen Kontext und noch konkreter eine didaktisch-methodische Ebene ist bis jetzt (soweit mir bekannt ist) nirgendwo erfolgt. Dabei – und hier erfolgt eine weitere normative Annahme – wäre meines Erachtens ein Übertrag des im «professionellen» künstlerischen Kontext beobachteten Ansatzes in die Theater*pädagogik* auch aus bildungstheoretischer Perspektive heraus vielversprechend. Denn eine Probenpraxis, die ethnografische Verfahren zum Bestandteil macht, zeichnet sich durch große Offenheit der Prozesse, unmittelbare Bezüge zu Gesellschaft und Lebenswelt, durch Interdisziplinarität und Begegnung mit für die Akteur*innen potentiell Irritierendem und Fremdem aus. Dies sind allesamt Dimensionen, die in aktuellen bildungstheoretischen Diskursen als Parameter von Bildungsprozessen diskutiert werden (vgl. z. B. Koller 2012; Bähr, Gebhard, Krieger, Lübke, Pfeiffer, Regenbrecht, Sabisch & Sting 2018a).

Da es an der beschriebenen Schnittstelle sowohl an theoretischen als auch praxistauglichen Zugängen mangelt, werde ich in meiner Arbeit anhand einer Probenbeobachtung von Frl. Wunder AG und einem Diskurs wesentlicher theoretischer Bezugspunkte einen Entwurf für eine entsprechende Unterrichtspraxis entwickeln. Diesen werde ich im Rahmen einer Fallstudie durchführen und beforschen, um damit zweierlei Beiträge für das Themenfeld zu leisten:

- Einen Beitrag zum Fach*diskurs*: Anhand welcher Kriterien lässt sich eine künstlerische Praxis überhaupt als Feldforschung bezeichnen? Welche bildungstheoretischen und theaterpädagogischen Erwartungen verknüpfen sich mit einem entsprechenden Ansatz? Wie wird die Praxis als Prozess selbst beschreibbar? Dies kann zum Beispiel über die Fragen geschehen, wie die Akteur*innen eine Transformation von Beobachtungen im Feld in szenisches Material vollziehen, welche Arten der Transformation sich finden und wie das Feld in den Präsentationen sichtbar wird.

- Einen Beitrag zur Fach*didaktik*: Welche Voraussetzungen und Rahmenbedingungen müssen gegeben sein, damit Jugendliche Beobachtungen und Erfahrungen im Rahmen von Feldforschung machen und für die Entwicklung von szenischem Material nutzen können? Wie könnten sie dazu eingeladen und befähigt werden, ästhetische Impulse eines Feldes wahrzunehmen und in möglichst großer Vielfalt in den Probenprozess einzubringen?

Diese Fragen haben eine transdisziplinäre Grundausrichtung. Daher muss sich die Arbeit der Herausforderung stellen, zugleich wissenschaftliche, künstlerische *und* pädagogische Perspektiven zu bearbeiten. Ein nicht unproblematisches Anliegen, da jeder dieser Kontexte wiederum andere Diskurse, Forschungsmethoden und Bezugsdisziplinen aufruft. So entsteht ein Forschungsraum zwischen Theater- und Kulturwissenschaft (Bezugspunkt: professionelles Theater), Sozialwissenschaft (Bezugspunkt: ethnografische Verfahren) und der Forschung zu kultureller Bildung (Bezugspunkt: Theaterpädagogik). Ich habe sowohl den Anspruch, dass eine Trennung dieser Bezugsfelder nicht unüberwindbar ist, als auch die persönliche Überzeugung, dass ihre Überwindung gerade für die theaterpädagogische Praxis ein großes Entwicklungspotential eröffnen könnte. Daher möchte ich auch methodische Anregungen entwickeln, wie ein wissenschaftlich fundierter Bezug von Theaterpraxis, Vermittlung und Theoriebildung erfolgen kann.

Dabei stellt sich das grundlegende Problem, wie sich ein Forschungsvorhaben konzipieren lässt, das Praxisorientierung und Theoriebildung kombiniert, dabei einen Beitrag zum Entwurf einer potentiellen pädagogischen Praxis leistet und gleichzeitig dem Anspruch gerecht wird, wissenschaftlich fundiert vorzugehen.

Vergleichbare Ansätze, die an der Schnittstelle von Theorie- und Praxisbildung als Beitrag für eine Weiterentwicklung theaterpädagogischer Methodik und Forschung konzipiert sind, finden sich bis jetzt nach meinem Kenntnisstand nur wenig. Das erschwert eine klare Orientierung an bestehenden Forschungsvorhaben. In der Fachliteratur gibt es zahlreiche Arbeiten, die auf die Praxis-Entwicklung ausgerichtet sind und Hinweise oder Empfehlungen geben, wie Theater-Unterricht zu gestalten sei oder wie bestimmte aktuelle ästhetische Impulse aufgegriffen und umgesetzt werden könnten. Entsprechende Arbeiten sind jedoch entweder lediglich als konkrete Handreichungen konzipiert (vgl. u. a. Hilliger 2006, Plath 2009; Pfeiffer & List 2009, Wenzel 2011 oder Hruschka 2016) oder als Sammelband oder Fachzeitschrift mit thematischem Schwerpunkt gestaltet (vgl. u. a. Hentschel & Schmidt 2004; Peters 2013; Hinz, Kranixfeld, Köhler & Scheuerle 2018). Den Erstgenannten fehlt es grundlegend an einer wissenschaftlichen Systematik, mit der die propagierten Erkenntnisse gewonnen wurden, bzw. einer systematischen Einbettung der Praxisanalyse in theoretische Kontexte, welche die gegebenen Empfehlungen begründen. Sie stammen aus der Praxis und stellen diesbezüglich häufig sehr fundierte Beiträge für den Anwendungskontext dar, sind aber wenig an Theoriebildung oder übertragbarem Wissen interessiert, bzw. können dieses aufgrund der fehlenden Forschungsmethodik gar nicht generieren. Die Zweiten gehen zwar meist einen analytischeren und damit vermeintlich wissenschaftlicheren Weg, um Praxis zu reflektieren und weiterzuentwickeln. Dies geschieht jedoch fast ausschließlich jenseits einer systematisch *empirisch* untersuchten Praxis, sondern zumeist auf der Basis von

Erfahrungsberichten, Projektbeschreibungen und -analysen oder phänomenologischen Betrachtungen. Sie sind mal mehr auf die Analyse des künstlerisch-ästhetischen Produkts, mal auf die eines didaktischen Aufbaus, eines pädagogischen Konzeptes oder eines theaterwissenschaftlichen Fokus ausgerichtet und verbinden selten (wenn überhaupt, dann unsystematisch) die Verknüpfung von Theorie, Praxis und Vermittlung. Hentschel und Pinkert konstatieren bereits 2004 im Kontext eines theaterpädagogischen Lehr-Lernverständnisses aus wissenstheoretischer Perspektive einen entsprechenden Forschungsbedarf: «Eine Analyse von Künstlertheorien und Probendokumenten im Hinblick auf das darin enthaltene Erfahrungswissen und seine Übertragbarkeit auf die Lehrlernkontexte der Theaterpädagogik können dabei Hinweise für die Planung und Realisation theaterpädagogischer Praxis liefern» (Hentschel & Pinkert 2004: 8).

Als systematische Untersuchungen einer spezifischen Praxis, die auf deren wissenschaftliche Reflexion mittels in der Praxis empirisch gewonnenen Daten ausgerichtet sind und dazu dienen könnten, auf dieser Basis eine Weiterentwicklung theaterpädagogischer Praxis anzustoßen, sind mir lediglich die Arbeiten von Thielicke (2016) und Barthel (2017) bekannt. Thielicke untersucht mittels dokumentarischer Methode ein erfahrungsorientiertes Rezeptionsverfahren, bei dem Studierende über verschiedene von ihr gestellte Aufgaben einen Aufführungsbesuch verarbeiten und diese *Antworten* in Probentagebüchern reflektieren. Sie fundiert ihr Vorgehen über den Rückgriff auf den Diskurs um Waldenfels' Konzept von Responsivität und Antwortgeschehen (1997) und liefert Erkenntnisse, wie sich dieses in den Antworten der Studierenden zeige und konkretisiere. Dabei leitet sie aber weder die in der Praxis gestellten Aufgabenstellungen aus Empirie oder Theorie ab noch nimmt sie eine Evaluation oder Reflexion der Praxis als solcher vor. Stattdessen fokussiert sie die genauere Bestimmung des theoretisch zentral gesetzten Antwortgeschehens und mögliche damit verbundene Bildungspotentiale. Barthel liefert mit ihrer praxeologischen Analyse tanzpädagogischer Prozesse ein Vokabular zur Beschreibung einer choreografischen Vermittlungspraxis und erscheint mit ihrem empirischen Vorgehen und dem klaren Fokus auf ein Durchdringen der performativen Praktiken, die im untersuchten Setting überhaupt zu finden sind, eine ähnliche Richtung einzuschlagen, wie sie mein Erkenntnisinteresse nahelegt. Ihr geht es jedoch eher um das Vermittlungsgeschehen zwischen Choreograph*in und Teilnehmenden in Tanzprojekten – und weniger um die Entwicklung und Analyse eines spezifischen Praxisansatzes und dessen Kontextualisierung.

Vor diesem Hintergrund habe ich mich wie auch Thielicke dafür entschieden, für meine Arbeit eine Fallstudie im Kontext entwicklungsorientierter Bildungsforschung (u. a. Reinmann & Sesink 2011, Reinmann 2013) zu konzipieren. Ein entsprechendes Vorgehen ermöglicht, den Entwurf einer didaktischen Praxis auf der Basis fundierter theoretischer Vorarbeit, empirischer Erprobung und wissenschaftlicher Reflexion zu entwickeln und diese unterschiedlichen Parameter aufeinander zu beziehen (vgl. Sesink 2015: 70, ausführlich dazu Kapitel 3).

Zudem ist mit dem Drei-Phasen-Modell der entwicklungsorientierten Bildungsforschung (vgl. Sesink 2015) zugleich der grundlegende Aufbau dieser Arbeit vorstrukturiert, der sich damit an 1) Problematisierung und Entwurf, 2) experimenteller Praxis und 3) Auswertung und Neuorientierung der Fallstudie ausrichtet. Die Kapitel 1 und 2 leisten zu Beginn im Sinne der ersten Phase eine theoretische, ästhetische und didaktische Fundierung der späteren Intervention.[2]

Kapitel 1 beschäftigt sich mit dem zentralen Untersuchungsgegenstand dieser Arbeit, der Feldforschung im Kontext des Theaters. Zuerst betrachte ich das grundlegende Verhältnis von Kunst und Forschung, unter anderem mit Bezug auf Peters (2011, 2013), Brenne (2008a), Mersch & Ott (2007), sowie Feldforschung in ihrem Entstehungs- und Anwendungskontext der Ethnografie (u. a. Geertz 1987; Fischer 2002; Beer 2008; Beer & König 2020; Breidenstein Hirschauer, Kalthoff & Nieswand 2013). Im Anschluss werden anhand einer Analyse verschiedener Ansätze aus dem Bereich des professionellen Theaters allgemeine Kriterien herausgearbeitet, unter welchen Bedingungen im Rahmen eines theatralen Probenprozesses überhaupt davon gesprochen werden kann, dass Feldforschung betrieben wird. Die Feldforschungspraxis der Frl. Wunder AG wird im Anschluss beispielhaft herangezogen, um aufzuzeigen, wie sich entsprechende Prozesse konkret ausgestalten können. Als Teil des Künstlerkollektivs habe ich den Probenprozess der Produktion «Ein Bankett für Tiere» über sechs Wochen lang begleitet, um anhand der Beobachtungen einen methodischen Orientierungsrahmen für die spätere Unterrichtsintervention zu entwickeln (zur spezifischen Beobachtungsmethodik vgl. Kapitel 3.3).

In **Kapitel 2** werde ich dann den zentralen theoretischen Bezugsrahmen für die Untersuchung erarbeiten und mich mit Fragen nach ästhetischer Bildung beschäftigen. Dabei werden die Theorie transformatorischer Bildungsprozesse nach Koller (2012), das Konzept der Fremderfahrung nach Waldenfels (1997) und Lehmanns Modell einer Ästhetik der Wahrnehmungsvergleiche (2016) erkenntnisleitend sein. Anschließend geht es um eine Einordnung im didaktischen Kontext, der wiederum vor den Erkenntnissen der vorherigen Bezugsrahmen beleuchtet werden soll. Hier werden der Frage nach einer forschungsbezogenen theaterpädagogischen Praxis mit Rückgriff auf Kämpf-Jansen (2001) und Peters (2013) nachgegangen, bestehende Ansätze reflektiert sowie vor dem

2 Bevor nach dem Modell entwicklungsorientierter Bildungsforschung ein diesbezügliches Vorhaben mit konkreten empirischen Untersuchungen am Lernsetting beginnen kann, müssen in der ersten Phase verfügbare Literatur und bekannte Erkenntnisse systematisch untersucht und auf Lücken geprüft werden. So wird die grundlegende Ausrichtung der Forschung theoretisch fundiert und ihr Wert im Sinne eines potentiellen Erkenntnisgewinns gesichert. Dabei geht es laut Reimann um die Entwicklung eines Entwurfs für die später zu untersuchende Intervention, der sowohl auf wissenschaftliche Theorien als auch auf die Erfahrung in der Praxis zurückgreift (vgl. Reimann 2015). Dieses theoriegeleitete Vorgehen ist ein wichtiger Grund, um das Verfahren von bloßer Evaluation abzugrenzen.

Hintergrund der zuvor erarbeiteten bildungstheoretischen Überlegungen nach Waldenfels und Lehmann untersucht, wie sich eine Feldforschungspraxis im Kontext ästhetischer Bildung verorten und didaktisch rahmen lässt (mit Bezug auf Thielicke 2016, Walberg 2011 sowie Bähr, Gebhard, Krieger, Lübke, Pfeiffer, Regebrecht, Sabisch & Sting 2018b).

Kapitel 1 und 2 beschäftigen sich somit mit den zentralen Bezugsrahmen aus Theorie und Praxis, vor deren Hintergrund die spätere Fallstudie entwickelt wird. Sie stecken so das Feld von Diskursen ab, das für anschließende empirische Untersuchungen von Relevanz ist und ihre Diskussion prägen wird. Damit werden sowohl für die Entwicklung als auch den Diskurs der Empirie vorab bereits feststehende wichtige Parameter definiert sowie implizite theoretische Sensibilisierungen offengelegt, die die Auswertung der Daten beeinflussen werden.

Kapitel 3 behandelt die Durchführung und empirische Erforschung des Entwurfs der Unterrichtspraxis, den ich auf der Grundlage der Erkenntnisse aus Kapitel 1 und 2 sowie den Probenbeobachtungen zu «Ein Bankett für Tiere» entwickelt habe. Es beinhaltet damit die zweite und dritte Phase der entwicklungsorientierten Bildungsforschung: die experimentelle Praxis und eine Neuperspektivierung auf der Grundlage einer fundierten Auswertung. Die Fallstudie selbst wurde zuerst als Vorstudie im Rahmen von Kultur.Forscher![3] durchgeführt. Im Anschluss daran wurde sie als daraus resultierende Intervention auf einem Bauernhof in der Nähe von Hamburg gestaltet. Jugendliche einer Profiloberstufe waren dort zwischen Hühnerfütterung und Fleischkammer des Hofrestaurants forschend im Feld unterwegs und hatten die Aufgabe, aus ihren Beobachtungen und Erfahrungen szenische Präsentationen zu entwickeln. Die Realisierung fand im Rahmen unseres interdisziplinären erziehungswissenschaftlichen Forschungskreises zum Themenfeld «Irritation im Fachunterricht» statt, da sich hier verschiedene inhaltliche und methodische Anknüpfungspunkte zu meinem Vorhaben anboten.[4]

Die Auswertung der im Rahmen der Fallstudien erhobenen Daten erfolgt im Anschluss im Rückgriff auf die Grounded Theory (Strauss & Corbin 1996). Diese

3 Kultur.Forscher! ist ein seit 2008 fortlaufendes Programm der Arbeitsstelle Kulturelle Bildung an Schulen (KuBiS) und der PwC-Stiftung. Im Rahmen des Projektes werden bundesweit unterschiedliche Praxisprojekte realisiert und begleitet, die sich durch neue Ansätze des Forschenden Lernens auszeichnen und zum Ziel haben, kulturelle Bildung zu fördern. www.kultur-forscher.de/

4 Die Daten wurden auch unter Mitwirkung der zum Erhebungszeitpunkt am Forschungskreis beteiligten Wissenschaftler*innen miterhoben und im Anschluss in regelmäßigen Abständen unter verschiedenen Perspektiven diskutiert. Gemeinsam mit Britta Lübke, Ulrich Gebhard und Wolfgang Sting entstand parallel zu meinen Auswertungen im Rahmen des Promotionsprojektes ein weiterer Zugriff auf dasselbe Datenmaterial unter der Perspektive einer Rekonstruktion von Irritationsmomenten und den Potentialen eines fächerübergreifenden Zugangs zwischen szenischer und diskursiver Bearbeitung von Unterrichtsgegenständen (vgl. hierzu auch Kapitel 2.2.4.4 sowie Gebhard, Lübke, Pfeiffer & Sting 2016, 2017, 2018).

eignet sich für eine Forschung kultureller Bildung aufgrund der «Wechselwirkung zwischen empirischen Daten und sensibilisierenden theoretischen Forschungsperspektiven» (Sons 2015: 103) besonders. Zudem will sie als datenverankerte Theoretisierung wie in dem vorliegenden Fall eine Praxis untersuchen, um wissenschaftliche Erkenntnisse zu gewinnen und gleichzeitig die Praxis weiterzuentwickeln.

In der Auswertung geht es zum einen darum, der vorab formulierten Forschungsfrage mit Realitätsbezug Erkenntnisse gegenüberzustellen und so die Ausschärfung von Begrifflichkeiten in den Blick zu nehmen, und zu rekonstruieren, *wie* die Akteur*innen ihre Beobachtungen und Erfahrungen aus dem Feld in szenisches Material transformieren. Zum anderen wird unter didaktischer Perspektive auch danach zu fragen sein, in welchem Verhältnis vorgefundene und vorgegebene Parameter dieser Feldforschungsintervention zur künstlerischen Arbeit der Akteur*innen stehen und wie sie diese beeinflussen. Letzteres ist vor allem im Zuge einer Neuperspektivierung der ursprünglichen Intervention von Bedeutung. So geht es nach der Auswertung der Daten und den theoretischen Schlussfolgerungen abschließend um die Frage, welche Konsequenzen sich daraus für die Weiterentwicklung des ursprünglichen Entwurfes ergeben.

Die Fallstudie wird im Rahmen dieser Veröffentlichung nur zusammenfassend dargestellt, um die Lektüre nicht zu überfrachten und den Gesamttext kompakter zu halten. Ein Fokus liegt auf der Darstellung der empirisch gewonnenen Erkenntnisse. Eine ausführliche Darstellung von Forschungsmethodik und Durchführung sowie die zitierten Transkripte und sind bei vertieftem Interesse online abrufbar (vgl. Kapitel 3.2)

Abschließend wird in **Kapitel 4** auf der Basis der erfolgten Analysen ein konkreter, praxisbezogener theaterpädagogischer Rahmen entwickelt, an dem sich künstlerische Forschungsprozesse orientieren können, die Jugendlichen im Rahmen von Probenprozessen einen aus der Perspektive ästhetischer Bildung und künstlerischer Praxis produktiven Umgang mit Feldforschung ermöglichen wollen. Diese didaktische Konzeption soll dazu befähigen, entsprechende Probenprozesse in Gang zu bringen und der eingangs postulierten aktuellen Entwicklung im Bereich der szenischen Künste nachzukommen. Dabei soll im Blick behalten werden, dass die Schlussfolgerungen für eine theaterpädagogische Praxis nicht nur im Kontext von aufwändigen Theaterprojekten und außerschulischen Produktionen in Jugendclubs, sondern auch im schulischen Rahmen umsetzbar bleiben.

1 Feldforschung als Bestandteil künstlerischer Prozesse

Zur Orientierung: Im folgenden Kapitel beschäftige ich mich mit der Frage, inwiefern im Kontext des Theaters eine ethnografische Forschungsmethode wie die der Feldforschung als Teil künstlerischer Prozesse zu beobachten ist und wie sich ihre Anwendung konkret beschreiben lässt.

Dafür betrachte ich zunächst, was Forschung und Kunst generell verbindet (S. 24). Auf dieser Basis beschäftige ich mich damit, was Feldforschung als spezifische ethnografische Forschungspraxis charakterisiert (S. 31) und inwieweit sie als künstlerische Praxis beschreibbar und anwendbar werden könnte (S. 39). Anschließend werde ich aktuelle forschungsbasierte Ansätze im zeitgenössischen Theater vorstellen (S. 43) und herausarbeiten, nach welchen Kriterien diese sich als künstlerisch motivierte Feldforschung beschreiben lassen (S. 45).

Zur Veranschaulichung werde ich die Arbeit des Theaterkollektivs Frl. Wunder AG genauer untersuchen (S. 49). Diese wird auch der späteren empirischen Untersuchung und didaktischen Konzeption zu Grunde liegen.

1.1 Zum Verhältnis von Kunst und Forschung

Das Verhältnis von Kunst und Forschung wird unter einer Vielzahl von Überschriften kontrovers diskutiert: *künstlerische* oder *ästhetische Forschung, Artistic Research, Kunst als Forschung, Forschen mit Kunst* oder *kunstbasierte Forschung* (vgl. Borgdorff 2009). Dies sind nur einige der Oberbegriffe, unter denen Diskurse um Gemeinsamkeiten, Unterschiede, produktive Wechselverhältnisse und gesellschaftliche Relevanz geführt werden.[5] Die Fragen nach der grundlegenden Beziehung von Kunst und Wissenschaft und einer möglichen Dialektik oder Synthetik beider Felder habe der Diskurs mittlerweile längst hinter sich gelassen. Inzwischen stehe die Bestimmung von Spezifika unterschiedlicher künstlerischer Forschungspraxen und die Bedingungen ihrer Möglichkeit im Vordergrund der Diskussion, konstatieren Beckstette, Holert und Tischer (vgl. 2011: 4). Auch wenn sich diese Arbeit mit genau diesen Spezifika beschäftigten wird, soll einleitend ein grundlegender Blick auf das Verhältnis der beiden Disziplinen geworfen werden. Forschung bedeutet dabei nach Brenne einen

> besonderen Zugang zur Welt, ein menschliches Bestreben, sich selbst und die Welt in ihren komplexen Zusammenhängen zu untersuchen, um eine fortschreitende Erkenntnis zu erzeugen. Forschung kennzeichnet generell die interessierte Untersuchung und Aneignung von Phänomenen der Lebenswelt des Menschen. Es geht darum, die komplexen Ordnungszusammenhänge hinter den Erscheinungen zu entdecken und zu entschlüsseln. (Brenne 2008a: 6)

Hier wird deutlich, dass Forschung erkundende Verfahren der Welt- und Selbstaneignung umschreibt. Praktiken des Experimentierens, Durchdringens, Entschlüsselns, Verstehens, Ausprobierens oder Entwerfens könnten in diesem Sinne in einem erweiterten Forschungsbegriff als Forschungspraktiken definiert werden. Sie umfassen nicht nur strikt wissenschaftliche, sondern auch künstlerische und alltägliche Handlungsfelder. Pöppel hat im Hinblick darauf etwas vereinfacht und zugespitzt formuliert: «In Wahrheit haben Künstler und Wissenschaftler dasselbe Anliegen. Sie wollen die Welt erkennen und ausdrücken. [...] Der Künstler verwendet eben Formen und Farben und der Wissenschaftler Formeln und mathematische Beschreibungen» (Wagner 2010: § 3). Zu einer generellen Auseinandersetzung mit den Schnittmengen forschender und künstlerische Weltzugänge haben auch die kulturphilosophischen Überlegungen Ernst Cassirers beigetragen. Dieser hat ein streng wissenschaftliches Verständnis von Erkenntnisprozessen gedanklich zu einem allgemeinen Weltverständnis erweitert, in welchem auch das Erleben, Kunst, Mythen oder

5 Als programmatische Publikationen im aktuellen Diskurs sind die Arbeiten von Bippus (2009), Caduff, Siegenthaler & Wälchli (2009), Rey & Schöbi (2009), Peters (2013), Badura, Dubach, Haarmann, Mersch, Rey, Schenker & Pérez (2015), Mersch & Ott (2007) zu nennen, sowie einzelne einschlägige Aufsätze, beispielsweise von Haarmann (2007), Matzke (2012), Scheller (2014) oder Schiesser (2015).

subjektive Erlebniswelten einer Rolle spielen. «Nicht das bloße Betrachten, sondern das Tun bildet vielmehr den Mittelpunkt, von dem für den Menschen die geistige Organisation der Wirklichkeit ihren Ausgang nimmt» (Cassirer 1994: 187, Original: 1925). Cassirer macht performative und ästhetische Dimensionen unseres Handelns in der Welt als Bestandteile von Erkenntnis und Forschung stark. Dafür sprechen nicht zuletzt verschiedene Bezugspunkte in der Geschichte einer Verknüpfung von wissenschaftlichem und künstlerischem Schaffen. Als entsprechende historische Phänomene können unter anderem die Wunderkammern der Spätrenaissance und des Barock genannt werden. Dort wurden naturkundliche Sammlungen auch unter ästhetischen Gesichtspunkten kategorisiert und präsentiert. Auch die Lehrstückpraxis von Brecht, die als Gesellschaftslabor ästhetischen Ausdruck und Erkenntnisgewinn verbindet, kann als Beispiel genannt werden. Als aktuelle Beispiele finden sich Formate wie beispielsweise *Lecture Performances* oder *Science Slams* als Grenzgänger zwischen der «klassischen» Wissenschaft und den Künsten.[6]

6 Sibylle Peters hat in ihrer Publikation *Der Vortrag als Performance* die lange Tradition des Verhältnisses von Kunst und Forschung am Beispiel der Lecture Performance detailliert dargelegt (vgl. Peters 2011). Peters stellt dabei für die aktuelle Konjunktur eine Verbindung der beiden Felder seit der Jahrtausendwende im Kontext des Theaters, insbesondere auch die Bedeutung institutioneller Rahmenbedingungen, heraus. In Bezug auf das Theater beschreibt sie als wesentlichen Faktor, dass die Rückkehr der Performance auf die Bühne des Theaters, neue Formen «dokumentarischer, interventionistischer und forschungsorientierter Performances entstehen lässt» (Peters 2011: 181) Auf der anderen Seite führe eine Verengung universitärer Spielräume als Konsequenz aus den Bologna-Reformen dazu, dass öffentliche Räume der Kunst wie Galerien oder Theater stellenweise zum «prekären Unterschlupf» für Wissenschaftler*innen werden, deren Forschung im akademischen Kontext aufgrund von veränderten Strukturen, Interessen und Handlungszwängen keinen Platz mehr findet. So träfen sich die Anliegen von wissenschaftlich Forschenden, die nach alternativen Orten der Wissensproduktion suchten, und die von Kulturschaffenden, die, ohne «Theater machen» zu wollen, die Bühne als öffentlichen Ort zur Verhandlung gesellschaftlicher Diskurse wiederentdeckten (ebd.: 181 f.). Hinzuzufügen wäre hier eine zumindest in bestimmten wissenschaftlichen Disziplinen zu beobachtende empirische Wende und ein damit in Verbindung stehender veränderter Blickwinkel von Forschung, welcher sich Fragen der Performativität, Wahrnehmung, Konstruktivität und Körperbezogenheit von Wissen zuwendet und damit Felder des Ästhetischen berührt (vgl. Matzke 2012). In diesem oben skizzierten Überschneidungsbereich eröffnen sich nun neue Begegnungsräume: Kollaborationen zwischen unterschiedlichen Akteur*innen, Interaktionen zwischen ihren jeweils anderen Denk- und Arbeitsweisen und den damit verbundenen Handlungsfeldern, transdisziplinäre Verbindungen unterschiedlicher Formen der Generierung von Wissen und Öffentlichkeit. Letztere wiederum ist einerseits einer zunehmenden Ästhetisierung der Lebenswelt (vgl. z. B. Bubner 1989b) und andererseits einem omnipräsenten Innovations- und Optimierungsdenken (vgl. z. B. Rosa 1999) im Sinne einer kapitalistischen Wertschöpfungslogik ausgesetzt. Auch wenn wir diese gesellschaftlichen Umstände kritisch betrachten und deren Wirkungspotentiale nicht zwangsläufig positiv besetzen, sensibilisieren sie doch aus unterschiedlichen Richtungen für ebendieses Überschneidungsfeld von Kunst und Forschung.

Kunst als forschende Praxis

Inwiefern künstlerisches Schaffen im Sinne einer Untersuchung und Aneignung von Phänomenen der Lebenswelt (Brenne 2008a) *forschend* sein kann, eröffnet dabei ganz unterschiedliche Fragen und Diskurse: Es geht hier um grundlegende Fragen nach der Produktion von Erkenntnis und Wissen, wie auch um «praxisorientierte, methodologische und institutionelle Aspekte» (Badura, Dubach & Haarmann 2015: 11). Dabei ist nicht zuletzt von Interesse, mit welchem Anliegen sich Künstler*innen und Wissenschaftler*innen dem vermeintlich anderen Vergleichshorizont überhaupt nähern. Die bereits unter Kulturschaffenden nicht unumstrittene Beschreibung künstlerischer Prozesse mit Begriffen aus dem Kontext von Forschung und Wissenschaft verweist zu allererst auf eine seit etwa Mitte des 20. Jahrhunderts zunehmend anzutreffende Entwicklung in den Künsten: «Künstlerische Praxis wird nicht nur vom abgeschlossenen Werk her begriffen – also werkästhetisch, sondern von den Praktiken und Strategien der künstlerischen Produktion her – also produktionsästhetisch» (Haarmann 2007: 1). Entsprechend wurden auch im Theater häufig Begriffe wie Labor oder Experiment genutzt, um kenntlich zu machen, dass nicht allein in der Aufführung Theater zur Kunst wird, sondern auch der kreative Prozess des Entwickelns, Probens und Verwerfens Bestandteil dieser Kunst ist (vgl. Peters 2011: 185 ff.).

Mit einem entsprechend weit gefassten Forschungsbegriff wäre demnach wohl jeglicher Proben- und Stückentwicklungsprozess als Experimentalsystem und damit als Forschungssystem zu fassen, da er als Suchbewegungen zwischen bereist Bekanntem und noch nicht Gedachtem, zwischen Wissen und Unwissen operiert und künstlerische Praktiken nutzt, um etwas Neues entstehen zu lassen.

Zu Recht lässt sich damit aber die Frage nach einer Notwendigkeit und Produktivität einer entsprechenden Nomenklatur stellen: Wenn jeglicher Probenprozess Forschung ist, warum überhaupt diesen Begriff verwenden und was sagt er dann überhaupt noch aus? Warum für etwas neue Begriffe finden, was doch sowieso bereits immer getan wurde? Warum bedienen sich Künstler*innen im professionellen Theater überhaupt aus der Wissenschaft entlehnten Methoden und nutzen zur Beschreibung ihres eigenen Tuns entsprechende Begriffe? Der Kunstgriff, die Poetik künstlerischen Schaffens mit Worten wie *Erkenntnisinteresse, Feldforschung, Codieren* oder *Analysieren* zu überschreiben, steigert nicht zwangsläufig die Anschaulichkeit und Attraktivität dieser Praktiken. Es dürfte wohl auch auf der Hand liegen, dass eher das Bild verstaubter archivarischer Tätigkeiten oder allenfalls das einer technokratischen Gesellschaft entstehen, in der jetzt auch noch die Kunst zur allgemeinen Optimierungs- und Fortschrittsdynamik beitragen soll.

Historisch gesehen finden sich in den unterschiedlichsten Kunstsparten, ob in der Fotografie, im Video, der Druckgrafik, Malerei oder Installation, seit etwa der Nachkriegszeit künstlerische Artikulationen, die den Bezug zu Wissenschaft und Forschung suchen und die künstlerische Arbeit oft selbst als Untersuchungsmethode ansehen (vgl. Beckstette, Holert & Tischer 2011: 4). Künstler*innen nutzen dabei wissenschaftliche Termini oder Arbeitsformen ab den 1960er/70er-Jahren, vor allem aus Motiven der Aneignung von Deutungshoheiten und Kommentar des künstlerischen Werkes. Künstler*innen wie Valie Export, Laurie Anderson oder Robert Morris bedienen sich beispielsweise seit bereits der zweiten Hälfte des letzten Jahrhunderts wissenschaftlicher Methoden wie die des Vortrags, um sich emanzipatorisch motiviert den Kommentar zum (eigenen) Kunstwerk anzueignen (vgl. Peters 2011: 180).

Zum anderen ging und geht es nicht zuletzt im Zuge der Entwicklung eines erweiterten Kunstbegriffes auch um eine tatsächliche Erweiterung künstlerischer Praktiken. Bereits seit einigen Jahrzehnten greifen Künstler*innen aus den unterschiedlichsten Sparten auf Recherchepraktiken wie Interviews, Mapping, Biografieforschung oder Statistik zurück (vgl. z. B. Gruppo de Arte Callejero).

Stellenweise sind solche Erweiterungen der künstlerischen Praxis mit thematischen Motiven verbunden, beispielsweise wenn es Künstler*innen um die Rekonstruktion bestimmter, meist anthropologischer Sachverhalte geht und sie wissenschaftliche Methoden des Spurensuchens und -sicherns für sich adaptieren (vgl. z. B. Christian Bolstanski). Stellenweise geht es, wie in Formaten der Lecture Performance, auch um die Erweiterung ästhetischer Mittel. Im Gegensatz zu einem rein wissenschaftlichen Einsatz der aus der Forschung entlehnten Verfahren kann jedoch verallgemeinernd festgestellt werden, dass ein künstlerisch motivierter Umgang häufig stärker subjektiv und assoziativ geprägt ist (vgl. Kirchner 1999: 4).

Mit der Tendenz, Kunst auch im akademischen Kontext als Feld einer Forschung zu bestimmen, wurde *Artistic Research* auch auf Ebene der Hochschulen zum energisch umstrittenen Bezugspunkt forschungspolitischer Initiativen. Lesage und Busch (2007) beschäftigten sich in ihrer Publikation «A Portrait of the Artist as a Researcher» eingehend mit der kontroversen Diskussion über *Artistic Research* im Zuge der Bologna-Reform und den damit verbundenen Umstrukturierungen an Hochschulen und

Kunsthochschulen.[7] Die Kritik an entsprechenden Entwicklungen richtet sich dabei zum einen gegen den Eindruck, dass der Diskurs lediglich als Begründung für eine Umstrukturierung des Bildungssystems nach «Bologna» eingesetzt wird und eine tatsächliche Vertiefung der Verbindungen zwischen Kunst und Wissenschaft dabei gar nicht von Interesse ist (vgl. Lesage & Busch 2007). Zum anderen wird stellenweise befürchtet, dass es zu einer Verwissenschaftlichung der Künste kommen könnte, die Verschulung und Bürokratisierung, Standardisierungen und eine generelle Verkürzung der Ausbildungszeit mit sich brächte. Daran schließen sich eine grundlegende Opposition gegenüber einer neo-liberalen Strukturreform, eine Hierarchisierung von Studiengängen, Elitenbildung und der Einfluss von wirtschaftlichen Interessen auf Strukturen und Inhalte von Bildungsgängen an (vgl. ebd.). Nichtsdestoweniger spiegelt sich in der Entwicklung von Ausbildungsstrukturen an der Schnittstelle von Kunst und Wissenschaft aber auch die oben skizzierte Entwicklung wider, *dass* es eben zahlreiche Akteur*innen in unterschiedlichsten Kunstsparten gibt, die Arbeitsweisen aus beiden Bereichen vereinen, ein Interesse an der weiteren Entwicklung entsprechender Ansätze haben und diese auch zunehmend mitgestalten und voranbringen.

7 «Bologna» stellte Kunsthochschulen zunehmend unter den Druck, sich wissenschaftlich legitimieren zu müssen. Dabei wurde den Kunsthochschulen zwar ausdrücklich die Freiheit überlassen, sich einer Einführung dreistufiger Studiengänge Bachelor of Arts (BA), Master of Arts (MA) und Promotion (PhD) zu verschließen, in der Praxis wurde aber gerade unter dem Anspruch, sich dem Phänomen Künstlerischer Forschung / Artistic Research zuzuwenden, argumentiert, eine entsprechende erstarkte wissenschaftlich-theoretische Ausrichtung der Künste erfordere neue Ausbildungsgänge – was wiederum dazu führte, ebendiese mit Bologna angelegte Dreigliedrigkeit auch an Kunsthochschulen zu legitimieren und durchzusetzen. Im deutschsprachigen Raum findet sich die lehrplanmäßige, dezidierte Verbindung von Wissenschaft und Kunst nur sehr vereinzelt: Masterstudiengänge wie der Hamburger Master of Performance Studies oder der Hildesheimer Master Inszenierung der Künste und der Medien versuchen, künstlerische und wissenschaftliche Perspektiven im universitären Studium zu vereinen, betiteln dies aber nicht als künstlerische Forschung. Der Masterstudiengang Szenische Forschung an der Ruhr-Universität Bochum wiederum trägt zwar Begrifflichkeiten aus beiden Kontexten im Titel, ist aber laut Studienplan wie die beiden anderen Studiengänge auch in erster Linie auf eine Erforschung der szenischen und performativen Künste ausgerichtet und nicht auf eine künstlerisch-ästhetische Auseinandersetzung mit wissenschaftlichen Fragen unterschiedlichster Kontexte. Dezidierter im Dreieck Kunst, Wissenschaft und Gesellschaft verortet sich die HafenCity Universität Hamburg mit dem Studienschwerpunkt Kultur der Metropole. Künstlerische Verfahren und (kultur-)wissenschaftliche Methoden werden hier gezielt kombiniert, um Phänomene von Stadt und urbaner Gesellschaft zu untersuchen. An der Leuphana Universität Lüneburg und der Hamburg Medical School wiederum entstanden im Schwerpunktbereich Künstlerische Forschung verschiedene Forschungsprojekte in Kooperation mit einem außeruniversitären Partner. Die Bauhaus-Universität Weimar will mit ihrem Promotionsstudiengang Kunst und Design/Freie Kunst/Medienkunst die Möglichkeit eröffnen, sich über ein künstlerisches Forschungsprojekt für einen Doktorgrad zu qualifizieren. Das PhD-Programm Künstlerische Forschung an der Universität für angewandte Kunst Wien bietet jedoch bis dato die einzige dezidierte höhere Qualifikationsmöglichkeit in diesem Schnittbereich – und steht zugleich stellvertretend für den Wandel einer klassischen Kunst-Akademie zur Kunst-Universität.

Ästhetik in der wissenschaftlichen Forschung

Auf Seiten von Wissenschaft und Forschung wiederum gibt es vermutlich deutlich weniger Wissenschaftler*innen, die ihre Arbeit als Kunst definieren, als das Künstler*innen mit den Begriffen der Wissenschaft tun. In einem traditionellen Verständnis steht das Ästhetische den *hard facts* einer Wissenschaft, die um eine Annäherung an unumstößliche Gesetzmäßigkeiten und Erkenntnisse bemüht ist, eher entgegen. Dass jedoch auch dieser Befund eine Frage von historischem und kulturellen Kontext ist, machen Verweise auf so populäre Beispiele wie Maria-Sibylla Merian oder Leonardo DaVinci deutlich, bei denen ein Selbstverständnis als Forschende *und* Kunstschaffende ganz außer Frage steht – und die Bedeutung und Wirkung der wissenschaftlichen Erkenntnisse nicht zuletzt durch die Qualität künstlerischen Schaffens befördert wird (vgl. hierzu auch Mersch & Ott 2007). Aber auch aktuelle Beispiele machen deutlich, dass wissenschaftliches Denken ästhetische Elemente enthält, wie die Aussage des Physikers Robert Wilson zur Entwicklung seiner Teilchenbeschleuniger verdeutlicht:

> In designing an accelerator I proceed very much as I do in making a sculpture. I felt that just as a theory is beautiful, so, too, is a scientific instrument – or that it should be. The lines should be graceful, the volumes balanced. I hoped that the chain of accelerators, the experiments, too, and the utilities would all be strongly but simply expressed as objects of intrinsic beauty. (Wilson nach Root-Bernstein, Allen, Beach, Bhadula, Fast, Hosey, Kremkow, Lapp, Lonc, Pawelec, Podufaly, Russ, Tennant, Vrtis & Weinlander 2008: 8).

Schönheit und Ästhetik werden von Wilson hier als Bestandteile und Kriterien wissenschaftlichen Denkens aufgeführt. Auch wenn entsprechende Prozessbeschreibungen vielleicht nur sehr selten zu finden sind, so lässt sich jedoch zumindest die Bedeutung des Ästhetischen für die Präsentation von Wissenschaft nicht übersehen. Nicht zuletzt beeinflussen in diesem Kontext auch zeitgenössische Entwicklungen wie der immer größer werdende Stellenwert der Präsentation von Wissen oder Forschungsergebnissen im Zuge von Demokratisierung, Popularisierung und breiteren Zugänglichkeit vormals sehr spezifischen Fachwissens und Nischenforschung (vgl. Kretschmann 2009) zwangsläufig eine Entwicklung der Wissenschaften hin zu den Künsten. Das Erfahrbarmachen, Ausstellen und Öffentlich-Werden von Wissen geht zwar häufig mit dem Verdacht einher, Forschungsergebnisse würden zu Gunsten von Popularität verkürzt und Komplexität im Hinblick auf Verständlichkeit oder Unterhaltungswert geopfert. Im Spannungsverhältnis von Kunst und Wissenschaft bedeuten sie aber für letztere eine notgedrungene und gleichzeitig fruchtbare Beschäftigung mit ästhetischen Aspekten wie Bild- und Formsprache, Dramaturgie und Erzählweisen, Effekten und Wirkungsweisen etc. Im Rahmen von Science Slams oder populären Großveranstaltungen wie TED, als massenmedientaugliches *Dokutainment* oder filmisch aufbereitet ins Web gestellt werden wissenschaftliche Präsentationen heute mehr denn je als Performances gestaltet und inszeniert (vgl. Peters 2011: 15 f.).

Damit stellt sich die Frage, inwiefern ästhetische Parameter in die Entscheidungen und Setzungen, die eine Veröffentlichung wissenschaftlicher Forschungsergebnisse beispielsweise in Form eines Vortrags oder einer Präsentation wieder auf Forschung zurückwirken und wie sie Form und Inhalte verändern. Künstlerische Forschung ist aus wissenschaftlicher Perspektive daher eine Erweiterung klassischer Forschungskonzeptionen, weil sie die Präsentation von Wissen als wesentlichen Teil des Forschungsprozesses begreift und so die Differenz zwischen Entstehung und Präsentation von Erkenntnis problematisiert: «Vor diesem Hintergrund ist künstlerische Forschung zum einen in der Lage, unterschiedliche Formen von Wissen [...] in Forschungsprozesse und ihren Resultaten produktiv zu machen. Zum anderen kann sie die Medialität der Wissenschaft selbst zeigen und hinterfragen» (Brandstetter, Gareis, Mertens & Scherer 2012: 2).

Auch der Diskurs um gesellschaftliche Teilhabe spielt hier eine Rolle. Wissenschaft sieht sich heute im Kontext von Digitalisierung und weltweiter Vernetzung auf dem Weg zu *Science 2.0* der Herausforderung gegenüber, die Gesellschaft stärker als bisher in Forschungsprozesse mit einzubeziehen. Dazu muss sie Zugänglichkeit und Teilhabe ermöglichen, um einem veränderten Rezeptions- und Nutzungsverhalten der Menschen in Bezug auf Wissen gerecht zu werden. Vermittlung wird zu einem wichtigen Kriterium.

> Künstlerische Forschung kann flexibel auf gesellschaftliche Problemstellungen reagieren. Sie produziert Versuchsanordnungen und Experimentierräume für aktuelle gesellschaftliche Auseinandersetzungen, eröffnet alternative/utopische Perspektiven, konstelliert kulturelle und historische Kontexte, ermöglicht Teilhabe auch für Akteur_innen, deren Stimmen andernfalls zu wenig Gehör finden würden. (Peters 2013a: 7 ff.)

Sie stellt somit zumindest ein Stück weit einen Moment der Demokratisierung von Wissen dar und macht als Antithese zu einer Wissenschaft als letzter Instanz reiner *Hochkultur* Aspekte im Forschungsprozess stark, die Anknüpfungspunkte jenseits eines Fachstudiums und Expertentums ermöglichen. Nicht zuletzt rückt künstlerische Forschung dabei häufig *das* ins Zentrum unserer Aufmerksamkeit, was sich jenseits unserer Wahrnehmungsroutinen befindet. Prägen unsere alltäglichen Sehgewohnheiten das, was wir als interessant und wissenswert aus einer Fülle von Informationen herausfiltern und stellen damit häufig in erster Linie eine Bestätigung dessen da, was wir bereits vorher angenommen haben (vgl. u. a. Kida 2006), so sucht künstlerische Forschung nach Verunsicherungen des bestehenden Wissens (vgl. Kranixfeld 2018).

1.2 Feldforschung im Kontext der Ethnografie

Mit Feldforschung wird im Allgemeinen ein ethnografischer Forschungsansatz innerhalb der Ethnologie bezeichnet. Der Begriff wird gleichzeitig als «Paradigma, Ideologie oder Charakteristikum der Ethnologie» (Beer & König 2020: 9) beschrieben. Ethnologie als spezifische Wissenschaft leitet sich dabei von den beiden griechischen Wörtern *ethnos* und *logos* ab, der Begriff Ethnografie dagegen enthält den Wortstamm *graphein*. Ethnos wird meist als «Volk» übersetzt, umschreibt aber im Ursprung eher im Sinne einer Menge oder Schar eine zusammengehörige Ansammlung von Menschen oder Tieren. Graphein bedeutet so viel wie «Schreiben» – Logos so viel wie «Wissen». Demnach wäre Ethnografie in erster Linie als beschreibende Tätigkeit in der Beobachtung von sozialen Gefügen zu fassen, während Ethnologie als Wissenschaft aus diesen Beschreibungen bestimmte Schlüsse zieht.

Feldforschung wiederum stellt nun eine, wenn nicht die zentrale Methode der Ethnografie dar, bei der sich Forschende in den Lebensraum von Kulturen, Milieus oder Gruppen begeben, um deren Alltag und kulturelle Praxen zeitweise zu teilen. Die in diesem geteilten Erfahrungsraum gemachten Beobachtungen sollen dem Forschenden Erkenntnis über den jeweiligen Forschungsgegenstand ermöglichen. Feldforschung zählt damit zu den sogenannten empirischen Forschungsansätzen, bei denen Erkenntnis über das Erheben von *Daten* gewonnen wird. Das «Feld» ist hier mit Bourdieu (1997) als Summe sozialer Praktiken innerhalb eines differenzierten gesellschaftlichen Bereichs zu sehen, in dem für diesen Gesellschaftsausschnitt spezifische Spielregeln für das soziale Verhalten gelten. Das Interesse einer ethnografischen Praxis liegt darin, diese Regeln und Muster zu beobachten und zu deuten. Die Ethnografie als empirische Kultur- und Sozialwissenschaft geht dabei davon aus, dass soziale Praxis im Vollzug entsteht und nur lokale Praktiken im Feld selbst beforscht werden können (vgl. Breidenstein, Hirschauer, Kalthoff & Nieswand 2013: 40 f.). Feldforschung vollzieht sich somit als subjektive, symbolische Deutung von Handlungen und performativen Dimensionen eines bestimmten Ausschnittes von Wirklichkeit – in leiblicher Kopräsenz von Forschenden und Beforschten.

Ursprünge der Ethnographie

Dass für einen entsprechenden Ansatz ein eigener Fachterminus entstanden ist, der im Grunde genommen lediglich die Aktivität der Forschenden vor Ort gegenüber einer Arbeit im Labor, in der Bibliothek, in Archiven oder am eigenen Schreibtisch abgrenzt, hat historische Hintergründe in der Entstehungsgeschichte der Fachdisziplin Ethnologie: «Bis zum Anfang des 20. Jahrhunderts waren Ethnologen überwiegend Schreibtischgelehrte, die die Berichte von Missionaren und Kolonialbeamten, von Reisenden anderer Disziplinen, von Seeleuten,

Händlern und Pflanzern vergleichend auswerteten.» (Fischer 2002: 9) Die fast ausschließlich männlichen, weißen Ethnologen «untersuchten» so anfangs durch imperialistische Nationen unterworfene Länder von Kontinenten, indem sie anhand von Reisebeschreibungen anderer «gelehrte» Monografien verfassten. In dieser später auch als *armchair*-Ethnologie (vgl. Amann & Hirschauer 1997: 10) bezeichneten Herangehensweise, wurden rassistische Vorurteile vielfach unreflektiert übernommen und reproduziert, eine Kontextualisierung der Quellen, geschweige denn ein kritischer Umgang mit ihnen fand überwiegend nicht statt (vgl. Legewie 1995: 190).

Die ersten empirischen Forschungen, bei denen sich Wissenschaftler*innen nicht auf der Grundlage von Textquellen oder Berichte dritter, sondern auf der Basis eigener Beobachtungen und Erfahrungen mit ihrem Forschungsgegenstand beschäftigten, meist einer «fremden» Kultur am anderen Ende der Welt, stellten eine derartige methodologische Revolution statt, dass diese sich in der Geburt eines neuen Fachterminus widerspiegelte. Dieser Bruch mit der zur damaligen Zeit gängigen Forschungspraxis der Ethnologie wird zumeist mit Bronislaw Malinowski und seinen Forschungen auf den Inseln um Neuguinea zwischen 1914 und 1918 in Verbindung gebracht (vgl. Fischer 2002: 9). Wer ethnographisch forschte, lebte zumeist monate-, teilweise jahrelang in der Gemeinschaft einer bestimmten Gruppe von Menschen, lernte Sprache und Umgangsformen, Bräuche und soziale Interaktionsweisen kennen. Forschende nahmen am Alltagsleben der Beforschten teil, bis sie «physisch und ökologisch in den Zirkel ihrer Antworten auf ihre soziale Situation, ihre Arbeitssituation, ihre ethnische Situation oder was auch immer eindringen» (Goffman 1989: 125 f. Übersetzung nach Przyborski & Wohlrab-Sahr 2009: 60) konnten.

Dabei war und ist es nach Geertz, dem wahrscheinlich bedeutendsten Vertreter der Ethnografie als interpretativen Ethnologie, Ziel einer entsprechenden Vorgehensweise, sogenannte *dichte Beschreibungen* zu generieren. Geertz beschäftigt sich ab Mitte des 20. Jahrhunderts mit den Deutungsvorgängen in der Ethnografie und unterscheidet zwischen dichter und dünner Beschreibung. Die letztere ist die rein beobachtende Beschreibung, die beispielsweise eine Geste erfasst: Der Junge zuckt mit dem Augenlid. Die dichte Beschreibung beschäftigt sich mit der (kulturellen) Bedeutung des Beobachteten: Der Junge tut so, als ob er zwinkert, «um einen Nichteingeweihten glauben zu machen, dass eine geheime Verabredung im Gange sei» (Geertz 1987: 10). Solche dichten Beschreibungen verlangen, hinter die Oberfläche dessen blicken zu können, was auf den ersten Blick ersichtlich ist. Sie verlangen ein Eingeweiht-Sein, eine genaue Kenntnis von Interaktionsmustern, Werten und Alltagskommunikation innerhalb eines sozialen Kontextes, der über die Forschung im Feld in seiner Komplexität erfasst werden soll. Dichte Beschreibungen setzten sich somit im Sinne von Lehman immer auch mit Übertragungs- und Reflexionswerten auseinander und versuchen, in Wahrnehmungsvergleichen mit Bekanntem zu interpretieren, welche innere Ordnungslogik dem Handeln zu Grunde liegt. Dabei sind nach Geertz zentrale Merkmale solcher dichten Beschreibungen (vgl. ebd.: 10 ff.): Sie sind deutend, ihr Gegenstand sind Abläufe sozialer Diskurse und sie sind mikroskopisch, d. h. Interpretationen und Analysen erfolgen auf der Grundlage einer sehr intensiven Bekanntschaft mit äußerst kleinen Ausschnitten des Alltags.

Gerade angesichts des letzten Punktes lässt sich kritisch fragen, warum davon ausgegangen wird, dass von einem mikroskopischen Ausschnitt sozialer Realität, einer sozusagen räumlich sehr begrenzten Wahrheit allgemeinere Befunde abgeleitet werden könnten? Der Grund dafür, dass der Theorie nach solche Einzelfallbetrachtungen eine allgemeinere Relevanz haben, «ist der, dass sie dem soziologischen Denken handfestes Material liefern, von dem es sich nähern kann» (ebd.: 33). Denn hinge die Relevanz lokaler mikroskopischer Untersuchungen von der Prämisse ab, die große Welt im Kleinen tatsächlich zu enthalten, wäre sie sicher nicht als haltbar zu verteidigen. Dichte Beschreibungen als Beschreibung eines sozialen Feldes bleiben immer Interpretationen,

> der Versuch, ihnen die Autorität physikalischer Experimente zu verleihen, ist nur ein methodologischer Taschenspielertrick. Ethnografische Ergebnisse genießen keine Sonderstellung, sie sind nur besondere: Man erfährt sie aus einem anderen Land. Wer darin mehr sieht (oder weniger), zerstört sowohl sie selbst als auch ihre Implikationen, die für die Gesellschaftstheorie viel wichtiger sind als ihr rein empirischer Charakter. (Ebd.)

Befunde aus bekannten ethnografischen Untersuchungen wie beispielsweise Meads Beobachtung, die Geschlechterrollen bei den Tchambuli seien vertauscht (vgl. Mead 2003, Original: 1935) oder Malinowskis Feststellung, auf den Trobriand-Inseln hätte sich kein Ödipus-Komplex entwickelt (vgl. Malinowski 1927), sind ungeachtet einer möglichen empirischen Gültigkeit, keine allgemein wissenschaftlich überprüften und anerkannten Hypothesen.

1.2.1 Teilnehmende Beobachtung

Feldforschung zeichnet sich in ihrem forschungsmethodischen Vorgehen durch die Kombination verschiedener Zugänge aus und stützt sich auf eine Vielfalt ganz unterschiedlichen Datenmaterials, das für die Analyse des beforschten Feldes ausgewertet und analysiert wird: So werden unter anderem Beobachtungen, Interviews, Fragebögen, Foto-, Video- und Audiomaterial genutzt, um den Untersuchungsgegenstand im Sinne einer Triangulation von Daten aus mehreren Perspektiven heraus zu erfassen. Dies ist allgemein in der qualitativen Forschung üblich und gefordert. Gemeinsam haben die Methoden, dass sie im zu beforschenden Feld erhoben werden, wobei sich hier unterschiedliche Grade dessen zeigen, wie stark die Forschenden tatsächlich in das Feld eingebunden sind:

> Fieldwork can involve three very different roles: (1) complete participant, (2) participant observer, and (3) complete observer. [...] By far, most ethnographic research is based on the second role, that of the participant observer. Participant observers can be insiders who observe and record some aspects of life around them (in which case, they're observing participants); or they can be outsiders who participate in some aspects of life around them and record what they can (in which case, they're participating observers). (Bernard 2004: 347)

Hier zeichnet sich ab, dass unabhängig von Art und Dauer des Vorhabens, als zentrale Methode von Feldforschung die oben bereits umrissene Praxis gelten kann, sich als Wissenschaftler*in direkt ins Forschungsfeld zu begeben und dort den Alltag bzw. die Handlungspraxen der Beforschten zu teilen, um Erkenntnisse beispielweise über die Interaktionsprozesse und sozialen Strukturen innerhalb des Forschungsfelds zu gewinnen. Diese Praxis wird teilnehmende Beobachtung, im englischen Sprachraum participant observation genannt. Nicht jede Feldforschung ist zugleich teilnehmende Beobachtung: «Goldberg et al. (1994) interviewed 206 prostitues and collected saliva specimens (to test for HIV and for drug use) during 53 nights of fieldwork in Glasgow's red light district. This was serious fieldwork, but hardly participant observation» (Bernard 2004: 343). Die bloße Anwesenheit im Feld zur Beobachtung bzw. das Führen von Interviews mit Personen in ihrem Umfeld kann somit zwar als Feldforschung bezeichnet werden, nicht aber als teilnehmende Beobachtung. *Teilnahme* ist mehr als Anwesend-Sein, sie meint ein tatsächliches Beteiligt-Sein:

> Ich denke, dass die Art und Weise, dies zu tun, nicht allein darin besteht, ihren Gesprächen zuzuhören, sondern das leise Grunzen und Stöhnen mitzubekommen, mit dem sie auf ihre Situation reagieren. Die Standarttechnik dabei, scheint mir, besteht darin, sich selbst ihren Lebensumständen zu unterwerfen, was bedeutet, dass man – obwohl man faktisch jederzeit gehen kann – sich so verhält, als könne man dies nicht, und dass man versucht, all die angenehmen und unangenehmen Dinge zu akzeptieren, die ihr Leben auszeichnen. (Goffman 1989: 125 f. Übersetzung nach Przyborski und Wohlrab-Sahr 2009: 60)

Forschende werden so Zeugen von Geburten, verbringen Weihnachten mit Inhaftierten in Hochsicherheitsgefängnissen, streifen mit Wilderern auf der Suche nach Beute durch die Wälder oder schließen sich Hobos beim illegalen Reisen auf Güterzügen an. Nur durch diese Kopräsenz (vgl. Breidenstein, Hirschauer, Kalthoff, Nieswand 2013: 41) wird ermöglicht, was aus der Perspektive eines practice turns[8] als Qualitätskriterium der Ethnografie formuliert werden kann: Soziale Realität kann nur erforschen, wer *Teil* von ihr ist, denn soziale Praxis

8 Als *practice turn* wird in den Sozial- und Kulturwissenschaften eine Perspektive auf das Soziale, unsere Gesellschaft und Kultur verstanden, die diese Phänomene nicht als abstrakte Konzepte begreift, sondern als vom Menschen in einer körperlich vollzogenen Handlungspraxis hergestellt (vgl. hierzu z. B. Reckwitz 2003).

entsteht im Vollzug; das darin Relevante zeigt sich nur in situativer Präsenz und nur Anwesende können Bedeutungen nachvollziehen, die für die Teilnehmenden relevant ist. Bernard (2004: 352 ff.) nennt u. a. folgende zentralen Gründe für eine Forschung mit einer solchen teilnehmenden Beobachtung: Sie lässt die Forschenden durch den im Miteinander mit den Beforschten entstehenden Vertrauensvorschuss auch an Ereignissen teilhaben, zu denen außenstehende Beobachtende keinen Zugang hätten (z. B. eine Geburt) und macht es möglich, sensible oder heikle Fragen zu stellen. Sie lässt die Beforschten in ihrem Verhalten weniger auf die Anwesenheit der Forschenden reagieren, da sie daran gewöhnt sind – das Verhalten ist *authentischer*, die Reaktionen auf Situationen *natürlicher*. Sie ermöglicht ein intuitives Verständnis von Vorgängen und hilft, die eigentliche Bedeutung von Beobachtungen zu verstehen, weil sie den breiten Kontext, in dem Vorgänge geschehen, mit einfängt.

Kritisch formuliert könnte man auch davon sprechen, dass die Forschenden sich über teilnehmende Beobachtung das Vertrauen erschleichen, das es braucht, damit die Menschen, deren Lebenswelt sie beforschen, sich in der Anwesenheit der Forschenden so öffnen, dass sie sich ohne Maske zeigen und auch sensible und sehr persönliche Informationen und Reaktionsweisen offenlegen. Das wurde vor allem in postkolonialen Diskursen immer wieder problematisiert (vgl. auch weiter unten, Kapitel 2.2.3, sowie z. B. Said 1981, Breidenstein Hirschauer, Kalthoff & Nieswand 2013, Manning 2016).

Neben der teilnehmenden Beobachtung können, wie bereits angeklungen ist, auch andere Forschungsmethoden wie Interviews, Umfragen, Artefaktsammlungen oder Archivrecherchen Teil von Feldforschung sein, wodurch der Begriff der Feldforschung selbst als Sammelbegriff für eine Vielzahl und häufig Kombination von Verfahren deutlich wird, die in der sozialwissenschaftlichen Literatur, sofern sie *im Feld* stattfinden, häufig unter dem Begriff subsumiert werden. Gemein ist ihnen, dass es sich um wissenschaftlich motivierte, geplante Vorgehen mit dem Ziel der Erhebung von Daten in einem «nach räumlichen und zeitlichen Kriterien definierten Ausschnitt der Alltagspraxis» (Beer & König 2020: 9) handelt. Dabei bestimmt die jeweilige Forschungsfrage bzw. die für die Beobachtung erkenntnisleitende Fragestellung, welche konkreten Methoden zum Einsatz kommen bzw. miteinander kombiniert werden. Eine Methoden*vielfalt* ist hier häufig sogar wesentliches Merkmal ethnologischer Feldforschungen (vgl. ebd.). Unabhängig von der Methodenkombination, die durchaus auch quantitative Elemente wie Haushaltserhebungen, Zeitverwendungs- oder Fragebögen enthalten kann, ist Feldforschung der qualitativen Forschung zuzurechnen, da sie sehr ausschnitthaft und einzelfallspezifisch vorgeht (vgl. Przyborski & Wohlrab-Sahr 2009).

1.2.2 Reflexivität und Positionalität

Teilnehmende Beobachtung baut auf sozialen Beziehungen zwischen denjenigen auf, die im jeweiligen Forschungsfeld leben oder alltäglich handeln und denjenigen, die als Forschende von außen in dieses Feld hineinkommen. Die Forschenden sind damit Teil des Interaktionsgefüges und bestimmen so selbstverständlich, anders als beispielsweise im Rahmen einer Laboruntersuchung, den Gegenstand ihrer Untersuchung maßgeblich mit. Von entscheidender Bedeutung für die Wissenschaftlichkeit von ethnografischer Feldforschung ist daher die Reflexion der Rolle der Forschenden im Forschungsfeld. Sie ist

> nicht zu vergleichen mit derjenigen bei einem Experiment. Die Forscherin kann gegenüber dem Feld keine antiseptische Distanz bewahren: Sie nimmt teil, auch wenn sie nur beobachtet. Sie tritt in einen Kommunikationsprozess ein, und in diesen Prozess geht viel von dem ein, was sie als Person mit einem bestimmten Geschlecht, mit sozialen Bindungen, individuellen Eigenschaften, theoretischem Vorwissen, sozialen Ressourcen etc. mitbringt. (Przyborski & Wohlrab-Sahr 2009: 58)

Damit haben das eigene, prädeterminierte Handeln und Denken einen nicht unwesentlichen Teil an dem, was wir im Feld zu beobachten glauben. Dieses *Eigene* vom Beobachteten zu unterscheiden, kann letztendlich nur dazu beitragen, ein besseres Verständnis vom eigentlichen Untersuchungsgegenstand zu erlangen. Dies gilt besonders dort, wo die Forschenden bereits eine gewisse eigene Expertise im Forschungsfeld besitzen. Im folgenden Zitat von Rosmanitz zur teilnehmenden Beobachtung im Rahmen einer Studie zu Probenprozessen wird dies deutlich:

> Whenever I write down a term, especially a performance term ... ›actor‹, ›blocking‹, ›deliver‹, ›Scene run‹, etc. . I am always careful to note whether this is my term or the practitioners' term ... as researchers, we are too familiar with many terms, ideas and practices used by social agents, and can leap to our own ideas about what is going on whether than focusing on practitioners' understandings of what is happening. (Rosmanitz 2004: 13)

So wird, neben der eigentlichen Beobachtung von Vorgängen, Handlungen oder Aussagen der Protagonisten des Feldes, auch das Protokollieren innerer Vorgänge wie der eigenen Gefühle, Gedanken oder Stimmungen wichtig. Die Forschenden sind somit angehalten, «nicht nur das Verhalten der Anderen, sondern auch die Veränderung der eigenen Position zu protokollieren» (Przyborski & Wohlrab-Sahr 2009: 60). In den Aufmerksamkeitsfokus treten so, mit Lehmann (2016) formuliert, Empfindungs-, Reflexions- und Übertragungswerte in Bezug auf das im Feld Wahrgenommene (vgl. auch Kapitel 2.1.2.2). Feldforschung über teilnehmende Beobachtung schließt – so wie vermutlich keine andere wissenschaftliche Disziplin – die systematische Reflexion der Rolle der Forschenden mit ein und versucht im Prozess der Forschung, gezielt zu reflektieren, welchen Einfluss Vorwissen und Vorprägungen der Forschenden auf die Beobachtungen haben, wie ihr Verhältnis gegenüber den Menschen, die sie beforschen, ihr Verhalten beeinflusst und inwieweit die gewählten Forschungsmethoden den Forschungsgegenstand mit konstituieren und prägen.

Die Frage nach Reflexivität und Positionalität bestimmt zwar bereits seit geraumer Zeit den ethnografischen Diskurs, rückt aber aktuell unter der Perspektive postkolonialer und feministischer Perspektiven noch einmal stärker in den Fokus (vgl. z. B. Manning 2016). In ihr spiegelt sich nicht zuletzt auch Bourdieus und Wacquants Forderung nach einer notwendigen Reflexivität von Forschung (Bourdieu & Wacquant 1996). Diese nimmt den Einfluss der Forschungspraxis auf die Konstitution und Interpretation des Forschungsgegenstandes in den Blick nimmt und versucht zumindest, diesen dadurch ein Stück weit zu minimieren: «For Bourdieu, reflexivity is not achieved through engaging in reflections on fieldwork, nor through the use of the first person, but by subjecting the position of the observer, of the same critical analysis as that of the constructed object at hand» (Maxwell 2001: 47). So werden beispielsweise die sozialen Hintergründe der Forschenden, ihre Zugehörigkeit zu einer bestimmten Klasse oder Bevölkerungsgruppe, ihr Geschlecht oder aber ihre Position im akademischen Feld als Faktoren relevant, die ihren Blick auf das Feld beeinflussen und entsprechend kritisch reflektiert werden müssen.

Damit zwangsläufig in Verbindung steht die zentrale Herausforderung, die das Grundsetting Feldforschung mit sich bringt: eine Gratwanderung zwischen Nähe und Distanz zum Forschungsfeld, die stellenweise auch als Dynamik von Inklusion und Exklusion (vgl. Pollner & Emerson 1983) beschrieben wird. «Participant observation involves immersing yourself in a culture and learning to remove yourself every day from that immersion so you can intellectualize what you've seen and heard, put it into perspective, and write about it convincingly» (Bernard 2004: 344). Die Forschenden müssen zum einen in der Lage sein, sich sozusagen in die Lebensrealität der Menschen, die ihnen im Feld begegnen, «einzufühlen», um deren Perspektive zu erfassen und nachvollziehen zu können. Das bedeutet, eigene Skepsis und kritische Reserviertheit gegenüber den im Feld angetroffenen Menschen, gelebten Praktiken und Überzeugungen zurückzunehmen und sich in eine fremde Perspektive zu denken, aus der heraus das Erlebte und Beobachtete selbstverständlich und sinnvoll erscheint. Die Forschenden müssen lernen, die Haltung des Fremden einzunehmen, sie müssen sie sich zu Eigen machen.

Auf der anderen Seite müssen Forschende Zeug*innen der Situation bleiben und sich systematisch aus der Rolle der Teilnehmenden entfernen, um diese von außen zu betrachten und aus «teilnahmsloser Distanz» Kontextualisierungen, Widersprüche, Fragen und Selbstverständlichkeiten des Geschehens im Blick zu behalten und die eigene Position zu reflektieren. Denn «ohne Nähe wird man von der Situation zu wenig verstehen, ohne Distanz wird man nicht in der Lage sein, sie sozialwissenschaftlich zu reflektieren» (Przyborski & Wohlrab-Sahr 2009: 60).

1.2.3 Ergebnisse von Feldforschungen

Die finale Aufarbeitung und Publikation der Forschungsergebnisse ethnografischer Forschungsprozesse erfolgt, wie in den allermeisten wissenschaftlichen Disziplinen, in erster Linie textbasiert. Die Selbstverständlichkeit des Mediums Text im Kontext wissenschaftlicher Arbeit wirft zumindest Fragen im Hinblick auf die Abbildbarkeit und Übersetzung solcher Formen von Wissen und Information auf, die Forschenden im Feld nicht rein kognitiv, sondern mit dem eigenen Körper erfahren und sammeln. Wie lassen diese sich überhaupt angemessen in Text fassen (vgl. Kraus, Budde, Hietzge & Wulf 2017)? Wie lässt sich das generierte Wissen wieder an diejenigen zurückgeben, die es mit generiert haben – an die Beforschten selbst? Ein Anliegen, was gerade in jüngerer Zeit auch in der Ethnografie vermehrt diskutiert wird (vgl. Conquergood 1991, Manning 2016). So geraten Übersetzung und Vermittlung als ästhetische Momente in den Blick der Wissenschaft. In der Aufbereitung, der Veröffentlichung und dem Teilen von Forschungsergebnissen wird das *Sprechen von* immer auch zu einem *Sprechen für* (vgl. Breidenstein, Hirschauer, Kalthoff & Nieswand 2013: 19). Damit stellen sich Fragen der Repräsentation, die wiederum mit Fragen der Medialität in Verbindung stehen. Conquergood führt in diesem Zusammenhang das «performance paradigm» gegen «text-positivism» ins Feld, um ethnografische Forschungsprozesse als performative Ereignisse beschreibbar zu machen (Conquergood 1991: 189). Denn durch eine wissenschaftliche «Distanzierung» oder «Entfremdung» von den Erfahrungen im Feld, wie sie häufig für den Analyseprozess hin zum wissenschaftlichen Text eingefordert wird (vgl. Breidenstein, Hirschauer, Kalthoff & Nieswand 2013: 42 ff.), wird immer auch eine Hierarchie der Forschenden gegenüber dem Feld etabliert, welche die vorher behauptete Gleichwertigkeit im Feld negiert und Aspekte wie Kopräsenz und Kokonstruktion des Feldes spätestens in der textbasierten Übersetzung der Erfahrungen auflöst. Spätestens im Akt der Repräsentation wird Wissenschaft performativ, sie beruft sich auf bestehende Ordnungen und festigt diese damit, sie konstituiert neue Wirklichkeiten oder Kategorien und ändert damit möglicherweise unsere Wahrnehmung eines Phänomens und damit immer auch das Phänomen als solches. Sie hat damit aber auch das Potential, bestehende Selbst- und Weltverhältnisse in Bewegung zu bringen. Werden Ethnograf*innen unter einem performativen Paradigma wie bei Conquergood konsequent als «co-performer» konzeptualisiert (Conquergood 1991: 181), wird die Kopräsenz der Forschenden als wirklichkeitskonstituierend anerkannt. Im und über den meist abschließenden Text hinaus wird so an einer Dekonstruktion einer sogenannten «mind/body» Hierarchie (ebd.: 180) und damit der Hierarchie zwischen Forschenden und Beforschten gearbeitet. Ethnografie kann so einen Beitrag leisten zur Weiterentwicklung textbasierter rationaler Forschung, wie sie unsere westlichen Wissenschaften prägt. Eine „Wiederentdeckung des Körperlichen" (Übersetzung des Autors, ebd.: 181) eröffnet dabei auch ein Einfallstor für das Ästhetische in Ethnografie und Wissenschaft und schafft so möglicherweise sogar Ansatzpunkte, künstlerische Praktiken als Teil wissenschaftlicher Prozesse zu denken.

1.3 Schnittmengen ethnografischer Feldforschung und ästhetischer Praxis

Für den Kontext dieser Arbeit ist von Interesse, inwieweit sich Aspekte des Ästhetischen speziell in ethnografischen Verfahren wiederfinden. Reimers (2018) spricht beispielsweise davon, dass Ethnografie immer schon eine Nähe zur Ästhetik hatte. Eine kritische Betrachtung dessen, welche Art von Wissen oder Erkenntnisse Ethnografie unter wissenschaftlichen Gesichtspunkten überhaupt produzieren kann, eröffnet dabei den Blick auf eine Reihe von Gemeinsamkeiten mit künstlerischen Verfahren, wie im Folgenden erläutert wird.

Grundlegende Veränderungen des Wissensbegriffs in der Erkenntnistheorie bereiten bereits den Boden für eine Annäherung von wissenschaftlichen und künstlerischen Zugriffen auf Phänomene unserer Welt: ein *practice turn*, so könnte mit Polaniys Überlegungen zum impliziten Wissen (vgl. Polanyi 1985), Lyotards Interesse an dichtem oder narrativen Wissen (vgl. Lyotard 2012/1979) oder Bourdieus Konzept sozialer Praktiken (vgl. Bourdieu 1997) formuliert werden, lässt das Interesse an praktischem Wissen und damit verbundenen Forschungsperspektiven erstarken. In unmittelbarer Verbindung damit und von ebenso entscheidender Bedeutung ist der *performative turn* innerhalb der Kultur- und Sozialwissenschaften (vgl. Fischer-Lichte 2004). Dieser nimmt die Konstruktions- und Herstellungsprozesse von Wirklichkeit in den Blick. Beispielsweise mit Goffmans Metapher einer *Inszenierung* sozialer Situationen wird die Performativität des Alltags zu beschreiben versucht (vgl. Goffman 1991, Original: 1959), Figuren des Generierens von Wissen und Erkenntnis rücken in den Nimbus der performativen Künste. In ethnografischen Praktiken finden diese Entwicklungen ein Forschungsinstrumentarium und eine wissenschaftliche Disziplin, die eine Fokussierung der Handlungsebene vornimmt, da sie als «Introspektion sozialer Systeme» (Brenne 2008a: 4) soziale Praxis im Vollzug untersucht und Welt über Handeln zu interpretieren versucht:

> Die Auseinandersetzung mit den symbolischen Dimensionen sozialen Handelns [...] bedeutet keine Abwendung von den existentiellen Lebensproblemen [...], sondern im Gegenteil den Sprung mitten hinein in diese Probleme. Die eigentliche Aufgabe der deutenden Ethnologie ist es nicht, unsere tiefsten Fragen zu beantworten, sondern uns mit anderen Antworten vertraut zu machen, die andere Menschen [...] gefunden haben, und diese Antworten in das jedermann zugängliche Archiv menschlicher Äußerungen aufzunehmen. (Geertz 1987: 43)

Vor diesem Hintergrund könnte man fast meinen, Geertz spreche im Kontext dieser Aussage über die Bedeutung eines Theaterstücks für den gesellschaftlichen Diskurs, wenn er über die Bedeutung von Forschungsergebnissen ethnografischer Studien schreibt:

> Das Wichtigste an den Ergebnissen des Ethnologen ist ihre komplexe Besonderheit, ihre Umständlichkeit. Es ist diese Art Material [...], das den gigantischen Begriffen, mit denen es die heutige Sozialwissenschaft zu tun hat – Legitimation, Modernisierung, Integration, Konflikt, Charisma, Struktur, Bedeutung – jene Feinfühligkeit und Aktualität verleihen kann, die man braucht, wenn man nicht nur realistisch und konkret über diese Begriffe, sondern – wichtiger noch – schöpferisch und einfallsreich mit ihnen denken will. (Ebd.: 33 f.)

Ergebnisdarstellung als narrativer Akt

Die Verdichtung von im Feld gemachten Beobachtungen zu einem Text *dichter Beschreibung* und die damit verbundene Interpretation von Daten kann in diesem Sinne immer auch als Arbeit an Narration verstanden werden. Geertz spricht davon, «dass der Mensch ein Wesen ist, das in selbstgesponnene Bedeutungsgewebe verstrickt ist». Dieses Gewebe nennt er «Kultur» und schließt: «Ihre Untersuchung ist daher keine experimentelle Wissenschaft, die nach Gesetzen sucht, sondern eine interpretierende, die nach Bedeutungen sucht» (Geertz 1987: 9). Die Ethnografie wäre damit, wenngleich die allermeiste Forschung immer erst im Nachhinein eine Geradlinigkeit behauptet und konstruiert (vgl. Ahrens 2018), eine Disziplin, in welcher der *kreativ-schöpferische,* interpretative Anteil der Arbeit an einem Text bereits strukturell angelegt ist und auch offengelegt wird. Darin deutet sich zugleich die Grundproblematik der Ethnografie und eine weitere Nähe zu künstlerischen Verfahren an: die Grenzen von Repräsentation von «Fremdem» zwischen Reproduktion und Produktion. Ethnograf*innen verknüpfen jedoch Deskription und Analyse miteinander (vgl. Friebertshäuser 2003, S. 505). Die Beschreibung des Untersuchungsgegenstandes hat wechselseitig mit seiner Erklärung und mit seiner Erforschung zu tun, in welcher die Forschenden selbst wiederum aktiv und sichtbar sind und das Feld so mit konstruieren. Ethnografie positioniert sich bewusst gegen eine damit in Verbindung stehende Kritik standardisierter Sozialforschung an dem «Reagieren des Feldes auf seine Erforschung» (Breidenstein, Hirschauer, Kalthoff, Nieswand 2013: 37) und dem damit verbundenen Vorwurf, es mangele ihr an Objektivität. Die *Kopräsenz* der Forschenden im Feld (vgl. ebd.: 41), ein auch in der Theaterwissenschaft zentraler Begriff zur Beschreibung der gleichzeitigen Anwesenheit von Darsteller*innen und Publikum (vgl. Fischer-Lichte 2004) wird als wichtiger Bestandteil der Forschung konzeptualisiert, da es einen Unterschied mache, *tatsächlich* Teil einer sozialen Situation zu sein, oder nur davon zu *erzählen* (Breidenstein, Hirschauer, Kalthoff, Nieswand 2013: 41). Die Ethnograf*in ist damit wie die Performer*in integraler Bestandteil der beforschten Situation (Feld/Stück) und formt diese mit ihrer Anwesenheit wirklichkeitskonstituierend mit. Darüber hinaus ist sie auch Teil von deren Repräsentation (Veröffentlichung/Aufführung). Gerade im Kontext eines textualen Kulturverständnisses, das nicht zuletzt durch die Arbeiten Clifford Geertz vorangebracht worden ist (vgl. u. a. Geertz 1987), wird die Interpretation und Beschreibung des Forschungsgegenstandes durch die Forschenden so zentral, dass ethnografische Berichte bereits tendenziell eher als literarische Gattung und weniger als Tatsachenberichte betrachtet werden können (vgl. z. B. Clifford & Marcus 1986, Sutton 1991).[9]

Kopräsenz und Subjektivität

Eine weitere Nähe zwischen ethnografischen und künstlerischen Praktiken liegt in diesem Zusammenhang in dem Stellenwert, der der Performativität in den Arbeitsprozessen beigemessen wird: «Ästhetische Anteile in [...] Forschungsprozessen ernst zu nehmen bedeutet, auf das ›Wie‹ des Herstellens, Herausfindens und Sammelns zu achten und auch Assoziationen, Erinnerungen und Gefühle, die durch etwas provoziert werden, in den Arbeitsprozess einzubeziehen» (Blohm & Heil 2012: 6). Gerade die Kopräsenz der Forschenden im Feld lässt zwingend Teil des Forschungsinstrumentariums werden, dass subjektive Eindrücke, Gefühle und Assoziationen systematisch mit erhoben und dokumentiert werden. Die über entsprechende Feldnotizen angelegte Auseinandersetzung mit diesen Aspekten macht den Versuch im Material und die Nähe zu künstlerischen Praktiken greifbar:

> Ist die Laborsituation für wissenschaftliche, positivistische Experimente üblicherweise auf Reduktion und auf Ausschaltung des Faktors Subjektivität gerichtet, so findet im «Theaterlabor» genau das Gegenteil statt: Die Qualität der zu erwartenden Ergebnisse hängt ab von der Fähigkeit der Beteiligten zu gezielt ziellosen Assoziationen und Einfällen und von deren Bereitschaft, sich umfassen, mit dem ganzen Körper, emotional, intellektuell und sozial auf das Experiment einzulassen. [...] Zwar gibt es eine Fokussierung (auf ein Thema, Material, Stück, den jeweiligen starting point), aber die Beschäftigung damit ist mäandernd und schließt eine Suche an den Rändern mit ein. (Hillinger 2009: 46)

Eine Auseinandersetzung mit sinnlichen Qualitäten, damit verbundenen emotionalen Dispositionen und assoziativen Vorstellungen (vgl. Brenne 2008a: 4) kann im ethnografischen Forschungsprozess und dem anschließenden Kommunikationsprozess darüber grundsätzlich nicht ausgeklammert werden. Daher muss all dies wie bereits oben beschrieben im Prozess der Forschung selbst reflektiert werden (vgl. Przyborski & Wohlrab-Sahr 2009: 58). Das damit einhergehende radikale Offenlegen von Subjektivität und Konstruktion von Forschung lassen einen ethnografischen Ansatz an künstlerisch-performative Ansätze heranrücken, bei denen die Zurschaustellung der eigenen Positionalität und des Herstellens von Wirklichkeit immer in Zeugenschaft des Publikums mitverhandelt wird.

9 Die *writing-culture*-Debatte der 1980er-Jahre stellte Fragen nach Legitimität, Reichweite und Authentizität ethnografischer Texte. Es ging um eine Kritik an der vermeintlich allwissendenden Rolle der Ethnolog*innen, ihre selektive Wahrnehmung, um Ethnografie als literarische Gattung.

Aber nicht allein die Subjektivität, sondern auch ein weiteres Merkmal der Kopräsenz von Forschenden im Feld schafft eine Nähe zu künstlerischen Herangehensweisen an einen Untersuchungsgegenstand, insbesondere zu theatral-performativen: In dem Doppelbewusstsein zwischen Nähe und Distanz als Teilnehmende und Forschende im Feld zu agieren, spiegelt sich ein Stückweit auch das Doppelbewusstsein einer Performer*in wider, mit der unauflöslichen Differenz zwischen sich selbst als Darsteller*in und der dargestellten Figur umgehen zu müssen (vgl. Hentschel 1996).

Der repräsentative Einzelfall

Für die Ethnografie gilt zudem wie für alle anderen qualitativen Verfahren: Eine Theoriebildung erfolgt induktiv aus den Beobachtungsdaten, das heißt, es wird davon ausgegangen, dass sich das Allgemeine im Einzelfall widerspiegelt (vgl. Beer & König 2020: 13) bzw. der Einzelfall Denkfiguren für die Auseinandersetzung mit dem Allgemeinen generieren kann. Dieser in der Ethnografie als «mikroskopisch» bezeichnete Ansatz entspricht in gewisser Weise gängigen Grundmustern von Narration und Dramaturgie im Theater oder der Literatur: Themen werden häufig nicht im Großen und abstrakt verhandelt, sondern über die Singularisierung und Scharfstellungen auf den Einzelfall, die Identifikation mit einer spezifischen Figur, das mikroskopische Entfalten eines sozialen Gefüges oder des Ausschnittes einer Geschichte in aller damit verbundenen Kleinteiligkeit, Ausschnitthaftigkeit und Subjektivität angegangen. Ein Ethnologe steht im Rahmen von Feldforschung

> den gleichen großen Realitäten gegenüber, mit denen es andere – Historiker, Ökonomen, Politikwissenschaftler, Soziologen – in schicksalshafteren Konstellationen zu tun haben: Macht, Veränderung, Glaube, Unterdrückung, Arbeit, Leidenschaft, Autorität, Schönheit, Gewalt, Liebe, Prestige, aber er begegnet ihnen in reichlich obskuren Zusammenhängen – Orten wie der Marmuscha-Gegend und Biographien wie der von Cohen. (Geertz 1987: 30 f.)

Das Theater wiederum begegnet den *großen Realitäten* auf ähnlichen Umwegen: Die Geschichte eines einfachen Offiziers wird zum Spiegel gesellschaftlicher Strukturen und Machtverhältnisse (Woyzeck), ein Klassenzimmer zum Schauplatz für das Verhandeln von Themen wie Verantwortung und Autorität (Klamms Krieg); wobei sich hier im Vergleich zu den Ergebnissen ethnografischer Forschung einschränkend formulieren ließe, dass ein gewisser Unterschied zwischen beiden Zugängen wohl darin besteht, dass es in der Forschung um das Erkennen und Beschreiben von Routinen und Gesetzmäßigkeiten in Praktiken sozialer Felder geht, einer künstlerischen Beschäftigung aber möglicherweise eher um das Finden von Praktiken und Phänomenen *jenseits* der Routinen.

1.4 Feldforschung als Bestandteil künstlerischer Prozesse im Theater

Künstlerische Forschung habe Konjunktur, schreibt Andreas Brenne 2008 mit dem Verweis auf zahlreiche Beispiele aus der Praxis (vgl. Brenne 2008a: 4). Wie eingangs in diesem Kapitel dargelegt, finden sich viele Ansätze für Überschneidungen zeitgenössischer künstlerischer Praktiken mit denen aus Wissenschaft und Forschung. Doch wie ist es um den konkreten Bezug zur Feldforschung als Ausgangspunkt oder Bestandteil künstlerischer Produktion bestellt, der ja den konzeptionellen Ansatz dieser Arbeit bildet?

In der Bildenden Kunst finden sich Künstler*innen wie Lili Fischer, Niklaus Lang oder Sophie Calle, die empirische mit künstlerischen Untersuchungsverfahren kombinieren. Sie greifen dabei auf Methoden aus sozial- und kulturwissenschaftlichen Disziplinen zurück, wie beispielsweise aus der Ethnologie, Soziologie oder Archäologie und verweben diese mit künstlerischen Verfahren wie Zeichnung, Performance oder Fotografie (vgl. Brenne 2006: 197). Die 2004 von Christoph Heinrich kuratierte Ausstellung in der Hamburger Kunsthalle unter dem Titel «gegenwärtig: Feldforschung» zeigte in diesem Kontext neben den oben genannten Künstler*innen unter anderem auch Arbeiten von Lothar Baumgarten, Christian Boltanski, Hans-Peter Feldmann, Annette Messager und Peter Piller.

Künstlerische Erweiterung ethnografischer Methoden

Jenseits fester künstlerischer Sparten ausgerichtet ist das in Südafrika gegründete *Zentrum für imaginative Ethnografie* («Center for Imaginative Ethnography»), ein unabhängiges, transnationales «Cyberkollektiv», bestehend aus fünf Kurator*innen und etwa 50 Mitgliedern, die aus unterschiedlichen künstlerischen Disziplinen stammen – von Wissenschaftler*innen über Künstler*innen bis hin zu Aktivist*innen in sozialen Kontexten. Das Zentrum stellt eine Plattform dar, über die Kommunikation und Zusammenarbeiten initiiert und ein Austausch über die verschiedenen Ansätze, Praxen, Methoden und Anwendungskontexte stattfinden kann und will so einen Beitrag leisten zur Weiterentwicklung eines Überschneidungsbereichs zwischen ethnografischen und künstlerischen Verfahren:

> We take imaginative and experimental ethnography as points of departure – an invitation to live differently, to animate spaces, classrooms, and stages, to listen carefully to the lives of others, to use humor and imagination to write, picture, and perform the world alive. We chose the terms imaginative and experimental ethnography because we seek to shift our attention from the results of our research to include the very processes which enable and shape knowledge co-creation and circulation. (Center for Imaginative Ethnography 2017)

Für die Mitglieder des Zentrums liegt der Bezug zur Ethnografie im Rückgriff auf eine bestimmte methodologische Grundausrichtung, die teilnehmende Beobachtung, Interview, Dokumentation und Archivrecherche als Methodenmix versteht, der «embodied, affective, relational processes of knowledge co-creation» (ebd.) ermöglicht – frei übersetzt eine wechselseitige Autorenschaft von verkörpertem, affektivem und relationalem Wissen. In den künstlerischen Zugriffen auf solche Prozesse liegt für die Beteiligten das Potential, bestehende ethnografische Methoden zu erweitern, indem im Forschungs- und Gestaltungsprozess «unorthodoxe» Wege genutzt werden und im Prozess unvorhergesehene Ergebnisse herausgefordert werden (vgl. ebd.).

Bezüge zur Realität machen noch keine Feldforschung

Für die Kunstform Theater lässt sich formulieren: Das Theater hat als soziale Kunstform in einem gewissen Maße immer schon Bezüge zur *wirklichen* Welt und damit zu unterschiedlichen sozialen Feldern verhandelt. Seine Autor*innen setzen sich mit Ereignissen, Begegnungen und Erfahrungen aus fremden und eigenen Biografien auseinander, um Stoffe und Narrationen für Stücke zu finden oder zu konkretisieren, Schauspieler*innen beobachten Menschen in ihrem Alltag oder bei besonderen Tätigkeiten, um die Verkörperung einer Rolle möglichst glaubwürdig und realistisch umsetzen zu können, Regisseur*innen und Dramaturg*innen beschäftigen sich mit der Realität des Zeitgeschehens, um Inszenierungsideen zu entwickeln oder Aktualität und gesellschaftliche Bedeutung in einer umgesetzten Stückvorlage zu finden. In all diesen Momenten scheinen Elemente einer forschenden Auseinandersetzung auf, die jenseits der Kunstform Theater soziale Felder im Blick hat und in die künstlerische Praxis einbezieht. Dennoch bleiben solche Momente für eine tatsächliche Rahmung als ethnografische Feldforschung sehr vage und partiell und vor allem methodologisch unintendiert. Es wäre wohl eine etwas bemühte Behauptung, diese Analogien als Forschung, geschweige denn als Feldforschungen zu bezeichnen.

Die Grundbewegung des *performative turn* in den Geistes- und Kulturwissenschaften haben jedoch gerade im Kontext professionellen Theaters zu einer Entwicklung geführt, die eine Nähe zu diesen Forschungsansätzen begünstigt: Ein gesteigertes Interesse an Prozesshaftigkeit, am Alltäglichen und Nichtperfekten (vgl. Fischer-Lichte 2004). Dieser «Einbruch des Realen» (Lehmann 1999) meint dabei nicht selten auch den Bruch mit der Konvention des «Als-Ob». So rückt auch die Realität sozialer Felder in den Aufmerksamkeitsfokus der Theateravantgarde, allem voran in der freien Theaterszene, vermehrt aber auch auf den großen institutionellen Bühnen. Schaut man sich vor diesem Hintergrund professionelle Produktionen an, findet man vor allem in der freien Theaterszene viele Gruppen, die diese Entwicklungen auf unterschiedlichsten Ebenen in den Probenprozessen und (szenischen) Produkten ihrer Arbeit umsetzen – in der

Arbeit von Gruppen wie She She Pop, Turbo Pascal oder Frl. Wunder AG führt der Weg zu einem ästhetischen Produkt zumeist über eine sehr ergebnisoffene Beschäftigung mit sozialen Realitäten, eine Suche nach Materialien, Spielweisen und Gestaltungselementen. Dabei werden Artefakte und Methoden aus den unterschiedlichen wissenschaftlichen, künstlerischen und gesellschaftlichen Zusammenhängen entlehnt. Doch auch hier wäre eine *generelle* Zuschreibung, die ein entsprechendes Vorgehen als Feldforschung kategorisiert, sehr konstruiert und würde unter genauerer Betrachtung den Kriterien einer Feldforschung nicht standhalten. Denn auch wenn sich zeitgenössisches Theater stärker als zuvor auf die Realität sozialer Felder bezieht, bedeutet das noch lange nicht, dass es sich zwangsläufig Methoden der Feldforschung bedienen müsste, um diese Bezüge herzustellen. Gerade im Zeitalter unser digitalen Vernetzungs- und Wissensgesellschaft könnte vielen recherchebasierten oder dokumentarischen Formen ein ebensolcher Bezug attestiert werden, ohne dass jemals ein*e Prozessbeteiligte*r in tatsächlichen Kontakt mit einem Feld getreten wäre, geschweige denn gezielt Methoden der ethnografischen Feldforschung hätte anwenden müssen.

Ab wann ein Probenprozess zur Feldforschung wird

Was klassifiziert also einen künstlerischen Prozess als Feldforschung und unterscheidet ihn von anderen recherchebasierten oder dokumentarischen Formen?

Problematisch an einer entsprechenden Eingrenzung ist zuallererst die große Vielfalt an Verfahren zur Datengewinnung, die in der ethnologischen Feldforschung angewandt werden. Daraus ergibt sich die grundlegende Schwierigkeit einer eindeutigen Klassifizierung, was als Beispiel herhalten mag und was nicht. Ist ein Stück, in welches partiell Interview- oder Beobachtungsmaterial einfließt, bereits eine Produktion, die auf eine Forschung im Feld zurückgeht?

Sicher sind die Trennlinien nicht immer scharf zu ziehen, aber ich möchte im Folgenden dennoch versuchen, anhand von vier in der Auseinandersetzung mit dem Gegenstand für mich zentral gewordenen Kriterien etwas genauer zu bestimmen, was in meinen Augen einen künstlerischen Prozess kennzeichnet, von dem gesagt werden kann, er greife auf Feldforschung zurück. Dabei dienen die diesbezüglichen Kriterien in erster Linie einer Eingrenzung des Gegenstandes für diese Arbeit, um ausgehend von ihnen die Wahl meines Fallbeispiels zu begründen, das als Vorbild für die Entwicklung der Unterrichtsintervention und die empirische Studie dient.

Direkter Bezug zur Realität sozialer Felder

Im Untersuchungskontext Theater gehe ich davon aus, dass eine Rückbindung der Forschung an irgendeine Form der Darstellung geknüpft sein muss und fasse dies nicht als eigenständiges Kriterium auf. Daher wäre als erstes Kriterium, das einen künstlerischen Prozess im Theater als Feldforschung kennzeichnet, der direkte Bezug zur Realität sozialer Felder zu nennen:

> Ein erstes Merkmal ethnologischer Forschungen ist, dass EthnologInnen ihre Daten «im Feld» erheben, also in der Lebenswelt der Untersuchten, und nicht wie andere WissenschaftlerInnen im Labor, am heimischen Schreibtisch oder in der Bibliothek. [...] zentral ist nach wie vor, dass es sich um einen nach räumlichen und zeitlichen Kriterien definierten Ausschnitt der Alltagspraxis handelt, der nicht als geschlossene Einheit, sondern als eine Vielzahl sozialer Beziehungen und Prozesse innerhalb eines offenen analytischen Feldes verstanden wird. (Beer & König 2020: 9)

Um also als Feldforschung gelten zu können, müsste die Recherche und Materialsammlung für einen künstlerischen Prozess nicht allein im Theaterraum, über das Internet, Bibliotheken oder Archive erfolgen, sondern als zentrale Quelle Material enthalten, das direkt einem sozialen Feld entstammt, aus einem räumlich und zeitlich definierten Ausschnitt von Alltagspraxis. Dabei wäre für dieses Kriterium die methodologische Frage, *wie* das Material im Feld erhoben wird, erst einmal noch unerheblich, was miteinschließen würde, dass es auch über Repräsentant*innen eines Feldes eingebracht werden kann.

Gesine Schmidt beschreibt beispielsweise ihre Inszenierung «Begehren» am Staatstheater Mainz als «doku-fiktionale Feldforschung» (Sojitrawalla 2016). Eine genauere Betrachtung des Entwicklungsprozesses macht deutlich, dass die Forschungsmethodik darin bestand, Interviews mit verschiedenen Menschen im Alter zwischen 25 und 75 zum Thema «Begehren» zu führen. Aus diesem Textmaterial wurde ein Skript entwickelt, das dann wiederum mit Schauspieler*innen auf der Bühne inszeniert worden ist. Auch die Arbeiten des Regiekollektivs *Rimini Protokoll* verfolgen ähnliche Strategien, indem sie – ohne dieses Vorgehen explizit als Feldforschungen zu bezeichnen – Expertentum von Menschen unterschiedlicher gesellschaftlicher Felder zum zentralen Inszenierungselement machen (vgl. Dreysse & Malzacher 2007). Die an der Recherche beteiligten Expert*innen stehen dabei jedoch selbst auf der Bühne und sprechen im Rechercheprozess entwickeltes und von Rimini Protokoll überarbeitetes und arrangiertes Textmaterial. Entsprechend einzuordnen wären auch viele Produktionen aus dem Bereich der *Bürgerbühnen* (Kurzenberger & Tscholl 2014), die beispielsweise wie die Bettleroper des Stadttheaters Freiburg unter der Regie von Christoph Frick mit Bürger*innen der Stadt, in diesem Fall mit tatsächlichen oder ehemaligen obdachlosen Menschen, eine Bühnenproduktion erarbeitet und dabei deren Lebensrealitäten, Erfahrungen und Perspektiven auf sich und die Welt Teil des Proben- und Aufführungsprozesses werden lässt (vgl. Theater Freiburg 2009).

Das, was in ethnografischen Verfahren über teilnehmende Beobachtung unmittelbar aus dem Feld an Daten oder Material erhoben wird, wird in diesen Beispielen über den Blick der befragten oder direkt beteiligten Alltagsexpert*innen eingefangen vermittelt. Sie werden ihrerseits zu Repräsentant*innen eines sozialen Feldes, das Feld über ihre Expertise im Kontext des Theaters reinszeniert.

Rückgriff auf teilnehmende Beobachtung

Ein zweites Kriterium könnte ein Rückgriff auf die für die ethnografische Feldforschung zentrale Methode teilnehmender Beobachtung sein, welches für die eben genannten Beispiele dann wiederum nicht oder nur sehr bedingt zutreffen würde. Denn mit Fischer (2002) ist

> Die bloße Anwesenheit irgendwo (ist) aber noch keine Feldforschung [...] der zentrale Begriff ethnologischer Forschung ist der der «Teilnahme», gewöhnlich mit dem Ausdruck «Teilnehmende Beobachtung» beschrieben. «Teilnahme» ist mehr als Anwesendsein. Es bedeutet Dabeisein, Mitmachen, Beteiligtsein, Teilnehmen am alltäglichen Leben der Untersuchten. (Fischer 2002: 10)

Damit ließe sich unabhängig vom Grad der Teilnahme und einer Unterscheidung zwischen aktiver oder passiver Teilnahme als wesentlich konstatieren, dass die Prozessbeteiligten vor Ort im Feld selbst agieren und eigene Erfahrungen und Beobachtungen machen, denn teilnehmende Beobachtung basiert nach Hauser-Schäublin auf der sozialen Beziehung zwischen den Forschenden selbst und den Menschen, die ihnen im Feld begegnen (vgl. Hauser-Schäublin 2020: 35).

Hendrik Quast und Maika Knoblich betreiben in ihrer Zusammenarbeit beispielsweise ebensolche Feldforschungen, in denen sie selbst aktiv im Feld an zentralen Handlungspraktiken teilnehmen. Sie gehen in unterschiedlichen Kontexten bei Expert*innen in die Lehre, um sich Wissen anzueignen und gestalterische und handwerkliche Praktiken zu erlernen, die sie dann jeweils für eine Produktion zum zentralen performativen Gestaltungselement auf der Bühne transformieren. Über drei Monate lassen sie sich so beispielsweise für ihre Produktion *Trauer Tragen* im Blumenbinden, für *Nagelneu – Nagelbar* zu zertifizierten Nagelkünstlern ausbilden oder lernen für *Ur-Forst*, wie man eine Eiche fällt. Gestalterische und handwerkliche Praktiken werden in Raum und Zeit des Theaters gestellt und somit als Prozesse theatralisiert, die im Rahmen der Feldforschung erworbenen fachlichen Expertisen werden auf der Bühne sowohl im Tun als auch im kommentierenden Sprechen erprobt. Dabei orientieren sich Dramaturgie und Inszenierung an den im Feld erlernten Tätigkeiten, die in Echtzeit ausgeführt den Ablauf der teilweise mehrstündigen Formate bestimmten, wie beispielsweise das Binden eines Blumenbouquets für eine Trauerfeier.

Ergebnisoffenheit des Prozesses

Als drittes Kriterium wäre in meinen Augen die Ergebnisoffenheit des Prozesses zu nennen, die sich nicht bereits in der generellen Offenheit theatraler Probenprozesse erfüllt: «Das Verhältnis von Theoriebildung und Beobachtungsdaten betreffend gehen EthnologInnen in ihren Forschungen eher induktiv als deduktiv vor. Das heißt, sie schließen vom Besonderen, von erfahrbaren Einzelfällen, auf das Allgemeine. Aus einzelnen Beobachtungen werden also Theorien abgeleitet» (Beer & König 2020: 13). Ein induktives Vorgehen würde übertragen auf künstlerische Prozesse implizieren, dass Beobachtungen und im Feld erhobenes Material nicht einfach dazu genutzt werden, um im Rahmen einer bereits existierenden Inszenierungsidee vorkonzipierte Inhalte zu liefern. Vielmehr ginge es in aller Konsequenz des Induktiven darum, sich tatsächlich von den Beobachtungen im Feld leiten zu lassen und aus diesem Material heraus erst das künstlerische Produkt zu entwickeln.

Im Rahmen einer Veranstaltungsreihe der Roten Fabrik Zürich laden im Jahr 2000 Markus Gerber und Thomas Luz das Publikum zu gemeinsamen Feldforschungen ein, deren Ziel laut dem Programm war, einen ungewohnten Blick auf das Leben, den Alltag und das Universum einzunehmen (vgl. Gerber & Luz 2008: o.S.). So werden unter anderem die Schweizerische Parapsychologische Gesellschaft Forschungsfeld zum Thema Medialität oder die Stadt Zürich zum Ort der Suche nach urbanen Wildreservaten im Stadtgebiet. Gemeinsam mit einem Immigrationsexperten durchlaufen die Teilnehmenden ein Einbürgerungsprocedere oder beschäftigen sich in einem Labor mit nanotechnologischen Forschungen. Diese Feldforschungen waren komplett ergebnisoffen: «Was sich auf diesen Ausflügen ereignen wird, ist ungewiss. Vielleicht zeigt sich die Welt so alltäglich wie immer, vielleicht sieht man Dinge, die man noch nie gesehen hat» (ebd.) Die Künstler vertrauten auf die Dynamiken im Feld und überformen diese nicht mit einer bereits im Vorhinein gefestigten Idee, die das Feld nur noch zum Inszenierungsobjekt machen.

Bewusste Rahmung als Feldforschung

Viertes und letztes Kriterium wären eine bewusste Entscheidung zur Feldforschung und eine entsprechende inhaltliche Rahmung: «Feldforschungen sind aber nur solche Vorhaben, die bewusst, gezielt und geplant mit allen vorhandenen und möglichen Vorkenntnissen und Vorarbeiten durchgeführt werden und mit dem einen Ziel, wissenschaftliche Erkenntnisse zu erringen» (Fischer 2002: 11). Natürlich geht es dabei im Kontext künstlerischer Produktion nicht um dieselben Parameter wie im Rahmen wissenschaftlicher Forschung. Dennoch sollte in meinen Augen mit einem Labeling als *Forschung* auch ein forschendes Bewusstsein verbunden sein. Dazu gehört nicht nur ein gewisses Interesse, aus den Beobachtungen im Feld tatsächlich Erkenntnisse oder Wissen zu generieren. Dieses kann sicher anders beschaffen sein als das innerhalb ethnografischer Verfahren gewonnene. Dazu gehört auch, dass sich die Akteur*innen bewusst auf die Forschung im Feld vorbereiten, sich vorab inhaltlich mit dem Feld beschäftigen, es bewusst eingrenzen und dann gezielt überlegen, welche Eindrücke, Materialen und Elemente sie mit welchen Mitteln beobachten, sammeln und festhalten wollen, um sie später weiter bearbeiten zu können.

Alle vier Kriterien, ein direkter Bezug zur Realität sozialer Felder, ein Rückgriff auf teilnehmende Beobachtung, ein induktives ergebnisoffenes Vorgehen und eine bewusste Rahmung und Vorbereitung als Feldforschung sind für sich gesehen und in der Gesamtheit relativ *weiche* Kriterien, die jeweils einen gewissen Interpretations- und Diskussionsspielraum lassen, ob ein bestimmter künstlerischer Ansatz nun darunter fallen würde oder nicht. Dies kann als Vorteil oder Nachteil gewertet werden, ist aber vermutlich in Anbetracht der Vielfalt künstlerischen Schaffens, welches sich im Allgemeinen klaren Kategorisierungen immer ein Stück weit entzieht und eine gewisse Unverfügbarkeit mit sich bringt, nicht anders zu lösen. Dazu bleiben sie relativ vage und machen eine konkrete Vorstellung von dem, wie ein entsprechender Prozess aussehen kann, nur schwer vorstellbar. Ich möchte daher im Folgenden anhand des für diese Arbeit gewählten Fallbeispiels die Arbeit des Theater- und Performancekollektivs Frl. Wunder AG nutzen, um konkreter zu entfalten, wie sich künstlerische Arbeitsweisen und Prozesse, die diese vier genannten Kriterien erfüllen und somit als Feldforschung bezeichnet werden könnten, beispielhaft realisieren lassen.

1.5 Praxisbeispiel Frl. Wunder AG

Das 2006 in Hannover gegründete Theater- und Performancekollektiv Frl. Wunder AG kann im Hinblick auf die Verknüpfung von Praxen aus Theater und Ethnografie als beispielhaft herausgestellt werden. Die Wahl fiel dabei nicht nur deswegen auf eine Auseinandersetzung mit der Gruppe, weil ich als Mitglied einen organisatorisch einfachen Zugang zum Untersuchungsgegenstand besitze. Der vorrangige Grund ist, dass sie sich nicht nur inzwischen häufig angetroffenen Ansätzen wie der Arbeit mit Expert*innen, Interviews und ausgedehnten Recherchen im Sinne des oben als Dokumentar- oder Recherchetheaters bedient, sondern sich tatsächlich im Sinne ethnografischer Feldforschung konkret und aktiv in Forschungsfelder hineinbegibt. Hierbei versucht die Gruppe, durch das Nachvollziehen dort gefundener kulturellen Praxen Material für den Probenprozess und Aufführungen zu generieren. Die Produktion «Ein Bankett für Tiere» beschäftigt sich mit dem Verhältnis von Mensch und Tier und deren Probenprozess stellt in dieser Arbeit die Untersuchungsgrundlage zur Erhebung des empirischen Materials dar. Im Programmheft zu dieser Produktion formulieren die beteiligten Künstler*innen im Hinblick auf ihre Arbeitsweise:

> Schlachthof, Mastbetrieb und Tierkrematorium: Wir haben uns mit forschendem Blick Orten genähert, an denen Mensch und Tier in einem besonderen Verhältnis zueinander stehen. Wir haben mit Wölfen geheult, Falken fliegen lassen und in den frühen Morgenstunden auf Wild gewartet. Wir haben eine Schamanin nach unseren Krafttieren befragt, uns im Imkern probiert und Fledermäuse geortet. Wir haben versucht, uns 30 Tage lang vegan zu ernähren. Und sind bei einer Rehwurst in der Geselligkeit mit einigen Jägern schwach geworden. Unsere Reise im Vorfeld der Probenarbeit gleicht der Recherche eines Wissenschaftsteams, das zunächst sein Untersuchungsfeld absteckt und seine Fragestellung überprüft. Im Gepäck haben wir Kameras, kleine Diktiergeräte und Beobachtungsaufgaben: Wie spricht das Tier? Wie bewegt es sich? Was nimmt es wahr? Wie ist das Verhältnis von Mensch und Tier zu beschreiben? Jede_r von uns hält in Notizen fest, was sich der Wahrnehmung markant auftut: die Schönheit und Plastizität rosafarbener, toter Schweinekörper, die Klangwellen von Detektoren bei der Fledermauswanderung, der Kitsch bemalter Tierurnen, die körperlichen Abläufe des Gehens beim Pirschen. Im ersten Schritt einer Fräulein Wunder Produktion legen wir uns eine affirmative Neugier zu, wagen wir, was wir im Alltag vielleicht nicht tun würden, konfrontieren wir uns mit Positionen, Perspektiven und Praktiken jener Menschen, die uns durch ihren Beruf, ihr Hobby oder ihre Liebe zu den Tieren eine praktische Einsicht ermöglichen. (Frl. Wunder AG: 2012)

Bereits anhand dieses Ausschnittes wird deutlich, dass die Produktion sich für die Entwicklung des szenischen Materials dezidiert die Praxis ethnografischer Feldforschung zu eigen machte, über welche die Künstlergruppe zentrale inhaltliche und ästhetische Elemente für die spätere Aufführung generierte. Dabei kann das «Ein Bankett für Tiere» in seinem Rückgriff auf eine Praxis der Feldforschung exemplarisch für die Arbeit der Gruppe stehen, auch wenn nicht alle Arbeiten in gleicher Weise Feldforschung als zentrales Mittel der Materialgenese setzen – wie weiter unten ausführlicher beschrieben werden wird.

Die hier folgende Auseinandersetzung mit der Arbeitsweise des Kollektivs gründet sich zum einem auf einen hermeneutischen Blick auf bestehende Produktionsprozesse und Produkte. Zum anderen fließen aber zentral auch Erkenntnisse ein, die im Zuge der für die empirische Untersuchung durchgeführten Probenbeobachtungen zu «Ein Bankett für Tiere» entstanden (siehe Kapitel 3.3)[10].

10 Im Sommer 2012 begleitete ich die Entwicklung dieser Produktion und war von dem Beginn der den Proben vorgelagerten Feldforschungen bis zur Aufführung als teilnehmender Beobachter beteiligt. Die Erhebung von Datenmaterial erfolgte über Beobachtungsprotokolle (vgl. Przyborski & Wohlrab-Sahr 2009), wobei in diese Arbeit hauptsächlich die Beobachtung der Feldforschung sowie die erste Woche der auswertenden Proben im Anschluss danach einflossen, in denen die Künstler*innen aus dem im Feld gesammelten Material erste szenische Entwürfe präsentierten, die dann später die Grundlage für die Arbeit am entstehenden Stück bildeten. Die Datenerhebung wird in Kapitel 1.5 in ihrer Methodik und in Kapitel 3.3 auch noch einmal in ihrer Sequenzialität ausführlich beschrieben.

Fragestellungen als Ausgangspunkte der Feldforschung

Ein genauerer Blick auf den Ausgangspunkt dieser und anderer Arbeiten zeigt sich als erkenntnisreich. Zu Beginn jedes künstlerischen oder wissenschaftlichen Prozesses steht die Frage danach, was eigentlich Gegenstand der Auseinandersetzung sein soll. Bei Frl. Wunder bildet diesen Ausgangspunkt meistens eine eher kulturwissenschaftlich motivierte Fragestellung für ein gesellschaftliches Phänomen: Jemand aus der Gruppe hat «Tiere Essen» gelesen und bringt die Frage auf: «In welchem Verhältnis stehen eigentlich Mensch und Tier?». Jemand hat sich mit Faust beschäftigt, hat das Gefühl, dass die Suche nach dem perfekten Augenblick etwas Rauschhaftes hat und fragt interessiert: «Was ist eigentlich Rausch?». Häufig sucht Frl. Wunder AG gezielt nach Fragestellungen, die mit performativen Praktiken in Verbindung stehen: Wo wird das Thema in der Handlungspraxis von Menschen konkret? Soll etwas über Rausch herausgefunden werden, fragt die Gruppe sich: «Wer praktiziert Rausch und könnte uns zeigen, wie das funktioniert?» Will sie sich mit dem Verhältnis von Mensch und Tier beschäftigen, sucht sie nach Begegnungen mit Menschen, die über das, was sie tun, eine besondere Beziehung zu Tieren haben. So wird im Rückbezug auf die Ausgangsfrage ein Feld aus Orten, Expert*innen oder Subkulturen und kulturellen Praxen abgesteckt, von dem die Künstler*innen glauben, dass es Aufschluss über das geben könnte, woran sie interessiert sind. Damit sind die Ausgangspunkte von Arbeiten der Frl. Wunder AG weit von klassischen Theateransätzen entfernt, die einen dramatischen Text inszenieren. Sie sind als ergebnisoffene *devising theatre* Theaterperformances eher dem Recherche- oder Dokumentartheater (vgl. Feindel & Rausch 2016, Hinz 2018) zuzuordnen, wobei im Unterschied zu letzterem jedoch kein bereits bestehendes Dokument bearbeitet, sondern die Dokumente erst selbst hervorgebracht werden.

Zeitlicher Rahmen der Feldforschung und dessen Auswirkungen

Der Ansatz, sich einem Phänomen oder Thema über ein soziales Feld zu nähern, in der Hoffnung, aus den dort gemachten Beobachtungen sozusagen *Erzählenswertes* zu rekonstruieren, eröffnet deutlich Bezüge zur qualitativen Sozialforschung (vgl. Przyborski & Wohlrab-Sahr 2009), wie in Kapitel 1.2 bereits deutlich wurde, im Speziellen zur ethnografischen Praxis der Feldforschung. Anders als in der klassischen Ethnografie begeben sich die Künstler*innen nicht für mehrere Wochen oder Monate in ein einziges Forschungsfeld, das gleichzeitig zentraler Gegenstand der Untersuchung ist, sondern recherchieren häufig mal mehr, mal weniger aktiv beteiligt in *unterschiedlichen* Feldern, die jeweils mit einer erkenntnisleitenden Fragestellung/Forschungsfrage in Verbindung stehen. In den Proben zu «*(I can't get no) Satisfaction*» nähern sich die Künstler*innen dem Phänomen Rausch beispielsweise, indem sie sich von verschiedenen Expert*innen in deren persönliche Rauschpraxis einführen lassen: Sie haben so Teil an Rauscherfahrungen, die in Fußballfankurven, Swingerclubs, Clubnächten, Tauchexpeditionen, SM-Sessions oder beim Lachyoga möglich werden. Andere Produktionen wiederum sind nicht so grundlegend mit ethnografischen Praxen verknüpft, sondern beinhalten lediglich punktuell den Probenprozess mit Forschungen im Feld in Form von einzelnen Terminen oder Aktivitäten. Die Feldforschung für «Ein Bankett für Tiere» wiederum fand in Form einer etwa einwöchigen Recherchereise statt, auf der die Künstler*innen sich gezielt an unterschiedliche Orte begaben, an denen Mensch und Tier in einem besonderen Verhältnis zueinanderstanden: z. B. Schlachthof, Hühnermastbetrieb, Kleintierkrematorium oder Wolfscenter und noch einige andere Stationen. Die Dauer der jeweiligen Feldexkurse bewegt sich dabei generell eher im Rahmen von mehreren Stunden oder im Höchstfall ein bis zwei Tagen. Dies ist vor allem der Anzahl der unterschiedlichen Felder und dem im Rahmen eines in der Regel nicht länger als acht Wochen dauernden Produktionsprozess geschuldet, der neben der Feldforschung auch die eigentliche Probenarbeit für das aus der Forschung entstehenden Stück enthalten muss. Das Verfahren ähnelt damit eher denen im englischen Sprachraum als *participatory rapid assesment* oder *focused ethnographic study* gefassten Ansätzen (vgl. Bernard 2004)[11] als dem klassischer Feldforschung. Zudem ist es keine spezielle Einzelfallstudie, sondern folgt einer gewissen Serialität. Für entsprechende

11 In der klassischen Ethnografie waren Feldforschungen auf einen relativ langen Zeitraum angelegt. Das wird vor allem mit der Annahme begründet, ein Zugang zu den Beforschten entstehe erst mit der Zeit über soziale Interaktion und damit entstehendes Vertrauen und Alltäglichkeit im Umgang mit ihnen (vgl. z. B. Russel 2004: 34) Heute, da die allermeisten aus westlicher Perspektive «fremden» Kulturen bereits beforscht wurden, die Globalisierung kulturelle Grenzen und Identitäten nicht mehr so klar voneinander abgrenzbar macht und es schwierig geworden ist, Finanzierung für lang angelegte Forschungsvorhaben zu akquirieren bzw. die Forschenden häufig marktorientierter zu bestimmten Zeiten bestimmte Ergebnisse liefern müssen, findet Feldforschung nicht mehr zwangsläufig im Rahmen von Monaten oder Jahren statt. Methoden der *quick ethnography* oder *applied ethnography* wurden gezielt für Forschungskontexte entwickelt, die innerhalb eines sehr begrenzten zeitlichen Rahmens zu Ergebnissen kommen müssen (vgl. Handwerker 2001: 3). In diesem Zusammenhang werden von Russel sogenannte *participatory rapid assesments* (PRA) (vgl. Russel 2004: 352) beschrieben, die häufig auch die aktive Teilnahme des Forschenden im Feld beinhalten: «Rapid assessment means going in and getting on with the job of collecting data without spending month developing rapport. This means going into a field situation armed with a list of questions that you want to answer and perhaps a checklist of data that you need to collect.» (ebd.) Diese ergebnisorientierte, schnelle Feldforschung kommt häufig beispielsweise in Studien für landwirtschaftliche oder medizinische Fragen zur Anwendung, wo teilweise auch nach konkreten Methodenkatalogen wie dem der *focused ethnographic study* (FES) gearbeitet wird, einer Methode, die von der Ärztin Sandy Gove und der Anthropologin Gretel Pelto für Feldstudien der Weltgesundheitsorganisation entwickelt wurde (vgl. Russel 2004: 352; Gove & Pelto 1994).

ethnografische Verfahren, die wie die Forschung des Theaterkollektivs zeitlich sehr beschränkt sind, hebt Bernard hervor:

> The key to [...] quick ethnography, according to Handwerker (2001), is to go into a study with a clear question and to limit your study to five focus variables. If the research is exploratory, you just have to make a reasonable guess as to what variables might be important and hope for the best. Most rapid assessments studies, however, are applied research, which usually means that you can take advantage of earlier, long-term studies to narrow your focus. (Bernard 2004: 353)

Hierin wird deutlich, dass sich der ursprüngliche rein explorative Zugang zum Feld, der den Anspruch verfolgte, Erkenntnisse induktiv aus einer möglichst umgelenkten Beobachtung zu gewinnen, verschiebt. Zeitlich stärker begrenzte Verfahren starten meist, wie auch die Arbeit von Frl. Wunder AG, auf der Grundlage von zuvor erfolgten Recherchen und befragen das Feld in einer bestimmen Art und Weise, um gezielt Material, wie hier auf die Frage nach dem Verhältnis von Menschen und Tieren, in einer Reihe von inhaltlich miteinander in Verbindung stehenden Forschungsfeldern zu erheben.

> Methoden werden genutzt, um Daten als Grundlage für eine Beschreibung zu erheben, um eine Fragestellung zu beantworten oder ein Problem zu lösen. Sie sind nicht Selbstzweck, und ihre Eignung kann immer nur an der zu beantwortenden Frage gemessen werden. Feldforschung ist also, abgesehen von einer anfänglichen explorativen Phase im Feld, im Wesentlichen zielgerichtet. Sie ist nicht bloße Anwesenheit, sondern ein gut vorbereitetes, bewusst geplantes, theoriegeleitetes und begründetes Vorgehen. Sich über die Ziele vor der Forschung so weit wie möglich klar zu werden, ist für Auswahl und Erlernen von Methoden wichtig. (Beer & König 2020: 10 f.).

Erfahrungsräume und implizites Wissen erschließen

Betrachten wir das konkrete Vorgehen der Künstler*innen in ihrem jeweiligen Forschungsfeld, so wird deutlich, dass der *Grad* der Teilnahme stark variiert. Er richtet sich nach Möglichkeiten und Bereitschaft der Beforschten, die Künstler*innen an etwas tatsächlich teilhaben zu lassen sowie nach organisatorischer Zugänglichkeit, zeitlichen Bedingungen und teilweise auch nach finanziellen Möglichkeiten. So unterscheidet sich die Beteiligung dann von Feld zu Feld in der Konkretion einer aktiven Partizipation: Im Schlachthaus oder Tierkrematorium ist verständlicherweise wenig aktiver Einsatz möglich, da diese Orte und die darin aufzufindenden Handlungspraktiken starken Regularien unterliegen und die Akteur*innen eines großen Hintergrund- und Vorwissens bedürfen. In anderen Feldern jedoch bemühen sich die Künstler*innen, so direkt wie möglich am Geschehen beteiligt zu werden: Sie schleichen mit Jägern auf der Suche nach Wild durch den Wald, lernen von einer Falknerin, wie man Greifvögel fliegen lässt, begeben sich mit Schutzanzügen in Begleitung des Bauerns in die Hähnchenmast oder vollziehen mit einer Schamanin ein Krafttier-Ritual. Das angestrebte Ziel ist offensichtlich immer, so intensiv und direkt wie möglich im jeweiligen Feld praktizierte Handlungen und Vorgänge tatsächlich selbst ausführen zu können.

In anderen Arbeiten der Gruppe ist die Feldforschung sogar noch expliziter auf eine Handlungspraxis ausgerichtet. In der weiter oben bereits erwähnten Produktion «(I can't get no) Satisfaction» beispielsweise, in der Frl. Wunder AG das Phänomen Rausch untersucht, und die Künstler*innen sich von unterschiedlichen Expert*innen in die Praxis derer persönlichen Rauschzugänge einführen lassen, ist der Forschungsgegenstand selbst bereits auf die Frage nach einer konkreten Handlungspraxis ausgerichtet: «Wer zeigt uns, wie man rauscht?». Im Swingerclub suchen die Künstler*innen nach der Ekstase sexueller Praktiken, mit Mitgliedern der Jesus-Freaks schmettern sie Lobpreis für den Herrn, mit einem Tauchverein begeben sie sich unter Wasser, in die Hoffnung, den Rausch der Tiefe zu erleben.

Wie bei der ethnografischen Feldforschung geht es dabei um das Teilen eines Erfahrungsraumes und das implizite Wissen, das in performativen Praktiken gebunden ist: Was bedeutet es, am eigenen Leib zu erfahren, wie Menschen mit einer bestimmten Expertise im Hinblick auf ein Thema, sich in ihrem Umfeld bewegen, wie sie handeln und was sie erleben? Was lässt sich dadurch über das Thema und dessen Bedeutung für die Gesellschaft erfahren? Dabei geht es den Künstler*innen zwar zentral um das Teilen einer Handlungspraxis, dennoch spielt ähnlich wie in der Ethnologie auch das Sammeln fachlicher Informationen und vieler weiterer ästhetischer Eindrücke eine Rolle, von denen die Gruppe vermutet, dass sie Aufschluss über das implizite Wissen des Feldes geben könnten. Nicht alles davon hat augenscheinlich sofort einen direkten Bezug zu unserer Fragestellung. Frl. Wunder AG sucht bewusst auch nach vermeintlich abseitigen oder randständigen Elementen, von denen die einzelnen Künstler*innen spontan bewegt sind. Dabei wird erkennbar, dass die Künstler*innen in der Art und Weise, wie sie teilnehmende Beobachtung konzipieren und durchführen, ganz im Sinne von Fischer handeln, die formuliert: «›Beobachtung‹ bedeutet die Wahrnehmung mit allen Sinnen, also auch das Hören und Riechen und Schmecken und Fühlen. Und tatsächlich ist es gerade diese ganzheitliche Wahrnehmung, die die Erfahrungen der Teilnahme erst ausmacht» (Fischer 2002: 13). Die Feldforschung der Gruppe bewegt sich somit ständig in einem Spannungsverhältnis zwischen zuvor beschriebener stärkerer Gerichtetheit einerseits und einer stark explorativen Wahrnehmung andererseits, in denen möglichst viele verschiedene Informationen ganz unterschiedlicher Qualität gesammelt werden.

Angewendete Forschungsmethoden

Welchen Gesetzmäßigkeiten und Regeln die Beobachtung und Sammlung dieses vielschichtigen Materials dabei konkret folgt, entscheidet sich je nach Projekt und teilweise auch erst direkt im jeweiligen Feld. Bei den Forschungen zu «Ein Bankett für Tiere» arbeitete die Gruppe zwar mit konkreten inhaltlichen und ästhetischen Beobachtungsaufträgen, mit einem Auswertungsbogen, den es nach jedem Termin persönlich auszufüllen galt, sowie mit Video- und Tonaufnahmen, die teilweise interessengeleitet ohne speziellen Fokus, teilweise gezielt im Rahmen von Interviews mit Expert*innen geführt wurden. Diese Elemente ließen aber jeweils großen Spielraum zu, wie mit ihnen konkret umzugehen und welchen Ausschnitt des Feldes mit ihnen zu beobachten war und wurden zudem, außer einer festen Kameraführung, jeweils von Feld zu Feld in der Gruppe neu verteilt. Die Formulierungen Rheinbergers zur Durchlässigkeit und Flexibilität der angewendeten Beobachtungsmethoden trifft hier auch auf die Arbeit von Frl. Wunder AG zu:

> [...] Regeln werden in actu erlernt, sie können die Forschung nicht von sich aus anleiten, sondern nur begleiten, und ihre Implementierung kann in verschiedenen experimentellen Zusammenhängen ganz unterschiedliche Formen annehmen. [...] Sie sind eine Art experimentelles Spinnennetz. Das Netz muß so genknüpft sein, daß Aussicht auf unerwartete Beute besteht. Das Netz muß «sehen» können, was die bloßen Sinne des Erbauers nicht vorwegzunehmen vermögen. Aber es darf auch nicht zu fein gesponnen sein. (Rheinberger 2001: 82)

Die Fäden des Netzes, so ließe sich in Anlehnung an Rheinberger formulieren, sind die Methoden, mit denen die Gruppe vorgeht. Sie müssen zum einen Struktur bieten, gleichzeitig aber flexibel und offen sein, damit Überraschendes, Unvorhersehbares und *das* festgehalten werden kann, wovon die Künstler*innen selbst noch gar nicht wissen, dass es ihnen begegnen wird. Wie diese Forschungsmethoden konkret aussehen und gewichtet sind, ist in jedem Projekt unterschiedlich gelagert. Projektübergreifend lassen sie sich in etwa so unterteilen:

Teilnehmende Beobachtung
Die Gruppe nimmt an für das Feld typischen Handlungspraxen selbst teil. Sie lässt sich mit Peitschen und heißem Kerzenwachs in SM-Praktiken einführen, pirscht mit Jägern durch den Wald, in der Hoffnung ein Wildschwein zu erlegen, oder begibt sich in Sufi-Tänzen in Trance.

Interviews mit Expert*innen
Die Gruppe befragt den Schlachter zu dem, was sie im Feld beobachtet hat oder nach seinem persönlichen Verhältnis zu Tieren, sie interviewt einen Rauschsoziologen zur gesellschaftlichen und psychologischen Bedeutung von Rausch.

Video-, Foto- und Audio-Dokumentation

Die Gruppe filmt, was sie tut. Sie filmt ihre Expert*innen. Sie filmt die Orte, konkrete Situationen oder wie sich das Kornfeld hinter dem Hühnerstall im Wind bewegt. Sie nimmt Interviews auf, die Musik im Fahrstuhl oder das Rauschen des Krematoriums. Alles, was die Künstler*innen visuell oder auditiv anspricht, wird eingefangen – ob in offensichtlicher Verbindung zum Forschungsgegenstand oder erst einmal rein affektiv.

Sammeln von Artefakten

Die Gruppe bringt Dinge aus dem Feld mit: die Schutzkleidung aus der Hühnermast, Kondome aus dem Swingerclub, Futter aus dem Wildpark. Was nicht direkt aus dem Feld mitgenommen werden kann, wird notiert und häufig im Anschluss besorgt, wie z. B. Eintagsküken, die bei einer Falknerin an die Raubvögel verfüttert wurden.

Introspektiven

Die Gruppte nutzt Notizbücher oder spricht auf Diktiergeräte: Momentaufnahmen, die die persönliche Wahrnehmung der Künstler*innen im Feld einfangen. Spontane Gedanken und Assoziationen, Gefühle und körperliche Reaktionen, die Erfahrungen aus der teilnehmenden Beobachtung, die Reflexion der eigenen Rolle im Feld und wie sich darüber das Setting verändert.

Die verschiedenen Forschungsaufträge sind im Feld meist auf unterschiedliche Schultern verteilt, um Fokus in der Beobachtung und ein sinnvolles Festhalten dessen zu ermöglichen, was den Künstler*innen begegnet.

Haltung und Kommunikation im Feld

Ihnen ist gemeinsam, dass der generelle Zugang zum Feld unabhängig davon, wie sich die eigene Haltung der Künstler*innen zum beforschten Gegenstand darstellt, in einem affirmativen Gestus erfolgt. Dieser zeigt sich in der Art und Weise, wie mit den Expert*innen kommuniziert wird und wie sich die Gruppe auf die Praktiken des Feldes tatsächlich einlässt, egal wie widersinnig diese auf den ersten Blick erscheinen. Jede*r Expert*in kann in den Augen der Künstler*innen mit ihren spezifischen Antworten auf ein Phänomen in der Wahrnehmung der Gruppe etwas zur Forschung beitragen: Ja, von einem Fußballfan kann etwas über Rausch gelernt werden und von einer Katzentelepathin etwas über das Verhältnis von Mensch und Tier – egal ob die Künstler*innen selbst daran glauben oder die jeweilige Handlungspraxis gut finden.

In der direkten Kommunikation mit den Menschen im Forschungsfeld mimen die Künstler*innen nicht vermeintliche Sicherheit und Erfahrung, sondern legen ihr eigenes Unwissen, ihre Unbeholfenheit und vor allem ihre Fragen, seien sie noch so naiv und grundlegend, immer wieder offen:

> Entscheidend bei jeder Feldforschung scheint mir aber, dass man sich als Beobachter natürlich, offen, unverstellt und gesprächsbereit zeigt. Jede Art der Anbiederung und jeder konstruierte, erzwungene Versuch, schnell erkennbare Unterschiede zwischen Beobachter und Beobachteten in Auftreten, Sprachverhalten und Interessen zu leugnen, führen zum Scheitern der Untersuchung. Es ist das Nicht-Vertrautsein mit der Situation eines zu untersuchenden Feldes, das es dem Beobachter ermöglicht, Kontakte aufzunehmen und Fragen zu stellen, die sich nur aus dem unterschiedlichen Hintergrund von Beobachteten und Beobachter erklären lassen. (Senft 2002: 211)

So wird die von Senft beschriebene Differenz von der Gruppe teilweise noch künstlich vergrößert, in dem eigene Expertisen bewusst zurückgestellt werden oder sich von den Expert*innen im Feld Dinge erklärt oder gezeigt werden, die bereits andernorts erfahren wurden oder schon bekannt waren. Die Künstler*innen nehmen damit, sei es bewusst oder unbewusst, die Haltung eines*r typischen Ethnolog*in ein:

> Er beherrscht die Sprache nicht, nicht die einfachsten Regeln anständigen Benehmens, bewegt sich wie ein Tollpatsch durchs Gelände, ist viel zu schwächlich für wirkliche Arbeit, schwitzt ständig und kann nicht einmal ein Schwein schlachten. Er muss lernen wie jedes Kind. Er wird belehrt und auf Fehler hingewiesen, gelobt und getadelt, lernt durch Vorbild und Beobachtung, fragt und bekommt Erklärungen. Schließlich weiß und fühlt, ahnt und glaubt der Ethnologe vieles, wonach er gar nicht hätte fragen können. (Fischer 2002: 12)

Ein Stück weit wird diese Naivität und Unbeschriebenheit möglicherweise auch als Rolle im theatralen Sinne angenommen und im Feld vorgeführt, um über die dadurch entstehende Differenz zum Gegenüber bei diesem Erklärungen und eigenen Positionen überhaupt erst hervorzulocken und einen Anlass für Fragen und Gespräch zu schaffen.

Die Differenz wird allerdings nur auf der Ebene von Wissens- und Erfahrungsvorsprung hochgehalten. Eigene Meinungen und Positionen stellen die Künstler*innen zumindest in der unmittelbaren Begegnung mit den Menschen im Feld, größtenteils aber auch in der Kommunikation untereinander während der Feldforschung generell zurück. Sie gehen nicht in Konfrontation oder inhaltliche Diskussion mit Expert*innen über das Beobachtete, Gesagte oder Erlebte und sind offensichtlich im Gespräch miteinander bemüht, die anderen nicht über wertende oder zu emotional gefärbte Aussagen in ihrer Wahrnehmung zu beeinflussen. Entsprechende Gedanken werden lediglich in den Feldnotizen festgehalten, ein Austausch über die individuellen Perspektiven und ein Diskurs über Inhalte finden größtenteils erst im Nachhinein statt, wenn der Feldbesuch bereits abgeschlossen ist.

«Niemand bricht vorzeitig ab, weder aus Antriebsschwäche noch aus Erschöpfung», heißt es in einem von Frl. Wunder AG verfassten Manifest zur Produktion «(I can't get no) Satisfaction». Egal wie fremd ein Feld erscheint, egal was sich gegen Lobpreis mit den Jesus Freaks, einen Besuch im Swingerclub oder einen Tauchgang sträubt – dem Forschungsethos der Gruppe nach gebührt der ernste Versuch, sich auf das einzulassen, was ihnen im Feld begegnet. So versuchen die Künstler*innen, zumindest prinzipiell bereit zu sein, das eigene Selbst- und Weltbild auf den Kopf stellen zu lassen, zum Beispiel, wenn sich beim Lobpreis plötzlich ein christlich-spiritueller Rauschzustand einstellen würde. Auch wenn dieses Gebot nach einigen Jahren der Arbeitspraxis sicher nicht mehr unausweichlich über allem steht, markiert es doch den Grundduktus, das Feld unabhängig von eigenen Befindlichkeiten durchdringen und verstehen zu wollen.

Gleichzeitig eröffnet sich über diesen Anspruch ein Doppelbewusstsein, mit dem die Künstler*innen im Feld agieren. Auf der einen Seite steht das wohlgesonnene, offene und bedingungslose Einlassen. Auf der anderen eine «Position der Fremdheit» (Hinz 2014), die über die systematischen Befragungen des Feldes und Materialerhebungen einen analytischen, kulturwissenschaftlichen Blick auf Phänomene mit sich bringt. Widerstrebende Momente, die sich im Grunde genommen gegenseitig ausschließen und die bei Frl. Wunder AG dennoch beide unabdingbarer Teil einer künstlerisch motivierten Forschungspraxis im Feld sind.

Auswertung der Feldbeobachtungen

Den Einstieg in die Probenarbeit bildet nach Ende der Forschung im Feld eine Auswertungsphase der Feldbeobachtungen. In dieser Phase geht es der Gruppe zentral darum, die erhobenen Materialen zu sichten und daraus erste Ideen für das szenische Endprodukt festzuhalten und zu präsentieren, auf Grundlage derer dann der spätere Probenprozess am Stück aufgebaut wird. Die unterschiedlichen Stationen der Feldforschung werden dafür in Kleingruppen szenisch aufgearbeitet, um dem Rest der Gruppe für den szenischen Entwicklungsprozess möglicherweise interessante Aspekte zu präsentieren.[12] Dabei zeigt sich im Probenprozess eine weitere Parallele zur qualitativen Sozialforschung. Als ersten Schritt in diese Arbeitsphase codieren die Künstler*innen ähnlich der Grounded Theory (vgl. u. a. Strauss & Corbin 1996). Die Grounded Theory wurde mit dem Ziel entwickelt , theoretische Erkenntnisse über ein bestimmtes Phänomen direkt aus empirisch erhobenen Daten heraus zu entwickeln. Das Finden und Benennen von Phänomenen in vorhandenen Daten stellt dabei einen kreativen Prozess dar, «in dem induktive, abduktive und deduktive Perspektiven und Ideen zusam-

12 Eine detaillierte Beschreibung in diesen Arbeitsschritt findet sich außerdem im Rahmen der Auswertung der Probenbeobachtungen in Kapitel 3.3

menwirken und sich wechselseitig beeinflussen» (Tiefel 2005: 69). Das zentrale Instrument, um diesen Prozess methodisch zu fundieren, ist ein Vorgehen, das als Kodieren bezeichnet wird. Kodieren bedeutet im Rahmen einer Grounded Theory, die Daten in kleine Sinneinheiten zu zerlegen und mit Begriffen zu versehen, die jeweils ihre relevanten Bedeutungen fassen (Strauss & Corbin 1996). In der Sozialforschung wird dies zumeist auf im Forschungsprozess generierte Texte, wie beispielsweise die Transkription von Interviews oder Gruppendiskussionen angewendet, zumeist sehr genau: Zeile für Zeile. Bei der Frl. Wunder AG geschieht dieser Prozess zwar nicht in einer Genauigkeit und Sorgfalt, die für eine wissenschaftliche Validität der daraus entstehenden Ergebnisse notwendig wäre, jedoch folgt das Kodieren prinzipiell der gleichen Systematik: Interviews werden transkribiert, Videos und Tonaufnahmen auf die Frage hin analysiert, welche Ausschnitte thematisch oder ästhetisch relevant für die Auseinandersetzung mit der Fragestellung sein könnten. In welchen Ausschnitten des Materials werden welche inhaltlichen Aspekte thematisiert? Wie kann der Inhalt eines Textes, ein Bildausschnitt, eine performative Handlung auf einen Begriff gebracht werden? Was verbindet, was trennt einzelne Elemente? Welche Themen-Codes lassen sich zu größeren Themenbereichen, sprich Kategorien, zusammenfassen? Den Elementen werden zudem zusätzlich formale Codes zugewiesen wie Musik, Bewegung, Objekt, Figur, O-Ton, Kostüm, Video, Text usw., um einen Überblick über das Material auch unter formalästhetischer Perspektive zu ermöglichen.

Die daraus entstehenden Materialpräsentationen können extrem unterschiedlicher Gestalt sein: von einer Art Vortrag, über ein für die Zuschauenden angeleitetes Spiel oder Präsentationen von Videosequenzen bis hin zu relativ komplexen szenischen Aufbauten. Die meisten sind relativ «roh». Sie beinhalten offene Absprachen über den weiteren Verlauf, das Erklären von Aspekten, die noch nicht umgesetzt wurden etc. Sie funktionieren selten als szenische Entwürfe, in denen alles glattläuft, sondern haben eher den Charakter einer Präsentation unterschiedlicher Ansätze und Fragmente. Eine generelle Stoßrichtung dessen, welche Art von Material in den Präsentationen prominent gesetzt wird, ließe sich nur schwer beantworten und würde einer Untersuchung bedürfen, die den Umfang dieser Arbeit sprengen würde. Ein soziales Feld lässt sich im Sinne von Bourdieu (1997) als Summe sozialer Praktiken definieren. Ethnografische, gesellschaftsanalytische Herangehensweisen fragen nach den Routinen in diesen Praktiken. Zumindest thesenhaft lässt sich behaupten, dass die Künstler*innen möglicherweise nach den Praktiken *jenseits der Routinen* suchen. So wird in der Produktion «Ein Bankett für Tiere» beispielsweise zur Auseinandersetzung mit dem Thema «Nähe zwischen Mensch und Tier» nicht die Liebe einer alten Dame zu ihrem Rauhaardackel herangezogen, sondern die Ehe eines Mannes mit einer Stute oder der routinierte Blick des Jägers auf das Tier umgekehrt und aus der Perspektive eines Tieres der Mensch als Beute betrachtet.

Probenprozess zwischen dem Fremden und dem Eigenen

Ist der Überblick über das Material gemacht, stellt sich die Frage, welchen der offenen Spuren und möglichen Wege der weitere Prozess folgt und wie sich diese Bewegung vollzieht. Die Gruppe selbst beschreibt den Prozess folgendermaßen:

> In einem zweiten Schritt werten wir das Material mit den Adleraugen einer Dramaturgin aus: Was ist interessant zu erzählen? In welchem Verhältnis steht das dokumentarische Material zu den bereits getroffenen ästhetischen Setzungen? Was muss neu überdacht werden? Wenn wir uns dann als Performer_innen das Material körperlich und sprachlich aneignen, kommen zu den konzeptionellen und kulturwissenschaftlichen Forschungsfragen die künstlerischen hinzu: Wie stelle ich überhaupt ein Tier dar? (Frl. Wunder AG 2012)

An solchen und ähnlichen Fragen orientiert sich der folgende Probenprozess, der sich im Spannungsfeld von Feldforschung und Kunstpraxis, von angeeignetem (Erfahrungs-)Wissen und der Offenheit der theatralen Übersetzung bewegt. Auf dem Hintergrund der Ausführungen zur ästhetischen Bildung (vgl. Kapitel 2.1.2) ist dabei vor allem Folgendes interessant: Einen wichtigen Moment in diesem Suchprozess nimmt die Beschäftigung damit ein, an welcher Stelle das Beobachtete etwas mit den Künstler*innen persönlich zu tun hat. Marleen Wolter formuliert im Hinblick auf «Msonkhano.de», eine andere Produktion der Gruppe: «Die Chance einer gegenseitigen interkulturellen Feldforschung liegt meiner Auffassung nach darin, im Blick des Anderen [sic!] auf sich selbst Recherche an sich selbst zu betreiben» (Wolter 2015: 5). Sie eröffnet damit das Nachdenken über ein Verhältnis von Fremdheit und Vertrautheit, worauf meines Erachtens in allen Probenprozessen von Frl. Wunder AG ein Hauptaugenmerk liegt – unabhängig vom Bezug zu interkulturellen Zusammenarbeiten, wie er in der hier zitierten Arbeit zentral ist. So geht es immer darum, gerade *jene* Aspekte zu befragen, die wie oben beschrieben jenseits der Routinen liegen, die der Gruppe besonders fremd erscheinen: Wie lassen sie sich für die Künstler*innen persönlich begreifbar machen? Wie lässt sich erzählen: Der Mann, der mit einem Pferd verheiratet ist und Sex mit dem Tier hat oder der Mastbauer des Hähnchenhighways der niedersächsischen Provinz, «die haben auch etwas mit mir zu tun»? Anders ausgedrückt: Das biografische Erlebnis aus einer Perspektive der Fremdheit zu betrachten, mit Hilfe derer sich die Künstler*innen über sich selbst wundern und erst einmal davon ausgehen, dass eben nichts selbstverständlich ist. So wird der Erlebnisbericht geflüchteter Menschen auf der Überfahrt über das Mittelmeer angeknüpft an die Auswanderungsgeschichte der eigenen Großmutter («Auf den Spuren von ...»), die Geschichten vom Tod des eigenen Haustiers verwoben mit einem Begräbnisritual für ein Eintagsküken aus einer Legebatterie («Ein Bankett für Tiere»). Diese Verknüpfung von allgemeiner und persönlicher Ebene wird immer wieder gezielt gesucht, unter anderem auch, um Anknüpfung und Identifikationsmomente für das spätere Publikum zu schaffen. Darin spiegelt sich jedoch darüber hinaus nicht nur ein interessanter Umgang mit dem Phänomen des Fremden, das in fast spielerischer Weise immer wieder gezielt gesucht zu werden scheint, sondern auch ein konstanter Einritt in eine Reflexion von Empfindungs- und Übertragungswerten.

Das Produkt der künstlerisch-ethnografischen Feldforschung

Das konkrete Endprodukt einer Frl. Wunder-AG-Produktion kann dabei sehr unterschiedlichen Formats sein. Im Fall von «Ein Bankett für Tiere» stellt es einen etwa zweistündigen Abend dar, der trotz immer wieder anzutreffender Interaktionsmomente weitestgehend Regeln und Versprechen einer Aufführungssituation folgt: Ein «performatives Dinnertheater» in Kneipen, bei dem das Publikum in Tischgemeinschaften im Raum verteilt sitzt, zuschaut, diskutiert und isst. Der Abend wechselt zwischen Interaktionsmomenten und Spielsequenzen, folgt einer klaren Dramaturgie und zeichnet – wenn auch fragmentarisch – Figuren und deren Motive. Im Ankündigungstext der Produktion heißt es:

> Sie räkeln sich auf unseren Sofas, schreiten majestätisch durch die Wälder und warten zu Tausenden auf ihre Reise Richtung Schlachtbetrieb. Wir kochen sie zu Seife, stopfen ihre Lebern und nageln ihre Felle an die Wand – die Liebe zum Tier geht häufig durch den Magen. Deshalb bereitet die Frl. Wunder AG ihren Gästen ein exklusives Abendessen. Gang für Gang legt sie dabei die Schichten der Beziehung von Mensch und Tier frei. Sie übt sich in der Kunst des Jagens, ergreift die Positionen von Aktivisten und Mastbauern und sucht nach dem Tier in sich selbst. Es geht um die Schönheit der Ähnlichkeit und der Differenz und um das, was uns verbindet: primäre Bedürfnisse, Bewegung und Überlebenswille. Immer wieder dient das Tierische als Projektionsraum, um über menschliche Sehnsüchte, Grenzen und Gesellschaftsordnungen nachzudenken. Das gemeinsame Essen wird so zu einer utopischen Begegnung mit den Tieren und fordert uns heraus, Stellung zu beziehen: Was bieten wir den Tieren, die uns kleiden und ernähren, eigentlich im Tausch? Teilen wir mit ihnen den Stadtraum und geben ihnen demokratische Rechte? Oder müssen wir konsequenterweise selbst zum Bankett für Tiere werden? (Frl. Wunder AG 2012)

In der Aufführung finden sich viele Elemente, die bereits in der Auswertung der Feldforschung präsentiert worden waren, in ausgearbeiteter, veränderter oder teilweise nahezu identischer Form wieder. Vieles des verwendeten Materials entstammt unmittelbar aus der teilnehmenden Beobachtung in den Forschungsfeldern: Objekte, Texte, Geräusche, Bilder und Videos, Bewegungen, Mitschnitte von Interviews aus dem Feld. Andere Elemente wurden im Probenprozess zusätzlich recherchiert, besorgt oder gebaut (vgl. Kapitel 3.5.2).

Das Material aus dem Feld ist zwar stellenweise als etwas zu erkennen, was augenscheinlich nicht dem Kontext eines Probenraumes entspringt, wie beispielsweise bei

Videoaufnahmen aus einer Hühnermast oder einem Wolfsgehege. Der Kontext der Entstehung (die Quellen des Materials sozusagen) wird aber während der Aufführung nicht explizit als solches gekennzeichnet oder thematisiert. Eine Referenz auf die Forschung im Feld erfolgt lediglich im Programmheft zum Stück. «Was wir schlussendlich präsentieren, ist das Ergebnis eines kollektiven und offenen Suchprozesses, der mit einer Reise durch die niedersächsische Provinz seinen Anfang genommen hat» (Frl. Wunder AG 2012). Den Zuschauenden liegen also, sofern sie nicht auf andere Art und Weise in die Probenarbeit der Gruppe eingeweiht waren und zum Beispiel die über Facebook erfolgte Begleitung des Rechercheprozesses mitverfolgt haben, wenig Informationen und Anhaltspunkte dafür vor, dass das Material in einem besonderen Probenverfahren gewonnen wurde und aus einer Feldforschung stammt. Sie werden somit wahrscheinlich in erster Linie als theatrale Produkte, als «Stücke» gelesen und mit einer ebensolchen Erwartungshaltung rezipiert.

Dabei sind die Ergebnisse des Arbeitsprozesses von ästhetischen Elementen geprägt, die solche Erwartungen eher enttäuschen müssen. «Ein Bankett für Tiere» folgt, wie die meisten Produktionen der Gruppe keiner klassischen Dramaturgie oder Narration, sondern verknüpft in eher assoziativer Weise unterschiedliche szenische Fragmente miteinander. Es ist von Unabgeschlossenheit und Vielperspektivität geprägt, die wenig Arbeit an Narration oder Figuren leistet. Der bis zuletzt sehr offene Probenprozess legt weniger Fokus auf Wiederholung und Perfektionierung, weswegen zwangsläufig vieles «roher» bleibt als in einem gewöhnlichen Theater-Produkt. Hier könnte Hilligers Beschreibung von Charakteristika eines *Devising Research* angelegt werden:

> Im Probenprozess wird fokussiert, analysiert und strukturiert, es findet aber keine Reduktion von Komplexität statt, im Gegenteil. Chaos und Struktur lösen sich immer wieder ab, ohne sich jemals gegenseitig aufzuheben [...] die Bedingungen, Absichten und Impulse der «theaterkünstlerischen Forscher» liegen offen zutage; die Texte selbst haben einen oftmals suchenden Charakter, sind in diesem Sinne möglicherweise unfertig und enthalten eine Aufforderung zum Weiterdenken oder -probieren. [...] Hierdurch, aber auch durch den von Ambiguität geprägten Gestaltungsprozess selbst, dominiert ein Sowohl-als-auch gegenüber Einschätzungen von richtig oder falsch. (Hilliger 2009: 46 f.)

Auch greift das Theaterstück als Vergleichsfolie dort nicht, wo Teile der Aufführung ganz klar auf Informationsvermittlung ausgerichtet sind. Gängige Vorwürfe an die Formate von Frl. Wunder AG sind daher auch, dass sie «zu didaktisch» oder narrativ «zu fragmentarisch» sind oder dass die Performer*innen zu wenig «schauspielen». Auch die Ankündigung einer «Premiere» oder das Bespielen eines Theaterraums geht unweigerlich mit einer bestimmten Erwartungshaltung des Publikums einher, das aufgrund einer entsprechenden Kontextualisierung sich (zumindest unterschwellig) nach Aspekten wie Narration, Geschlossenheit, dramaturgischem und darstellerischem Feinschliff sucht. Für die Arbeit der Gruppe sind diese aber gar nicht zentrales Anliegen der Probenarbeit.

So ließe sich im Hinblick auf Produkte der künstlerisch-ethnografischen Forschung von Frl. Wunder AG in Frage stellen, ob die skizzierte Nähe zur theatralen Aufführung und die Behauptung den «richtigen» Vergleichshorizont für das eröffnet, was den Arbeitsansatz der Gruppe ausmacht. Zwar greift für die szenischen Ergebnisse der Arbeit auch der Vergleich mit einer wissenschaftlichen Veröffentlichung von Forschungsergebnissen nicht, da im Unterschied zu beispielsweise ethnografischen Forschungsansätzen die Kriterien von Transparenz, Stringenz und Vergleichbarkeit nicht greifen. Die Produkte der Probenarbeit von Frl. Wunder AG arbeiten vielmehr bewusst mit dem Verschwimmen von Realität und Fiktion, sie verfälschen, dichten dazu oder lassen weg – um eine Geschichte zu erzählen, die berührt, oder den Kern eines Problems in einem poetischen Bild einzufangen. Letztendlich geht es ihnen nicht um Faktentreue, sondern um Effekt und Affekt – No-Gos im Sinne des ethnografischen Arbeitens. Dennoch könnten die Arbeiten als Hybrid aus Forschung und ästhetischem Produkt (vgl. Pfeiffer 2018a) bezeichnet werden. Sie wären als etwas zu charakterisieren, was Geertz als das Ziel der Feldforschung beschrieben hat: «dichte Beschreibungen» (Geertz 1987: 10 ff.) eines kulturellen Phänomens – nur dass diese dichten Beschreibungen bei Frl. Wunder AG im Gegensatz zur klassischen Ethnografie nicht in schriftlicher Form, sondern als multimediales Theaterereignis vorliegen. Laut Clifford Gertz ist Feldforschung nicht dazu da, um «unsere tiefsten Fragen zu beantworten, sondern uns mit anderen Antworten vertraut zu machen, die andere Menschen [...] gefunden haben, und diese Antworten in das jedermann zugängliche Archiv menschlicher Äußerungen anzunehmen» (Geertz 1987: 43). In diesem Sinne wird in der seriellen Ethnografie von Frl. Wunder AG aus einem Spektrum möglicher Antworten geschöpft, die im szenischen Endprodukt des Forschungsprozesses wiederum kaleidoskopartig den Blick auf die *tieferen Fragen* eröffnen.

Das Publikum als Teil der Forschungsgemeinschaft

Als letzte These im Hinblick auf Produkte der Feldforschung von Frl. Wunder AG ließe sich formulieren, dass diese möglicherweise durch das Sich-Selbst-Befragen vor Publikum und das Ausstellen von persönlichen Bezügen zum Thema auf Seiten der Protagonist*innen auch eine persönliche Auseinandersetzung mit dem Gegenstand auf Seiten des Publikums anstoßen sollen. Dazu trägt auch ein weiterer Aspekt bei, der vielen Arbeiten von Frl. Wunder AG gemeinsam ist: Die Forschung wird auch in der Aufführung weitergeschrieben. Das Publikum ist immer wieder eingeladen, Teil der Aufführung zu werden, sich untereinander oder mit den Künstler*innen auszutauschen und eigene Erfahrungen einzubringen. Bei «Ein Bankett für Tiere» beispielsweise geschieht dies in den Tischgemeinschaften, in denen die Zuschauenden gemeinsam essen, sich über tragische Tode früherer Haustiere austauschen, ins Gespräch über den Konsum von Fleisch kommen oder gemeinsam an einer szenischen Befreiung von Masttieren teilhaben. Die Zuschauenden sind so weniger reine «Betrachter von Artefakten und Geschichten, sondern vielmehr Teilnehmer eines theatralen Ereignisses, in dessen ›Lücken‹ sie immer wieder einspringen» (Pfeiffer & Lobert 2013: 33). So bedeutet Feldforschung für Frl. Wunder AG immer auch soziale Plastik. Interaktion nicht nur mit denen, die beforscht wurden oder die Gruppe beim Forschen mit ihrer Expertise geleitet haben, sondern auch mit denen, die lediglich den Aufführungsmoment mit den Künstler*innen teilen. Es entsteht eine Forschungsgemeinschaft, die über die Akteur*innen hinausgeht. Sei beschäftigt sich explorativ mit einem Thema und gewinnt im Idealfall Erkenntnisse, die auch ein Stück weit in den Alltag wirken.

Feldforschung als künstlerische Praxis bei Frl. Wunder AG kann somit verstanden werden als ein ergebnisoffener Prozess, in dem wissenschaftliche und ästhetische Untersuchungen miteinander verschränkt werden. Er ist geprägt von teilnehmender Beobachtung im Forschungsfeld und einem daraus entstehenden kollektiven Proben- und Gestaltungsprozess, der einen experimentellen und interdisziplinären Zugriff auf die gefundenen Daten, Materialien, Themen und Inhalte gibt und sich hierin unterschiedlicher zeitgenössischer künstlerischer Verfahren bedient.

2 Theoretische Grundlagen eines theaterpädagogischen Praxisansatzes

Zur Orientierung: In diesem Kapitel beschäftige ich mich den theoretischen Grundlagen für eine theaterpädagogische Praxis, die Feldforschung zum Teil von Probenprozessen machen will.

Diese Grundlagen betreffen in Kapitel 2.1 zuallererst die Frage nach dem Verständnis von ästhetischer Bildung und danach, welche Konsequenzen sich daraus für eine Didaktik theaterpädagogischer Praxis ergeben. Ich betrachte zuerst getrennt die Diskurse um die Begriffe Bildung (S. 68) und Ästhetik (S. 82) und führe diese dann zusammen. Zentrale Bezugspunkte sind dabei die Theorie transformatorischer Bildungsprozesse nach Koller (2012) (S. 71), das Konzept der Fremderfahrung nach Waldenfels (1997) (S. 74) und Lehmanns Modell einer Ästhetik der Wahrnehmungsvergleiche (2016) (S. 89). Die Theoriebezüge werden kritisch diskutiert und in den Kontext prominenter Konzepte ästhetischer Bildung gestellt, um mein eigenes Verständnis von ästhetischer Bildung zu formulieren (S. 97). Abschließend stelle ich fünf Thesen dafür auf, was eine Didaktik ästhetischer Bildung berücksichtigen muss, um der zuvor entwickelten Theorie tatsächlich gerecht zu werden (ab S. 99). Diese Thesen bestimmen später auch die Grundausrichtung der theaterpädagogischen Konzeption.

Kapitel 2.2 eröffnet dann den Kontext der Theaterpädagogik vor dem Hintergrund der bisherigen theoretischen Überlegungen. Ich betrachte aktuell verwendete Begrifflichkeiten für Theater, das forschende Ansätze verfolgt (S. 104), sowie die damit verbundenen pädagogischen und ästhetischen Erwartungen (S. 112). Vor dem Hintergrund der erarbeiteten bildungstheoretischen Überlegungen untersuche ich, welche Bedeutung Fremderfahrungen in theaterpädagogischen Prozessen allgemein (S. 118) und in der ethnografischen Feldforschung im Besonderen (S. 121) zukommen. Abschließend beschäftige mich damit, inwieweit sich Feldforschung als Teil theaterpädagogischer Probenprozesse als inszenierte Fremderfahrung im Kontext kultureller Bildung positionieren lässt und welche didaktischen Parameter eine entsprechende Intervention zu beachten hätte (S. 126).

2.1 Ästhetische Bildung – Grundverständnis und dessen didaktische Konsequenzen

Soll im Rahmen einer entwicklungsorientierten Bildungsforschung ein didaktisches Konzept für die Anwendung ethnografischer Feldforschung in theaterpädagogischen Probenprozessen entwickelt werden, gilt es selbstverständlich im Kontext einer theoretischen Fundierung, das Grundverständnis von Bildung, insbesondere ästhetischer Bildung, zu thematisieren und zu reflektieren. Ähnlich wie um die in ihr enthaltenen Begriffe *Bildung* und *Ästhetik* gibt es eine breite Debatte darüber, was mit *ästhetischer Bildung* gemeint sei.

Es wird angenommen, dass sich Bildung in unterschiedliche Teilbereiche aufgliedert und sich diese voneinander sinnvoll abgrenzen lassen. Obwohl sich die ästhetische Bildung zu anderen begrifflich konstruierten spezifischen Formen, wie etwa der theoretischen Bildung, der moralischen Bildung oder der praktischen Bildung (als Bildung in Bezug auf soziale und berufliche Welten) abgrenzen lässt, bleibt ihr Wesen im Diskurs nicht eindeutig festschreibbar. Eine Neudiskussion des Wesens des Ästhetischen unter dem Aspekt seiner Bedeutung für den Kontext der Bildung erfolgt in den Erziehungswissenschaften im Anschluss an die allgemeine «Aktualität des Ästhetischen» (Welsch 1993) seit etwa Mitte der 1980er-Jahre. Verschiedene Autor*innen (u. a. Wünsche 1987, Mollenhauer 1988, Peukert 1993, Beck 1993) machen im Zuge einer viel konstatierten «Ästhetisierung der Lebenswelt» (z. B. Bubner 1989b) das Ästhetische im Kontext von Bildungsprozesse stark und fragen nach dessen Wesen und Qualitäten.[13]

13 In dem Maße, wie demokratisch-kapitalistische Gesellschaften im 20. Jahrhundert zusehends von den Zwängen des Überlebens entlastet wurden, wurde auch eine Transzendenz von einer rein funktional sortierten Umwelt ermöglicht (vgl. Wiese 2005: 284). Gesellschaftliche Entwicklungen, besonders die Kombination von zunehmenden Handlungsspielräumen im Bereich von Freizeit und Konsum und einer immer weiter verbreiteten Medientechnologie, führten in diesem Kontext dazu, dass es im Allgemeinen zu einer viel konstatierten «Ästhetisierung der Lebenswelt» kommt (vgl. z. B. Bubner 1989b). Im Zuge dessen ist unsere Lebenswelt heute immer mehr geprägt von der Auflösung der Bedeutungskontinuität und von einer zunehmenden Ästhetisierung und Theatralisierung von Wirklichkeitsräumen. Die postmoderne Weltauffassung begann, Gesellschaften als einen Zustand der Vielheit und Simultaneität von Lebenswelten und -formen zu begreifen. Fortan gab es nicht mehr nur eine «Wahrheit», sondern mehrere, der Begriff der Objektivität löste sich allmählich auf. Eindeutige Dekodierbarkeit und Zeichenzuschreibung waren verloren und Heterogenität, Pluralität, Zersplitterung, Disparatheit und Differenz wurden zu Schlüsselbegriffen des zu Ende gehenden 20. Jahrhunderts (vgl. Bauman 1995). All das hatte unmittelbare Auswirkungen auf Konzepte von Ästhetik und Bildung. In Analysen der Soziologie und Erziehungswissenschaft wird in diesem Zusammenhang häufig von Kontingenzproblemen gesprochen (vgl. u. a. Holzinger 2007), die in unserer postindustriellen Gesellschaft von Wissenschaft, Wirtschaft und Gesellschaft auf verschiedene Weisen erzeugt werden und die vom Individuum wiederum das Aushalten von Kontingenz und einen produktiven Umgang mit Irritationen und «Sinn«-Krisen erfordert. Insbesondere für Jugendliche, die sich noch in der Entwicklung ihrer Persönlichkeit und ethischen Verhaltensmustern befinden, bedeutet das, dass sich eine klare Orientierung in der täglich erfahrbaren Lebenswelt zunehmend komplex gestaltet.

Der Diskurs um ästhetische Bildung hat dabei spätestens seit dem neuen Jahrtausend auch immer ein Stück weit eine bildungspolitische Dimension und wird in diesem Kontext meist noch weiter gefasst und als *kulturelle* Bildung bezeichnet.[14]

Dabei gehen bis Ende der 1980er-Jahre Theorien ästhetischer Bildung in der Tradition von Wilhelm von Humboldt noch davon aus, dass Bildung in erster Linie die *kognitive* Verarbeitung von solchen Prozessen meint. Klaus Mollenhauer (1986) beispielsweise spricht von ästhetischer Bildung erst dann, wenn ästhetisches Empfinden durch theoretisches Denken gebunden wird, Gert Selle (1988) versteht ästhetische Bildungsprozesse als Verarbeitung und Reflexion gemachter Erfahrungen. Dieser hierarchische Dualismus zwischen einer körperlich-leiblichen Ebene und der Vernunft wird jedoch zunehmend in Frage gestellt (vgl. z. B. Waldenfels 2000; Westphal 2004). Das reflexive Moment einer kognitiven oder evaluativen Ebene von Bildung wird um die sich vollziehenden körperlichen, sozialen, situativen und inszenierten Bildungsprozesse ergänzt (vgl. Wulf & Zirfas 2007). Ästhetische Bildung wird dementsprechend nach Liebau, Klepacki und Zirfas gerahmt als Prozess und Resultat reflexiver wie performa-

14 Der von PISA gesetzte schulpädagogische Fokus auf Kernkompetenzen in den Bereichen Lesen, Naturwissenschaft, Mathematik und Problemlösung hat weltweit zu einer Stärkung der sogenannten MINT-Fächer (Mathematik, Informatik, Naturwissenschaft und Technik) geführt und gleichzeitig eine Marginalisierung künstlerisch-ästhetischer Fächer mit sich gebracht (vgl. Kirschenmann, Seydel, Burkhardt, Zumbansen, Schulz & Kirchner 2015). Diese Entwicklung wird zwar von verschiedensten Seiten kritisiert und auch politisch in Frage gestellt (unter anderem auf den OECD-Konferenzen in Lissabon 2006 und Seoul 2010). Die öffentlichen Haushalte und damit verbundenen Sparzwänge lassen Schulen aber in der Realität zumeist wenig Spielräume neben den ebenso politisch gewollten Förderungen der Kernkompetenzen, den Bereich des Ästhetischen ebenso prioritär zu behandeln. Das Ermöglichen von Bildungsprozessen in künstlerisch-ästhetischen Kontexten hat nicht zuletzt durch diese Entwicklung in den letzten 20 Jahren häufig damit zu kämpfen, die Besonderheiten und Qualitäten einer ästhetischen Bildung von anderen Feldern abzugrenzen und hochzuhalten, um sich gegenüber vermeintlich wichtigeren Bildungsbereichen zu behaupten. So lesen sich auch die Empfehlungen der deutschen Kultusministerkonferenz ein Stück weit als Rechtfertigungsschrift im Hinblick auf die Heilsversprechung ästhetischer/kultureller Bildung: «Die Kultusministerkonferenz betrachtet die kulturelle Bildung als einen unverzichtbaren Beitrag zur Persönlichkeitsentwicklung junger Menschen. Kulturelle Bildung [...] vermittelt kognitive und nichtkognitive Kompetenzen; sie trägt zur emotionalen und sozialen Entwicklung und zur Integration in die Gemeinschaft bei.» (Sekretariat der Ständigen Konferenz der Kulturminister der Länder Deutschland 2013: 1) Zahlreiche Studien versuchen, die Wirkungen und Transferleistungen ästhetischer oder kultureller Bildung zu definieren, zu überprüfen und zu belegen (vgl. Rat für Kulturelle Bildung 2017) und diese oder ähnliche Heilsversprechen mit vermeintlichen empirischen Beweisen zu unterfüttern. Dabei wären beispielsweise mit Fabian Hofmann (2015) die Erwartungshaltung und Transferansprüche an kulturelle bzw. ästhetische Bildung kritisch zu betrachten und zu reflektieren, woher diese eigentlich stammt. Sind die Versprechungen des Ästhetischen (Ehrenspeck 1998) möglicherweise lediglich Zuschreibungen, die zum einen aus bildungspolitischen Notwendigkeiten, zum anderen aus abstrakten Diskursen, wie beispielsweise der Zuschreibung, entstehen, das Ästhetische nehme eine Brückenfunktion zwischen Sinnen und Verstand ein (vgl. Peukert 1993).

tiver Praxen, die sich aus der aktiven wie rezeptiven Auseinandersetzung mit Gegenständen der Kunst und Kultur ergeben (vgl. Liebau, Klepacki & Zirfas 2009: 94; 104).

Einem entsprechenden Verständnis von ästhetischer Bildung als Bildung im Medium der Kunst (vgl. z. B. Hentschel 1996) steht eine weitläufige Auffassung entgegen, die den Begriff als Bildung der Sinne bzw. der Wahrnehmungsfähigkeit im Allgemeinen verwendet. Ein solcher Ansatz beruht auf der Entstehungsgeschichte des Begriffes «ästhetisch», welcher seinen Ursprung im griechischen *aisthesis* hat. Dieser wird allgemein mit Sinnes- oder Sinnwahrnehmung, das dazugehörige Verb mit wahrnehmen, merken oder bemerken übersetzt. Eine solche Definition von ästhetischer Bildung als Bildung der alltäglichen Sinneswahrnehmung hatte besonders in der zweiten Hälfte des 20. Jahrhunderts im Kontext einer allgemeinen Erweiterung des Kunst- und Ästhetikbegriffs und den damit verbundenen pädagogischen Forderungen Konjunktur (vgl. Rittelmeyer 2014). Im Zuge einer postmodernen Ästhetisierung der Wirklichkeit (vgl. z. B. Honneth 1992) verschwimmen die Grenzen zwischen alltäglicher und kunstbezogener Wahrnehmung immer mehr. Spätestens seitdem wird eine klar formulierbare Unterscheidung zwischen ästhetischer Bildung als Bildung der allgemeinen Sinnes- und Wahrnehmungsfähigkeiten und einer ästhetischen Bildung als rezeptive und gestaltende Auseinandersetzung mit Gegenständen der Kunst immer weniger haltbar und prominent (vgl. Hentschel 1996).

Um sich innerhalb dieses hier nur sehr kurz umrissenen Diskurses um ästhetische Bildung positionieren zu können, möchte ich im Folgenden zuerst der Frage nachgehen, welcher jeweils grundlegende Bildungs- und Ästhetikbegriff einem Verständnis ästhetischer Bildung zu Grunde gelegt werden kann. Anschließend werde ich letzteres dann in einer Zusammenführung der beiden Diskurse kritisch betrachten und auf seine didaktischen Implikationen hin befragen.

2.1.1 Annäherung an den Bildungsdiskurs

Der Begriff *Bildung* kann als Sammelbegriff bezeichnet werden, der mit vielfältigen Definitionen und Konnotationen verbunden ist – und der je nach Kontext des Diskurses, in welchem er gebraucht, unterschiedlich verstanden und argumentiert wird. Es handelt sich im allgemeinen Sprachgebrauch um einen durchweg positiv besetzten Begriff, der vielleicht sogar von einem «weihevollen Nimbus» (Liebau, Klepacki, Zirfas 2009: 17) umgeben ist und eng mit Zielen und Begründungen pädagogischen Handelns verknüpft ist (vgl. z. B. Menze 1983). Die Begriffsgeschichte steht, wie sich bei Benner und Brüggen (2004) ausführlich nachlesen lässt und hier nur kurz umrissen werden kann, in einer langen Tradition: In der Antike wurde der Begriff als *paideia* oder *cultura animi* rekonstruierbar, im Kontext christlicher Überlieferung in der Idee des *Ebenbildes* Gottes gerahmt und in der Neuzeit als *Selbstbildung* gefasst. Entstehungsgeschichtlich verweist er auf die Idee einer Kultivierung oder Vervollkommnung des menschlichen Individuums im Sinne von jeweils historisch, kulturell (und religiös) determinierten Idealvorstellungen sozial und moralisch «richtiger» Lebensweisen. Daraus abgeleitet wurden dann jeweils unterschiedliche Ideale und Konsequenzen für die Idee einer Erziehung des Menschen hin zu diesen Idealen und einer Ermöglichung der angestrebten Bildungsprozesse durch pädagogisch-erzieherische Tätigkeiten.

Diese stark normative und klar zielgerichtete Bildungsauffassung ist spätestens seit den 1960er-Jahren ins Wanken geraten (vgl. Roth 1962). Nicht zuletzt durch die zunehmend konstruktivistisch geführten Diskurse der Postmoderne, die nicht mehr von der Existenz allgemein gültiger Wahrheiten ausgehen, sondern die Pluralität und Heterogenität menschlichen Daseins hervorheben (vgl. Welsch 1990). Dies hat der Popularität des Begriffes jedoch keinen Abbruch getan, sondern nur dessen Inhalt und Ausrichtung verschoben. Der Bildungsbegriff, so wird häufig konstatiert, sei für die Erziehungswissenschaft unverzichtbar, da er den Rahmen für eine fundierte Diskussion über Legitimation, Zielsetzung und Kritik pädagogischen Handelns ermögliche (vgl. Koller 2012: 10, Klafki 2007 und Ruhloff 1991).

Eine kritische Diskussion des Begriffs ist nicht zuletzt deswegen wichtig, da Bildung spätestens seit der Jahrtausendwende und den viel zitierten PISA-Studien eine starke Engführung und Instrumentalisierung erfahren hat. Bildung lässt sich im Anschluss an den angelsächsischen Diskurs, in dem dieser Begriff so nicht existiert, hier als funktionalistisch, qualifikations- und kompetenzorientiert beschreiben und zielt in erster Linie auf das, was im Englischen häufig mit *literacy* bezeichnet wird:

> auf die Fähigkeiten der Informationsgewinnung und -nutzung; auf die Teilhabe an schriftbasieren Kulturen; auf soziale, mediale und wissenschaftliche Lese- und Schriftpraxen; auf Möglichkeiten eines erfolgreichen persönlichen, ökonomischen und gesellschaftlichen Lebens; auf Fähigkeiten zum logischen Denken, historischem Bewusstsein und kritischer Einschätzung; auf Voraussetzung zur Weiterbildung und Entwicklung. (Liebau, Klepacki, Zirfas 2009: 20; vgl. auch Deutsches PISA Konsortium 2001)[15]

Dass Schule (und zunehmend auch das universitäre Studium) als Orte, denen klassischerweise ein Bildungsauftrag zugeschrieben wird, so zu *Lehr*anstalten zur Vermittlung von Kompetenzen und Fertigkeiten werden und einen wichtigen Aspekt von Bildung dabei nicht gerecht werden können, wird im Folgenden zu zeigen sein und in der Entfaltung des Bildungsdiskurses deutlich werden. Denn Bildung, so die Kritiker*innen eines kompetenzorientieren Bildungsverständnisses, konzeptualisiert sich nicht als plan- und standardisierbarer Lernprozess spezifischer Fähigkeiten, sondern umfasst weitaus komplexere Zusammenhänge, die sich nicht so einfach «didaktisch in Regie nehmen» (Rittelmeyer 2014: 143), geschweige denn überprüfen lassen.

15 Im Zuge dessen wird gerade im Kontext der künstlerisch-musischen Fächer Bildungsforschung häufig auch als sogenannte Transferforschung konzipiert, die als Form der Wirkungsforschung untersuchen soll, welche außerfachlichen Effekte künstlerische Tätigkeiten haben und welche Kompetenzen sie schulen (vgl. z. B. Rittelmeyer 2011, 2012).

Abgrenzung zu Lernprozessen

Kokemohrs wegweisende Überlegungen (vgl. z. B. Kokemohr 1992) bilden hier die häufig zitierte Grundlage zur Unterscheidung zwischen Lern- und Bildungsprozessen, die Lernen als Prozess der Aneignung neuer Informationen versteht, Bildungsprozesse dagegen als *Lernprozesse höherer Ordnung*, innerhalb derer sich auch der Modus der Informationsverarbeitung verändert.

Damit ist als grundlegendes Bildungsmoment die Erweiterung und Umgestaltung der bisherigen Weltsicht eines Individuums angesprochen, welche in ihrem theoretischen Grundverständnis häufig auf die Schriften Humboldts zurückgeführt wird. Dieser spricht Bildung zwar eine klare Zielrichtung zu: «Der wahre Zweck des Menschen, nicht der, welchen die wechselnde Neigung, sondern welchen die ewig unveränderliche Vernunft ihm vorschreibt — ist die höchste und proportionierlichste Bildung seiner Kräfte zu einem Ganzen» (Humboldt 1851: 9). Diese wird aber, anders als in vielen anderen historischen Bildungskonzeptionen, inhaltlich nicht klar vorbestimmt, sondern als jeweils individueller Prozess konzeptualisiert. So wird Bildung, ausgehend von Humboldt, einerseits als Begriff für den Selbstformungsprozess des Menschen in der Auseinandersetzung von «Individualität und Kultur, von Eigenheit und Humanität, von Selbst und Welt verstanden, wobei Kultur, Humanität und Welt als objektive Seite, Individualität, Eigenheit und Selbst als subjektive Seite der Bildung gelten» (Liebau, Klepacki, Zirfas 2009: 18). Anderseits wird Bildung normativ zum «Zweck» menschlichen Daseins erhoben und damit in ihrer Bedeutung und Notwendigkeit legitimiert.

Selbstbildung und gesellschaftliche Pflicht

Mit Humboldt ist auch auf den rückbezüglichen Charakter von Bildungsprozessen verwiesen. Im Unterschied zum Begriff der «Erziehung», der immer auch eine gewisse Hierarchie beinhaltet, innerhalb derer als notwendig oder ideal gesetzte Inhalte von der einen zur anderen Seite weitergegeben oder vermittelt werden, betont der Bildungsbegriff die Selbstbildung des Subjekts, das *Sich- Bilden* in der Begegnung mit den Mitmenschen und der Umwelt (vgl. z. B. Hentschel 1996: 19). Mollenhauer spricht von Bildung als individueller Auseinandersetzung eines Menschen mit kulturellen Überlieferungen und deren Auswirkungen auf diese jeweilige Person (vgl. Mollenhauer 1986: 39). Bildung, verstanden als eine möglichst umfassende Entfaltung menschlicher Entwicklungspotentiale eröffnet mit Humboldt so auch das Wechselspiel zwischen Subjekt und Welt als Bestandteil solcher Prozesse, denn das sich bildende Subjekt ist auf ein Außen, eine Welt, das andere seiner selbst, angewiesen, mit der es sich auseinandersetzen und anhand derer er es sich bilden kann. Diese Auseinandersetzung macht eine Begegnung mit dem Anderen, dem Fremden nötig: «Bildung bezeichnet die Prozesse und Resultate derjenigen reflexiven und performativen Praxen, die sich aus dem Gang in die und der Rückkehr aus der

Fremdheit im Wechselverhältnis von Ich und Welt ergeben» (Liebau, Klepacki, Zirfas 2009: 28). Nach Humboldt bestünde ein in jedem Menschen verankertes Grundstreben, sich solchen Prozessen zuzuwenden, für deren Verwirklichung es vor allem die nötigen gesellschaftlichen Bedingungen geben müsse. Mit seinen Gedanken liefert er dabei unter anderem einen Gegenentwurf zu den Argumentationsfiguren von qualifikationsorientierten Bildungsverständnissen. Er geht nicht davon aus, dass Bildung Individuen für die Gesellschaft produktiv machen soll, sondern nimmt ganz im Gegenteil die Gesellschaft in die Pflicht, für die (nicht zweckgebundene Allgemein-) Bildung der Einzelnen die bestmöglichen Bedingungen zu schaffen (vgl. ebd.: 21).

2.1.1.1 Bildung als Transformation in der Begegnung mit Fremdem

Anders als Humboldt und viele Bildungstheoretiker*innen und Pädagog*innen in dessen Tradition (vgl. z. B. Rittelmeyer 2014: 146) geht Koller (2012) in seinen Überlegungen zu Bildungsprozessen nicht davon aus, dass Menschen sich zwangsläufig allein aus einem selbstverständlichen Bildungstrieb heraus bildenden Momenten zuwenden. Mit Rückgriff auf Bourdieus Begriff des Habitus führt Koller vielmehr die Unwahrscheinlichkeit und Trägheit von Bildungsprozessen ins Feld: Als Habitus beschreibt Bourdieu ein System von Vorstrukturierungen des Selbst- und Weltverhältnisses von Menschen, das sich in deren Denken und praktischem Handeln manifestiert. Dieses System funktioniert zumeist unbewusst. Eine *Verinnerlichung* äußerer Strukturen und Vorbilder im Laufe von lebensgeschichtlich sehr früh einsetzenden und dann langfristig stattfindenden Sozialisierungsprozessen werden mit dem Habitus bestimmte Denk- und Handlungsmuster im Körper der Akteur*innen fest verankert (vgl. Koller 2012: 24), die zwar das Verhalten eines Menschen nicht in allen Einzelheiten festlegt, aber bestimmte, mit dem eigenen Habitus unvereinbare Denk- und Handlungsweisen ausschließt bzw. unwahrscheinlich macht:

> Die durch frühere Erfahrungen gestiftet Struktur des Welt- und Selbstverhältnisses wirkt mithin als eine Art Selektionsinstanz im Blick auf nachfolgende Erfahrungen und Informationen. Indem der Habitus tendenziell nur solche Wahrnehmungen zulässt, die im Einklang mit einem Verarbeitungsmodus stehen, bewahrt er sich vor krisenhaften Erfahrungen und daraus potentiell resultierenden Veränderungen. (Ebd.: 27)

Krisen als Anstoß von Bildungsprozessen

Im Anschluss an Bourdieu geht Koller folglich davon aus, dass Menschen an und für sich eher *vermeiden*, ihre bestehenden Vorstellungen von sich selbst und der Welt in Frage zu stellen, da diese ihnen soziale Sicherheit geben und identitätsstiftend sind. Nach Bourdieu findet eine Transformation des Habitus im Grunde genommen so gut wie nie statt, nachdem der Habitus einmal ausgebildet wurde. Ein Individuum könne auf eine Konfrontation mit Grenzen seines eigenen Habitus (z. B. weil dieser sich aufgrund von veränderten gesellschaftlichen Bedingungen als nicht mehr angemessen erweist) im Grunde genommen nur entweder mit einer resignativer Anpassung an das neue Umfeld oder Auflehnung reagieren. Koller ist weniger pessimistisch gegenüber Veränderungen. Für ihn sind ebensolche Transformationen des Selbst- und Weltverhältnisses *Bildungsprozesse*. Sie brauchen seiner Auffassung nach aber einen konkreten Anstoß, der den Menschen sozusagen dazu zwingt, seine bisherigen Konzepte von sich und der Welt in Frage zu stellen und sich auf mögliche Prozesse der Neuordnung und Veränderung einzulassen. Da auch Humboldt in seinen Überlegungen nicht klärt, was Anstoß zu Bildungsprozessen geben könnte, sondern von einem natürlichen Streben nach Bildung ausgeht, nehmen Kokemohr (1992, 2007) und Koller (2007, 2012) diese Frage unter erziehungswissenschaftlicher Perspektive in den Blick. Sie definieren krisenhafte Erschütterungen im Sinne einer «Konfrontation mit einer Problemlage, für deren Bewältigung sich das bisherige Welt- und Selbstverhältnis als nicht mehr ausreichend erweist» (Koller 2012: 16) als zentralen Anlass für Bildungsprozesse. Das Wesen der letzteren bestünden demnach also darin, dass Menschen über Erfahrungen des Scheiterns und der Krise in der Auseinandersetzung mit Problemlagen ihr bisheriges Denken und Handeln und damit ihre Vorprägungen in der Wahrnehmung und Deutung von sich und der Welt in Frage stellen. Sie lassen sich auf einen Neuordnungsprozess des bisher als gültig Geglaubten ein, der ihnen (möglicherweise) erlaubt, diesen Problemlagen in Zukunft besser als bisher gerecht zu werden (vgl. ebd.). Koller selbst verwendet hier den Begriff der Krise, womit er nicht ausschließlich dramatische Ereignisse meint, sondern auch andere Anlässe, «in denen die relative Stabilität eines etablierten Welt- und Selbstverhältnisses in Frage gestellt wird» (ebd.: 71).[16]

16 Als weitere Rückbindung an Bourdieu spezifiziert Koller ein weiteres Detail in Bezug auf die Strukturen von Bildungsprozessen. Bourdieu unterscheidet zwischen ökonomischem, sozialem und kulturellem Kapital, welche jeweils unterschiedliche Formen darstellen, Macht bzw. Privilegien eines Individuums innerhalb der Gesellschaft zu manifestieren. «Während jedoch Bourdieu selbst im Rahmen seines Konzeptes Bildung als Akkumulation inkorporierten Kulturkapitals begreift und so auf die Anhäufung quantifizierbaren und strategisch einsetzbaren Wissens zu reduzieren scheint [...] ist angesichts des bisher Gesagten zu fragen, ob Bildungsprozesse nicht auch den Inhalt und die Struktur dieses Kapitals betreffen. Wenn Bildung nicht nur als Erwerb, sondern auch und vor allem als Veränderung von Habitusformen verstanden werden soll, müsste im Blick auf das kulturelle Kapital nicht nur dessen Akkumulation, sondern auch dessen Transformation in den Blick geraten. Bildung wäre dann als ein Prozess der Erweiterung, Veränderung und Umstrukturierung des jeweils bisher erworbenen inkorporierten kulturellen Kapitals zu begreifen, der durch die Konfrontation mit neuen gesellschaftlichen Herausforderungen ausgelöst wird» (ebd.: 30 f.). Koller macht mit dem Bezug auf Bourdieus Kapitalsorten deutlich, dass Bildung sich nicht allein als Auseinandersetzung eines Individuums mit dessen Umwelt, sondern immer auch im Rahmen gesellschaftlicher Machtverhältnisse vollzieht. Dabei versäumt er aber in meinen Augen, zu problematisieren, dass auch ökonomisches und soziales Kapital einen Einfluss darauf haben können, inwieweit es wahrscheinlich ist, dass sich Menschen auf eine Neuverhandlung bisheriger Selbst- und Weltverhältnisse einlassen.

Damit stellt sich die Frage nach *Anlässen*, durch welche die von Koller beschriebenen Krisen überhaupt ausgelöst werden können. Ihnen käme zwangsläufig gerade im pädagogischen Kontext (in dem die Ermöglichung von Bildungsprozessen zumindest implizit immer eine Zielgröße darstellt) eine zentrale Stellung zu. Hier müsste doch ein Interesse daran bestehen, sie als wichtigen Bestandteil pädagogischer Praxis zu implementieren, um über sie Veränderungen in den Selbst- und Weltverhältnissen eines Menschen anzustoßen und damit Bildungsprozesse zu ermöglichen. Koller hat mit dem Begriff der Krise bereits etwas als bildungsrelevant definiert, was in gängigen pädagogischen Settings vermutlich nur wenig Platz findet, wenn nicht sogar ausdrücklich vermieden wird. Als zentralen Anlass für ebendiese Krise definiert er nun in Rückkopplung an Waldenfels (1997) einen weiteren sperrigen Begriff: eine als Widerfahrnis konzeptualisierte *Fremderfahrung*[17].

17 Die Herleitung eines Rückgriffs auf Waldenfels' Konzeption von Fremderfahrung erfolgt bei Koller über Bucks «negative Erfahrung» und Husserls Konzept der Erfahrung: «Die These von der Horizontstruktur aller Erfahrungen, aus der Buck auch ableitet, dass die «Idee eines absoluten Neuen und Unbekannten […] phänomenologisch widersinnig» sei (Buck 1981: 91), impliziert nun auch, dass jede Erfahrung eine Antizipation oder Vorwegnahme darstellt. «Horizont» im Sinne Husserls meint also vor allem einen Erwartungshorizont. Entscheidend ist nun die These Bucks, dass solche Horizonte überhaupt erst Erfahrung möglich machen und sich zugleich im Zuge von Erfahrung wandeln können» (Koller 2012: 76). Nach Buck gibt es zwei Möglichkeiten eines sogenannten Horizontwandels: die erste manifestiere sich darin, dass ein bestehender Erwartungshorizont zwar erfüllt werde, jedoch dabei der Horizont nicht bloß bestätigt, sondern weiter ausgestaltet werde. Als zweite und komplexere Möglichkeit zeige sich eine Enttäuschung der Erwartung, bei Vorannahmen, also der Erwartungshorizont, sich als nichtig erweist. Buck spricht in letzterem Fall von «negative Erfahrung», er geht davon aus, «dass hinter dem negierten Horizont ein neuer auftaucht, der einen adäquateren Rahmen für das Verständnis des Gegenstandes bietet» (ebd.) Koller setzt nun im Kontext seiner bildungstheoretischen Überlegungen «Horizont» mit Welt- und Selbstverhältnis gleich, negative Erfahrung mit der von ihm beschriebenen Konfrontation mit Problemlagen, für deren Bewältigung ein bisheriges Welt- und Selbstverhältnis nicht ausreicht, sowie einen Horizontwandel mit einem Transformationsprozess. Der Gewinn aus Bucks Negativitätskonzept besteht für ihn dabei vor allem darin, dass Bildung nun «nicht wie etwa bei Humboldt als harmonische Ergänzung, sondern als radikale Infragestellung bisheriger Welt- und Selbstverhältnisse» (ebd.: 77 f.) definiert werden kann. Koller kritisiert, dass Buck jedoch nicht berücksichtigt, was passiert, wenn hinter dem infrage gestellten, alten Horizont kein neuer auftaucht, weil die Differenz zwischen Erwartung und der dann tatsächlich gemachten Erfahrung so groß ist, dass sie unüberbrückbar wird. Der Blick auf Waldenfels beruht vor diesem Hintergrund auf der Frage, ob es nicht doch möglich sein könnte, dass innerhalb des Transformationsprozesses etwas radikal Neues entsteht. Koller nimmt dabei vor allem Bezug auf das Kapitel zu Fremderfahrung und Fremdanspruch aus Topographie des Fremden (Waldenfels 1997).

Die Bedeutung von Fremderfahrungen

Mit «dem Fremden» wird im alltäglichen Sprachgebrauch häufig das Andere oder Nichteigene gemeint: «Das Fremde bezeichnet etwas, das als abweichend von Vertrautem wahrgenommen wird, das heißt aus Sicht dessen, der diesen Begriff verwendet, als etwas (vermeintlich) Andersartiges oder weit Entferntes» (Wikipedia 2018)[18]. Der Rezipientin, die etwas als fremd wahrnimmt, obliegt es vermeintlich, sich mit diesem Fremden freiwillig und aktiv auseinanderzusetzen oder aber eben nicht. Auch, dass das Fremde nur *vermeintlich* andersartig ist und aus der jeweils fremden Perspektive vertraut ist und somit prinzipiell über einen Auseinandersetzungsprozess zugänglich werden kann, stecken in unseren alltäglichen Konzepten von Fremdheit.

Anders hingegen beschreibt Waldenfels aus einer phänomenologischen Perspektive heraus das Fremde in einer *prinzipiellen Nichtassimilierbarkeit*, «wie sie uns besonders eindringlich im Bereich von Kunst, Eros oder Religion, aber auch in historischen Desastern begegnet» (Waldenfels 1997: 51). Sie steht einem Alltagsverständnis sowie pädagogischen Konzepten entgegen, die davon ausgehen, Fremdes könne verstanden, integriert oder angeeignet werden. Nach Waldenfels ist diese Vorstellung eine Illusion, da das Fremde nicht einfach ein Anderes ist, das als Abgrenzung vom Selben entsteht. Es befindet sich nicht einfach anderswo. Im Unterschied zu Bucks *negativer Erfahrung* (vgl. Buck 1981) entsteht die Erfahrung des Fremden für Waldenfels nicht in der Enttäuschung oder Negation eines bereits bestehenden Erfahrungshorizontes. Er spricht vielmehr davon, dass das Fremde «vor dem Gegensatz von Ja und Nein» anzusiedeln sei (Waldenfels 1997: 26). Das Fremde beschreibt er als paradoxe Irritation, die über die Affirmation und Negation bestehender Ordnungen hinausgeht, die «Außerkraftsetzung einer Ordnung» (ebd.: 85) mit sich bringt und die Unterscheidbarkeit zwischen Ja und Nein, zwischen richtig und falsch aufhebt.

Mit dem Fremden meint Waldenfels «kein Defizit wie all das, was wir zwar noch nicht kennen, was aber auf seine Erkenntnis wartet und an sich erkennbar ist. Vielmehr haben wir es mit einer Art leibhafter Abwesenheit zu tun» (ebd.: 26). Damit werden zugleich Unverfügbarkeit und Unzugänglichkeit der Abwesenheit, *und* ein zentrales Moment von Präsenz in der Leibhaftigkeit betont. Das Fremde entzieht sich bestehenden Ordnungen (ebd.: 20; 46), und ist zugleich untrennbar wie ein Schatten mit ihnen verbunden. Es ist «ähnlich wie Schlafen vom Wachen, Gesundheit von der Krankheit, Alter von der Jugend durch eine Schwelle vom jeweils Eigenen getrennt» (ebd.: 21). Wir können die Schwelle nicht beliebig in beide Richtungen überqueren und es gibt vor allem keinen neutralen dritten

18 Wikipedia wurde hier bewusst als Quelle gewählt, um mit dem Zitat ein Alltagsverständnis von Fremde aufzurufen, das den gängigen Gebrauch des Begriffs jenseits einer differenzierten wissenschaftlichen Einordnung widerspiegelt.

Standpunkt, von dem aus beide Seiten betrachtet werden können. Waldenfels formuliert: «Das Fremde zeigt sich, indem es sich uns entzieht» (ebd.: 42).

In dieser Formulierung einer paradoxalen Grundstruktur wird auch deutlich, dass Waldenfels das Fremde nicht über die Frage bestimmen will, was das Fremde *ist*. Sein Ansatz ist ein phänomenologischer und er fragt danach, wie sich das Fremde *zeigt*. Das Fremde wird dabei aber nicht einfach als ein Objekt unserer Wahrnehmung konzeptualisiert, sondern als ein Phänomen, von dem eine eigene Wirkung ausgeht und welches einen eigenen Anspruch an uns stellt (ebd.: 18). Waldenfels beschreibt dabei das Sich-Entziehen des Fremden, wie oben bereits anklang, als *aktive* Bewegung des Fremden selbst, als Anspruch, der an uns gerichtet wird (ebd.: 117). Das Fremde bricht in unsere Ordnung ein und setzt diese außer Kraft, «es sucht uns heim und versetzt uns in Unruhe, noch bevor wir es einlassen oder uns seiner zu erwehren trachten» (ebd.: 42). Die Erfahrung des Fremden kommt unseren eigenen Absichten, unserem eigenen Handeln zuvor, sie durchkreuzt und übersteigt sie – womit das Subjekt selbst niemals über das Fremde verfügen kann, sondern von ihm getroffen wird.

Damit betont Waldenfels die generelle Unverfügbarkeit des Fremden und den pathischen Aspekt von Fremderfahrung: sie *widerfährt* uns.[19]

Waldenfels unterscheidet zwischen verschiedenen Graden der Fremdheit: einer *alltäglichen* Fremdheit, einer *strukturellen* Fremdheit und einer *radikalen* Fremdheit.

Alltägliche Fremdheit konfrontiere das Individuum – noch immer im Bereich seiner vertrauten Selbst- und Weltverhältnisse – mit Leerstellen innerhalb der eigenen Ordnungssysteme, die allerdings nicht dazu zwingen, das Bestehende grundsätzlich in Frage zu stellen oder anzupassen. Mit struktureller Fremdheit ist all das gefasst, was außerhalb des eigenen Ordnungssystems existiert, «die fremde Sprache, die wir nicht verstehen, das fremde Ritual oder selbst nur der Ausdruck eines Lächelns, dessen Sinn und Funktion uns verschlossen bleiben» (ebd.: 36). Der höchste Grad der Fremdheit betrifft mit Waldenfels als radikale Fremdheit all das, was außerhalb *jeglicher* Ordnung bleibt. Sie konfrontiert uns, wie zum Beispiel Zustände wie Rausch, Schlaf oder Tod, mit den Grenzen genereller Interpretationsmöglichkeiten (ebd.: 37). Diese Grenzen zwischen den Graden der Fremdheit können sich jedoch verschieben: Die fremde Sprache, die als strukturell fremd erfahren wurde, wird nach einem Sprachkurs vielleicht nur noch alltäglich fremd, nach einem längeren Auslandsaufenthalt vielleicht

19 Waldenfels folgt in einer solchen Konzeptualisierung eines Fremden, das seiner theoretischen Verarbeitung vorausgeht, letztendlich den Überlegungen Husserls und in dessen weiterer Ausarbeitung und Radikalisierung Heidegger, Schütz und der französischen Phänomenologie.

schlussendlich gar vertraut.[20] Darin beinhaltet ist somit nicht nur eine generelle Subjektivität und Relationalität einer Definition des Fremden, sondern außerdem eine damit verbundene Transformation bestehender Selbst- und Weltverhältnisse oder wie Waldenfels sagen würde, Ordnungen.

Da das Fremde kein absoluter, sondern ein relationaler Begriff ist und sich mit Waldenfels im Anschluss an Husserl nur «bezogen auf das jeweilige Hier und Jetzt, von dem aus jemand spricht, handelt und denkt» (Waldenfels 1997: 23)21 bestimmen lässt, führt mit Koller auch nicht jede Begegnung mit dem Fremden, die einem Menschen widerfährt, zwangsläufig zu einem Bildungsprozess. Entscheidend ist das, was in der Interaktion zwischen Fremden und dem Individuum, dem es widerfährt, entsteht. Die Wirkung des Fremden kann dabei «bedrohlich sein, aber auch verlockend, kann als Konkurrenz für das Eigene erscheinen, aber auch als Eröffnung neuer Möglichkeiten, die durch die Ordnung des Eigenen ausgeschlossen werden» (Koller 2012: 83).

Bildungsprozesse als Antwort auf das Fremde

Dem, was das Fremde uns entgegenbringt, können wir uns mit Waldenfels nicht entziehen, da seiner Konzeption nach auch eine Nicht-Antwort auf dieses Angesprochen-Werden als eine Form der Antwort zu definieren wäre. Die Unausweichlichkeit des fremden Anspruchs fasst Waldenfels als «Responsivität» (ebd.: 89), die Vielschichtigkeit der möglichen Reaktionen im Interaktionsgeschehen im Zwischenraum von Fremdem und Subjekt als *Antwortgeschehen*, für welches er grundlegend festhält:

> Die Konfrontation mit dem Fremden löst stets einen Rückschlag aus. Erfahrung, Sprache, Land, Leib, Vernunft und Ich, die als fremd auftreten können, hören auf, schlicht das zu sein, was sie bislang waren. Erfahrung des Fremden, die mehr bedeutet als ein Erfahrungszuwachs, schlägt um in ein Fremdwerden der Erfahrung und ein Sich-Fremdwerden dessen, der die Erfahrung macht. (Waldenfels 1997: 9 f.)

Dabei kann das Antwortgeschehen durchaus unterschiedliche Formen annehmen. Versuche, den Anspruch des Fremden abzuwehren oder über das Einordnen in bestehende Ordnungen zu vereinnahmen, gelten dabei zwar als typische

20 Alltäglich und strukturell Fremdes sind so mit dem oben ausgeführten Alltagsverständnis durchaus anschlussfähig.

21 Es gibt nicht das Fremde, sondern «so viele Ordnungen, so viele Fremdheiten» (ebd.: 33). Mit der Okkasionalität des Fremden bezieht sich Waldenfels auf Husserl, bei dem sich bereits die dann von Waldenfels ausgearbeitete paradoxale Grundstruktur des Fremden findet: Husserl verortet das Fremde in der «Zugänglichkeit des original Unzugänglichen» (Husserl 1950: 144).

Reaktionen im Responsivitätsgeschehen, werden von Waldenfels jedoch nicht als tatsächliche Antworten auf den Anspruch des Fremden angesehen. Nur, wenn nicht versucht wird, bestehenden Sinn festzuschreiben, Fremdes auf Bekanntes zu reduzieren, spricht Waldenfels von einer *Antwort*, für die konstitutiv ist, dass sie dem Fremden seine Ferne belässt (ebd.: 52). Solche sogenannten kreativen oder produktiven Antworten bringen Eigenes in eine nachrangige Position (vgl. ebd.: 79 ff.). Veränderungen des eigenen Ordnungssystems – mit Koller gesprochen: des Welt- und Selbstverhältnisses – entstehen dabei als dezentrierter Prozess, der seinen «Mittelpunkt nicht im antwortenden Subjekt hat, sondern in einem Zwischen angesiedelt ist, das weder dem Subjekt noch dem Fremden zugerechnet werden kann» (ebd.: 85). Ein solches Antworten auf das Fremde kann im Sinne des transformatorischen Bildungsbegriffes nach Koller als ein über Wissenslücken schließendes Lernen hinausgehender Bildungsprozess interpretiert werden.

Konsequenzen für pädagogisches Handeln

Nach Koller wäre mit einem entsprechenden Rückbezug auf Waldenfels auf die drei zentralen Fragen Bezug genommen, die eine *Theorie transformatorischer Bildungsprozesse* zu beantworten hätte:

> So kann man die erste Frage nach einer genaueren theoretischen Erfassung der Grundstrukturen menschlicher Welt- und Selbstverhältnisse mit Waldenfels dahingehend beantworten, dass Welt- und Selbstverhältnisse mit durch die Ordnungen bestimmt werden, die unser Wahrnehmen, Denken und Handeln strukturieren. Im Blick auf die zweite Frage nach dem Anlass von Bildungsprozessen lässt sich die Erfahrung des Fremden im Sinne von Waldenfels als eine typische Herausforderung für transformatorische Bildungsprozesse verstehen. Und in Bezug auf die dritte Frage nach den Verlaufsformen und Bedingungen, unter denen in transformatorischen Bildungsprozessen Neues entsteht, wäre mit Waldenfels zu sagen, dass neue Grundfiguren des Welt- und Selbstverhältnisses als kreative Antworten auf Fremdansprüche in jedem Zwischenraum zwischen Subjekt und Fremden entstehen. (Ebd.)

Wenn nun aber das Widerfahren des Fremden als Ausgangspunkt für Krisen beschrieben wird, in denen Selbst- und Weltverhältnisse in Frage gestellt und potentiell neu geordnet werden – und damit auch als Ausgangspunkt von Bildungsprozessen, so ist eine solche Setzung in zweifacher Hinsicht problematisch für pädagogisches Handeln, wie es derzeit in unseren Bildungseinrichtungen konzeptualisiert, ermöglicht und praktiziert wird:

Gute Pädagog*innen, so würde wohl allgemein befürwortet werden, haben auch die Aufgabe, die ihnen anvertrauten Kinder oder Jugendlichen vor Verunsicherungen und Orientierungslosigkeit, vor einem Gefühl des Ausgeliefert-Seins und Scheiterns zu schützten und zu bewahren. Sie verhelfen dazu, Unbekanntes zu verstehen und zu durchdringen, Gewissheiten und Orientierung zu schaffen. Krisen, insbesondere solche, die wirklich aufrüttelnd sind, haben da nur wenig Platz – besonders nicht im unterrichtlichen Geschehen und den damit verbundenen strukturellen Gegebenheiten von Schule. Die mit der Erfahrung des Fremden verbundene Krise bestehender Orientierungssysteme als das zentrale Moment von Bildung zu definieren, bedeutet eine nicht unbeträchtliche Infragestellung geltender pädagogischer Konzepte. Sie fordert, sowohl die Gegenstände von Vermittlungssituationen als auch die Art und Weise, wie mit ihnen umgegangen werden soll, sowie Implikationen für die Begleitung dieser Prozesse, die Rahmungen und Strukturen, in denen sie stattfinden, anders zu denken.

Das stellt sich insofern als besondere Herausforderung dar, als dass eine konsequente Implikation der Theorie auf der Ebene pädagogischer Praxis schwierig ist: Denn Fremderfahrung – nach der Theorie transformatorischer Bildung entscheidender Auslöser von Bildungsprozessen – zeichnet sich durch eine grundsätzliche Unverfügbarkeit und Relationalität aus. Wie soll beispielsweise eine Einrichtung wie Schule, die dezidiert die Bildung ihrer Schüler*innen als Ziel formuliert, verlässliche Parameter und Werkzeuge für etwas definieren, das *anwesend ist, in dem es abwesend ist*, das sich einer klaren Definition entzieht, sich nicht direkt herstellen und immer nur individuell bestimmen lässt? Wie können dann noch zuverlässige bzw. zumindest empirisch erforschbare Aussagen über Bildung und ihr Gelingen getroffen werden?

Dass dies nicht prinzipiell unmöglich ist, zeigt, dass sich inzwischen die jüngere empirische Unterrichts- und Bildungsforschung dieser Problemlage zumindest zu nähern versucht. Publikationen wie der Sammelband *Irritation als Chance* (Bähr, Gebhard, Krieger, Lübke, Pfeiffer, Regenbrecht, Sabisch & Sting 2018a) oder die Arbeiten von Thielicke (2016), Sabisch (2009) oder Leskovec (2010) beziehen die Theorie transformativer Bildung unmittelbar auf die Praxis von Unterricht. Forschungsverbünde wie das Themencluster *Ungewissheit* der Universität Hamburg oder die Kooperation zwischen der Universität Potsdam und der Hochschule für Bildende Künste Braunschweig unter dem Titel «transform – Transformative Bildungsprozesse in performativen Projekten» stellen sich im Rückgriff auf die Theorie transformatorischer Bildungsprozesse der Herausforderung, theoretisch und empirisch zu unterfüttern, wie Fremdes, Unbestimmbares und Krisenhaftes für den Bildungskontext produktiv gemacht und erforschbar werden kann.

2.1.1.2 Kritik am transformatorischen Bildungsbegriff und eigenes Verständnis

Ungeachtet der Herausforderungen, die eine entsprechende Konzeptualisierung von Bildung für die pädagogische Praxis mit sich bringt, folgt diese Arbeit den Überlegungen Kollers. Sie verortet Bildung im Sinne eines konstruktivistischen Denkens jenseits normativer Ziele als höchst individuellen Prozess, der von inneren Prägungen und Konzepten sowie von äußeren Faktoren und Widerfahrnissen beeinflusst ist.

Als Kritik an Kollers Konzeption transformatorischer Bildungsprozesse wäre aber dessen Fokussierung auf eine durch Krisen ausgelöste grundlegendende Transformation des Welt-Selbst-Verhältnisses zu nennen. Problematisch ist daran zum einen die Setzung der *Krise* als vermeintlich einzig möglichen Beginn eines Bildungsprozesses (vgl. z. B. Nohl, von Rosenberg & Thomsen 2015). Auch spricht er nur dann von einem Bildungsprozess, wenn eine *grundlegende* Transformation von Selbst- und Weltverhältnissen erfolgt, was den Blick auf weniger umfassende, möglicherweise subtilere Momente ebendieser schwierig macht (vgl. z. B. Ahmed, Müller & Schwanenflügel 2013). Ab wann wäre eine Transformation als *grundlegend* zu beschreiben? Wie definiert sich, was als grundlegend zu bestimmen ist? Bildungsprozesse inszenieren sich in der Realität meines Erachtens nicht als Momente, in denen plötzlich alles anders ist, das Subjekt eine alles verändernde Einsicht hat und eine geradezu zauberhafte Wandlung erfährt. Sie finden im Gegensatz dazu eben als *Prozesse* statt, die oft Jahre oder sogar ein ganzes Leben lang dauern. Manchmal gibt es vielleicht gar keine allumfassende bildungsrelevante Krise, die alles ins Wanken bringt und dann in einer Neuordnung des Bisherigen sozusagen kathartische Wirkung entfaltet. Vielleicht – und in meinen Augen sehr wahrscheinlich sogar – besteht dieser Prozess manchmal aus einer Vielzahl kleiner Schritte. Welche zusätzliche Information, welcher zusätzliche Handlungsspielraum, welche vielleicht sehr kleine Verunsicherung ist innerhalb dieses Prozess nun unter der Prämisse einer klaren Unterscheidung zwischen Lernen und Bildung lediglich ein Lernprozess, welche Episode grundlegend krisenhaft genug, um als Bildung klassifiziert zu werden? Eine klare Grenzziehung zwischen einem Zuwachs von Wissen, Kompetenzen und Fähigkeiten und Prozessen vermeintlich *höherer* Ordnung (s. o. unter *Abgrenzung zu Lernprozessen*) stellt meines Erachtens ein Konstrukt dar, dass den komplexen Vorgängen und Zusammenhängen im Bereich der menschlichen Wahrnehmungsverarbeitung zwischen Informationsaufnahme, Verarbeitung und Integration im Denken, Fühlen und Handeln nicht vollständig gerecht werden kann. Nicht zuletzt aufgrund der Unverfügbarkeit jeglicher inneren Prozesse (Lern- wie Bildungsprozesse wären als solche zu bezeichnen) und der Langfristigkeit von Bildungsprozessen muss meiner Ansicht nach jeglicher Versuch, Lernen und Bildung voneinander trennscharf identifizieren und abgrenzen zu wollen, letztendlich scheitern.

An anderer Stelle wird die Frage problematisiert, ob jede grundlegende Transformation als Bildungsprozess zu beschreiben wäre. So fragen Stojanov (2006) am Beispiel der Radikalisierung eines Menschen hin zum Neonazi oder Rieger-Ladich (2014) mit Verweis auf die Erfolgsserie *Breaking Bad* am Beispiel der Transformation eines Chemielehrers zum Drogendealer kritisch danach, ob die entsprechenden Transformationsprozesse in aller Konsequenz als Bildungsprozesse zu definieren wären. Damit steht letztlich die Frage im Raum, wann ein Begriff, der versucht, normative Setzungen zu umgehen, an seine Grenzen stößt. Koller (2016) antwortet auf die Kritik mit einer Ausführung der normativen Implikationen seines Bildungsverständnisses: Mit Bezugnahme auf Marotzki (1990) und Nohl (2006) verdeutlicht er, dass für ihn Bildung eine Zunahme an Reflexivität und Komplexität des neuen Welt- und Selbstbezugs beinhaltet und dass er davon ausgeht, dass zugleich die Offenheit des neuen Selbst-Welt-Verhältnisses für erneute Transformationen gegeben sein muss.

Im Fachdiskurs der Theorie transformatorischer Bildung wird dieser unter anderem vorgehalten, dass sie sich vor allem in ihren empirischen Untersuchungen einseitig auf das Individuum fokussiere und damit gesellschaftliche Strukturen, in denen das Individuum agiert, vernachlässige (z. B. Rieger-Ladich 2014). Koller spricht zwar mit seinem Rückbezug auf Bourdieus Konzepte von Habitus die Verwobenheit des Subjektes mit seiner Umwelt an und kontextualisiert darüber Bildung innerhalb von gesellschaftlichen und intersubjektiven Machtverhältnissen. Dennoch erfahren diese keine besondere Betrachtung im Hinblick auf die weitere Ausdefinition der Bildungsprozesse.

Die Überlegungen Kollers sind mit Kokemohr und Humboldt zudem in erster Linie sprachwissenschaftlich gerahmt und enthalten die These, dass die Sprache das zentrale Medium darstellt, in dem diese dialogischen Auseinandersetzungen des Menschen mit der Welt und sich selbst stattfinden (vgl. Koller 2012: 12). Dabei wird Bildung auf kognitiver Ebene von sprachlicher Reflexionsfähigkeit angesiedelt, was wiederum eine Dimension von Leiblichkeit und Performativität auf der Erfahrungs- und Verarbeitungsebene vernachlässigt. Im Hinblick auf entsprechende Diskurse unter der Perspektive des Performativen gerät aber nicht nur der Inszenierungs- und Aufführungscharakter von Situationen in den Blick, die wie in schulischen oder außerschulischen Kontexten Lern- und Bildungsprozesse anstoßen sollen (vgl. Wulf & Zirfas 2007, Pfeiffer 2012). Stattdessen konstatiert sich zwangsläufig auch eine notwendige Erweiterung des Bildungsbegriffs: Bildung, so wäre als erweiterte These zu formulieren, kann sich nur dann wirklich ereignen, wenn ihre performative Seite ebenfalls entfaltet wird und das bildende Subjekt auch performativ aktiv agiert.

Auch Noam Chomskys (1973) Verwendung des Begriffes «Performanz» als Gegenbegriff zur «Kompetenz» kann in diesem Zusammenhang herangezogen werden und schlägt einen Bogen zu den eingangs angestellten Abgrenzungen zu einem qualifikationsorientieren Bildungsbegriff. Unter Kompetenz versteht Chomsky grammatisches Wissen, Diskurswissen, Vokabeln etc. Performanz meint für ihn die tatsächliche Anwendung dieses Wissens innerhalb des Sprachgebrauchs (vgl. Nünning 2001: 497 f.). Obwohl Chomsky seinerseits als Linguist die reine Sprache im Bereich der Kompetenz klar favorisiert, lenkt er doch die Aufmerksamkeit auf die performative Aktualisierung des Sprachsystems in situationsgebundener Artikulation (Krämer 2001: 53; Nünning 2001: 497) und macht damit deutlich, dass Bildung erst in ihrer performativen Verwendung und Ausführung (ihrer Performanz) eine reale Erweiterung der Handlungsfähigkeit des Individuums darstellt. Demnach wäre zum einen nach der Bedeutung von Handlungsvollzügen für den Bildungsprozess selbst zu fragen, zum anderen nach der Notwendigkeit einer performativen Realisierung von in Bildungsprozessen erreichten Transformationen: Inwieweit müssen sich die Veränderungen von Selbst- und Weltverhältnissen nicht nur im Denken, sondern auch in den performativen Handlungen des Subjekts zeigen, um überhaupt von Bildung sprechen zu können?

Eigenes Bildungsverständnis

In Anschluss an die Theorie transformatorischer Bildungsprozesse nach Koller wäre unter Berücksichtig der zuvor genannten kritischen Aspekte von Bildung mein eigenes Bildungsverständnis für diese Arbeit folgendermaßen zu definieren: Unter Bildung wäre ein *In-Bewegung-Geraten* bestehender Selbst- und Weltkonzepte und -verhältnisse zu verstehen, nicht nur deren umfassende *Neuordnung* – ein Unterschied in der Formulierungsweise, über den die performative und prozessuale Dimension sich schrittweise herstellender Transformationen eingeschlossen wäre.

Unsere Vorprägungen und eingeübten sowie inkorporierten Denk- und Handlungsmuster machen solche Prozesse zwar unwahrscheinlich, weil sie uns an Bestehendem festhalten lassen. Erfahrungen, die uns mit dem Fremden konfrontieren und irritieren, können Bildungsprozesse jedoch in besonderer Weise herausfordern, ohne sie zwingend auszulösen. Bildung ist nicht in einem definierten Produktionsprozess herstellbar, sondern kann lediglich *entstehen*. Sie kann gelingen, wenn günstige Erfahrungsräume und Bedingungen für sie bereitstehen und gleichzeitig das Individuum die Bereitschaft mitbringt, sich auf angestoßene Prozesse auch tatsächlich einzulassen. Bildung lässt sich folglich nicht planen und daher auch nicht standardisieren. Der Begriff der *Bildungsstandards* im schulischen Bildungskontext ist daher (im Unterschied zu dem des Lern- oder Fähigkeitsstandards) ein Widerspruch in sich selbst. Mitunter werden Bildungsprozesse durch die Schule gefördert, häufig aber auch behindert, weil diese eben nur wenig Raum lässt für individuelle Auseinandersetzungen mit Gegenständen und offene Suchbewegungen und Krisen eher blockiert.

Im Sinne eines oben skizzierten Bildungsbegriffs wäre es somit Aufgabe einer kritischen Didaktik und schulpolitischen Orientierung, innerhalb schulischer

Strukturen nach Möglichkeiten zu suchen, Schüler*innen solche prozessualen, krisenhaften Suchbewegungen in der Auseinandersetzung mit dem Fremden zu ermöglichen. Ein Spagat zwischen der Vermittlung von konkreten Lerninhalten und Wissensbeständen, die unbestritten auch zum Aufgabenspektrum der Schule gehören. Solche Möglichkeitsräume wären für individuelle Bildungsprozesse dabei sicher nicht nur strukturell eine Herausforderung für das System Schule, sondern ebenso für die Methodenkompetenz und das pädagogische Fingerspitzengefühl einer jeden Lehrkraft. Inwieweit der hier untersuchte Praxisansatz für den Theaterunterricht dazu beitragen kann, wird im Verlauf der Arbeit zu zeigen sein.

2.1.2 Annäherung an den Ästhetikdiskurs

In seiner *Diskursanalyse* beschreibt Lehmann, dass sich die wissenschaftliche Diskussion darüber, wie sich ein Grundbegriff des Ästhetischen definieren lasse, zuallererst über eine Differenzierung konstituiere, was überhaupt als ästhetisch und was als nichtästhetisch gilt. Diese ästhetische Differenz wird seit etwa den 1970er-Jahren allgemein über die Unterscheidung von ästhetischen und nichtästhetischen *Erfahrungen* bestimmt (vgl. Lehmann 2016: 64 ff.). Wie es zu dieser Fokussierung gekommen ist, möchte ich im Folgenden nur äußerst kurz und skizzenhaft darlegen, um mich dann im Wesentlichen mit dem Begriff der ästhetischen Erfahrung als Differenzkriterium für das Ästhetische kritisch zu beschäftigen. Ein solcher Fokus erscheint mir zum einen sinnvoll, da er eine der schwerwiegendsten aktuellen Kontroversen in der philosophischen Ästhetik widerspiegelt (vgl. Deines, Liptow & Seel 2013), zum anderen aber vor allem deswegen, weil die ästhetische Erfahrung der zentrale Begriff ist, anhand dessen im Kontext von Fachdiskursen im Bereich von Schule und kultureller oder ästhetischer Bildung im Allgemeinen über das Ästhetische reflektiert wird (vgl. z. B. Brandstätter 2012).

Ästhetikverständnis von der Antike bis ins 20. Jahrhundert

Eine Beschäftigung mit der Frage, was überhaupt als ästhetisch zu bezeichnen ist, findet sich bereits unter dem Begriff der *aísthesis* in der griechischen Antike. Die Überlegungen von Platon (2015, Original: um 400 v. u. Z.) zum ästhetischen Kernbegriff des Schönen in der bildenden Kunst und der Natur sowie Aristoteles' Arbeit zur Bedeutung des Ästhetischen im Umgang mit den Affekten (335 v. u. Z.) und seine Unterscheidung zwischen *aísthesis* (erkennendem Sehen), *poiesis* (schöpferischem Gestalten) und *kátharsis* (läuternde Reinigung) haben dabei immer wieder auch spätere Reflexionen und Theorien beeinflusst. Rund 2000 Jahre später kommt es Anfang des 18. Jahrhunderts im Zuge der Aufklärung zu einem zunehmenden Infragestellen der Zeitlosigkeit und allgemeinen Gültigkeit eines antiken Schönheitsbegriffs und einer damit verbundenen Neuausrichtung. Der

Ästhetikdiskurs im 18. Und 19. Jahrhundert kann daraufhin als Bewegung von einer Beschäftigung mit Sinneswahrnehmungen und ihren Bedeutungen zu einer Theorie der Kunst bezeichnet werden. Den Theorien ist dabei gemein, dass in ihnen das Ästhetische als Schönheit und nicht negierbare Ideal konzeptualisiert wird.[22]

Seit etwa Mitte des 20. Jahrhunderts führen grundlegende gesellschaftliche Veränderungen zu einer erneuten tiefgehenden Aktualisierung des Diskurses und einer Verschiebung der zentralen Begrifflichkeiten, wobei der Ausdruck im Zuge seiner weiteren Differenzierungen extrem heterogen wird. Honneth beschreibt diese Veränderungen als *Epochenwandel*, innerhalb dessen für ihn eine Ästhetisierung der Lebenswelt[23] als zentrales Moment erscheint:

> dass die Subjekte in den entwickelten, reichen Ländern des Westens sich auf ihren Alltag nicht mehr zweckorientiert, sondern ästhetisch beziehen, dass sie

22 Unter anderem mit Hume (2016; original 1775) erhalten zum einen die psychophysiologischen Grundlagen ästhetischer Erfahrungen eine Aufwertung in der Auseinandersetzung mit dem Ästhetischen. Baumgarten liefert mit seiner Aesthetica (2009; original 1750-1758) darüber hinaus die Grundlage für eine Gründung einer eigenständigen philosophischen Disziplin der Ästhetik. Baumgarten ging davon aus, dass nur über eine sinnlich-ästhetische Erkenntnis auch die Erkenntnis des Verstandes zu vervollkommnen sein. Kant definiert etwas später in seiner Kritik der Urteilskraft (1992, im Original 1790) das Ästhetische jenseits von Erkenntnis und Zweckmäßigkeit und verortet es als subjektives «Gefühl der Einhelligkeit im Spiel der Gemütskräfte» (Kant 1992: 228). Während sich die Erkenntnis auf das Erkennen des Objekts richtet, zielt die Ästhetik oder der Geschmack, wie Kant sagt, auf das Subjekt. Er trennt das Schöne vom bloß Angenehmen und grenzt es damit von alltäglichen sinnlichen Wahrnehmungen ab. Diese gehören für ihn nicht zur Ästhetik im engeren Sinne. Hegel wiederum beschreibt in seinen Vorlesungen über die *Ästhetik* (1835-1838) das Schöne als sinnliches Scheinen der Idee und entwickelt eine komplexe Theorie, wie sich der Geist in der Sinnlichkeit unterschiedlichen künstlerischen Materials (z. B. in der Musik, der Sprache oder dem Körper des Schauspielers) veräußere.

23 Ein durch die Industrialisierung angestoßenes und demokratische Entwicklungen befördertes, verändertes Verhältnis von Arbeit und Freizeit sowie die allgemeine Erhöhung des Lebensstandards eröffnen den Individuen ein immer größeres Handlungs- und Entscheidungsspektrum. Sie verändern somit traditionelle Normen und Werte sowie die zwischenmenschliche Kommunikation und Interaktion. Die zunehmende Entwicklung unterschiedlichster Medientechnologien und deren Potential von immer mehr Menschen rezipiert zu werden, führt zu völlig neuen Möglichkeiten, Menschen im Alltag über ästhetische Ausdrucksformen zu erreichen und trägt gleichzeitig zu einer «ästhetischen Ökonomie» (Böhme 2001) bei, innerhalb derer Arbeit nicht mehr allein der Herstellung von Waren dient, sondern zunehmend im Rahmen von deren Inszenierung sowie der Produktion von Atmosphären, Events, Entertainment und Lebensgefühl stattfindet. Menschen fällen Urteile in Lebenssituationen nun auch ästhetisch motiviert, wo diese vorher hauptsächlich moralisch begründet waren. Sie beginnen – nicht nur in der Exklusivität einer gesellschaftlichen Elite – sich für Mode zu interessieren, darüber bewusst Aspekte der eigenen Persönlichkeit auszudrücken und sich mit schönen Dingen zu umgeben.

> demensprechend ihre Lebensvollzüge in den unterschiedlichsten Formen stilisieren und sich wechselseitig auch an solchen Stilmerkmalen erkennen, gilt als entscheidender Charakterzug unserer Zeit. (Honneth 1992: 522)

Zeitgleich kommt es zu radikalen Umbrüchen und Entwicklungen in den Künsten selbst, die sich in den Brüchen mit klassischen Werkbegriffen und Idealvorstellungen von dem, was als Kunst zu bezeichnen und damit anerkannt ist, darstellen. Das Kommentieren und Hinterfragen des bisher Gültigen lässt neuartige Ausdrucksformen und Stile entstehen, die sich teilweise nur schlecht mit etablierten Begrifflichkeiten beschreiben lassen, Wahrnehmungsgewohnheiten herausfordern und letztlich als Überforderungen klassischer Kategorien und den damit verbundenen Idealen von Ästhetik und Schönheit präsentieren.

Neuausrichtung des Diskurses auf ästhetische Erfahrung

In diesem Kontext kam es u. a. mit Jauß (1972) und Bubner (1973) zu einer Hinwendung zur *Erfahrung* als neuem Leitbegriff der Ästhetik. Jauß nimmt dabei Anstoß an Adornos Abwertung allen ästhetischen Genusses als Kunstfeindlichkeit[24] (vgl. Jauß 1972). Bubner wiederum weist darauf hin, dass

> angesichts der radikalen Veränderungen in den Künsten jegliche essentialistische, formalistische oder gar normative Bestimmung von Kunst unmöglich geworden sei und man sich vielmehr dem Spezifikum ästhetischer Erfahrung zuwenden müsse, das als Spannungsverhältnis zwischen objektiver Erkenntnis und zugleich subjektivem Urteil, zwischen Subjekt- und Objekterfahrung zu präzisieren sei. (Kolesch 2005a: 10)

Er kritisiert, dass in den meisten Kunsttheorien das Ästhetische nicht autonom, sondern heteronom definiert werde, also über Fremdgesetzlichkeiten und in Abhängigkeit von fremden Einflüssen. Daher plädiert er für eine autonome Theorie, die den Weg einer Bestimmung des Ästhetischen nicht über «Wahrheitsästhetiken»

24 Adorno begegnete den oben skizzierten Entwicklungen einer zunehmend ästhetisierten Lebenswelt in seiner kritischen Theorie mit dem Versuch, näher zu bestimmen, was ästhetische Gegenstände – in seinem Verständnis Gegenstände der Kunst – und die damit verbundenen Wahrnehmungen von alltäglichen Phänomenen unterscheide und leistet eine kategoriale Analyse der Kunst. Kunst und damit das Ästhetische seien «gesellschaftliche Antithesis zur Gesellschaft» (Adorno 1996: 19) und demnach als Gegenkraft und Möglichkeit, etwas Nichtidentisches, Rätselhaftes, zugleich Utopisches zu verstehen. «Die schärfste Kritik an aller genießenden Erfahrung der Kunst findet sich in der hinterlassenen ästhetischen Theorie von Theodor W. Adorno. Wer am Kunstwerk Genuss suche und finde, sei ein Banause: ‚Worte wie Ohrenschmaus überführen ihn'. Wer den genießenden Geschmack an der Kunst nicht abzuwerfen vermöge, belasse sie in der Nähe von Erzeugnissen der Küche oder der Pornographie.» (Jauß 1972: 9)

und Werkbegriffe also anhand des ästhetischen Gegenstandes, sondern unter dem Blickwinkel führe, dass die ästhetischen Gegenstände sich vielmehr nach der ästhetischen Erfahrung des menschlichen Subjekts richten (vgl. Bubner 1989a).

Jauß und Bubner entwickeln im Rückgriff auf Kants *Kritik der Urteilskraft* (1790) und dessen Lehre von Geschmacksurteilen eigene Theorien, die ästhetische Erfahrungen als genuin positive Erfahrungen deuteten und ihr gleichzeitig eine emanzipatorische, aufklärerische Bedeutung zuschrieben. Damit trafen sie den Zeitgeist der 1970er-Jahre, in denen *Erfahrungen* des autonomen Subjekts mit dessen Autonomie und gesellschaftlicher Emanzipation verbunden werden.[25] So kommt es innerhalb des Ästhetikdiskurses zu einer grundlegenden Neuausrichtung, die als Entwicklung von einer allgemeinen Lehre und Theorie des Schönen und der Künste hin zu einer Theorie der sinnlichen Wahrnehmungen und der alltäglichen ästhetischen Erfahrung gelesen werden kann.

Auch heute noch steht die Beschäftigung mit der Frage, was vom Subjekt als ästhetisch *erfahren* wird, im Zentrum des philosophischen Diskurses um Ästhetik (vgl. Deines, Liptow & Seel 2013). Das erscheint aus bildungstheoretischer Perspektive insofern einleuchtend, als dass ästhetische Erfahrungen wie theoretische, praktische oder moralische Erfahrungen als Momente von Bildungsprozessen definiert werden (vgl. Schulz 1997) und sich Bildung ganz allgemein im weiter oben dargelegten Sinne als ein Prozess der Erfahrung skizzieren lässt, aus dem ein Subjekt verändert hervorgeht. In der Auseinandersetzung mit dem Ästhetischen wäre insofern naheliegend, nach den Erfahrungen des Subjektes und möglichen dadurch angestoßenen Veränderungsprozessen zu fragen: «Ich denke niemals das gleiche, weil meine Bücher für mich Erfahrungen sind, Erfahrungen im vollsten Sinne, den man Ausdruck beilegen kann. Eine Erfahrung ist etwas, aus dem man verändert hervorgeht» (Foucault 1996, S. 24).

25 Auch der Erfahrungsbegriff selbst ist – wie der der Ästhetik – schwer zu fassen, da er in unterschiedlichen Disziplinen und Theorierahmen verwendet und definiert wird. In den Erziehungswissenschaften und im Kontext kultureller Bildung wird in der Verwendung des Begriffs häufig auf Phänomenologie oder Pragmatismus Bezug genommen (vgl. u. a. Mollenhauer 1987, 1990; Meyer-Drawe 1984). Erfahrungen weisen so u. a. mit Dewey eine alltägliche Dimension auf, sie «werden ständig gemacht, denn die Interaktion von lebendigem Geschöpf und Umwelt ist Teil des eigentlichen Lebensprozesses«» (Dewey 1980: 47), und stellen gleichzeitig aus phänomenologischer Perspektive einen Prozess dar, «in dem sich Sinn bildet und artikuliert und in dem die Dinge Struktur und Gestalt annehmen«» (Waldenfels 1997: 19). Auch bei Fuchs verbinden sich diese beiden Denkschulen: Erfahrungen beruhen nach ihm auf Wahrnehmungen, beinhalten immer auch eine leibliche Komponente, schließen aber deren Bewertung und Verarbeitungen und die Integration in das Leben mit ein und werden so Teil des impliziten Wissens eines Menschen; sie werden durch Wiederholung im Handeln erworben und resultieren aus einer Summe von Einzelerlebnissen, weisen aber auch einen Moment von Erleiden und Widerfahrnis auf (vgl. Fuchs 2003: 70 f.).

2.1.2.1 Differenzkriterien ästhetischer Erfahrung

Wie werden nun aber Erfahrungen als *ästhetisch* definiert? Mit Seel (1985; 2003) wäre die ästhetische Differenz zu definieren als eine Art Metaerfahrung: «Ästhetisch machen wir Erfahrungen *mit* Erfahrungen» (Seel 1985: 171). Innerhalb ästhetischer Erfahrungen gewinnt das Subjekt die Chance, sich seiner eigenen Erfahrung und damit der Existenz und seiner Gegenwärtigkeit bewusst zu werden. Diese selbstreflexiv gewordene Erfahrung ist nach Seel unabhängig vom Gegenstand, anhand dessen sie gemacht wird. Sie ist bewusst als *lebensweltliche* Erfahrung konzeptualisiert und setzt keine Auseinandersetzung mit Gegenständen der Kunst voraus. Dahinter steckt die radikale These, dass jede beliebige Wahrnehmungssituation und damit jeder Gegenstand ästhetisch werden könne, sofern er bei den Betrachtenden solche mit Seel auch als *Kontemplation* bezeichneten ästhetischen Erfahrungen hervorrufen könne, in denen für das Subjekt eigene Erfahrungen erfahrbar und eigene Sichtweisen erkennbar werden. Kritiker (vgl. Lehmann 2016: 42 f.) werfen dem Konzept jedoch vor, dass damit zwar der *Sinn* der ästhetischen Erfahrung definiert würde, nicht allerdings ihr *Begriff* überzeugend geklärt werde. Außerdem würde der Nachweis nicht erbracht, dass ein Wechsel in einen ästhetischen Wahrnehmungsmodus tatsächlich völlig unabhängig vom Gegenstand der Wahrnehmung möglich und gleichsam wahrscheinlich ist.

Deweys Werk «Art as Experience» (1980, Original: 1934) lässt einen ähnlichen Ansatz erkennen.26 Dewey spricht sich für eine Kontinuität zwischen alltäglichen und ästhetischen Erfahrungen aus und geht davon aus, dass Kunst als Gegenstand der Erfahrung auf dieselbe Art und Weise wahrgenommen, erlebt und verstanden wird wie andere Lebensbereiche auch. Erfahrungen sind für ihn als konkretes Erleben an die Auseinandersetzung mit sozialen Realitäten gebunden und setzten, ähnlich wie die Kontemplation bei Seel, eine hohe Aufmerksamkeit und bewusste Beschäftigung mit etwas voraus. Dewey hebt hervor, dass Erfahrungen immer einen Aspekt des *Machens* beinhalten, d. h. eines aktiven, bewussten Vollzugs – auch wenn sie rezeptiv erfolgen wie beispielsweise der Besuch einer Theateraufführung. Wie bei Seel wird auch bei Dewey dann die Qualität von Erfahrung zum ästhetischen Differenz-Kriterium: Ästhetisch werden sie als *geläuterte* und *verdichtete* Form von Alltagserfahrungen (vgl. Dewey 1980: 59), indem sie das, was die Erfahrung zur Erfahrung macht, hervorheben: «ihre Prozessualität, die konstruktive Leistung des Subjekts, das eine Erfahrung macht, das Zusammenspiel von Fühlen und Reflexion, der erfüllende Abschluss, all diese Elemente treten in einer Ästhetischen Erfahrung besonders deutlich hervor» (Dietrich, Krinninger & Schubert 2012: 59).

Im Gegensatz zu diesem eher affirmativen Ansatz gehen die Überlegungen von Menke (1991) den Weg über die Negation und beziehen sich neben einer erfah-

26 Es wurde zwar bereits 1934 verfasst, jedoch erst 1980 im Zuge des erstarkten Diskurses um ästhetische Erfahrung auch ins Deutsche übersetzt und damit hierzulande umfassend rezipiert.

rungstheoretischen Perspektive stärker gegenstandstheoretisch auf die Objekte der Wahrnehmung (vgl. ebd.: 195). Dabei geht es ihm nicht darum, einzelne objektbezogene Eigenschaften zu definieren, sondern darum, generell zu befragen, wie das Verhältnis zwischen Subjekt und Objekt in der Ästhetik zu denken ist: «die Eigenschaft künstlerischer Gegenstände, gegenüber jedem Verstehen freigesetzter Buchstabe zu sein, bildet sich erst in ihrer spezifisch ästhetischen Erfahrung» (ebd.: 198). Menke argumentiert dabei über die prinzipielle Autonomie des Kunstwerks, das sich «jedem verstehenden Erfassen verweigert» (ebd.: 197) und sich dadurch von alltäglichen Gegenständen unterscheide. *Ästhetische* Erfahrungen bestehen nun, so Menkes These, in der Negation einer klaren Bestimmbarkeit, im Scheitern aller Identifizierungsversuche eines Gegenstandes, das Ästhetische realisiere sich in einer «unendlichen Verzögerung des Verstehens» (ebd.: 199), weil vermeintlich entdeckte Bedeutungen oder Sinnzuschreibungen über das Entdecken zusätzlicher, gegenläufiger oder widersprüchlicher Interpretationsmöglichkeiten immer wieder unterwandert werden.

Auch die von Liebau, Klepacki und Zirfas angestellten Überlegungen zur ästhetischen Erfahrung im Theater (vgl. Liebau, Klepacki & Zirfas 2009) lenken die Aufmerksamkeit auf die Opposition zu alltäglichen Wahrnehmungen. Dabei spielt nicht so sehr wie bei Menke die generelle Unverfügbarkeit eine zentrale Rolle, sondern vielmehr das Sehen *mit anderen Augen*. Ästhetische Erfahrungen haben für sie

> reflexiven, dekonstruktiven Charakter, der das bislang Un-Erhörte, Un-Gesehene, Un-Erahnte, hören, sehen und ahnen lässt. Ästhetische Erfahrungen bringen das Andere zur Geltung [...]. Die Grundsituation der ästhetischen Erfahrung ist die Erfahrung eines Anderen, auf die das Subjekt eine Antwort finden muss: Es fällt uns etwas auf, dass wir bislang noch nicht wahrgenommen haben. (Ebd.: 98)

Sie machen zudem für das Anstoßen ästhetischer Erfahrungs- und Reflexionsprozesse wie Menke die Bedeutung des Kunstwerks im Vergleich zu Alltagsgegenständen stark: Kunstwerke verdichten ihrer Meinung nach Wahrnehmungen und erzeugen somit Erfahrungen Mehrdeutigkeit, Kontingenz und Undeutbarkeit und ermöglichen die «Erfahrung einer Realität ohne Aktualität, einer Idealität ohne Abstraktion, einer Möglichkeit ohne Realisierung» (ebd.: 103)

Problematik von festen Differenzkriterien

Die bei Menke oder Liebau, Klepacki und Zirfas geschilderte Bedeutung des Kunstwerks markiert letztlich eine der Sollbruchstellen einer Theorie ästhetischer Erfahrung. Denn was als ästhetisch erfahren wird, das belegen nicht zuletzt die Einsichten der empirischen Ästhetik, das hängt nicht nur vom Subjekt selbst, sondern eben auch von den Gegenständen der Wahrnehmung ab (vgl. hierzu u. a. Dickie 1965 oder Shusterman 1997). Eine Theorie, die – auch unter dem Eingeständnis, dass außergewöhnliche Gegenstände (wie z. B. Kunstwerke) im Besonderen ästhetische Erfahrungen ermöglichen – für eine Unterscheidung zwischen Ästhetischem und Nichtästhetischem schließlich doch wieder die ästhetische Erfahrung a priori setzt, kann der Bedeutung von Faktoren, die außerhalb des Subjektes liegen, nicht wirklich gerecht werden.

Auch ist der Rückbezug auf Kant als Prototheorie im Namen eines Autonomiestandards deshalb problematisch, weil Kants Position, wie Kulenkampff (2002) darlegt, metaphysiklastig ist und dadurch einem Autonomieanspruch aus heutiger Perspektive im Grunde genommen entgegensteht. Die Orientierung an der Kritik der Urteilskraft enthaltenen «Analytik des Schönen» ist insofern mit Zweifeln behaftet, als dass ihr eine analytische Auffassung ästhetischer Differenz zu Grunde liegt und folglich versucht, abstrakte Kriterien zu bestimmen, die eine ästhetische Erfahrung als Erfahrungs*typus* aufweisen müsse. Lehmann stellt heraus, dass nach Kulenkampff mit ästhetischen Erfahrungen aber kein Phänomen vorliege, dass sich so einfach typisieren lasse und dass man dem Problem nicht wie beispielsweise in Seels Ästhetik des Erscheinens (2003) einfach darüber begegnen könne, «dass man nach immer abstrakteren Abgrenzungen sucht, so dass der Begriff des Ästhetischen alle derzeit bekannten und in der Zukunft neuen ästhetischen Phänomene mit erfasst» (Lehmann 2016: 74).

Rittelmeyer (2013) wiederum stößt sich an den Bezügen zu Kant und dessen kritischer Urteilskraft (aber auch zu Hegel oder Adorno). Diese zögen eine allzu rationalistische Konzeption ästhetischer Erfahrung nach sich, daher will er dieser mit Shustermann (2005) und dessen Somästhetik eine Sensualismus-freundlichere Auffassung an die Seite stellen. Er argumentiert, dass erst in einem ausgewogenen Verhältnis von Rationalität und Leiblichkeit eine ästhetische Wahrnehmung und eine sachgerechte Theorie ästhetischer Erfahrung entstehen könne (vgl. Rittelmeyer 2013: 9).

Dass eine Bestimmung des Ästhetischen über an ästhetische Erfahrungen geknüpfte Differenzkriterien – wie sie in den gängigen Theorien zur ästhetischen Erfahrung vorgenommen wird – nicht unproblematisch ist, tritt auch seit einigen Jahren im Erfahrungsdiskurs selbst auf. In *Dimensionen ästhetischer Erfahrung* fordern Küpper und Menke bereits 2003, «die verschiedenen Theorien ästhetischer Erfahrung [sollten] ein anderes, reflexives Selbstverständnis gewinnen» (ebd.: 13). In ihrem Sammelband *Kunst und Erfahrung* stellen Deines, Liptow und Seel zehn Jahre später die Herausforderungen fest, denen der Begriff angesichts der Vielfalt ästhetischer Phänomene Rechnung tragen müsste und fragen, ob der Begriff ästhetischer Erfahrung nicht eher über eine Diskussion des Erfahrungsbegriffs im Allmeinen als über die Bestimmung einer ästhetischen Differenz zu definieren wäre (Deines, Liptow & Seel 2013: 7; 10). Dabei bedarf es meines Erachtens nicht einer grundlegenden Infragestellung der Existenzberechtigung eines Begriffs wie ästhetischer Erfahrung, wohl aber einer Überprüfung des Begriffs im Hinblick auf dessen implizite normativen Setzungen und deren Haltbarkeit. Die grundlegende Schwierigkeit ist aber eher, dass eine Theorie, die ästhetische Differenz über ästhetischer Erfahrung zu bestimmten versucht, nie dem Problem entkommt, das sich mit der extremen Heterogenität unserer heutigen Gesellschaften ergibt: Denn wie soll ein statischer Ansatz zur Bestimmung ästhetischer Differenz, der auf das 18. Jahrhundert zurückgeht, der ästhetischen Realität eines 21. Jahrhunderts und einer sich stets wandelnden, heterogenen und vielschichtigen Landschaft ästhetischer Phänomene aus unterschiedlichen räumlichen, zeitlichen und kulturellen Kontexten überhaupt gerecht werden können?

> Womit man im 18. Jahrhundert nicht rechnen musste, war eine Situation, in der die Erfahrung von Schönheit je nach kulturellem Kontext (und subjektiven Vorlieben) einmal zu positiven und einmal zu negativen ästhetischen Urteilen führen kann. [...] So wie die Newton'sche Mechanik für kleine Geschwindigkeiten funktioniert, so funktioniert auch die Kant'sche Ästhetik für Kulturen, in denen Schönheit als nicht negierbares Ideal erlebt wird, das mit anderen ästhetischen Werten, zumindest in Bezug auf die Kunst, nicht konkurriert. Nur unter solchen historischen «Bedingungen der Möglichkeit» von ästhetischen Urteilen und ästhetischen Erfahrungen war es plausibel und stringent, die Disziplin der philosophischen Ästhetik methodisch über das Prinzip der ästhetischen Differenz zu entfalten. (Lehmann 2016: 124 f.)

Bubners Vorstellung, dass eine ästhetische Theorie vom Grundbegriff der ästhetischen Erfahrung her zu entwickeln sei, wäre in diesem Sinne damit zu relativieren, dass eine *Vielfalt* ästhetischer Erfahrungen gegen den *Typus* der ästhetischen Erfahrung zu setzen ist. In Analogie zur Relativitätstheorie als Erweiterungsmodell zur Newtown'schen Mechanik müsste ein Modell ästhetischer Erfahrungen einen viel allgemeineren Ansatz wählen, der aus einer größeren Perspektive auf das Phänomen blickt und Eigenschaften der wahrgenommenen Gegenstände wie soziokulturelle Bedingungen und Kontexte, kognitive und moralische Prozesse gleichermaßen als Quellen der ästhetischen Erfahrung berücksichtigen würde. Doch wie ließe sich ein solch komplexes Modell mit einem quasi unendlich breiten Spektrum möglicher ästhetischer Erfahrungen überhaupt noch beschreiben, ohne dass der Begriff inhaltslos wird?

2.1.2.2 Ästhetische Praxis als Wahrnehmungsvergleich

Ein Ansatz, der eine Antwort auf diese Fragen liefert und mir darüber hinaus auch im Hinblick auf die Auseinandersetzung mit Fremderfahrungen, ethnografischen und künstlerischen Praktiken interessant erscheint, findet sich in Lehmanns *Gehaltsästhetik* (2016). Lehmann legt darin – anders als viele andere Modelle – eine Theorie vor, die nicht auf der Bestimmung der ästhetischen Differenz von Erfahrungen, sondern sozusagen eine Ebene *davor* ansetzt, auf der Ebene einer *ästhetischen Praxis von Wahrnehmungsvergleichen*, über die seiner Meinung nach ästhetische Erfahrungen hergestellt werden. Das Modell von Lehman erscheint mir zum einen deswegen produktiv für diese Arbeit, da es zwar die kognitiv-reflexiven

Verarbeitungsprozesse in den Fokus der Auseinandersetzung stellt, dabei aber körperlich-leibliche Dimension ästhetischer Erfahrung nicht aus dem Blick verliert. Zum anderen ist es dabei anders als Ansätze, die im Kontext kultureller Bildung häufig rezipiert werden, radikal alltagsbezogen konzipiert. Selbstverständlich verorten auch Autor*innen wie beispielsweise Brandstätter (2012), Seel (1985; 2003) oder Mollenhauer (1990) ästhetische Erfahrung entsprechend des allgemeinen Diskurses längst nicht mehr ausschließlich im Reich der Künste. Dennoch sind sie in meinen Augen nicht in der Lage, die Fülle und Komplexität soziokultureller Bedingungen und Kontexte kognitiver und moralischer Prozesse zu berücksichtigen, die unsere multiperspektivische Welt bestimmen. Ihnen haftet in meinen Augen immer der Hauch eines elitären und eurozentristischen Kunstverständnisses an. Gerade aufgrund des in dieser Arbeit über die Feldforschung gegebenen Bezuges zu ganz unterschiedlichen sozialen Feldern und potentiell damit verbundenen Handlungspraxen scheint mir ein Modell ästhetischer Erfahrung als produktiv für die weitere Auseinandersetzung, das wie das von Lehmann konsequent in der genaueren Betrachtung unserer alltäglichen Wahrnehmungsweisen verortet ist.

Lehmann geht davon aus, dass das menschliche Vermögen zur ästhetischen Erfahrung nicht einfach gegeben ist, sondern dass es sich erst in einer bestimmten kulturellen Praxis ausprägt. Die Praxis, welche ästhetischer Erfahrung zu Grunde läge, sei – so die zentrale These – eine Praxis von Wahrnehmungsvergleichen. Sie werde bereits bei einer Alltagshandlung wie der Entscheidung für den Kauf eines Gegenstandes gefordert, der nicht allein praktische, sondern auch ästhetische Eigenschaften besitze – wie beispielsweise von Lehmann angeführt der Kauf einer Vase (vgl. Lehmann 2016: 89). Lehmann konzipiert das Modell einer ästhetischen Erfahrung, die sich aus einer ebensolchen ästhetischen Praxis ergebe, als Trias aus Wahrnehmungsvergleich, Empfindungswert und ästhetischem Urteil.

Der Wahrnehmungsvergleich besteht erst einmal lediglich im Registrieren unterschiedlicher ästhetischer Eindrücke. Das Subjekt nimmt Unterschiede zwischen Gegenständen seiner Wahrnehmung zur Kenntnis. Dabei kann die zum Vergleich herangezogene Wahrnehmung auch eine erinnerte oder imaginierte sein.

Der Vergleich verwandter Phänomene bringt eine Differenz von Empfindungswerten mit sich, die das wahrnehmende Subjekt an sich selbst registriert: Wir *wirken* diese Wahrnehmungen auf mich? Lösen sie z. B. Freude, Staunen, Begeisterung aus oder Unwohlsein oder Beklemmung, vielleicht aber auch viel unspezifische Empfindungen, undefinierbare körperliche Gefühle oder Reaktionen? Lehmann nimmt hier über die anfänglich rein kognitive Auseinandersetzung als zweite Dimension auch das sinnlich-leibliche Empfinden mit in den Blick .Die empfundene Wirkung auf das Subjekt wiederum führt seinem Modell nach dann zu einem *ästhetischen Urteil* gegenüber dem Wahrnehmungsvergleich, einer Wertung oder Ausbildung einer Präferenz. Gefällt mir diese oder jene Vase besser? Finde ich den eben im Radio gehörten Popsong gut oder nicht?

Von der Wahrnehmung zum ästhetischen Urteil

Eine ästhetische Praxis von Wahrnehmungsvergleichen ist daher mit drei ineinandergreifenden Elementen verbunden: den Wahrnehmungen selbst sowie den daran geknüpften Empfindungen und Urteilen. Lehmann fügt hinzu, dass es auf allen drei Ebenen um die Aushandlung von Differenzen gehe, die jeweils auf unterschiedlichen Ebenen prozessiert werden: auf der Ebene der kognitiven Wahrnehmung, der leiblichen Empfindung und der Sprache (vgl. ebd.: 90).

Was ein Mensch letztendlich als ästhetisch erfährt, bestimmt sich demnach aus dem gebildeten Urteil, das von der ästhetischen Praxis eines Wahrnehmungsvergleiches ausgelöst mit einem bestimmten Empfindungswert verknüpft wurde.

Eine ästhetische Theorie, die einem solchen Ansatz folgt, liefert auf unterschiedlichen Ebenen eine Erweiterung der oben skizzierten Überlegungen zur ästhetischen Erfahrung und Auswege aus deren grundlegenden Dilemmata. Zum einen entkommt sie der Notwendigkeit einer Kontroverse um die Frage, ob der Begriff des Ästhetischen und damit die Unterscheidung, was als ästhetisch und nicht ästhetisch zu bezeichnen wäre, nun «richtigerweise» an die Erfahrungen des Subjektes oder die Eigenschaften des Objektes zu knüpfen wäre, weil in ihr beide Elemente als essentielle Bestandteile eines Wechselverhältnisses gedacht werden – das Objekt auf der Ebene des Auslösers für die Praxis eines Wahrnehmungsvergleiches, das Subjekt auf der Ebene der damit verbundenen Empfindungswerte.

Ästhetisches Urteilsvermögen ist phänomenbezogen

Sie erklärt auch, warum selbst Menschen, die über einen reichen Schatz ästhetischer Erfahrung verfügen, nicht automatisch in *jedem* ästhetischen Gebiet als erfahren, gebildet oder besonders sensibel bezeichnet werden können. Wer zum Beispiel eine ausgeprägte Urteilskraft im Bereich klassischer Musik besitzt, kann sich dadurch nicht automatisch ein fundiertes Urteil über Hip-Hop oder Techno bilden. Denn nach Lehmanns Modell können nur *ähnliche* ästhetische Phänomene in einen Wahrnehmungsvergleich miteinander treten, weil sie im Gehirn miteinander in eine vergleichende Beziehung gesetzt werden können. Dadurch bleiben ästhetische Erfahrungen zwangsläufig immer auf ein spezifisches ästhetisches Feld begrenzt (vgl. ebd.: 91). Das wird vielleicht manchem*r «gebildeten» Liebhaber*in der schönen Künste aufstoßen, entspricht aber meiner Meinung nach eher der Realität einer Welt mit ästhetisch extrem heterogenen Phänomenen, weil es jegliche in Trennung oder Vergleichen von Hoch- und Populärkultur oder von Artefakten aus unterschiedlichen kulturellen Kontexten implizierte normative Wertung oder Hierarchie in produktiver Weise unterläuft: Nur innerhalb der Grenzen eines ästhetischen Feldes können viele Wahrnehmungsvergleiche zur Ausbildung eines geschulten Urteilsvermögens führen – der Bachliebhaber ist in Sachen Hip-Hop genauso als ästhetisch unerfahren zu bezeichnen und kann folglich kein elaboriertes ästhetisches Urteil für sich reklamieren wie umgekehrt der Hip-Hop-Fan in Sachen Bach.

Auch eine in einem ästhetischen Bereich unerfahrene Person kann sich natürlich ein ästhetisches Urteil über ein Phänomen aus diesem Bereich bilden. Ein ästhetisches Urteil kann aber erst dann als *verlässlich* gelten und der spezifischen Ästhetik des Bereiches gerecht werdend, wenn ein Wahrnehmungsvergleich in einem konkreten ästhetischen Feld «mit erinnerten Wahrnehmungsvergleichen gesättigt ist [...]. Entsprechend verfügt das ästhetisch erfahrene Subjekt über ein verlässliches Urteil in einem solchen Feld, wenn neue Wahrnehmungsvergleiche seinen Geschmack nur noch bestätigten, aber nicht weiter verfeinern können» (ebd.: 93).

Eine Begrenzung von Wahrnehmungsvergleichen auf ähnliche ästhetische Phänomene scheint möglicherweise vor dem Hintergrund einer transdisziplinären Auflösung von klassischen Disziplinen und Kunstsparten begründungsbedürftig.

Meines Erachtens bedeutet Lehmanns Ansatz aber nicht, dass inter- und transdisziplinäre Kunstformen und ihre Artefakte sich einem solchen Vergleich entziehen oder dem Ansatz durch ihre Existenz widersprechen. Ein Wahrnehmungsvergleich würde sich bei einem interdisziplinären Artefakt aber eben entweder auf ähnliche interdisziplinäre Artefakte beziehen (ich vergleiche ein Hip-Hop-Ballett mit einem anderen Hip-Hop-Ballett), oder aber Teilelemente in den Blick nehmen, z. B. musikalische Vergleiche zu ähnlicher Musik oder einen choreografischen Vergleich zu ähnlichen Choreografien ziehen, das Bühnenbild oder die genutzten Videoprojektionen in Beziehung zu ebensolchen Elementen setzen, welche dem*r Betrachter*in bereits in anderen Kontexten begegnet sind usw. Denn meines Erachtens geht es Lehmann nicht um die Trennung von Sparten oder Kunstformen, sondern um einen detaillierten Blick darauf, was in unserem Gehirn eigentlich vor sich geht, wenn wir ein ästhetisches Artefakt betrachten: das In-Beziehung-Setzen von dem, was wir gerade wahrnehmen, zu dem, was wir bereits in der Vergangenheit wahrgenommen haben. Ein komplexes ästhetisches Phänomen wird demnach auch komplexere Vergleichsprozesse anstoßen, die möglichweise auch gleichzeitig unterschiedliche Bezugspunkte aufrufen.

Aufhebung gängiger Dualismen

Ein weiterer Grund, warum mir Lehmann für die Theoriebildung um ästhetische Erfahrung besonders fruchtbar erscheint, liegt darin, dass er in seinem Modell verschiedene Dualismen aufhebt. Dafür macht er die im Diskurs häufig gegenübergestellten Phänomene in seiner Argumentation nicht zu Konkurrenten um ihre Bedeutung für ästhetische Erfahrungen, sondern definiert sie als jeweils gleichberechtigte Bestandteile im Wechselverhältnis von Prozessen, die ästhetische

Erfahrungen generieren. Bei Rittelmeyer (2014) finden wir zum Beispiel sowohl eine Distanzierung von den reinen Sinneserfahrungen oder sinnlichen Empfindungen, die nicht mit ästhetischen Wahrnehmungen gleichzusetzen wären, als auch den Befund, dass Kenntnisse und Wissensbestände über die Künste zwar wichtig sind, ihrerseits aber auch keine ästhetischen Erfahrungen ermöglichen (vgl. Rittelmeyer 2014: 10). Mit Lehmann wäre Rittelmeyer zwar Recht zu geben, dass beide Elemente für sich genommen noch nicht *das Eigentümliche ästhetischer Erfahrung* betreffen (vgl. ebd.: 140). Nach der Theorie der Wahrnehmungsvergleiche bedeutet dies aber nicht, dass sie nicht Bestandteil ästhetischer Erfahrungen sein können, sondern dass sie diese im Wechselspiel konstatieren.

Hinzu kommt, dass das Modell der Wahrnehmungsvergleiche innerhalb des häufig stark rationalistisch ausgeprägten Diskurses um ästhetische Erfahrung (s. o.) mit den Empfindungswerten auch der aisthesologischen, körperlich-leiblichen Ebene einen festen Platz einräumt. Damit macht es die sinnlichen, physischen und emotionalen Reaktionen des Menschen zum Bestandteil einer Auseinandersetzung mit der Frage, was als ästhetisch gelten kann und was nicht (wobei meinem Verständnis des Modells nach dennoch festzuhalten bleibt, dass auch Lehmann das ästhetische Urteil und damit ein sprachlich-reflexives Moment als notwendig für das Entstehen ästhetischer Erfahrungen erachtet).

Etwas indifferent oder wenig beachtet erscheint mir lediglich das Verhältnis von rezeptiven und aktiv-gestaltenden Erfahrungen. Lehmanns Modell erklärt zwar Rezeption zum Bestandteil jeglicher ästhetischen Praxis, weist ihr eine klare Aktivität des Subjekts zu und kehrt andererseits aktiven gestaltenden Charakter jeglicher ästhetischen Erfahrung hervor. Es liefert aber wenig konkrete Ansätze dafür, inwieweit sich beispielsweise das Sehen eines Theaterstückes und das eigene aktive Handeln auf einer Bühne im Detail voneinander unterscheiden. Lehmann würde meines Erachtens wahrscheinlich argumentieren, dass auch jegliches gestalterische Handeln im Grunde auf Wahrnehmungsvergleichen basiert, anhand derer das Individuum Entscheidungen im Handeln trifft, dennoch dürfte auf der Hand liegen, dass die beiden Beispiele insofern unterschiedliche Modi beschreiben, als dass eine genauere Betrachtung der jeweils stattfindenden Prozesse im Kontext eines solchen Modells und eine Antwort auf die Frage, wie sie sich im Detail voneinander unterscheiden, angebracht und noch zu liefern wäre.

Eine flexible und kontextgebundene Bestimmung des Ästhetischen

Der wichtigste Unterschied zu anderen Ansätzen, die über ästhetische Erfahrungen das Wesen des Ästhetischen bestimmen wollen, mag darin bestehen, dass das Modell einer Praxis der Wahrnehmungsvergleiche eine flexible und kontextgebundene Bestimmung dessen ermöglicht, was als ästhetisch zu bezeichnen wäre und was nicht. Nach Lehmann wird eine ästhetische Erfahrung nicht *a prio-*

ri von Rahmenbedingungen wie individuellen Wissensbeständen und Vorlieben, Moral- und Glaubenssystemen sowie von gesellschaftlichen Umständen und Werten und den Einflüssen sozialer Interaktion abgegrenzt:

> Vielmehr rechnet diese Theorie von Anfang an damit, dass verschiedene Mechanismen in einem Wahrnehmungsvergleich dafür verantwortlich sind, wenn die Gefühlsreaktion eines Subjektes bei einem ästhetischen Phänomen stärker ausfällt als bei einem anderen. Das kann an den Phänomenen selbst, an einem mehr oder weniger entwickelten Geschmack, an kulturellen Prägungen, idiosynkratrischen Vorurteilen oder am verfügbaren Kontextwissen liegen, die zu solchen Urteilsdiskrepanzen führen. (Lehmann 2016: 94)

Lehmann geht davon aus, dass unterschiedliche Faktoren einen grundsätzlichen Einfluss darauf haben, wie das Individuum ästhetische Erfahrungen macht bzw. wie es konkret Unterschiedlichkeiten ästhetischer Phänomene wahrnimmt, empfindet und beurteilt – ohne dass er diese von ihm als Wertesysteme bezeichneten Faktoren vorab in eine normative Rangordnung setzt. Er unterscheidet zwischen Eigenwerten der Wahrnehmungsgegenstände in Bezug auf deren Anomalien gegenüber allgemeinen Wahrnehmungsfunktionen (ein Gegenstand erscheint beispielsweise stärker *erhaben* oder *ambivalent* als ein anderer, z. B. eine Kirchenarchitektur eher erhaben, ein Readymade eher ambivalent), Übertragungswerten (kulturelle Werte wie Coolness oder Sportlichkeit werden auf spezifische Formen übertragen, z. B. Brille als Zeichen von Intelligenz) und Reflexionswerten (über größere Theorien, Texte oder Erzählungen werden Werten bestimmte wahrnehmbare Elemente zugesprochen, z. B. Symbolfarben).

Das Individuum ist in seinen Wahrnehmungen, Empfindungen und Urteilen also durch diese Eigen-, Übertragungs- und Reflexionswerte beeinflusst, die damit gleichermaßen dazu beitragen, eine ästhetische Erfahrung zu generieren. Da diese Werte wandelbar und abhängig von sozialem, kulturellem und historischen Kontexten innerhalb einer jeweils vorherrschenden Gesellschaftsstruktur geprägt und präformiert werden, ermöglicht die Theorie eine Betrachtung des Ästhetischen auch im Kontext gesellschaftlichen Wandels, historischer Veränderungen und unterschiedlicher (sozio-)kultureller Umgebungen und erklärt, warum sich jeweils anders definiert, was als ästhetisch erfahren wird und was nicht.

Nicht zuletzt problematisiert Lehmanns Theorie auch die grundsätzliche und vielfache Kontingenz jeglicher Kommunikation über das Ästhetische: Eine *Kontingenz der ästhetischen Phänomenklassen* bestehe zuerst bereits darin, dass unterschiedliche Menschen über unterschiedliche Phänomene ästhetische Prägungen erfahren und demnach ihre Kommunikation über das Ästhetische auf ganz unterschiedlichen Grundlagen aufbauen. Zweitens wäre als *Kontingenz der ästhetischen Empfindungswerte* der Umstand zu bezeichnen, dass sowohl unterschiedliche Grade der ästhetischen Erfahrenheit von Menschen als auch der oben beschriebene Einfluss von internen und externen Wertesystemen dazu führen können, dass verschiedene Personen ganz unterschiedliche ästhetische Urteile in Bezug auf ein und dasselbe ästhetische Phänomen hervorbringen. Schließlich erschwert auch eine *Kontingenz ästhetischer Urteile* die Kommunikation über Ästhetik, denn die sprachlichen Ausdrücke mit deren Hilfe ästhetische Urteile formuliert werden (wie z. B. Begriffe wie schön, bewegend, krass oder cool) sind vage und nicht strikt definiert. Sie lassen damit große subjektive Interpretations- und Zuschreibungsräume zu. So ist es sehr wahrscheinlich, dass den gleichen ästhetischen Prädikaten ganz oder zumindest teilweise unterschiedliche ästhetische Wahrnehmungen und Empfindungen beschrieben werden – oder umgekehrt für eigentlich gleiche, unterschiedliche Begriffe gewählt werden: Was für eine Person *schön* ist, beschreibt die andere aufgrund abweichender sprachlicher und/oder kultureller Sozialisation vielleicht mit den Worten *vollkommen* oder *krass*.

Ästhetik als komplexe, variable Größe und subjektive Zuschreibung

Lehmanns Modell ermöglicht über seine Trias von Wahrnehmungsvergleich, Empfindungswert und ästhetischem Urteil eine hochkomplexe und differenzierte Betrachtung ästhetischer Erfahrungen und damit des jeweils subjektiv als ästhetisch Bewerteten: Es bezieht Eigenschaften des Objekts wie die des Subjekts und dessen rezeptiven wie aktiven Anteile in der sinnlichen wie rationalen Verarbeitung von Wahrnehmungen ein, berücksichtigt die Einflüsse unterschiedlicher Wertesysteme auf diese ästhetische Praxis und problematisiert darüber hinaus die Kontingenzen in der interpersonellen Kommunikation über das Ästhetische. Was dabei als ästhetisch definiert wird, so lässt sich Lehmanns Theorie zusammenfassen, ergibt sich aus einer Summe vielfältiger ästhetischer Erfahrungen eines Individuums, die als erinnerte Wertungen ästhetischer Phänomene aus einer Praxis der Wahrnehmungsvergleiche entstehen. Ästhetik wäre damit immer eine variable Größe und subjektive Zuschreibung, die im Handeln, Fühlen und Denken des Individuums hervorgebracht wird, welches dabei von den Eigenschaften des Objektes sowie kontextabhängigen Werten beeinflusst ist.

Damit wird in gewisser Weise ein Bogen zurück zur derzeit eher in den Hintergrund gerückten Definition von Ästhetik im Sinne der *Aisthesis* geschlagen. Das sinnlich Wahrnehmbare wird hier aber nur als ein Teil des Ästhetischen definiert und darüber hinaus viel stärker die Wechselverhältnisse betrachtet, welche zwischen dem wahrgenommenen Objekt und dem wahrnehmenden Subjekt und innerhalb der Kontexte entstehen, in denen letzteres handelt, denkt und empfindet.

Den Ausgangspunkt für ästhetische Bildung in einer Praxis der Wahrnehmungsvergleiche sowie in deren aktiver Kontextualisierung durch das Individuum und dessen Prägungen zu verstehen, ist zumindest in Teilen auch anschlussfähig an Überlegungen und Konzepte anderer Autor*innen aus dem Bereich der ästhetischen Bildung, die aber das Ästhetische theoretisch anders herleiten. Liebau, Klepacki und Zirfas beispielsweise formulieren:

> Wie man auch immer den Begriff der Ästhetik in der Moderne bestimmen kann […]: mit Bezug auf Aisthesis, Elevatorik, Proportionalität, Subjektivität, Kallistik, Kosmetik, Artistik, Sensibilität, Ästhetizismus, Utopie, Virtualität etc.), so bleibt der Ausgangspunkt ästhetischer Bildung die aisthesis, die Sinneswahrnehmung. […] Ästhetische Bildung zielt […] auf «Als-Erfahrungen»: Erfahrungen, die etwas als etwas anderes wahrnehmen lassen. Darin, dass man es auch anders wahrnehmen und erfahren kann, mithin in der «Einsicht» einer Kontingenz liegt die Ästhetische Erfahrung (Liebau, Klepacki & Zirfas 2009: 94; 99 f.).

Der von ihnen hier beschriebene Perspektivwechsel im Blick auf das scheinbar Vertraute kann meines Erachtens durchaus als Wahrnehmungsvergleich konzeptualisiert werden, in welchem unterschiedliche ästhetische Gegenstände – real wie imaginiert – in Beziehung zueinander gesetzt werden. Die Autoren betonen in ihren weiteren Ausführungen zwar den besonderen Aufforderungscharakter von Kunstwerken gegenüber anderen Gegenständen der Wahrnehmung, solche Art der Erfahrung zu ermöglichen. Sie stellen aber deutlich den besonderen Stellenwert des Wahrnehmungsvergleiches als solchen für die ästhetische Bildung heraus, indem sie davon ausgehen, er würde

> sinnliche, theoretische und praktische Einstellungsänderungen implizieren, weil bisherige Annahmen, Maximen, Emotionen und Sinnzuschreibungen in Frage gestellt werden. […] Die ästhetische Bildung geht nicht in aisthetischer, leiblicher und erfahrungsbezogener auf; vielmehr können die bislang dargestellten Bildungsmomente als Teilbereiche der ästhetischen Bildung gesehen werden, zu der neben den Prozessen einer sinnlich leiblichen und erfahrungsbezogenen Selbstbezüglichkeit auch noch die kulturellen, historischen Interpretationsmuster hinzukommen. (Ebd.: 99 f.)

Hier findet sich darüber hinaus im Grunde genommen auch in Ansätzen der Gedanke einer von Lehmann formulierten Trias aus Wahrnehmung, Empfindung und zugeschriebenem Urteil wieder, das von verschiedenen Werten beeinflusst wird. Auch Rittelmeyer spricht davon, dass ästhetische Bildung «niemals nur im Angebot künstlerischer Aktivitäten bestehen [kann], sie muss vielmehr immer auch die emotionalen, intellektuellen und volitionalen Organe der Beteiligten zu fördern suchen» (Rittelmeyer 2014: 61).

Wahrnehmungsvergleiche und Differenzerfahrungen

Der Moment des Wahrnehmungsvergleichs liegt nicht zuletzt auch theaterpädagogischen Konzepten wie dem der Differenzerfahrung nach Hentschel zu Grunde: Theaterspielen ermöglicht nach Hentschel die Differenzerfahrung zwischen Alltagswelt und Fiktion, eigener Biografie und der Figur – und in dieser Differenz, dem Oszillieren dazwischen ereignet sich ästhetische Bildung (vgl. Hentschel

1996). Eine solche Differenz wird allerdings nur durch die ästhetische Praxis von Wahrnehmungsvergleichen sicht- und erfahrbar: Ich nehme sowohl Fiktion als auch Alltagswelt wahr, vergleiche beide miteinander, stelle Differenzen fest und bin innerlich zwangsläufig sofort mit den damit verbundenen Gefühlen, Assoziationen, Wertzuschreibungen und Urteilen beschäftigt. Nur wenn eine Differenzerfahrung entsprechend emotional, assoziativ und wertend gebunden ist, hat sie überhaupt das Potential über ein pures Registrieren eines Unterschiedes hinauszugehen und einen Bildungsprozess in Gang zu setzen. Hentschels Überlegungen werden über die Gedanken von Lehmann noch spezifiziert und gleichzeitig die theaterästhetisch gerahmte Differenzerfahrung in einen größeren Kontext von Wahrnehmungsprozessen gestellt, was sie meiner Meinung nach nicht ihrer Besonderheit beraubt, sondern vertiefend erklärt, warum und wie Theaterspiel in besonderer Weise als Differenzerfahrung wirksam werden kann.

2.1.3 Fünf Thesen für eine Didaktik ästhetischer Bildung

Vor dem Hintergrund der eben angestellten Überlegungen zu den Begrifflichkeiten von Bildung und Ästhetik ließe sich nun die eingangs skizzierte Definition von ästhetischer Bildung als Prozess und Resultat reflexiver wie performativer Praxen, die sich aus der aktiven wie rezeptiven Auseinandersetzung mit Gegenständen der Kunst und Kultur ergeben, noch etwas genauer fassen bzw. korrigieren. Dabei möchte ich allerdings gleich anfangs kritisch anmerken, dass sich durchaus in Frage stellen ließe, inwieweit eine solche Unterscheidung zwischen ästhetischer und vermeintlich anderen Formen von Bildung auf dem Hintergrund einer Theorie transformatorischer Bildung haltbar wäre. Denn im Hinblick auf die konstatierte Komplexität, Unverfügbarkeit und Individualität von entsprechenden Veränderungsprozessen in den Selbst- und Weltverhältnissen eines Menschen, wird es meines Erachtens schwierig, abstrakt unterscheiden zu wollen, ob ein solcher Prozess nur einen theoretischen, einen moralischen oder ästhetischen Bereich betrifft bzw. solche Bereiche überhaupt trennscharf voneinander abzugrenzen. Sie alle stehen über die individuellen Ordnungssysteme eines Menschen in Bezug auf Selbst und Welt miteinander in Verbindung. Somit wird eine Veränderung in einem der Bereiche vermutlich in anderen unweigerlich weitere Veränderungen mit sich bringen. Ich möchte in diesem Rahmen dennoch am Begriff der ästhetischen Bildung festhalten, um ihn als Denkfigur nutzen zu können, bis zu welchem Grad sich aus den theoretischen Überlegungen heraus Besonderheiten oder Konsequenzen für eine didaktische Rahmung ästhetischer Praxis ableiten lassen.

Als Erstes ließe sich als Konsequenz aus den Überlegungen zu einem transformatorischen Bildungsbegriff das Wesen der Auseinandersetzung näher bestimmen: Demnach wäre nicht *jegliche* Auseinandersetzung mit Gegenständen der Kunst und Kultur als ästhetische Bildung zu fassen, sondern lediglich solche, die einen

Prozess des In-Bewegung-Geratens bestehender Selbst- und Weltkonzepte und -verhältnisse anstoßen oder von diesem gekennzeichnet werden.

Zweitens wäre Ästhetik und damit ästhetische Bildung nicht zwangsläufig nur an Gegenstände der Kunst und Kultur gebunden. Sie ist, wie dargelegt, zwar auch abhängig von den Eigenschaften des Objektes und kontextabhängigen Werten, wie sie die Gegenstände der Kunst und Kultur mit sich bringen. Sie wäre aber unabhängig von ihnen als variable Größe und subjektive Zuschreibung zu sehen, die ganz wesentlich vom Handeln, Fühlen und Denken des Individuums beeinflusst wird und in einer Praxis der Wahrnehmungsvergleiche entsteht.

Ästhetische Bildung wäre demnach grundlegender als die Auseinandersetzung mit den Gegenständen der Kunst und Kultur als Auseinandersetzung mit einer Praxis von Wahrnehmungsvergleichen und den damit verbundenen individuellen Empfindungen und Urteilen sowie kontextgebundenen Werten zu verstehen.

Dabei stellt sich in der Zusammenführung der Begriffe Ästhetik und Bildung die Frage, ob und wie eine pädagogische Wendung ästhetischer Bildung überhaupt möglich werden kann. An verschiedenen Stellen wurde eine pädagogische Rahmung von ästhetischer Erfahrung und Bildung grundlegend angezweifelt. Mollenhauer stellt die Frage, ob Bildung des Subjekts im Medium der Kunst überhaupt möglich sei und warnt von einer Pädagogisierung ästhetischer Erfahrung (vgl. Mollenhauer 1988):

> Ästhetische Wirkungen in der skizzierten Art sind Sperrgut in einem Projekt von Pädagogik [...]. Um also die Künste und die Beschreibungen ästhetischer Wirkungen in jenes Projekt integrieren zu können, muß – um im Bild zu bleiben – das Sperrgut zerstückelt werden, damit es in die pädagogische Kiste paßt. (Mollenhauer 1990: 484)

Ähnlich argumentiert Boehm (1990), der wiederum unter Bezugnahme auf Kant und Schiller die besondere Qualität des Ästhetischen genau darin sieht, dass dieses frei von jeglicher theoretischer Erkenntnis oder praktischem Nutzen sei – was in seinen Augen mit jeglichem pädagogischen Zugriff darauf nicht übereinzubringen sei (vgl. Boehm 1990: 457 f.). Ästhetische Bildung und Pädagogik unterliegen, so der allgemeine Tenor entsprechender Überlegungen, dem grundlegenden Dilemma, dass die Kunst im Allgemeinen und ästhetische Erfahrung im Besonderen in pädagogischen «Dressur-Akten» banalisiert und instrumentalisiert werde und ihr damit gleichzeitig ihre besondere Wirksamkeit genommen würde (vgl. Hentschel 1996: 31).

Dieser Angst oder diesen Bedenken liegt jedoch eine Auffassung zu Grunde, die das Ästhetische in einer mehr oder weniger unbestimmbaren Differenz zum Alltäglichen definiert, es in einer unzugänglichen Sphäre auratisiert. Eine zuvor für diese Arbeit als grundlegend argumentierte Ästhetik der Wahrnehmungsvergleiche setzt jedoch weit niedrigere Hürden für das Miteinander von Ästhetik und Pädagogik. Zudem liefert sie durch ihre grundlegende praxeologische Ausrichtung klare Ansatzpunkte, wie Prozesse ästhetischer Bildung angestoßen werden können. Ästhetische Bildung bleibt dabei natürlich aufgrund der hohen Relationalität, Subjektivität und Kontextabhängigkeit von Bildung wie Ästhetik unverfügbar. Sie kann nicht zielsicher *hergestellt* werden. Dennoch lassen sich aus den obigen Ausführungen über die Ästhetik der Praxis von Wahrnehmungsvergleichen und die Theorie transformatorischer Bildungsprozesse relativ konkrete Parameter für eine Didaktik ästhetischer Bildung formulieren.

Diese Parameter folgen nicht Kokemohrs strenger theoretischer Überlegung, dass mit Bildung nur Lernprozesse *höherer* Ordnung (vgl. Kokemohr 2007) gefasst seien, denn eine entsprechende Unterscheidung wäre in einer Zusammenführung von Lehmans und Kollers Theorien kritisch zu betrachten. Die so formulierten didaktischen Ansätze wären mit Kokemohr möglicherweise lediglich als Ausgangspunkte für Lernprozesse zu lesen, weil sie in sehr konkreten Bereichen dazu beitragen, eine Praxis von Wahrnehmungsvergleichen zu schulen und ästhetische Urteilskraft auszubilden. Ich halte aber eine Trennschärfe zwischen Lernprozessen und mit ihnen in Verbindung stehenden Bildungsprozessen für schwer haltbar, da Lernprozesse, wie oben bereits skizziert, durchaus die Selbst- und Weltverhältnisse des jeweiligen Individuums berühren können – und somit als bildungsrelevant einzustufen wären.

Entsprechende Parameter einer Didaktik ästhetischer Bildung sind nicht als Garant für ein Sich-Einstellen von Bildungsprozessen zu verstehen (da Bildung, wie bereits dargelegt, generell unverfügbar bleibt), können aber als Voraussetzung für den Anstoß von möglichen Bildungsprozessen gesehen werden. Sie sind im Folgenden in Form von fünf Thesen formuliert und erheben keinen Anspruch auf Vollständigkeit. Stattdessen stellen sie lediglich diejenigen Parameter dar, die sich aufgrund der Auseinandersetzung mit den hier angestellten theoretischen Überlegungen ergeben.

1. Eine Didaktik ästhetischer Bildung muss Anlässe für Wahrnehmungsvergleiche schaffen und den Wechsel in den Modus der Wahrnehmungsvergleiche schulen.
Wenn sich ästhetische Bildung über eine Praxis der Wahrnehmungsvergleiche ereignet, dann muss eine entsprechende Didaktik zuallererst einmal Anlässe dafür schaffen. Nun könnte argumentiert werden, dass es in einer ästhetisierten Welt bereits genügend Gelegenheiten für Wahrnehmungsvergleiche gibt. Doch das Kriterium ist kein rein quantitatives, sondern auch ein qualitatives. Mit Welsch führt die Ästhetisierung unserer Alltagswelt, die Überflutung mit Reizen und die zunehmende Bildlichkeit immer leichter zugänglich werdender medial vermittelter Wirklichkeiten eher zu einer Abstumpfung der Sinne als zu deren Schärfung: «Ästhetische Animation geschieht als Narkose – im doppelten Sinn von Berauschung wie Betäubung, Ästhetisierung – ich wiederhole die Formel – erfolgt als Anästhetisierung» (Welsch 1990: 71). Dabei stellt Anästhetik nach

Welsch den Gegenbegriff zur Ästhetik dar, eine Unfähigkeit, wahrzunehmen und zu empfinden – «von der physischen Stumpfheit bis zur geistigen Blindheit» (Welsch 2003: 10). Die reine Existenz vieler Gelegenheiten, ästhetische Gegenstände wahrzunehmen, bedeutet demnach noch lange nicht, dass diese auch bewusst wahrgenommen und miteinander verglichen werden.

Mit Lehmann gehe ich davon aus, dass nicht jegliche Wahrnehmung gleichzeitig einen Wahrnehmungsvergleich und damit eine ästhetische Erfahrung beinhaltet. In seiner Ästhetik erörtert er in Bezug auf diese These beispielhaft die Frage, ob es möglich wäre, die Fensterfront eines Gebäudes aus den 1970er-Jahren ohne jeglichen Vergleich oder geschmackliches Urteil wahrzunehmen und eine ästhetische Erfahrung zu machen? Der Vorstellung, dass dies möglich sein könnte, läge eine Auffassung zu Grunde, dass bestimmte Gegenstände der Wahrnehmung (wie zum Beispiel die häufig in diesem Zusammenhang verhandelte Kunst) durch bestimmte sie auszeichnende Eigenschaften als ästhetisch bezeichnet werden können und dem Individuum allein durch eine Begegnung mit ihnen eine ästhetische Erfahrung ermöglichen. Lehmann antwortet auf diese Frage, man nehme das Gebäude

> genau dann ästhetisch wahr, wenn man es in einen realen oder imaginären Wahrnehmungsvergleich stellt – die Vergleichsperspektive ruft den positiven oder negativen Affekt hervor. Eine ästhetische Einstellung einnehmen heißt, in den Beobachtungsmodus der Wahrnehmungsvergleiche zu wechseln. In der Alltagswahrnehmung geht es jedoch gewöhnlich nicht um eine vergleichende, sondern nur um eine identifizierende Wahrnehmung, so dass man eben auch eine gut gestaltete Fensterfront registrieren kann, ohne sie als ein ästhetisches Phänomen zu registrieren. (Lehmann 2016: 96)

Eine Didaktik ästhetischer Bildung müsste daher nicht nur Gegenstände zur Wahrnehmung anbieten, sondern auch den Wechsel zwischen Wahrnehmungsmodi bewusst werden lassen und Menschen darin befähigen, in einen Modus von Wahrnehmungsvergleichen überzugehen.

Ein Vergleich bedeutet erst einmal, dass die Möglichkeit gegeben sein muss, *verschiedene* Artefakte oder Objekte der Wahrnehmung zueinander in Beziehung zu setzen. Der primäre Gegenstand der Wahrnehmung bedarf also immer auch eines Anderen, eines Gegenübers, einer Alternative oder eines Gegenentwurfes, der als different wahrgenommen werden kann. Damit dieser Vergleich auch wirklich gezogen wird und nicht nur zufällig stattfindet, bedarf es aus didaktischer Perspektive vermutlich auch entsprechender Aufforderungen dazu bzw. Notwendigkeiten und Anlässe, die unterschiedlichen Gegenstände überhaupt aufeinander zu beziehen.

Wahrnehmungsvergleiche beinhalten mit Lehmann dabei immer auch den Vergleich mit Imaginiertem. So beträfe ästhetische Bildung «die Ausdifferenzierung der imaginatio, der Einbildungskraft, der Phantasie. Dabei geht es vor allem um das (Er-)Finden von Möglichkeiten» (Liebau, Klepacki & Zirfas 2009: 102) und ein

In-Beziehung-Setzen von tatsächlich wahrgenommenen zu möglichen imaginierten Versionen, Welten oder Phantasien: «Ästhetische Bildung wird hier verstanden als Bildungsform, die in besonderer Weise die Möglichkeiten für Übergänge, Verknüpfungen und das In-Beziehung-Setzen von Wahrnehmung, Erfahrungen, Zeichen, Urteilen und Imaginationen betrifft» (ebd.: 101).

2. Eine Didaktik ästhetischer Bildung muss eine Auseinandersetzung mit *Empfindungswerten* ermöglichen.

Ästhetische Erfahrung als Voraussetzung für ästhetische Bildung beinhaltet nach Lehmann nicht nur den Wahrnehmungsvergleich als solchen, sondern in einer Trias auch die mit ihr verbundenen Affekte und emotionalen Reaktionen im Subjekt sowie deren Bewertung. Damit hätte eine Didaktik ästhetischer Bildung auch eine Auseinandersetzung und Sensibilisierung ihrer Protagonisten im Hinblick auf deren Empfindungswerte und -welten zu beinhalten. Sie müsste dazu befähigen, unterschiedliche Empfindungen und körperlich leibliche Reaktion aufmerksam wahrzunehmen, diese voneinander unterscheiden zu können und letztlich auch kommunikativ beschreibbar zu machen:

> Mit dem Konzept der ästhetischen Bildung sind [...] eine ganze Reihe leibliche Momente verknüpft: Betroffensein, Ärger, Freude, Schock, Ekel, Lust etc. Diese Momente können, müssen aber nicht unbedingt in ästhetische Urteile münden; anders formuliert, zielt ästhetische Bildung hier nicht auf (rationalistische) Urteilsbildung, sondern auf die Verbesserung von Aufmerksamkeits-und Spürensqualitäten, auf die Bildung von Aufmerksamkeitsrichtungen und auf Formen, Intensitäten und Auswirkungen des affizierten Gefühlslebens» (Liebau, Klepacki & Zirfas 2009: 97).

Eine Didaktik ästhetischer Bildung müsste demnach immer auch den bewussten Blick auf den Körper, auf Empfindungen und Gefühle zum Gegenstand machen: die Ausbildung einer leiblichen Wahrnehmungs- und Ausdrucksfähigkeit, welche Präsenz, Aufmerksamkeit und Achtsamkeit sowie Reflexionsfähigkeit in Bezug auf den Körper und dessen Empfindungen schult. Sie setzt sich mit Körperreaktionen und Körperräumen, mit Gefühlen und Bewegungen auseinander, mit Gestaltungs- und Differenzierungsmöglichkeiten des körperlichen Ausdrucks. Sie schafft Anlässe, über diese zu sprechen und hilft dabei, das bewusst Wahrgenommene für sich und andere in einen Ausdruck zu bringen.

3. Eine Didaktik ästhetischer Bildung muss *Übertragungs- und Reflexionswerte* thematisieren.

Wie die eigenen Empfindungen spielen im Bilden von ästhetischen Erfahrungen eine Vielzahl von Werten eine Rolle, die das Denken, Fühlen und Handeln des Individuums beeinflussen. Diese sind insofern von besonderer Bedeutung, als dass sie im Rahmen von als Um- oder Neuordnung von Selbst- und Weltverhältnissen verstandenen Bildungsprozessen, ebensolche Welt- und Selbstverhältnisse konkret abbilden. Damit wäre mit dem Modell der ästhetischen Erfahrung als Praxis der Wahrnehmungsvergleiche zentraler Bestandteil einer Didaktik ästhetischer

Bildung die Auseinandersetzung mit Übertragungs- und Reflexionswerten, um bewusst zu machen, welche Selbst- und Weltkonzepte ein Individuum in seinem ästhetischen Wahrnehmen und Handeln prägen. «Ästhetische Bildung meint hier einerseits das Erlernen spezifischer kultureller und symbolischer Zeichensysteme, meint Befähigung zur (universalisierbaren) ästhetischen Urteilsbildung (ästhetische Alphabetisierung); und sie betrifft andererseits den kreativen Denk- und Urteilsprozess, der in der Lage ist, bislang Gültiges neu und anders zu verstehen» (Liebau, Klepacki & Zirfas 2009: 101).

So würde eine Didaktik ästhetischer Bildung eine aufmerksame Auseinandersetzung mit eigenen Übertragungswerten27 und Reflexionswerten28 beinhalten: Welche Werte beeinflussen meine Wahrnehmung? Auf welche Konzepte und Vorannahmen greife ich unbewusst zurück? Was genau vermitteln diese Werte und warum? Da entsprechende Werte gesellschaftlichem Wandel unterliegen, werden auch folgende Fragen wichtig: Warum bewerten Menschen unterschiedlich, was sie als ästhetisch erfahren? Woher stammen meine eigenen Werte? Welche alternativen Sichtweisen existieren außerhalb des mir Bekannten?

Mit Hentschel gewinnt ein solches ästhetisches Denken auch deswegen an Bedeutung für Bildungsprozesse, weil es das Individuum dazu befähigt, sich mit Doppel- und Mehrdeutigkeiten auseinanderzusetzen, «[...]seine Handlungskompetenz in einer plural verfaßten Wirklichkeit ausbilde, ihm in dieser Realität zur Orientierung verhelfe» (Hentschel 1996: 69). Ein plurales und transversales Denken sei heute Grundvoraussetzung für den Umgang mit Realität (vgl. ebd.: 67). Lange konstatiert im Hinblick auf ästhetische Bildung, dass die Komplexität zeitgenössischen Seins nach einem Bildungsbegriff verlangt, in dem das Denken in Verflechtungen, Verkettungen und Differenzen sowie die Vernetzung verschiedener Zeichen- und Erkenntnissysteme integriert werden kann (vgl. Lange 2002: 262).

Wenn wir aus einer postmodernen, konstruktivistischen Perspektive davon ausgehen, dass sich Wirklichkeitserkenntnis über Wahrnehmung konstituieren und damit Wirklichkeit zwangsläufig immer in Pluralität verschiedener Interpretationen erscheint, dann schließt diese *«radikale Pluralität»* (Welsch 1990) gleichzeitig eine anti-totalitäre Haltung ein und macht eine Auseinandersetzung mit den jeweils anderen Interpretationsmöglichkeiten notwendig. Nadine Rose und Hans-Christoph Koller (2011) arbeiten in Bezugnahme auf die Theorie Butlers heraus, dass in dem Spiel mit Zuschreibungen und scheinbaren Gewissheiten das im Moment des Performativen enthaltene beständige politische Versprechen liegt, sich in diesem Spiel mit Verunsicherungen und ständiger Wandelbarkeit neue Handlungsmöglichkeiten und dadurch einen souveränen Umgang mit Welt und letztendlich der eigenen Identität zu erlangen.

27 Zur Erinnerung: Kulturelle Werte werden auf spezifische Formen übertragen, z. B. Brille als Zeichen von Intelligenz.

28 Zur Erinnerung: Über Theorien, Texte oder Erzählungen werden bestimmten wahrnehmbaren Elementen bestimmte Werte zugesprochen, z. B. Symbolfarben.

4. Eine Didaktik ästhetischer Bildung muss zur Ausbildung eines ästhetischen Vokabulars beitragen.
Jegliche Kommunikation über das Ästhetische ist zutiefst kontingent. Das liegt in erster Linie daran, dass die Begriffe, mit Hilfe derer ästhetische Urteile formuliert werden, zumeist sehr vage sind. Sie lassen große subjektive Interpretations- und Zuschreibungsräume zu. So ist es sehr wahrscheinlich, dass mit den gleichen ästhetischen Prädikaten ganz oder zumindest teilweise unterschiedliche ästhetische Wahrnehmungen und Empfindungen beschrieben werden – oder umgekehrt für eigentlich gleiche Wahrnehmungen und Empfindungen unterschiedliche Begriffe gewählt werden. Die Ausbildung eines Vokabulars bzw. das Bewusstwerden über die eigene Verwendung ästhetischer Codes und deren Bedeutungsraumes sowie über die generelle Unverfügbarkeit einer Kommunikation über das Ästhetische sollten so Bestandteil ästhetischer Bildung sein, um Menschen dazu zu befähigen, Wahrnehmungen und die damit verbundenen Urteile zu kommunizieren und die Kommunikationen über sie aktiv zu gestalten und kritisch reflektieren zu können.

5. Eine Didaktik ästhetischer Bildung muss zur Begegnung mit Fremdem einladen
Folgen wir einem transformatorischen Bildungsbegriff, so kann Bildung sich in erster Linie dort ereignen, wo bisherige Strukturen, Selbst- und Weltverhältnisse nicht mehr ausreichen, um in einer neuen Situation vollständige Orientierung zu bieten. Wie bereits weiter oben dargelegt wurde, können Erfahrungen, die uns mit dem Fremden konfrontieren und irritieren, solche Prozesse in besonderer Weise herausfordern (ohne sie jedoch zwingend auszulösen). Eine Didaktik ästhetischer Bildung hätte also die Begegnung mit Fremdem bewusst anzustoßen bzw. dazu einzuladen.

Waldenfels spricht in seiner Konzeption von Fremderfahrung von einem Prozess oder Bruch, in dem uns etwas widerfährt, das sich dem Zugriff der bisher gegebenen Ordnung entzieht (vgl. Waldenfels 1997). Demnach ginge es für eine Didaktik ästhetischer Bildung darum, als «Schule der Andersheit» (vgl. Welsch 1990) ebensolche Brüche anzustoßen. «Blitz, Störung, Sprengung, Fremdheit würden für sie Grundkategorien. Gegen das Kontinuum des Kommunizierbaren und gegen die schöne Konsumtion setzte sie auf Divergenz und Heterogenität» (ebd.: 103). In Bezug auf die Gegenstände ästhetischer Wahrnehmung könnte es folglich mit Welsch gesprochen darum gehen, bestehende Wahrnehmungsgewohnheiten mit dem zu konfrontieren, was nicht so leicht darin eingeordnet werden kann.

Es ginge dabei nicht,

> [...] – als Pendant zum Schönen – um Häßliches, Widriges oder Sinnloses, sondern es geht – über das Schöne, Gefällige, Korrespondierende hinaus – um die Befragung der Grenzen der Sinne, des Geschmacks, der Wahrnehmung. Man zielt auf eine Ästhetik, die auf ihre Rückseite, die Anästhetik, aufmerksam ist. (Ebd.: 67)

Das Fremde könnte aber auch (jenseits von spezifischen ästhetischen Gegenständen) in der Begegnung mit Inhalten oder Kontexten liegen, die sich bisherigen Ordnungssystemen entziehen. Dass diese sich ebenso wie *fremde* Wahrnehmungsgegenstände nicht zielsicher für alle Teilnehmenden eines pädagogischen Prozesses gleich bestimmten lassen, liegt in der Natur des Fremden. Dieses definiert sich mit Waldenfels als relationale Größe als etwas, das sich den jeweils bestehenden und individuellen Ordnungssystemen eines Menschen entzieht. Aber es lassen sich doch beispielsweise anhand kultureller, entwicklungspsychologischer oder milieubedingter Kontexte zumindest bedingte Annahmen darüber treffen, was den Teilnehmenden an einem pädagogischen Prozess *wahrscheinlich* als fremd erscheinen *könnte*. So birgt für eine Gruppe von Rentner*innen die Auseinandersetzung mit Hip-Hop vermutlich größeres Fremdheitspotential als für Jugendliche, für die Jugendlichen wiederum wäre eine Beschäftigung mit Sexualität im Alter auf eine andere Weise fremd als für die Rentner*innen. Eine Fremderfahrung wirkt dabei durchaus ambivalent: Sie kann, wie weiter oben bereits beschrieben, bedrohlich oder verlockend (und dann motivierend) empfunden werden. Eine Didaktik ästhetischer Bildung muss dementsprechend so auch den Mut aufbringen, durch die Begegnung mit dem Fremden angestoßene Krisen willkommen zu heißen und begleiten zu können und versucht nicht, diese unter dem Ideal eines pädagogischen Schutzraumes zu vermeiden.

Die Frage, ob und in welcher Weise das Fremde *überhaupt* didaktisch aufzubereiten ist, ohne es dadurch seiner Fremdheit zu berauben, stellt sich dabei noch einmal grundlegender und muss gesondert betrachtet werden. Eine entsprechende Diskussion führt in eine ähnliche Richtung wie die über eine (Un-)Vereinbarkeit von Kunst und pädagogischem Handeln. Dieser Frage und ihren didaktischen Implikationen, die Begegnung mit dem Fremden als Teil von pädagogischen Arrangements mit sich bringt, wird im Verlauf der Arbeit weiter nachzugehen sein (vgl. Kapitel 2.2).

2.2 Feldforschung als bildungsorientierter Praxisansatz in der Theaterpädagogik

Bisher habe ich das Spannungsverhältnis zwischen künstlerischen und wissenschaftlichen Weltzugängen im Allgemeinen sowie dessen mögliche Konkretion in einer Praxis künstlerisch motivierter Feldforschung untersucht. Außerdem ist nun der bildungstheoretische Bezugsrahmen eines Praxisübertrags in die Theaterpädagogik abgesteckt. Nun wird es um den theaterpädagogischen Bezugshorizont selbst gehen.

Welche Rolle spielen forschungsbezogene Ansätze derzeit in der theaterpädagogischen Praxis und wie können diese theoretisch und didaktisch kontextualisiert werden? Dazu erfolgt eine Auseinandersetzung mit aktuell verwendeten Begrifflichkeiten wie *Forschendes Theater* (u. a. Hinz 2014) oder *Das Forschen aller* (u. a. Peters 2013) und deren Bezugsfeldern wie der *Ästhetischen Forschung* (Kämpf-Jansen 2001) und des *Forschenden Lernens* (u. a. Huber 2010).

Vor dem Hintergrund der erarbeiteten bildungstheoretischen Überlegungen werde ich dabei vor allem auch in den Blick nehmen, wie sich entsprechende Praxisansätze mit dem Anspruch, Bildungsprozesse anzustoßen, vereinbaren lassen. Welche Bedeutung haben Fremderfahrungen in theaterpädagogischen Prozessen allgemein und in der ethnografischen Feldforschung im Besonderen? Und wie lässt sich ein Ansatz, der Feldforschung zum Teil theaterpädagogischer Probenprozesse macht, als inszenierte Fremderfahrung im Kontext kultureller Bildung positionieren und didaktisch rahmen?

2.2.1 (Feld-)Forschung in der (Theater-)Pädagogik

Die Verknüpfung von theaterpädagogischer Arbeit mit fachfremden wissenschaftlichen Methoden oder Gegenständen lässt sich am ehesten einem methodischen Ansatz zuordnen, der im Kontext der Theaterpädagogik häufig als forschendes Theater oder künstlerische Forschung gefasst wird (vgl. u. a. Peters 2012; Hinz 2014; Hinz, Kranixfeld, Köhler & Scheurle 2018). Theater als Forschung zu konzipieren und positionieren ist dabei eine relativ neue Entwicklung. Sie greift Impulse und Bezüge aus anderen Fachdisziplinen auf, wie beispielsweise das *forschende Lernen* aus der allgemeinen Didaktik oder die *ästhetische Forschung* aus der Kunstpädagogik. Eine Trennschärfe von Begrifflichkeiten ist noch nicht hinreichend ausgebildet, weswegen *künstlerische Forschung, ästhetische Forschung, forschendes Theater* oder *das Forschen aller* und andere Begriffe zumeist synonym im Gebrauch sind (vgl. Asmus, Klepacki & Weig 2016).

Forschendes Lernen

Bereits in den 1970er-Jahren wird in pädagogischen Kontexten von *entdeckendem* oder *forschendem Lernen* gesprochen (vgl. Bundesassistentenkonferenz 1970; Huber 1970; Neber 1973). Dabei geht es um ein interessengeleitetes, selbstgesteuertes Lernen, bei dem Kindern, Jugendlichen oder Erwachsenen Wissen nicht als festes Produkt präsentiert wird, das es nur zu internalisieren und im richtigen Moment abzurufen gilt. Vielmehr stehen individuelle und ergebnisoffene Prozesse im Vordergrund, in denen Wissen gesucht und selbst entworfen wird:

> Forschendes Lernen zeichnet sich vor anderen Lernformen dadurch aus, dass die Lernenden den Prozess eines Forschungsvorhabens, das auf die Gewinnung von auch für Dritte interessanten Erkenntnissen gerichtet ist, in seinen wesentlichen Phasen, von der Entwicklung der Fragen und Hypothesen über die Wahl und Ausführung der Methoden bis zur Prüfung und Darstellung der Ergebnisse in selbstständiger Arbeit oder in aktiver Mitarbeit in einem übergreifenden Projekt (mit)gestalten, erfahren und reflektieren. (Huber 2009: 11)

Das bedeutet konkret, dass sich Schüler*innen weitestgehend selbständig mit Unterrichtsinhalten und Lerngegenständen beschäftigen. Ein entsprechender gedanklicher Ansatz ist zwar über den sokratischen Dialog29 seit dem antiken Griechenland bekannt (vgl. Copei 1969, Prange 1973), stellt aber im zeitgenössischen pädagogisch-didaktischen Diskurs eine relative Neuheit dar, da lange Zeit pädagogisches Handeln als Vermittlung eines spezifischen Normen- und Wissenskanons konzipiert war (vgl. Böhme & Tenorth 1990). Wichtige Vorüberlegungen für ein forschendes Lernen in der Geschichte der deutschen Didaktik, welche eigenständiges Entdecken zum Kernprinzip des Unterrichts erheben, liegen unter anderem bei Gaudig und Wagenschein vor. Sie haben jeweils die Frageaktivität und das Fragerecht der Schüler*innen in Bezug auf die Lösung von Problemstellungen besonders betont und ihr einen zentralen Stellenwert für ein produktives Unterrichtsgeschehen eingeräumt (vgl. Gaudig 1909, Wagenschein 1970). Dies gilt auch für die Arbeit zur intrinsischen Motivation und dem fragend-forschenden Unterricht von Copei (1969), den Forderungen nach einer selbständigen kognitiven Aktivität der Schüler*innen von Aebli (1981a, 1981b) und nicht zuletzt den Überlegungen von Jerome Bruner (1973) zum *entdeckenden Lernen*.

Bruner geht davon aus, dass Lernen *dann* nachhaltiger sei, wenn die Lernenden in der Auseinandersetzung mit Gegenständen deren Strukturen selbst konstruierten, anstatt bereits vorkonstruierte Lerngegenstände auswendig zu lernen (vgl. Bruner 1973). Das Phänomen «Ein Apfel fällt von einem Baum» führt so beispielsweise in derselben Klasse in Kleingruppen zu ganz unterschiedlichen Schwerpunkten der Auseinandersetzung. Einige Schüler*innen beschäftigen sich vielleicht mit den physikalischen Gesetzmäßigkeiten von Gravitation, andere mit den Jahreszeiten oder generellen Naturkreisläufen, wiederum andere mit Nahrungskreisläufen oder dem Nährstoffgehalt des Apfels. Beim forschenden oder entdeckenden Lernen geht es nicht um das Erlernen von Wissen und Gewissheiten, die bereits von anderen aufbereitet wurden und nur noch genügend verinnerlicht und im Anschluss möglichst detailgetreu wiedergegeben werden müssen, um einen Lernerfolg zu bestimmen. Es beinhaltet vielmehr im Gegensatz dazu immer auch den Umgang mit Unwissen, mit Komplexität und Ambiguität, mit Momenten des Scheiterns, Begegnung mit dem Fremden, mit Unbestimmtheit und Unverfügbarkeit:

29 Sokrates verstrickte seine Schüler*innen in der Diskurssion gezielt in widersprüchlichen Problematiken, aus denen es sich durch eigene Entdeckungen wieder zu befreien galt. Das klassische Beispiel für dieses Modell wird im Menon-Dialog dargestellt (vgl. z. B. Prange 1973).

> Denn das Wichtige am Prinzip des Forschenden Lernens ist die kognitive, emotionale und soziale Erfahrung des ganzen Bogens, der sich von der Neugier oder dem Ausgangsinteresse aus, von den Fragen und Strukturierungsaufgaben des Anfangs über die Höhen und Tiefen des Prozesses, Glücksgefühle und Ungewissheiten, bis zur selbst (mit-)gefundenen Erkenntnis oder Problemlösung und deren Mitteilung spannt. (Huber 2012: 2)

Damit verbunden sind im heutigen Diskurs die pädagogischen Erwartungen, dass forschendes Lernen Menschen dazu befähigt, nicht passive Konsument*innen von Wissen zu sein. Stattdessen sollen sie sich in Anknüpfung an die eigene Lebenswelt und eigene Interessen aktiv und eigenständig Wissen aneignen und individuelle Lösungsstrategien entwerfen. Es soll dazu motivieren, auf die eigenen Kompetenzen in Problemlösungen zu vertrauen und über den Austausch in der Gruppe, das Diskutieren und Präsentieren von gefundenen Ergebnissen Kommunikation und soziale Interaktion befördern. Nicht zuletzt wird es im Kontext Schule wegen seiner potentiellen Interdisziplinarität geschätzt, da es Verbindungen zwischen unterschiedlichen Themen und Fächern eröffnet (vgl. Leuschner & Riesling-Schärfe 2012). Kritiker*innen wenden beispielsweise zum einen den hohe Zeitaufwand und die Unverfügbarkeit der Prozesse ein (vgl. Kersch 1973) oder stellen heraus, dass der hohe «Subjektivismus» und die begrenzten Erfahrungen von Kindern dazu führten, dass komplexe Phänomene nur generalisiert und vereinfacht betrachtet werden könnten (vgl. Ausubel 1973: 45).

Kämpf-Jansens Konzept der ästhetischen Forschung

In gewisser Weise eine Zuspitzung des forschenden Lernens auf den Kontext künstlerischer Auseinandersetzungen stellt das von Helga Kämpf-Jansen geprägte Konzept der ästhetischen Forschung dar (Kämpf-Jansen 2001). Es macht den zuerst widersprüchlich anmutenden Schritt, die Forschung der Teilnehmenden noch weiter zu öffnen, indem sie sich auch jenseits von konkreten Fragen des Verstehens und Aneignens von Wissen auf den Bereich des Ästhetischen ausdehnt. Gleichzeitig gibt es eine klarere didaktischere Rahmung, indem es bestimmte Bezugsfelder definiert, innerhalb derer diese Forschung stattfindet. Das Konzept bildet auch im begrifflichen und methodologischen Diskurs des forschenden Theaters im theaterpädagogischen Kontext einen häufig zitierten Referenzpunkt (vgl. u. a. Matzke 2012; Seitz 2012) und

> distanziert sich von einem Unterricht, der pausenlos Antworten gibt, ohne dass Fragen gestellt werden. Das Konzept beschreibt eine Schule und Hochschule, in der Lernende oder Studierende von ihren eigenen Fragen ausgehend forschen; in denen sie sich Welt und Selbst nicht in Fertigteilen aneignen, sondern intensiv wahrnehmend und gestaltend entdeckend. (Seydel 2006: 39 f.)

Der Ansatz von Kämpf-Janssen macht wie das forschende Lernen den Prozess des eigenen Suchens und Entwerfens von Wissen stark, stellt dabei als kunstpädagogische Praxis der wissenschaftlichen Forschung bzw. Auseinandersetzung mit fachlichen Gegenständen immer auch eine ästhetische Dimension gegenüber bzw. zur Seite. Lernräume ästhetischer Forschung werden als Werkstatt konzipiert, in der Schüler*innen künstlerische Praxis mit vorwissenschaftlichen Alltagserfahrungen und -praktiken sowie wissenschaftlichem Theoretisieren und methodischem Vorgehen verbinden und mit der entstehenden Gemengelage experimentieren können.

Auch die ästhetische Forschung begreift sich als individueller, nach persönlichen Interessen motivierter und selbst verantwortlich gesteuerter Prozess. Dieser ist jedoch durch konkrete Bezugsfelder bestimmt, die in die Arbeit einbezogen werden und sie so gezielt zu einer sowohl ästhetischen wie forschenden Auseinandersetzung mit der Welt und dem Selbst machen. *Forschung* meint nach Brenne hier «die Herstellung von Bezügen zwischen Subjekt und Objekt auf der Basis von ästhetischen Erfahrungen. Dieses Beziehungsgefüge wird performativ erstellt, d. h. je vielschichtiger die Handlungen ablaufen, umso dichter sind die entstandenen Erfahrungsbilder» (Brenne 2006: 195). Die Felder, in und zwischen denen mit Brenne nach Kämpf-Jansen diese performative Aneignung von Selbst und Weltbezügen stattfinden, sind

- **Alltagserfahrungen** (Erlebnisse, Erfahrungen, Begegnungen, Bilder, Objekte, Materialen, ... aus dem Alltag und den Biografien der Beteiligten)

- **Kunst** (Werke aus dem Kontext aktueller und historische Kunst)

- **Wissenschaft** (wissenschaftliche Texte aus unterschiedlichen Quellen, Interviews mit Expert*innen, Beobachtungen und Dokumentationen, Experimente, Messungen, ...)

- **Ästhetische Praxis** (Verfahren und Praktiken aktueller und historischer Kunst und Alltagsästhetik wie z. B. collagieren, zeichnen, kostümieren, musizieren, ...)
  (vgl. Blohm & Heil 2012: 9 f.)

In Kämpf-Jansens Modell ästhetischer Forschung geht der Forschungsprozess zunächst von vorwissenschaftlichen und erfahrungsgespeisten Weltzugängen aus, von (mit Dewey ästhetisch fundierten) Alltagserfahrungen und dem damit verbundenen Staunen und Wundern (vgl. Kämpf-Jansen 2001: 20). Das bereits oben bemühte Beispiel eines Staunens über das Phänomen «Der Apfel fällt vom Baum» führt das forschende Individuum so in eine gezielte Auseinandersetzung mit den unterschiedlichen Forschungsfeldern:

- **Welche Erlebnisse aus unserem Alltag verbinde ich mit der Beobachtung?** (Erinnerungen mit Obstbäumen oder persönliche Assoziationen und Phantasien zum Apfel aufschreiben, Dinge, die einem schon einmal heruntergefallen sind, mitbringen, Familie und Freunde fragen «*Woran denkst du beim Wort ‚fallen'?* », ...)

- **Wo und wie haben Künstler*innen das Motiv thematisiert oder gestreift?** (Auseinandersetzung mit Klimts *Apfelbaum*, mit Junckers *Stillleben mit Apfel und Insekten*, Rilkes Gedicht *Apfelgarten* oder Grabs Steinskulpturen und Kate McIntoshs Performance *untried untested* als Beispiele für künstlerische Arbeit mit Schwerkraft)

- **Wie kann ich mich dem Phänomen über wissenschaftliche Methoden nähern?** (Lektüre wissenschaftlicher Texte zu Gravitation oder Verwesungsprozessen, Experimente mit fallenden Objekten, Geschwindigkeitsmessungen, Archivrecherche zu Dingen, die vom Himmel gefallen sind, ...)

- **Wie kann ich das Motiv ästhetisch bearbeiten?** (Farbbeutel vom Baum auf Papier fallen lassen, Äpfel in verschiedenen Verwesungsstadien fotografieren, aus den aufgenommenen Geräuschen fallenden Obstes eine Klangcollage schneiden, Obstschnitzereien, ...)

Der forschende Umgang mit diesen Feldern ist nach Kämpf-Jansen zunächst ein handelnder, der im eigenen Tun «Gegebenheiten und Erfahrungen der Alltagswelt als auch Phänomenen und Erfahrungen von Kunst, ihren Kontexten und der gegebenen Theorie» in Beziehung zueinander setzen und miteinander ins Spiel bringt (Kämpf-Jansen 2001: 99). Er führt aus dem Denken und den Räumen einer klassischen Lernumgebung hinaus in das assoziative, ästhetische Verknüpfen, Gedanken und Phänomenen und an konkrete Räume außerhalb von Schule und Universität: in Galerien und Museen, in den eigenen Alltag, in Archive und Bibliotheken, zu Expert*innen oder auf Obstwiesen.

Aus einer gängigen kunstpädagogischen Praxis heraus hat der didaktische Ansatz eine ästhetische Auseinandersetzung mit individuellen Forschungsfragen von Schüler*innen in Einzel- oder Kleingruppenarbeit im Blick. Ästhetisches Forschen nimmt dabei seinen Ausgangspunkt stets bei einem subjektiv erfahrbaren und bewussten Sinn, bei einer Frage, einer Idee, einem Wunsch. Von dort aus folgt der Forschungsgang persönlichen Interessen und individuellen Lernbewegungen (vgl. Kämpf-Jansen 2001: 263) Für den Kontext des Theaters müsste er entsprechend erweitert werden: «Hier geht es um die Generierung einer kollektiven Frage, auf die wiederum individuelle Antworten gefunden werden können – oder anders gesagt: nicht um die einzelne Perspektive, sondern um die Demokratisierung von Wissen und Erfahrungen.» (Hinz 2014: 3)

Künstlerische Forschung in der (außerschulischen) Theaterpädagogik

Generell ist der theoretische wie praktische Umgang mit einem Terminus wie dem der künstlerischen Forschung oder ähnlichen Begriffen im Kontext der Theaterpädagogik (wie eingangs bereits festgestellt wurde), jedoch relativ neu und findet sich in der Praxis seit etwa den 2000er-Jahren. Tagungen wie «Forschendes Theater in sozialen Feldern» 2016 in Dortmund und Publikationen wie *Das Forschen aller* (Peters 2013) spiegeln diese Entwicklung wider. Doch noch sind entsprechende Praxisansätze hauptsächlich im außerschulischen Bereich kultureller Bildung zu finden: Das Fundus Theater in Hamburg hat mit dem Forschungstheater seit 2002 eine eigene Sparte und damit das bundesweit einzige szenische Labor geschaffen, das dem Selbstverständnis nach

> ganz der Forschung zwischen Kindheit, Kunst und Wissenschaft gewidmet ist. Formate und Verfahren der Performancekunst ermöglichen den Mitforschenden hier ihren jeweils eigenen Zugang. So wird das Theater zu einem Forum für das Forschen aller, in dem wir mit neuen Formen von Wissen und Öffentlichkeit experimentieren können – vom Kindergarten bis zum angegliederten Graduiertenkolleg Performing Citizenship werden Fragen des städtischen Zusammenlebens erforscht und Grenzen zwischen Generationen, Kulturen und Disziplinen überschritten. (Fundus Theater 2018)

Die Projekte des Forschungstheaters beschäftigen sich beispielsweise mit Fragen nach dem Wesen der Zeit oder des Geldes, mit Piraten, Astronomie oder Wundern – es entstehen Lecture-Performances und interaktive Formate. Die Zielgruppe dieses Programms ist auf Kinder zwischen drei und zwölf Jahren beschränkt. Darüber hinaus findet sich am Theater der Jungen Welt in Leipzig ein regelmäßiges Theaterforschungslabor für Kinder zwischen zehn und zwölf Jahren. Es beschäftigt sich mit bestimmten Themenschwerpunkten, beispielsweise zum Thema «Bewegung» Fragestellungen wie «Können Farben sich bewegen?» oder «Wie erleben Blinde die täglichen Bewegungsmuster?» beschäftigt. Das TUKI ForscherTheater als Kooperationsprojekt zwischen dem TUKI Theater und verschiedenen Kitas in Berlin experimentiert seit 2014 mit Verfahren künstlerischer Forschung im Kontext von Theater an Kindertagesstätten. Das Projekt wird durch die Alice-Salomon-Hochschule wissenschaftlich begleitet und evaluiert. Dabei geht es von folgender These aus: In den ersten Lebensjahren eines Menschen sei alles «Entdeckung, Erforschung, Probieren und Verwerfen... also bietet es sich an, diese Grundstruktur der Kinder zu stärken – um neue und größere Entfaltungs- und Erfahrungsräume zu öffnen» (Breitig & Boos 2015: 3). In verschiedenen Phasen greifen die beteiligten Theaterpädagog*innen den Entdeckungsdrang und die Neugierde auf, um wissenschaftlichen Fragen aus dem Lebensumfeld nachzugehen und entwickeln gemeinsam mit ihnen Projekte wie «Wo kommt das her? – Eine theatrale Forschung rund ums Wachsen, Werden und Vergehen» oder eine experimentelle Raum-Installation zu Gefühlen unter dem Titel «Wo fühle ich mich wohl». Breitig hebt für diesen Prozess hervor, die

Erfahrung des Projektes zeige, dass Theater gerade dann einen wichtigen Aspekt der Elementarpädagogik abdecken könne, «wenn es nämlich als ‹Forscherlabor› konzipiert wird und mit der Einbeziehung der Bühnenkunst den ganzheitlichen Lernansatz praktiziert» (Breitig 2014: 2).

Im schulischen Zusammenhang bildet das bundesweite Programm Kultur. Forscher! der Deutschen Kinder- und Jugendstiftung und der PwC-Stiftung Jugend–Bildung–Kultur seit dem Jahr 2008 verschiedene Ansätze forschenden Lernens auch für den Bereich Theater ab. Insgesamt 24 teilnehmende Schulen realisieren dabei in Kooperation mit jeweils einem außerschulischen Projektpartner ein künstlerisches, theatrales oder performatives Forschungsprojekt. Hier entstehen Stadt- und Stadtteilvermessungen, Flashmobs oder Recherchearbeiten in Krankenhäusern, die wiederum in unterschiedliche Präsentationsformate überführt werden. Inwieweit Verfahren künstlerischer Forschung sich jenseits dieses Programms im schulischen Unterrichtszusammenhang des Fach Theaters wiederfinden, wurde noch nicht hinreichend untersucht. Dass das Festival *Schultheater der Länder 2015* in Dresden unter dem Schwerpunkt «Forschendes Theater» stand, kann zumindest als Indikator dafür geltend gemacht werden, das die Beschäftigung mit einem entsprechenden Ansatz als Innovationspotential für den Theaterunterricht erkannt wurde.

Mit Fachpublikationen wie dem Theaterlabor im «Kursbuch Darstellendes Spiel» (Pfeiffer & List 2009, 2018), «Theater machen» (Hruschka 2016), dem Handbuch «Natur | Wissenschaft | Theater» (Gebhard; Lübke; Pfeiffer & Sting 2018) oder den Online-Veröffentlichungen des Fundus Theaters zur Wunderproduktion (Peters 2006) sind zwar erste Grund- und Methodenbausteine zugänglich. Da jedoch im Bereich der Qualifizierungsmaßnahmen an einschlägigen Bildungseinrichtungen, Studiengängen nur sehr vereinzelt entsprechenden Angebote vorliegen, ist zu erwarten, dass aufgrund mangelnder Qualifizierungsmöglichkeiten und einer fehlenden Methodenaufbereitung zur Thematik eine Anwendung im Unterrichtskontext wohl eher noch den Einzel- als den Regelfall darstellt. Dass aus den vielfältigen Ansätzen, Theater und Forschung zu verbinden, dann auch noch das Übertragen von Methoden aus der ethnografischen Feldforschung zur Anwendung kommt, stellt bis jetzt höchstwahrscheinlich einen großen Ausnahmefall dar. Überlegungen zu den theaterpädagogischen Implikationen eines entsprechenden Ansatzes können an dieser Stelle folglich zuerst einmal nur auf theoretischer Ebene angestellt werden.

Was verspricht sich die Theaterpädagogik von einer Forschung im Feld und welche didaktischen Herausforderungen sind mit dem Ansatz verbunden?

Den Theaterraum zu verlassen und sich innerhalb eines Probenprozesses in Kontexte sozialer Felder zu begeben, birgt aus theaterpädagogischer Perspektive gewisse Vorannahmen und Erwartungen in Bezug auf das, was über ein entsprechendes Verfahren möglich werden kann. Mit ihnen wiederum in Verbindung stehen häufig konkrete Herausforderungen und Fragen, denen sich die Praxis zu stellen hat. An dieser Stelle seien einige von ihnen genannt, ohne damit den Anspruch auf Vollständigkeit zu erheben:

- Spätestens seit dem mit Lehmann (2009) formulierten «**Einbruch des Realen**» im Kontext postdramatischen Theaters und dem von Fischer-Lichte (2004) beschriebenen *performative turn* in den Kultur- und Theaterwissenschaften ist die Auseinandersetzung mit Alltag und Lebenswelt im Theater deutlich erstarkt. Mit Schüler*innen einen Bauernhof, ein Krematorium oder einen Vergnügungspark zu besuchen, um Theater zu entwickeln, spiegelt das gesteigerte Interesse wider, über die Realität von sozialen Feldern direkter an gesellschaftlichen Diskursen teilzuhaben bzw. diese in die künstlerische Arbeit einzubeziehen. Dies ist über rein fiktional entwickeltes Bühnenmaterial nicht in diesem Maße möglich. Damit verbunden ist die unmittelbare Herausforderung, dass Feldforschungen einen Zeit- und Arbeitsaufwand für Lehrende wie Teilnehmende theaterpädagogischer Prozesse mit sich bringen, der nur schlecht im Rahmen eines regulären Unterrichtsfensters oder wöchentlichen Probenfenstern zu leisten ist. Die Exkursion ins Feld bedarf umfassender Planung, Erschließung von Kooperationen und an verschiedensten Stellen erhöhte Koordination mit den beteiligten Institutionen, Eltern oder Kolleg*innen.

- Die Forschung im Feld kann auf vielfältigsten Ebenen konkrete **Impulse, Ideen und Materialien** liefern, die auf der Bühne Verwendung finden und nur schwer im Fantasieraum eines Probenraums einfach so entstehen können: das Interview mit dem Bauern, das als transkribierter Text auf der Bühne erscheint, die Idee einen riesigen Haufen Stroh als Bühnenbild zu benutzen oder die Beobachtung von Hühnern bei der Futtersuche, die in eine Choreografie überführt werden. Dafür müssen allerdings Teilnehmende wie Spielleitung sich der Auseinandersetzung mit neuen Methoden stellen, die vermutlich so noch nicht zur Anwendung ihrer bisherigen Probenerfahrung gekommen sind. Wie kann das Material gesammelt werden? Wie kann das Beobachtete in szenische Ideen überführt werden? Forschung im Feld erfordert sowohl ein spezielles Denken wie auch Kenntnisse und Methoden-kompetenz, für die es bisher wenig Grundlagen gibt und die oft erst im Prozess selbst ausdefiniert oder weiterentwickelt werden müssen.

- Mit den beiden vorherigen Punkten in Verbindung steht zudem der Wunsch, über das gesammelte Material auf der Bühne etwas zu präsentieren, das *authentisch* erscheint. Der theaterpädagogische Diskurs darum, wie auf der Bühne **Authentizität** hergestellt werden kann, wird damit erweitert: «Die dokumentarische Echtheit eines Originals» (Hentschel 2003b: 32) wird so neben der Darstellung zur weiteren Möglichkeit, Ausdrucksformen zu generieren, die sich einem Publikum als authentisch vermitteln lassen.[30] Die theaterpädagogische Herausforderung ist vermutlich in erster Linie, Teilnehmende überhaupt dazu zu motivieren und dafür zu begeistern, eine Art von dokumentarischer Wirklichkeit zu bearbeiten bzw. deren ästhetische Qualität zu erkennen. Häufig ist die Orientierung an sehr klassischen und darüber hinaus oft klischeehaften Theatervorstellungen im Alltagsverständnis von Theater sehr stark verankert, dass ein Sich-Einlassen auf entsprechende Prozesse nicht immer leichtfällt.

- Die Auseinandersetzung mit einem Forschungsfeld außerhalb des Theaterraumes ermöglicht Schüler*innen «**produktive Erfahrungen von Fremdheit**, durch die die Projektbeteiligten Bekanntes, wie den Lebensraum eines Stadtteils, plötzlich mit anderen Augen sehen» (Hinz 2014: 5). Da diese Erfahrungen aber potentiell immer auch irritierend und krisenhaft sein können (vgl. Kapitel 2.1.1.1), läuft der gemeinsame Probenprozess über die damit verbundenen Affekte, Verwirrungen und Unverfügbarkeiten in höherem Maße Gefahr, Orientierungslosigkeit, Frustration oder persönliche Krisen anzustoßen. Damit in Verbindung stehen zwangsläufig hohe Ansprüche an die Spielleitung, die als Initiator*in und zentrale Bezugsperson die pädagogische Verantwortung trägt und gleichzeitig ob der hohen Bedeutung individueller Suchbewegungen von Seiten der Schüler*innen darin gefragt ist, sich zurückzunehmen, zu beobachten und den Geschehnissen genügend Raum zu geben. In diesem Kontext sind die Anforderungen an die Spielleitung möglicherweise eher als die eines Coach (vgl. Sabisch 2015: 37), einer Reisebegleitung oder auch als Teil der Forschergemeinschaft zu beschreiben als einer Lehrkraft im traditionellen Sinne.

- Das Erforschen von kulturellen Praktiken und Sozialräumen stellt für die Beteiligten eine **Differenzerfahrung** dar, die es zu reflektieren gilt: «Aus der Erfahrung des Fremden resultiert so die Befragung des eigenen» (Hinz 2014: 8). Diese Differenz schafft mit Hentschel sowohl die Möglichkeit ästhetischer Erfahrung als auch das Potential Prozesse kultureller Bildung anzustoßen (vgl. Hentschel 1996). Einer gezielten Reflexion, die jedoch so gerahmt ist, dass sie die praxisorientierte Theaterarbeit nicht überlagert, kommt daher eine hohe Bedeutung zu. Neben der Frage eines produktiven Verhältnisses von Theaterpraxis und Reflexion gilt es, sich im schulischen Theaterkontext (wie bei anderen Formen forschenden Lernens auch) außerdem der Frage zu stellen, welche Konflikte durch die quasi größere Unverfügbarkeit der Lernprozesse durch Abweichung von Stoffplänen in Curricula und Prüfungen entstehen können.

30 Zum Authentizitätsdiskurs siehe ausführlicher Kapitel 3.5.3.2 sowie Berg, Hügel und Kurzenberger (1997) und Fischer-Lichte und Pflug (2007).

- Theater als Rahmung für die Auseinandersetzung mit einem konkreten Gegenstand fordert von den Schüler*innen, eigene Gedanken, Beobachtungen und Erlebnisse sozusagen in szenisches Material zu *übersetzen*. Ein Forschen im Feld macht über die bereits konstatierte Fremdheit und Differenz zum Alltag der Jugendlichen diese **ästhetische Übersetzungsleistung** in besonderer Weise nötig. Es fordert Schüler*innen genau in ebendieser ästhetischen und kulturellen Praxis heraus, und schult und ermächtigt sie darin zugleich.

- Feldforschung kann als spezifischer Ansatz einer ästhetischen Forschung im Rahmen von Theaterpädagogik als Möglichkeit gesehen werden, Teilnehmende im eigenständigen künstlerischen Handeln zu motivieren. Denn sie ermöglicht in den Feldbeobachtungen im Gegensatz zu anderen theaterpädagogischen Formen **sehr individuelle Zugänge**. So könnte das Vertrauen in die eigene Handlungsfähigkeit und individuelle künstlerische Perspektiven sowie der Ausdruck bestärkt werden. Gleichzeitig lässt sich damit aber auch fragen, wie überhaupt – ausgehend von einem gemeinsamen Themenfeld – zuerst individuelle künstlerische Perspektiven und Positionen gewonnen werden können, die dann jedoch im Zuge eines kollektiven Probenprozesses wieder vernetzt und in Beziehung zueinander gesetzt werden müssen. Dahinter steht schließlich der Anspruch, ein gemeinsames Produkt auf die Bühne zu bringen.

- Nicht zuletzt spielt in einem Ansatz, der Theater zur Verhandlung naturwissenschaftlicher, ethischer oder gesellschaftlicher Problematiken nutzt, der Anspruch eine Rolle, Theater als Medium zu stärken, das nicht nur ästhetisch wirkt. Es kann nämlich auch durchaus – oder vielleicht auch gerade durch seinen ästhetischen Zugang – einen Beitrag zum Diskurs leisten, wie Wissen und Erkenntnis generiert und **Parameter von Forschung** definiert werden (vgl. Asmus, Klepacki & Weig 2016). Dass das nicht immer auf Verständnis und Zuspruch stößt, wurde bereits in der Begriffsdefinition beschrieben und markiert einen Rechtfertigungsdruck gegenüber Außenstehenden oder Kolleg*innen, die anders arbeiten oder im Denken einer klassischen Dichotomie von Wissenschaft und Künsten verhaftet sind. Auch in der Frage, was in einer Theaterarbeit mit Feldforschung überhaupt als *Vermittlungsleistung* einer Spielleitung gedacht und definiert werden kann, erfordert vermutlich komplexere Antworten als in anderen theaterpädagogischen oder fachlichen Zusammenhängen.

2.2.2 Begegnungen mit Fremdem in theaterpädagogischen Prozessen

Wie in den Ausführungen zum Begriffsfeld ästhetischer Bildung bereits deutlich wurde, scheint die Erfahrung von Fremdheit für den Anstoß von Bildungsprozessen zentral zu sein. Gleichzeitig stellt das Fremde auch im Kontext der ethnografischen Praxis einen wichtigen Begriff dar, zu dem in Theorie und Praxis Bezug genommen wird: «Ethnografisches Erkennen hat grundsätzlich etwas mit der Verwandlung von Fremdem in Vertrautes und von Vertrautem in Befremdliches zu tun» (Breidenstein, Hirschauer, Kalthoff & Nieswand 2013: 13). Aus diesem Grund soll nun auch im Kontext der Theaterpädagogik genauer untersucht werden, welcher Bedeutung der Erfahrung des Fremden zukommt Damit wird die Grundlage für die weiteren didaktischen Überlegungen zur Entwicklung einer geeigneten Unterrichtsintervention gelegt.

Als «Schauplatz des Fremden» (Waldenfels 2010: 241) bezeichnet Waldenfels das Theater und meint damit in erster Linie «eine Form des Theaters, die sich dem Fremden aussetzt, ohne in eine imaginäre Fremde zu fliehen» (ebd.: 245). Seiner Auffassung nach birgt Theater das Potential, das Fremde zur Darstellung zu bringen, weil es selbst von «Doppelbödigkeit» geprägt sei und versuche, darzustellen, was sich der Darstellung entzieht. Waldenfels macht dabei deutlich, dass das Theater wie jedes andere kulturelle Phänomen zwar nicht per se Fremderfahrungen ermöglicht und auch nicht gegen seine eigene Normalisierung, die ihm den «Stachel des Fremden» (ebd. 243) raubt, immun ist, schreibt ihm aber dennoch ein großes Potential zu, uns mit dem radikal Fremden in Kontakt zu bringen, indem der «Boden des Selbstverständlichen zu schwanken beginnt» (ebd.: 241).

Ein Blick in den Fachdiskurs

Für das *Unterrichtsfach* Theater selbst kann die These vertreten werden, dass eine Reflexion dieser Aspekte seitens der Lehrenden nur selten oder eher rudimentär stattfindet. Eine methodenbewusste empirische Analyse der Bedeutung von Fremdheit für pädagogische, soziale und ästhetische Prozesse innerhalb der Arbeits- und Lernsituation Theater ist auch im wissenschaftlichen Diskurs eine eher neue Perspektive. Forschungsprojekte wie *Kalkül und Kontingenz* der Züricher Hochschule der Künste oder das Teilprojekt des Arbeitsbereichs Theaterpädagogik im Forschungsverbund *Irritation als Chance* an der Universität Hamburg untersuchen zumindest Aspekte von Fremderfahrungen im Kontext theaterpädagogischer Bildungsprozesse. Das Projekt *Fremde spielen* an der Universität Leipzig fokussiert Amateurtheater als Medium informeller und non-formaler transkultureller Bildung. Es will in den Theaterpraktiken der Vergangenheit und

Gegenwart solche Verfahren rekonstruieren, die Erfahrungen des Fremden in besonderer Weise möglich machen:

> vor diesem Hintergrund ist gerade Theater, also nicht nur Profi-Theater, sondern das eigene Theaterspiel, ein ganz wesentliches Medium, um [solche] Ängste vor dem Fremden zu nehmen. Man kann die Ängste sozusagen ins Spiel bringen, sie aufs Spiel setzen und im Spiel dem Fremden begegnen – dem Fremden am Anderen, aber auch dem eigenen Fremden. (Schmid & Heckmann 2017: § 5)

Dabei macht Letzteres deutlich, dass der Diskurs um das Fremde im Kontext des Theaters häufig mit Fragen der Interkulturalität verbunden ist und weniger phänomenologisch das Fremde im Theater an sich zu bestimmen versucht. Fischer-Lichte (1999) untersucht in «Das eigene und das fremde Theater» beispielsweise mit Blick auf fernöstliche Theaterformen Interkulturalität als Faktor in der Theatergeschichte und die Frage nach kulturellen Transfers. Balme (2001) versammelt in «Das Theater der Anderen» Beiträge zu Fremdheit als Thema und Inszenierungsstrategie und untersucht (auch aus postkolonialer Perspektive), wie «fremde» Kulturen dem europäischen Theater als Repräsentations- und Projektionsfläche dienen. Sting, Köhler und Hoffmann (2010) wiederum beschäftigten sich mit Fremdheit im Kontext von Theater in einer interkulturellen, multireligiösen Gesellschaft.

Dieser Diskurshorizont schlägt direkte Brücken zur Auseinandersetzung mit Fremdheit im Kontext ethnografischer Forschung. Unabhängig davon scheint das, was im Anschluss an Waldenfels im Rahmen dieser Arbeit als Erfahrung des Fremden gefasst wurde, auch in verschiedenen anderen Begrifflichkeiten theatertheoretischer und theaterpädagogischer Diskurse aufzutauchen. Diesen der Fremderfahrung sehr verwandten Begrifflichkeiten werden dabei interessanterweise von jeher immer eher positiv besetzte Qualitäten zugeschrieben. Ich gehe an dieser Stelle thesenhaft davon aus, dass diese unterschiedlichen Begrifflichkeiten tatsächlich ein ähnliches Phänomen umschreiben, namentlich das unvorhergesehene In-Bewegung-Geraten von Welt- und Selbstverhältnissen (vgl. Kapitel 2.1.3). Folgen wir dieser These, dann würde dem *Phänomen des Fremden* im Fachdiskurs Theater beispielsweise, ästhetische Qualität (Adorno 1996, Original: 1970; Welsch 1998)[31], kathartische Wirkung (Aristoteles 2008, Original:

31 Adorno entwickelt in seiner Ästhetische Theorie die Qualität des Ästhetisches als «Antithesis zur Gesellschaft» (Adorno 1996: 19 [Original aus 1970]). Sie liegt damit im Nichtidentischen, Rätselhaften und Verstörenden. Auch für Welsch liegt ästhetische Qualität in Momenten von «Störung, Sprengung, Fremdheit « (Welsch 1998: 39).

um 335 v. u. Z.)[32] oder transformatorische Kraft (Fischer-Lichte 2004)[33] zugeschrieben. Stellenweise wird es als grundlegende Voraussetzung für ästhetische Erfahrungen und deren Bildungswirksamkeit (Zirfas 2005)[34] gesehen.

Fremderfahrungen in der Probenarbeit

Auf der Basis dieser Überlegungen könnte thesenhaft davon ausgegangen werden, dass in künstlerischen Prozessen im Theater Fremderfahrungen innerhalb von Proben- und Entwicklungsarbeit auf Seiten der Akteur*innen eine ganz zentrale Rolle spielt. Sie kommt vor allem dann zum Tragen, wenn Probenprozesse – wie heute im Wesentlichen der Fall – als *kollektive*[35] Suchprozesse stattfinden. Für theaterpädagogische Kontexte bedeutet das, dass Teilnehmende Herstellungs- und Rezeptionsvorgängen vor, während und nach der Aufführung aktiv durch eigene Ideen und Impulse mitgestalten (vgl. Kurzenberger 2009). Ein solcher Theaterunterricht ist beispielsweise gekennzeichnet von einem ergebnisoffenen Erproben, einem Kombinieren und Gestalten unterschiedlicher

32 In der aristotelischen Poetik gelten durch die Tragödie ausgelöste Affekte als Anstoß innerer Reinigungsprozesse beim Publikum. Aristoteles beschreibt die Affekte als Jammern und Schauern (von Lessing als Mitleid und Furcht übersetzt). Sie haben in der genaueren Charakterisierung Züge von einer Irritation im Sinne eines Bruches bestehender Erwartungen und der Infragestellung eigener Ordnungssysteme und treten dann in besonderem Maße auf, ««wenn sich die Ereignisse wider Erwarten auseinander ergeben. Der Eindruck von etwas Erstaunlichem wird auf diese Weise nämlich stärker sein, als wenn das Geschehen wie von selbst oder durch Zufall eintritt» (Aristoteles 2008: 1452a1-a5; [Original um 335 v. u. Z.]).

33 Irritation im Sinne der Verunsicherung bestehender Orientierungssysteme wird im Kontext der Ritual- und Performativitätsforschung als liminaler Schwellenzustand gefasst, aus dem Transformationen des Bestehenden hervorgehen können (vgl. Fischer-Lichte 2004; siehe auch weiter unten unter *Fremderfahrung und Liminalität in der Aufführung*).

34 Zirfas geht davon aus, dass ästhetische Bildungsprozesse durch ästhetische Erfahrungen ermöglicht werden, die «einen Bruch mit den üblichen Wahrnehmungen markieren. Sie haben einen kontemplativen, reflexiven, dekonstruktiven Charakter, der das bislang Unerhörte, Ungesehene, Unerahnte hören, sehen und ahnen lässt. Ästhetische Erfahrungen bringen das Andere zur Geltung. In der ästhetischen Erfahrung wird die (sinnliche) Selbsterfahrung zur Fremderfahrung. Die Grundsituation der ästhetischen Erfahrung ist die Erfahrung eines Anderen, auf die das Subjekt eine Antwort finden muss» (Zirfas 2005: 74).

35 In Abgrenzung zu Begrifflichkeiten der Kollaboration oder Co-Konstruktion hebt das Kollektive hervor, dass innerhalb der gemeinschaftlichen Prozesse nicht mehr genau rekonstruierbar bleibt, welche Elemente von welchen Akteur*innen eingebracht wurden, Wechselwirkungen und Einflussnahmen ununterscheidbar werden und eine ästhetische Konsensbildung angestrebt und hergestellt wird. Kollektive Theaterprozesse werden in diesem Sinne auch als *Biotop* beschrieben, «in dem jedes eine nachhaltig von jedem anderen abhängt» » (Kurzenberger 2009: 9).

theaterästhetischer Mittel und Formen, einem Bearbeiten und Zusammenstellen von Texten oder Textfragmenten, einem Entwickeln von Spielszenen durch offene Gestaltungsaufgaben oder Improvisationen. Selbst bei der inzwischen im Unterrichtszusammenhang immer seltener praktizierten Inszenierung eines Dramentextes sind außer dem eigentlichen Text, den Rollenvorgaben und möglicherweise einiger durch den*die Autor*in vorgegebenen Regieanweisungen sämtliche Parameter ungewiss: Wer schlüpft in welche Rolle? Wie wird welcher Text gesprochen? Welcher spielerischen Ausdrucksmittel und Formen bedient sich die Gruppe? Wie werden Raum, Kostüme und Licht gestaltet? Wie wirken sich ästhetische Entscheidungen auf den Gruppenprozess aus, wenn sie nicht von allen getragen werden oder auf die Initiative einzelner zurückgehen? Wie erleben Spieler*innen die Umsetzung ihrer Rolle körperlich-leiblich? Wie gehen sie mit der Differenz zwischen ihrer Person und dem, was sie auf der Bühne darstellen, um? Was lösen die Reaktionen des Publikums aus? Das Unterrichtsgeschehen im Fach Theater birgt so über seinen zentralen Gegenstand, das Theater selbst, bereits eine Fülle zentraler Untiefen in den vermeintlich sicheren Gewässern von Unterricht – unabhängig davon, wie es jeweils konkret didaktisch konzipiert wird. Dabei stellen anders als in anderen Fächern Aspekte wie die Offenheit des Prozesses, die Ungewissheit über Verlauf und Inhalte zentrale Bestandteile regulären Unterrichts dar. In ihnen ist die Orientierung an Bestehendem häufig nicht oder nur eingeschränkt möglich. Immer wieder neu werden Fragen aufgeworfen und bereits getroffene Annahmen und Entscheidungen zur Disposition gestellt. Vermeintlich Sicheres, Gewisses oder Vorhergesehenes wird ständig mit dem Unvorhersehbaren konfrontiert – bestehende Sichtweisen, Interpretationen und Erwartungen werden unterlaufen. Selbst- und Weltverhältnisse stehen zur Disposition. Über diese prinzipielle Offenheit sind, so lässt sich behaupten, bereits strukturell Momente vorprogrammiert, in denen Berührungen mit dem Fremden möglich sind: auf der Ebene ästhetischer oder inhaltlicher Entscheidungen, in Bezug auf Prozessabläufe und soziale Interaktion zwischen den am Prozess Beteiligten.

Fremderfahrung und Liminalität in der Aufführung

Auch der Moment der Aufführung birgt dabei einen Erfahrungsraum für Fremdes. Aus theatertheoretischer Perspektive kann Fremderfahrung hier vor allem in Zusammenhang mit dem im Performativitätsdiskurs auftauchenden Begriff der Liminalität gebracht werden. Liminalität wird dabei aus der Ritualforschung mit Bezug auf Victor Turner entlehnt. Nach Fischer-Lichte beschreibt Liminalität einen Schwellenzustand, der nicht nur Übergangsphasen von Ritualen, sondern auch die Aufführungssituation im zeitgenössischen, performativen Theater kennzeichnet: einen «Zustand, der ihn [den Zuschauer, MP] seiner alltäglichen Umwelt, den in ihr geltenden Normen und Regeln entfremdet [...] ohne ihm Wege zu weisen, wie er zu einer Neuorientierung gelangen könnte»

(Fischer-Lichte 2004: 313), «einen Zustand der Instabilität, aus dem Unvorhergesehenes entstehen kann, der das Risiko des Scheiterns birgt, aber ebenso die Chance einer geglückten Transformation» (ebd.: 310). Das Publikum erlebt in der Aufführungssituation durch die Verschiebung von und das Spiel mit Bezugsrahmen eine Verunsicherung über die eigene Position und Rolle und die geltenden Regeln, Wertmaßstäbe und Handlungsmöglichkeiten. Es kann nicht mehr sicher sein, ob es

> dem Geschehen als unbeobachteter Beobachter folgt oder selbst zum Objekt der Beobachtung wird; ob er eine dramatische Figur vor sich sieht oder einen Schauspieler, der aus der Rolle fällt und im eigenen Namen spricht [...]. Mit dem Zuschauer wird hier ein Spiel gespielt, welches dieser nicht immer zu durchschauen vermag, ein Spiel, das ihn in eine liminale Situation versetzt, mit der er allerdings selbst spielerisch umgehen kann. (Ebd.: 308)

Hierin wird als Auslöser für den beschriebenen Zustand eine Irritation über die bestehenden Ordnungssysteme deutlich: In einem eigentlich bekannten Rahmen (dem Theater), den ich als Zuschauer*in mit einer bestimmten Erwartungshaltung betrete (ich schaue zu, andere spielen für mich), werde ich plötzlich in dieser erwarteten Ordnung irritiert und weiß nicht mehr, welche Regeln gelten. Bin ich nur Zuschauer*in? Bin ich vielleicht auch selbst Teil des Geschehens? Wer sind die Menschen auf der Bühne? Spielen sie nur eine Figur oder *sind* sie sie selbst? Was ist real, was nur Spiel?

Liminalität könnte demnach als Denkfigur für einen Zustand entlehnt werden, in dem Fremdes im Sinne einer Infragestellung bestehender Ordnungen erfahren werden kann. Der von Instabilität und Orientierungslosigkeit geprägte Status der Liminalität lässt sich dabei, so meine These, nicht nur auf Seiten der Zuschauenden, sondern auch bei den Akteur*innen selbst beobachten. Denn auch sie sind mit verschiedenen Momenten der Instabilität und Verunsicherung konfrontiert – besonders, wenn es sich um Schüler*innen handelt, die nicht wie ausgebildete Schauspieler*innen eventuell noch auf eine gewisse berufliche Professionalität im Umgang mit realen und fiktionalen Welten und der Interaktion zwischen Bühne- und Zuschauerraum zurückgreifen können. So entstehen im Moment der Aufführung für die Akteur*innen auf einer Bühne durchaus irritierende Fragen: Wer bin ich, wenn ich auf der Bühne agiere – eine Figur, ich selbst, etwas dazwischen? Als wer werde ich von meinen Mitspieler*innen und dem Publikum überhaupt wahrgenommen? Welchen Realitätsbezug, welche Konsequenzen hat das, was auf der Bühne gesagt oder getan wird auf mich als Person, auf meinen Alltag oder das Miteinander außerhalb des Theaterraums?

In liminalen Zuständen spiegelt sich dabei in meinen Augen deutlich das in der Bildungstheorie thematisierte Moment einer möglichen Transformation von Selbst- und Weltverhältnissen wider – nicht zuletzt wird mit der Ritual- und Performativitätsforschung das Moment der Transformation als wesentlicher Bestandteil eines Schwellenzustandes bezeichnet. Fischer-Lichte (2004) skizziert dabei, wie oben bereits anklingt, auch den *Handlungsspielraum* des Liminalen im Theater, der dieses transformatorische Geschehen in der Praxis kennzeichnet: Das Theater ermöglicht einen *spielerischen* Umgang mit den sich in Verhandlung befindlichen Regeln und Ordnungssystemen, der denjenigen, die Liminalität erfahren, die Souveränität zugesteht, dieser Erfahrung aktiv zu begegnen und einen individuellen Umgang mit ihr zu entwickeln.

Parallelen zwischen Fremderfahrung und Differenzerfahrung

Ein weiterer Aspekt, in dem Fremderfahrungen in der theaterpädagogischen Fachdebatte aufscheinen, ist mit dem Begriff der Differenzerfahrung zu finden, welcher häufig als Charakteristikum ästhetischer Erfahrungen in theaterpädagogischen Prozessen bezeichnet wird. Dabei wird diese Differenzerfahrung stellenweise an bestimmte Merkmale von Kunstwerken geknüpft, die in der Lage wären, traditionelle Wahrnehmungs- und Denkweisen aufzubrechen und mit Verfremdungen, Unverfügbarkeiten, Mehrdeutigkeiten etc. arbeiten. Welsch spricht von «Blitz, Störung, Sprengung, Fremdheit» (Welsch 1998: 39), Bubner von der «Umkehr eingeschliffener Welterfahrung» (Bubner 1989a: 118), Menke argumentiert dabei über die prinzipielle Autonomie des Kunstwerks, das sich «jedem verstehenden Erfassen verweigert» (Menke 1991: 197), um den Effekt ästhetischer Phänomene auf deren Rezipient*innen zu fassen.[36] Im theaterpädagogischen Diskurs stehen derzeit jedoch weniger das Kunstwerk als Aufführung und dessen Rezeption, als vielmehr die Gestaltungspraxis und deren Prozesse im Fokus, in denen «die Erfahrung des Nicht-Darstellbaren, die Grenzerfahrung des Nicht-Machbaren, Entziehenden, Unkontrollierbaren gemacht werden [kann]» (Westphal 2004: 36). In diesem Kontext hat Hentschel (1996) sich mit den Bildungsprozessen auf Seiten der Akteur*innen theaterpädagogischer Prozesse beschäftigt. Sie entwirft ihre Theorie ästhetischer Bildung innerhalb der Theaterpädagogik auf der Grundlage ausgewählter Künstlertheorien, untersucht die ihnen spezifischen Erfahrungsräume und befragt sie auf ihr bildendes Potenzial im Hinblick auf den Prozess des Theaterspielens. In *Differenzerfahrungen* zwischen Alltagswelt und Fiktion, im Oszillieren zwischen eigener Biografie und der Figur ereignet sich demnach im Theaterspiel ästhetische Bildung:

> Die Akteure erfahren sich im Prozess theatraler Gestaltung immer in doppelter Weise, als Produzenten und Produkte ihres Gestaltungsprozesses, als Ausführende und gleichzeitig als Aufführende. Wesentlich dabei ist, dass ihnen diese

36 Eine solche Orientierung klassifiziert nun aber in der Konsequenz alle nicht differenzorientierten Gegenstände der Kunst als nicht bedeutend für ästhetische Erfahrung und Bildung, wovon sich wiederum verschiedenste Autor*innen deutlich abgegrenzt haben (vgl. z. B. Lehmann 2016; siehe auch Kapitel 2.1.2.2).

> beiden Ebenen immer bewusst bleiben, dass es also nicht nur um die Wahrnehmung der doppelten Existenz, sondern auch um die Erfahrung des «Zwischen», der Differenz zwischen den beiden Wirklichkeitsebenen des Spiels geht. (Hentschel 1996: 13)

Als Voraussetzung dafür muss der Raum zwischen dem Darstellenden und dem Dargestellten, zwischen Alltag und Fiktion, das Spannungsverhältnis zwischen Alltagspraxis oder Vorlage und dessen Transformationen durch eine performative Gestaltung beweglich gehalten werden. In diesem Raum könne sich ästhetische Bildung ereignen: «Das Gewohnte wird in Frage gestellt, das Vertraute wird fremd gemacht, Irritationen sollen zu einer Umstrukturierung der Wahrnehmung und des Denkens führen» (Brandstätter 2012: 177). Differenzerfahrungen zeigen also deutliche Parallelen zu dem in Fremderfahrungen enthaltenen Moment eines In-Bewegung-Geratens von Welt- und Selbstverhältnissen.

Trotz deutlicher Anknüpfungspunkte der theaterwissenschaftlichen wie -pädagogischen Diskurse um Liminalität oder Differenzerfahrung an eine Beschäftigung mit der Erfahrung des Fremden und deren bildungswirksamer Potenziale, bleibt das Fremde im theaterpädagogischen Diskurs ein Randphänomen, das wie oben skizziert erst langsam in den Fokus der Aufmerksamkeit tritt. Theaterpädagogische Arbeit steht dabei selbstverständlich anders als das Theater an sich vor einer grundsätzlichen Herausforderung: Vor allem wenn sie als Unterricht gerahmt ist und sich im Kontext schulischer Bildung ereignet, muss sie einen Spagat leisten zwischen den Freiräumen und Leerstellen, die Fremdheit und künstlerisches Handeln brauchen, um sich überhaupt entfalten zu können – und einer didaktisch aufbereiteten Vermittlung konkreter fachlicher und überfachlicher Inhalte sowie der pädagogischen Verantwortung für Prozess und Beteiligte. Ob und wie ein solches Spannungsgefüge einen produktiven Umgang mit Fremderfahrungen überhaupt ermöglichen kann, wird im Folgenden zu klären sein.

2.2.3 Das Fremde in der ethnografischen Feldforschung

Neben der Bedeutung des Fremden für theaterpädagogische Prozesse im Allgemeinen ist für den konkreten Untersuchungsgegenstand auch die Frage von Relevanz, welche zusätzlichen Bezüge zu potentiellen Fremderfahrungen ein Rückgriff auf die Praxis ethnografischer Feldforschung mit sich bringt.

Fremdheit als Ort

Zu Waldenfels Grundannahmen in seinen Auseinandersetzungen mit dem Fremden gehört, dass er das Fremde primär von *Orten* her denkt, «als ein Anderswo und als ein Außerordentliches, das keinen angestammten Platz hat und sich der Einordnung entzieht» (Waldenfels 1997: 12). Hieraus ergeben sich interessante Bezüge zur Ethnografie und der Bedeutung des Fremden innerhalb dieser wissenschaftlichen Disziplin. Waldenfels selbst schlägt in seiner Topografie des Fremden eine explizite Brücke in die Geschichte der Ethnografie:

Diese Abenteuer, die von Entdeckungsfahrten und Eroberungszügen begleitet waren, auf denen sich neue und ferne Welten erschlossen und «wunderbare Besitztümer» ansammelten, dauerten schon lange an; doch erst im 18. Und 19. Und vollends im 20. Jahrhundert dringt das Fremde ausdrücklich und unwiderruflich in den Kern der Vernunft und in den Kern des Eigenen ein. Die Herausforderung durch ein radikal Fremdes, mit der wir uns konfrontiert sehen, bedeutet, daß es keine Welt gibt, in der wir völlig heimisch sind, und daß es kein Subjekt gibt, das Herr im eigenen Hause wäre. Bis heute stellt sich allerdings die Frage, wieweit diese Herausforderung angenommen, wieweit sie verdrängt wird. (Waldenfels 1997: 17)

Erst als die klassischen, allumfassenden mythischen Ordnungsgefüge begannen, in ihrer Konsistenz zu bröckeln, und es damit nicht weiterhin jegliches Fremde innerhalb eines bestehenden Ordnungssystems zu erklären war, konnte das Fremde in seiner eigentlichen Fremdheit in Erscheinung treten. Die neuzeitliche Vernunftauffassung musste die Grenzen eigener Weltbilder erkennen: «Die Grenzen, die unserem Sehen, Sprechen oder Fühlen gesetzt sind, lassen sich nicht unendlich erweitern bis hin zu einem umfassenden Kosmos oder einer umfassenden Weltgeschichte, worin alles seinen Platz fände» (ebd.: 10). Waldenfels geht davon aus, dass mit einer Pluralisierung vorhandener Ordnungen auch eine Pluralisierung von Fremdheiten verbunden ist (vgl. ebd.: 77) und macht diese Entwicklung am ausgehenden 18. Jahrhundert fest, einer Zeit, die auch für die Entwicklung der Ethnografie von großer Bedeutung ist.

Dies spiegelt sich beispielsweise auch in dem von Harbsmeier (1994) in seiner Beschäftigung mit Reiseberichten der frühen Neuzeit (und somit für die Phase unmittelbar vor dem von Waldenfels beschriebenen Umbruch) entwickelten räumlichen Modell für den Umgang mit dem Fremden in der Ethnografie wider. Darin scheint ebenfalls das später bei Waldenfels so zentrale topografische Moment in der Auseinandersetzung mit dem Fremden auf. Das Fremde wird dabei jedoch nur punktuell aus einer sehr eurozentrischen Perspektive und nicht als anthropologische Grundkonstante betrachtet. Die Orte des Fremden sind von Harbsmeier in Beziehung zu den europäischen Autor*innen gesetzt und werden zur Verdeutlichung einer sich verändernden Perspektive auf andere Welten innerhalb von Reiseberichten zwischen der frühen Neuzeit und dem Ende des 18. Jahrhunderts innerhalb eines Modell konzipiert, das unter Bezugnahme auf das Weltenmodell der Han-Dynastie linear angelegt ist und eine schrittweise Entwicklung von Gegen- und Außenwelten bis schließlich hin zur Binnenwelt beschreibt (vgl. Harbsmeier 1994).

Das Fremde als Spiegel des Eigenen

Das Fremde als Teil einer *Gegenwelt* anzusehen und zu verorten bedeute, Erlebnisse und Beobachtungen in der jeweils anderen Kultur als krassen Widerspruch zu europäischen Vorstellungen anzusehen. Das Fremde werde so in erster Linie «zum Verständnis der eigenen oder zur Konsolidierung der persönlichen Normen» (Clausen 2003: 24) instrumentalisiert. Als Gegenwelt gefasst wird das Fremde in einer Art und Weise beschrieben, als stehe es der europäischen Betrachter*in in Gänze entgegen und hätte überhaupt nichts mit ihr zu tun, ja, als bedrohe sie sogar die eigene Ordnung.

Erst mit dem Einsetzen einer Entwicklung, die das Fremde nicht mehr länger nur in einer Gegenwelt sieht, sondern fortan in einer Art Außenwelt verortet, «eröffnet sich die Möglichkeit, [es] der eigenen ironisch als Spiegel vorzuhalten» (Harbsmeier 1994: 169). Das Fremde werde nun als zweiseitig betrachtet und so überhaupt verfügbar für die eigene Welt. Die eigene Welt als Innen, das Fremde im Bereich des Außen zu verorten, betrachtet das Fremde zwar immer noch als etwas, was vom Eigenen prinzipiell unterscheidbar ist, lagert häufig gerade bedrohliche Aspekte wie Gefahren, Versuchungen und Unordnung in die Außenwelten und versucht, sie über die ordnende Distanz eines vermeintlich wissenschaftlichen Blickes ein Stück weit ihrer Fremdheit zu berauben. Gleichzeitig aber wurde nun auf der Grundlage von Schilderungen anderer Welten in den verfassten Reiseberichten auch das Phänomene der eigenen Welt reflektiert und einer kritischen Beobachtung unterzogen – Fremdes und Eigenes treten so anders als bei einer gegenweltlichen Einordnung des Fremden in Beziehung.

Im 18. Jahrhundert nehme dann auch das Interesse an *Außenwelten* merklich ab, konstatiert Harbsmeier als nächsten Schritt innerhalb seines Modells – im Zuge einer Verbürgerlichung sei nun eine Konzentration auf innereuropäischen Reisen zu beobachten. Zwar prägt die Tradition kolonialistisch gefärbter Reiseberichte noch fast zwei Jahrhunderte die Ethnografie, die ab der ersten Hälfte des 18. Jahrhunderts zu beobachtende Welle bürgerlich-enzyklopädischer Reisende stellt in Reiseberichten aber nicht mehr so stark die Andersartigkeit, sondern die Allgemeinheit dieser Welt in den Vordergrund, was auch mit einer Konzentration der Betrachtung auf europäische *Binnenwelten* in Verbindung steht.

An diese Entwicklung schließt sich innerhalb der Ethnografie das Entstehen der sogenannten *Chicago School* zu Beginn des 20. Jahrhunderts an. Diese beschreibt in Harbsmeiers Logik eine weitere Ausdifferenzierung von Binnenwelten: Im Zuge von Industrialisierung und Auswanderungsbewegungen kommt es in den Herkunftsgesellschaften der Ethnografie zu einer Urbanisierung, die vielfältige Milieus und Parallelgesellschaften innerhalb häufig ethnisch differenzierter Stadtviertel entstehen lässt. Was vorher noch als Außenwelten betrachtet wurde, wird nun zunehmend untrennbarer Teil der eigenen Binnenwelt. Über die Spezialisierung und Ausdifferenzierung von kulturellen Feldern in der eigenen

Gesellschaft wachsen auch die Möglichkeiten von Fremdheitserfahrungen in der eigenen Gesellschaft und ethnografische Praktiken wie die der Feldforschung werden nun genutzt, um Subkulturen methodisch als fremde Kulturen zu behandeln und zu beforschen (vgl. Breidenstein, Hirschauer, Kalthoff & Nieswand 2013: 24 f.). Heute werden im Rahmen der Alltagssoziologie über ethnografische Feldforschung Bereiche der Alltagserfahrung unter der Prämisse betrachtet, sie seien unbekannt – beispielsweise Sportveranstaltungen oder Familienstrukturen:

> Das weitgehend Vertraute wird dann betrachtet, als sei es fremd, es wird nicht nachvollziehend verstanden, sondern methodisch befremdet: es wird auf Distanz zum Beobachter gebracht. Die Ethnografie erschließt dann nicht einfach ein spezifisches Forschungsgebiet, also etwa kuriose Subkulturen. Kurios ist eher der ethnografische Blick, der bemüht ist, alle möglichen Gegenstände kurios zu machen, also zum Objekt einer ebenso empirischen wie theoretischen Neugier. (Ebd.: 25 f.)

Ethnograf*innen verwenden somit in gewisser Weiser Verfremdungsstrategien, um sich Untersuchungsgegenstände, die vermeintlich vertraut erscheinen, bewusst fremd zu machen und dadurch zu anderen Perspektiven und neuen Erkenntnissen zu gelangen.

Nostrifizierung und Othering in der Ethnografie

Die verschiedenen Zugriffe, die von Ethnograf*innen gewählt wurden und werden, um eine fremde Kultur oder ein fremdes Milieu zu verstehen und zu erklären, zeichnen dabei in erster Linie zwei Grundmotive im Umgang mit dem Fremden, das den Forschenden in ihrer Arbeit begegnet. Stagl macht darauf aufmerksam, dass die Beschäftigung mit Fremden im Rahmen kultursoziologischen Deutungsvorgängen immer Gefahr läuft, einer *Nostrifizierung* (vgl. Stagl 1981: 284) zu unterliegen, denn das Verstehen des jeweils anderen kann nur mit den Deutungsmustern der eigenen Kultur erfolgen. In der europäischen Ethnologie zeigt sich diese Form der Vereinnahmung des Fremden im Versuch, dem Untersuchungsgegenstand europäische Kategorien und Erklärungsmuster überzustülpen, um das für die Forschenden Fremde im Feld überhaupt zu beschreiben. Dies entspricht im Rückgriff auf Waldenfels dessen Kategorie eines Aneignens des Fremden, eines Subsummierens des Fremden unter die eigene Ordnung (vgl. Waldenfels 1997: 48 ff.). Die gegenläufige Tendenz findet sich in einer Überzeichnung des Fremden: Außereuropäische Ethnien wurden zu Menschenfressern dämonisiert, zu «Naturvölkern» oder «edlen Wilden» verklärt, oder nicht selten auch mit klischeehaften Projektion sexueller Fantasien oder anderer Obsessionen des christlichen Abendlandes überschrieben (vgl. Breidenstein, Hirschauer, Kalthoff & Nieswand 2013: 19). Diese extreme Distanzierung vom Fremden ließe sich wiederum mit Waldenfels dem Motiv einer Ausgrenzung oder Feindschaft gegenüber dem Fremden gleichsetzen (vgl. Waldenfels 1997: 45 ff.) Das in der Ethnografie *Othering*[37] genannte Phänomen, Fremdes zu etwas ganz anderem zu exotisieren, stellt sozusagen das gegenläufige Moment zur Nostrifizierung dar, entsteht letztlich aber aus einem ähnlichen Impuls heraus: das Fremde seiner Fremdheit zu berauben, in diesem Fall über Ausgrenzung und Abwehr. Nostrifizierung wie Othering verdeutlichen eine Grundproblematik in der Ethnografie: Aus der Perspektive einer einzelnen Forscher*in wird eine bekannte Kultur mit einer weniger bekannten Kultur verglichen, was immer die Gefahr birgt, dass das weniger vertraute Feld als anders wahrgenommen, dramatisiert oder marginalisiert wird. «Man kann das Fremde am Fremden verkennen, indem man es den eigenen vertrauten Kategorien subsumiert, man kann es aber auch überzeichnen, um sich von ihm distanzieren zu können und auf diese Weise selbst erkennen zu wollen.» (Breidenstein, Hirschauer, Kalthoff & Nieswand 2013: 19)

Feldforschung als Versuch, Fremdes zu verstehen

Die Autoren nutzen hier sehr ähnliche Formulierungen wie Waldenfels und konstatieren für den Kontext der Ethnografie: «Fremdverstehen manövriert zwischen diesen beiden Polen» (ebd.). Sie eröffnen in ihrem Text keine weitere Option eines Umgangs mit Fremdem, der nach Waldenfels tatsächlichen Antworten auf den Anspruch des Fremden gerecht werden würde. Das ergibt insofern Sinn, als dass es der Ethnografie durch ihren Anschluss an die Ethnologie als deutende Wissenschaft immer auch um ein *Verstehen* des Fremden geht, welches über die unmittelbare Erfahrung im Feld am eigenen Körper nachvollzogen und ein Stück weit verständlicher und letztendlich vermittelbarer werden soll. Die Grundannahme, dass Fremdheit sich prinzipiell jeglicher Zugänglichkeit, jedem Verstehen verweigert, würde in der Radikalität von Waldenfels' Überlegungen tatsächlich bedeuten, dass eine Ethnografie, die dem Fremden mit einem Anspruch des Verstehen-Wollens begegnet, niemals als kreative Antwort definiert werden kann, die dem Fremden gerecht wird. Denn durch das Herstellen eines interpretativen Textes konstruiert und festigt sie immer Zuschreibungen.

Gleichzeitig bildet der Befund von Breidenstein Hirschauer, Kalthoff & Nieswand möglicherweise realistisch ab, wie sich ein Antwortgeschehen auf Fremderfahrungen jenseits der Theorie tatsächlich ausgestaltet, nämlich in einer anfängli-

37 Der Begriff des *Othering* wurde im Rahmen der Anfänge einer Postkolonialismus-Debatte von Said (1981) geprägt. Er diente dazu, kolonialisierende Mechanismen der Ethnologie zu beschreiben und verweist auf den imperialistischen Gestus, «andere» Gruppen als grundlegend different und minderwertig zu konstituieren, um damit die jeweils eigene Gruppe aufzuwerten. Ein *Othering* muss dabei nicht mit einer expliziten Abwertung verbunden sein, um den Blick auf das entsprechende Feld aus einer zumeist eurozentrischen Perspektive heraus zu verzerren.

chen Reaktion als Versuch von Abwehr oder Vereinnahmung. Darauf macht auch Thielicke (2016) in ihrer Untersuchung aufmerksam, wenn sie hervorhebt, dass eine produktive Auseinandersetzung mit Fremderfahrung immer auch Momente oder Phasen des Misslingens und der Abwehr enthalte. Zudem könne es erst über einen längeren Prozess (vgl. Thielicke 2016: 215 f.) in einem dynamischen Antwortgeschehen zu einer Veränderung der Umgangsweisen mit dem Fremden kommen (vgl. ebd.: 221). Das Aufweichen eingefahrener Orientierungsrahmen entstehe nicht in einer per se gelungenen Reaktion auf Irritation, sondern vielmehr aus einem «produktiven Scheitern reproduktiver Antworten» (ebd.: 222).

Dennoch spiegelt sich zugleich im Habitus ethnografischer Feldforschung (besonders im Gegensatz zu anderen wissenschaftlichen Disziplinen) ein Moment dessen, was für Waldenfels eine kreative Antwort auf die Erfahrung des Fremden ausmacht: das allmähliche Finden einer Antwort im Antwortgeschehen, «zu geben, was wir nicht haben» (Waldenfels 1997: 53). Denn ihrem Ethos nach geht es der Ethnografie ja genau darum, Erfahrungen, Perspektiven und Gedanken zuzulassen, die vorher gar nicht gedacht werden konnten. Ihre Forschenden wollen sich von dem Feld überraschen lassen, sich mit dem eigenen Körper, der eigenen Persönlichkeit einer fremden sozialen Realität unterwerfen. Feldforschung als ethnografische Praktik kann somit im Kontext wissenschaftlicher Disziplinen in gewisser Weise als methodologischer Wendepunkt in der Unmittelbarkeit einer potentiellen Erfahrung des Fremden betrachtet werden, da sie Forschende in ihrer leiblichen Präsenz dazu zwingt, Fremdes nicht mehr aus sicherer Distanz zu betrachten, sondern sich mit ihm in direkter Interaktion auseinanderzusetzen, es am eigenen Leib zu *erfahren*.[38]

2.2.4 Potentialbestimmung und didaktische Implikationen einer theaterpädagogisch gerahmten Begegnung mit Fremdem im Feld

> «Ein Umgang mit dem Fremden, der von einem in seiner Unzugänglichkeit Zugänglichen ausgeht, verweist buchstäblich auf ein Gehen, das den Raum durchmisst, das sich bestimmten Orten annähert, indem es sich von anderen entfernt» (Clausen 2003: 186).

38 Ethnografische Reiseberichte und Kulturanalysen entstanden, wie in Kapitel 1.2 beschrieben, lange Zeit aus einer Lehnstuhlethnologie heraus – in großer räumlicher und zeitlicher Distanz blickten sogenannte Gelehrte auf die Erfahrungen anderer im Kontakt mit vermeintlich fremden Kulturen. Im europäischen und amerikanischen Kontext begann sich das erst ab ca. Mitte des 19. Jahrhunderts zu ändern, erst zur Wende des 20. Jahrhunderts hatte sich ein Wandel verbreitet, der über die Feldforschung als ethnografische Praxis Ethnolog*innen sich selbst ins Feld bewegen und ihre Erkenntnisse nicht mehr aus den Berichten Dritter gewinnen ließ.

Bereits in den vorherigen Kapiteln schien an unterschiedlichen Stellen auf, dass die Diskurse um Fremderfahrung, Feldforschung, Theater und ästhetische Bildung gewisse Schnittmengen aufweisen. Aber lassen sich Fremderfahrungen im Rahmen von Feldforschung in theaterpädagogischen Prozessen gezielt als Schlüsselmoment (ästhetischer) Bildungsprozesse didaktisieren oder inszenieren? Welche Rolle spielen dabei die zuvor für ästhetische Bildungsprozesse als zentral definierten Wahrnehmungsvergleiche in einem möglichen didaktischen Setting?

Bildung habe ich bereits definiert als ein In-Bewegung-Geraten von Welt- und Selbstverhältnissen, welches durch Erfahrungen mit Fremdem herausgefordert werden kann. Dabei wurde angemerkt, dass sich solche Prozesse im Rahmen gesellschaftlicher Machtstrukturen vollziehen und von kulturellen und individuellen Werten und dem sozialen wie ökonomischen Kapital des Individuums anhängig sind, möglicherweise auch von einer mehr oder weniger ausgeprägten individuellen Veränderungsbereitschaft (vgl. Kapitel 2.1.1). Für eine Didaktik ästhetischer Bildung haben wir außerdem festgehalten, dass sie neben der Begegnung mit Fremdem Anlässe für Wahrnehmungsvergleiche schaffen und den Wechsel in den Modus der Wahrnehmungsvergleiche schulen, eine Auseinandersetzung mit Empfindungs-, Übertragungs- und Reflexionswerten ermöglichen sowie zur Ausbildung eines ästhetischen Vokabulars beitragen muss (vgl. Kapitel 2.1.3).

Können Fremderfahrungen didaktisch arrangiert werden?

Vorausgesetzt wir sehen nun neben konkreten Lernprozessen auch *Bildung* als Ziel von Lehr- und Lernarrangements an, stellt sich in diesem Zusammenhang zuallererst die Frage, ob sich Begegnungen mit dem Fremden und das In-Bewegung-Geraten von Welt- und Selbstverhältnissen *überhaupt* didaktisch arrangieren lassen. Denn wenn wir gleichzeitig davon ausgehen, dass solche Prozesse nicht voll steuer- und herstellbar sind und zu guter Letzt unverfügbar bleiben und wir dennoch einen fruchtbaren Boden für sie schaffen wollen, bewegen wir uns augenscheinlich in einem Dilemma. In unserem Sammelband «Irritation als Chance. Bildung fachdidaktisch denken» (Bähr, Gebhard, Krieger, Lübke, Pfeiffer, Regenbrecht, Sabisch & Sting 2018a) entwickeln wir im Hinblick auf diese Grundfrage eine didaktische Wendung von Kollers transformatorischen Bildungsbegriff, um Funktion, Wirkzusammenhänge und Ermöglichungsbedingungen von Erfahrungen des Fremden im unterrichtlichen Geschehen zu erkunden. Dies geschieht dort unter Bezugnahme auf den Begriff der *Irritation*. Diese wird als situative und niedrigschwelligere Entsprechung von Kollers Krisenbegriff entwickelt. In erster Linie ist mit der didaktischen Forderung nach einer Begegnung mit dem Fremden im Zuge ästhetischer Bildung in diesem Sinne eine Stoßrichtung und Bewegung formuliert, fremdartige und irritierende Gegenstände und Situationen im pädagogischen Setting bewusst zuzulassen, anzuerkennen und «willkommen zu heißen» (Combe & Gebhard 2012: 4) bzw. sogar gezielt zu versuchen, diese zu inszenieren. Eine Inszenierung wäre hier mit Sting (2012) als theatrales Moment von pädagogischem Handeln gefasst, im Gegensatz zu dessen grundsätzlicher Performativität und der damit notwendig verknüpften Unvorhersehbarkeit. Möglichkeiten solcher Inszenierungen von Begegnung mit Fremdem könnten beispielsweise auch «in der Durchbrechung institutioneller Routinen, im Verlangsamen schneller Deutungsprozesse, in der Konfrontation mit Ungelöstem, Unfertigem, Widersprüchlichem, aber auch im Zeigen von bereits Bekanntem in Verfremdung liegen» (Bähr, Gebhard, Krieger, Lübke, Pfeiffer, Regenbrecht, Sabisch & Sting 2018b: 9). Letztlich bleibt jedoch jegliche didaktische Wendung von Fremdheit ein Inszenierungs*versuch*. Wie die Vorstellung vom Publikum tatsächlich rezipiert wird (um in der Methaphorik des Theaters zu bleiben), kann keine noch so gute Inszenierungsidee steuern, unterliegt vielfältigsten Faktoren und bleibt letztendlich immer unverfügbar. Begegnungen mit dem Fremden lassen sich nur anbahnen, niemals initiieren.

Thielicke (2016) erarbeitet im Hinblick auf eine theaterpädagogisch gerahmte Begegnung mit Fremdem in ihrer Studie zur Aufführungsnachbereitung im theaterpädagogischen Kontext unter anderem heraus, dass es im Unterrichtsgeschehen einer bewussten Konfrontation mit dem Fremden über einen Gegenstand bedarf, der zumindest ein Potential der Fremderfahrung birgt. Dabei sollte bewusst versucht werden, den Lernenden auch etwas *zuzumuten*. Zur Frage des Gegenstandes kann jedoch mit Waldenfels formuliert werden, dass das Fremde selbst wiederum nicht zum Gegenstand einer Betrachtung gemacht werden kann, weil es damit seine Eigenständigkeit verliert (vgl. Waldenfels 1997: 120). Damit stellt sich die Frage: «Wie können wir auf Fremdes eingehen, ohne schon durch die Art des Umgangs seine Wirkungen, seine Herausforderungen und seine Ansprüche zu neutralisieren oder zu verleugnen?» (Waldenfels 2006: 6). Fragen wie «Was ist das Fremde?» oder «Welche Eigenschaften hat das Fremde und woran kann ich es erkennen?» sind nach Waldenfels falsch gestellt, weil sie voraussetzen, dass sich das Fremde innerhalb der eigenen Ordnung erkennen und bestimmten lässt. Das Fremde selbst bliebe mit Waldenfels als Gegenstand immer unzugänglich und werde nur über den *Anspruch* erfahrbar, der uns im Rahmen einer Fremderfahrung trifft:

> in einem Aufschrecken oder Stauen, in einem Gefühl des Angezogen sein oder der Neugier, in vorsichtiger oder energischer Abwehr. Das Fremde fällt aus der Reihe, es drängt sich auf, es stößt uns zu, ereilt, trifft, befällt oder verletzt uns, es erregt Aufmerksamkeit, Lust oder auch Unsicherheit, Schrecken und Befremden. (Walberg 2011: 88)

Auf der Basis dieser Einsicht wären Wege zu suchen, die vor allem Nichtfassbarkeit und Nichtgegenständlichkeit gewahr werden lassen und den Fokus darauf legen, dass sich das Fremde vor allem in den Affekten zeigt, die es dort auslöst, wo es zu Tage tritt. «Statt indirekt *auf das Fremde* zuzugehen und zu fragen, *was* es ist und *wozu* es gut ist, empfiehlt es sich, von der Beunruhigung *durch das Fremde* auszugehen.» (Waldenfels 1997: 51, Hervorhebungen im Original)

2.2.4.1 Zwischen Leiblichkeit und Reflexivität

Feldforschung und deren anschließende Aufarbeitung im Kontext von theaterpädagogischen Prozessen bieten in meinen Augen eine Möglichkeit, sich didaktisch gerahmt mit solchen Affekten auseinanderzusetzen. Zuallererst bringt sie Schüler*innen an einen Ort, der sie jenseits des bekannten Klassen- oder Theaterraumes dazu zwingt, sich auf Ordnungen einzulassen, die außerhalb des Bekannten liegen. In ihnen sind die Orientierungsrahmen, die innerhalb ihrer gewohnten Klassen- oder Probengemeinschaft gelten, zumindest zum Teil aufgehoben. Im Feld selbst folgen die Menschen in ihrem Handeln wiederum einer eigenen Logik und eigenen Strukturen, die vermutlich nicht den Alltagserfahrungen der Schüler*innen entsprechen. Dabei spielt die *Teilnahme* (im Sinne eines mehr als Anwesend-Seins) im Feld eine zentrale Rolle, eigene Wahrnehmungsmuster zu überschreiten. Über ein tatsächliches Beteiligt-Sein könnten sich die forschenden Schüler*innen nicht in abstrakter Distanz von dem loslösen, was sie möglicherweise beunruhigt. Sie können es nicht mit einem Blick von außen schnell ins Verhältnis zu den bestehenden Selbst- und Weltverhältnissen setzen. Vielmehr sind sie dazu gezwungen, sich mit der fremden Situation, dem darin sie vielleicht Beunruhigenden in der direkten Interaktion auseinanderzusetzen, es am eigenen Leib zu *erfahren* (vgl. Kapitel 2.2.2)[39]. Die Grundlage für eine solche Erfahrung liefert hier die Teilnahme als empathische Praxis; denn zur Teilnahme im Feld gehören

> alle Sinne, nicht nur das Sehen und Hören, sondern auch das körperliche und seelische Fühlen. Teilnahme beinhaltet deshalb – sofern sie nicht einfach als methodischer Trick eingesetzt wird, um möglichst viel Informationen von dem zu untersuchenden sozialen Umfeld zu erfahren – immer auch Empathie, Einfühlen und Mitfühlen. (Hauser-Schäublin 2008: 42)

Wo dieser Versuch, sich dem Geschehen im Feld über das eigene Handeln und eine empathische Grundhaltung zu nähern, an Grenzen stößt, kann er in Befremdung oder Unbehagen umschlagen oder Fragen aufwerfen. Im Auseinandersetzungsprozess mit dem, was im Feld irritiert oder beunruhigt hat, ließe sich über Reinhards Begriff der Verwunderung eine Brücke zwischen Waldenfels Fremderfahrung und Lehmanns Ästhetik der Wahrnehmungsvergleiche schlagen: «Wunderbar ist nämlich dasjenige, was durch eine fühlbare Unähnlichkeit allen seinen Begriffen und Einsichten zu widersprechen scheint» (Reinhard 1782: 33). Dabei entsteht Verwunderung im Prozess des gescheiterten *Vergleichs*, denn das «Befremden, aber auch das Erstaunen sind Empfindungen über jenes, was nicht begriffen, also nicht mit Bekanntem verglichen werden kann» (ebd.).

39 Damit wird zugleich auf die Erfahrungsdimension von Bildung verwiesen (vgl. Kapitel 2.1.1.2), auf ein nach Dewey (1980) konkretes Erleben in der Auseinandersetzung mit sozialen Realitäten (vgl. Kapitel 2.1.2.1).

Ein Ansatz, der Erfahrungen in einem Feld in einen theatralen Probenprozess überführt, positioniert sich so in einem Spannungsverhältnis zwischen Leiblichkeit und Reflexivität dieser Erfahrungsdimension. Die Forschung im Feld selbst macht, wie beschrieben, die Erfahrung am eigenen Leib zum wesentlichen Bestandteil der ästhetischen Praxis – und zwar im Unterschied zu dem Agieren im Probenraum in einem realen Alltagsumfeld und nicht in spielerischer und damit Konsequenz verminderter Art und Weise. Die Probenarbeit im Anschluss daran lässt die Teilnehmenden das Erlebte in einer erfahrungsbezogenen Reflexion betrachten, leibliche Erfahrungen versprachlichen und kontextualisieren, das Beobachtete auswerten und in ästhetische Produkte übersetzen. Die für die ethnografischen Feldforschungen geforderte Positionalität der Forschenden (vgl. Kapitel 1.2) greift in diesem Kontext von Reflexivität zwei wesentliche Aspekte auf, die bei Lehmann Bestandteile von Wahrnehmungsvergleichen sind: Sie schafft zum einen Anlässe, *Empfindungswerte* zu thematisieren, weil sie die eigenen Reaktionen und Empfindungen im Hinblick auf das Geschehen im Feld im Blick hat und den Forschenden ein Bewusstsein für die im Feld ausgelösten Affekte abverlangt, seien es Beunruhigung, Bewundern, Schock, Irritation oder Abwehr (vgl. Kapitel 2.1.3) – die eben genannten *Beunruhigungen durch das Fremde* zu thematisieren. Zugleich stößt sie Auseinandersetzungen mit Übertragungs- und Reflexionswerten an, da das im Feld Gesehene und Erfahrene immer vor dem Hintergrund betrachtet wird, welche Selbst- und Weltkonzepte die Handlungspraxis im Feld prägen und wie sich diese von eigenen Konzepten unterscheiden (vgl. Kapitel 2.1.3). Für den kollektiven Prozess ist es dabei auch von Bedeutung, dass Jugendliche *gemeinsame* Seherfahrungen machen, auf die alle Bezug nehmen können und anhand derer klar die Differenz zur Wahrnehmung anderer deutlich wird, die Gesehenes oder Erlebtes wohlmöglich ganz anders bewertet als man selbst.

2.2.4.2 Performative Verlängerung des Erfahrungsmomentes

Die szenische Weiterbearbeitung der Feldbeobachtungen und eigenen Erfahrungen eröffnet dabei gleichzeitig eine zusätzliche performative Dimension sowie eine Verlängerung des Erfahrungsmoments. Thielicke (2016) geht davon aus, dass es erst über einen längeren Prozess in einem dynamischen Antwortgeschehen zu einer tatsächlichen Veränderung der Umgangsweisen mit dem Fremden kommen kann, die einem kreativen Antworten entsprechen (vgl. Thielicke 2016: 221). Das Aufweichen eingefahrener Orientierungsrahmen entstehe nicht in einer per se gelungenen Reaktion auf das Fremde, sondern vielmehr aus einem «produktiven Scheitern reproduktiver Antworten.» (ebd.: 222). Dafür bedürfe es unter didaktischer Perspektive einer Verlängerung des Erfahrungsmomentes durch Aufgaben, die den Moment der Irritation auch nachträglich weiterbearbeiten lassen und möglichst einen Medien- und Perspektivwechsel beinhalten sowie das «Bereitstellen eines Aufforderungs- und Freiraumes, der die Rezipienten einerseits durch Impulse zu einer intensiven Auseinandersetzung [...] anhält und sie andererseits davor bewahrt, sich reproduzieren zu müssen» (ebd.: 229). Der an die Feldforschung angeschlossene Probenprozess kann als eine derartige Verlängerung des Erfahrungsmoments betrachtet werden. Die Erfahrungen und Eindrücke aus dem Feld müssen immer wieder aktualisiert und betrachtet werden, um aus ihnen szenisches Material zu generieren. Zwischenpräsentationen einzelner Gruppen tragen dazu bei, dass teils widersprüchliche oder sogar widerstreitende Informationen und Inhalte präsentiert werden und wertfrei nebeneinanderstehen können. Als Bestandteil einer Didaktik ästhetischer Bildung im Theater würden hier Anlässe gegeben, ein weiteres Mal in den Modus der Wahrnehmungsvergleiche zu wechseln. Im Transformationsprozess müssen nämlich nicht nur die eigenen Eindrücke versprachlicht werden, sondern auch in den Vergleich mit denen anderer gesetzt werden. Dabei werden mögliche Veränderungen von Selbst- und Weltverhältnissen nicht nur im Denken, sondern auch in den performativen Handlungen des Subjekts angelegt, das im Kontext der Szene wiederum selbst handelnd tätig wird (vgl. Kapitel 2.2.2).

2.2.4.3 Doppelte Differenz

Mit einer grundlegenden Dynamik von Inklusion und Exklusion (vgl. Pollner & Emerson 1983) gegenüber dem Forschungsfeld und dem Transformationsgeschehen, innerhalb dessen die Feldbeobachtungen in szenisches Material verwandelt werden, vollziehen und erleben die Akteur*innen, so die These, eine Art *doppelte Differenz,* mit der es umzugehen gilt.

Gegenüber dem Feld müssen sie in der Lage sein, Eigenes zurückzunehmen und sich in eine fremde Perspektive zu denken, gleichzeitig aber eine Differenz zum Wahrgenommenen überwinden, um dieses überhaupt betrachten zu können:

> Die Differenzerfahrung, die ich als Performerin der Frl. Wunder AG durch ethnografische Praktiken in Sozialen Feldern mache, stellt ein Dazwischentreten in den Alltag von Anderen und der subjektiven Beobachtung und Aneignung dessen durch mich als Performerin dar. (Hinz 2017: 116)

Schüler*innen werden somit darin herausgefordert, sich Fremdes aus dem Feld zu Eigenem zu machen und anschließend wiederum auf der Bühne in etwas zu verwandeln, was in Differenz zum Eigenen steht. Es geschieht eine Art Gegenbewegung, denn bereits «Ethnografisches Erkennen hat grundsätzlich etwas mit der Verwandlung von Fremdem in Vertrautes und von Vertrautem in Befremdliches zu tun» (Breidenstein, Hirschauer, Kalthoff & Nieswand 2013: 13). Diese wird durch den Transformationsprozess in ein ästhetisches Produkt noch einmal zugespitzt. Denn die Forschenden sind dazu aufgefordert, den Auseinandersetzungs- und Annäherungsprozess gegenüber einem fremden Feld, in dem sie sich als different erleben und sich Differentes zu eigen machen, einer erneuten

Transformation zu unterziehen. Sie müssen Kontextualisierungen, Widersprüche in den Blick nehmen, eigene Positionen reflektieren und erleben in der Präsentation ihrer Ideen, die von Hentschel beschriebene Differenzerfahrung zwischen Alltagswelt und Fiktion, zwischen eigener Biografie und Bühnen-Ich (vgl. Hentschel 1996). Mit Blick auf Hentschels Überlegungen zum ästhetischen Bildungspotential solcher Differenzerfahrungen (vgl. Kapitel 2.2.2) wäre hier ein interessantes Spannungsfeld geschaffen.

2.2.4.4 Didaktische Voraussetzungen für das Anbahnen von Fremderfahrungen

Folgen wir unabhängig vom jeweiligen Unterrichtsgegenstand weiterhin der These, dass es grundsätzlich möglich ist, Begegnungen mit dem Fremden durch bestimmte Parameter im Lernsetting zu begünstigen und sozusagen zu «inszenieren». Dann bleibt dennoch die Frage, welche konkreten Voraussetzungen aus didaktischer Perspektive geschaffen werden müssen, damit eine (im Sinne eines Bildungsprozesses) produktive Begegnung mit Fremdem möglich werden kann. In der oben bereits erwähnten Publikation unserer Forschungsgruppe zu Irritation im Fachunterricht arbeiten wir im Hinblick auf diese Frage in Rückbindung an die bildungstheoretischen Vorarbeiten von Koller (2012) und eine fächerübergreifende Auswertung der Forschungsliteratur empirischer Studien zur Frage folgende Kriterien heraus. Diese vermögen unter didaktischer Perspektive Veränderungen von Welt- und Selbstverhältnissen anzubahnen:

1. Verschärfung unmittelbaren Handlungsdrucks einerseits (auf der Ebene der Auseinandersetzung mit dem fachlichen Gegenstand) und Entlastung von unmittelbarem Handlungsdruck andererseits (z. B. durch zeitliche Freiräume, Bewertungsfreiheit, ...)

2. Möglichkeit zum Ausschalten der bewussten Kontrolle und strenger Rationalitäts- bzw. Effektivitätskriterien damit Spielraum für Getroffen-Sein und Resonanz

3. Möglichkeiten zum Ausagieren einer habituellen Bereitschaft, eigene Überzeugungen in Frage zu stellen

4. Emotional bedeutsame Beziehung zu einem «signifikant Anderen»

5. Räumlichen Distanz zum Hergebrachten im wörtlich-geografischen Verständnis wie im übertragenen Sinn einer Lockerung etablierter Ordnungen

6. Berücksichtigung der Bedeutsamkeit von Medialität. (Bähr, Gebhard, Krieger, Lübke, Pfeiffer, Regenbrecht, Sabisch & Sting 2018b: 32)

Als Gegenmodell zu einem auf Gewissheiten ausgerichteten Fachunterricht fassen diese Kriterien einen didaktischen Ansatz zusammen, der in vielen Punkten widerspiegelt, was in den bereits oben gemachten grundlegenden Ausführungen zu einer didaktisch gerahmten Verknüpfung von Feldforschung und szenischer Entwicklungsarbeit angelegt ist. Dabei wäre vor dem Hintergrund der zuvor theoretisch erfolgten Ausführungen vor allem noch ein weiterer Punkt zu ergänzen, der in meinen Augen für eine didaktische Rahmung entscheidend ist: das Vermeiden vorschneller Verstehensprozesse. Unter didaktischer Perspektive ermöglicht die Radikalität von Waldenfels' Fremderfahrungsbegriff die Abgrenzung von gängigen Versuchen, Fremdes im pädagogischen Kontext zu bearbeiten, die eher dazu beitragen, das Fremde im Prozess des Verstehens oder der Aneignung verschwinden zu lassen. Denn mit Waldenfels und Koller wäre erst dann von einer potentiell bildungswirksamen Begegnung mit Fremdem zu sprechen, wenn auf den «Anspruch des Fremden» (Waldenfels 1997: 50) tatsächlich geantwortet wird, wenn wir es weder als feindlich ausgrenzen noch es über eine Subsumtion unter eigene Normen und Ordnungssysteme seiner Fremdheit berauben (vgl. ebd.: 45 ff.). Eine Didaktik, die auf bildungsrelevante Fremderfahrungen ausgerichtet ist, müsste demnach gezielt solche Auseinandersetzungen suchen. Sie müsste in der Begegnung mit dem Fremden dieses nicht nur überhaupt willkommen heißen, sondern vielmehr auch der Versuchung widerstehen, das Fremde *erklären* zu wollen. Gerade Letzteres dürfte jedoch nicht einfach sein; denn schließlich wird als erfolgreicher Unterricht aller Voraussicht nach eher weniger eine Situation eingeschätzt, an deren Ende «die Schüler das Klassenzimmer sprachlos oder verwirrt verlassen, sondern die, nach der man sich mit dem Eindruck trennt, ‹gesetzliche› und ‹ordnungsgemäße› Phänomene (wieder)erkannt zu haben» (Walberg 2011: 90). Denn vermutlich ist nicht die Ausgrenzung des Fremden die gängigste, wirksamste und ökonomischste Form der Abwehr, sondern vielmehr die Aneignung, die die Beunruhigung durch das Fremde versucht in Verstehen zu verwandeln, es verarbeitet und absorbiert, «[…] eben dies Bedürfnis nach Bekanntem, der Wille, unter allem Fremden, Ungewöhnlichen, Fragwürdigen etwas aufzudecken, das uns nicht mehr beunruhigt» (Nietzsche 1980: 594). Gerade beispielsweise im Kontext interkultureller Pädagogik zeigt sich die Aneignung des Fremden über Motive des Anerkennens und Integrierens, welche immer auch einen Moment des Übergriffs und der Zurichtung beinhalten (vgl. dazu kritisch Ha & Schmitz 2006). Balzer (2007) spricht davon, dass in einer «Anerkennung» auch eine Festlegung nach Maßgabe des Eigenen mitschwingt.

Vor diesem Hintergrund erscheinen tatsächlich produktive Antworten auf die Erfahrung des Fremden eher unwahrscheinlich (vgl. Thielicke 2016: 222). In der vorliegenden Intervention könnten der diskursive Prozess, welcher der Fremderfahrung folgt, sowie die ästhetische Verarbeitung der Eindrücke jedoch zumindest das Potential beinhalten, dass Unerklärbarkeiten aufrechterhalten werden. Voraussetzung dafür ist, dass es der Lehrkraft gelingt, plausibel zu verkörpern, dass es in der von ihr pädagogisch gerahmten Situation keine «falsche» oder «richtige» Position gibt und es nicht darum geht, sich auf zutreffende und gültige Sichtweisen zu einigen. Ein nicht unwesentlicher Schlüssel dazu könnte auch in einem veränderten Hierarchieverhältnis zwischen Lehrkraft und Schüler*innen liegen, welches sich wiederum innerhalb von Feldforschungen gut realisieren lässt. Denn die Lehrenden sind hier nicht *mehr* erfahren, *mehr* wissend, *mehr* orientiert, sondern begeben sich wie die Schüler*innen selbst in ein ihnen unbekanntes Terrain, in dem auch sie nur wenig zur Orientierung beitragen können. Sie sind mit Eindrücken und Erfahrungen konfrontiert, die sie nicht in Gänze antizipieren können und müssen sich vom Feld selbst leiten lassen, nicht von einem vorher aufgestellten Konzept einer Unterrichtseinheit oder bestimmter Lehrinhalte. Dies setzt voraus, dass sie den Anspruch des Forschungsansatzes ernst nehmen. Bergala beschreibt eine solche veränderte Rolle der Lehrkraft mit der Metapher des *Passeurs*: «Er [der Pädagoge, MP] gibt seine durch die Institution definierte und begrenzte Rolle als Lehrer für den Augenblick auf und tritt von einer anderen, ungeschützteren Stelle seiner selbst her in Beziehung und ins Gespräch mit seinen Schülern» (Bergala 2006: 52). Der von ihm verwendete Begriff des Passeurs meint im französischen Wortsinn einen Fährmann, Schmuggler oder Schlepper, der Waren oder Menschen über Grenzen bringt. Dabei ist ein Passeur «jemand, der sich selbst einsetzt, wenn er Menschen im Boot oder zu Fuß über den Berg – oder über die Grenze – geleitet, er setzt sich denselben Gefahren aus wie diejenigen, für die er vorübergehend verantwortlich ist.» (ebd.: 39 f.) Als Passeur sind mit Bergala also Pädagog*innen gemeint, die sich als Prozessbegleiter*innen selbst den gleichen Risiken aussetzen wie ihre Schüler*innen, die sich auf einen offenen und unsicheren Weg einlassen, ohne zu wissen, ob und in welchem Zustand sie am vermeintlichen Ziel ankommen werden. Die Tätigkeit des Passeurs ist dabei immer mit Bewegung verbunden, mit dem Transit zwischen unterschiedlichen Räumen – eine Metapher, die wiederum auf den Prozess der Feldforschung gut übertragbar ist.

Unter didaktischer Perspektive geht es darum, so könnte abschließend formuliert werden, ob und wie sich ein produktives Spannungsverhältnis von selbstgesteuertem Entdecken im Forschen der Jugendlichen und gewissheitsorientiertem Anleiten durch die Lehrenden inszenieren lässt und welche Parameter eine Offenheit gegenüber Kontingenzen in Form von Momenten der Ungewissheit, Orientierungslosigkeit und Liminalität begünstigen. Dem Dilemma, im Lern- und Erfahrungsfeld *Schule* Bildungsprozesse und Momente von Ungewissheit inszenieren zu wollen, von denen wir eigentlich annehmen, dass sie nicht steuer- und herstellbar sind, wird dabei nicht zu entkommen sein. Ob und wie Schüler*innen diese Erfahrungsräume für sich nutzen, muss aus theoretischer Sicht – wie bei jeder Form pädagogischen Handelns – offenbleiben.

3 Fallstudie zur Feldforschung und Theaterarbeit mit Jugendlichen – Zusammenfassung der empirischen Forschung und ihrer Ergebnisse

Zur Orientierung: Wie gehen Jugendliche mit Aufgabenstellungen um, die sie Feldforschung in theatrale Probenprozesse integrieren lassen? Welche Faktoren haben möglicherweise einen Einfluss darauf, wie produktiv sie auf Feldbeobachtungen in der szenischen Gestaltungsarbeit zurückgreifen können? Das folgende Kapitel wird sich mit Antworten auf diese Fragen anhand der Auswertung aus zwei empirischen Untersuchungen beschäftigen. Es bildet damit die als experimentelle Praxis und Auswertung definierten Phasen entwicklungsorientierter Bildungsforschung ab, in welchen erste Praxisinterventionen erprobt und anschließen evaluiert werden.

Nach einer Kurzdarstellung von Problemstellung und Forschungsmethodik (S. 136) stelle ich den in der Arbeit des Künstlerkollektivs Frl. Wunder AG (S. 139) beobachteten Probenprozess in Aufbau und Verlauf dar. Das dort beobachtete methodische Vorgehen der Künstler*innen im professionellen Theaterkontext bildet neben den theoretisch-didaktischen Vorüberlegungen aus Kapitel 2 die Grundlage der im Anschluss dargestellten und beforschten Unterrichtintervention mit Schüler*innen (S. 146).

Ab Kapitel 3.5 (S.155) erfolgt dann die Auswertung und Neuperspektivierung der Empirie. Dabei geht es eingangs darum, ob sich – wie theoretisch angenommen – in der Praxis tatsächlich Fremderfahrungen und Wahrnehmungsvergleiche anbahnen ließen. Anschließend betrachte ich die Bezüge zwischen Feldbeobachtungen und entwickelten szenischen Ideen (S. 162) sowie die ästhetischen Praktiken, mit denen im Prozess gearbeitet wurde (S. 168).

Ab Kapitel 3.5.4 (S.180) setze ich mich kritisch mit der durchgeführten Intervention auseinander und suche nach möglichen Einflussfaktoren, die den Jugendlichen den Zugang zur Feldforschung und ihrer Nutzung für die Entwicklung szenischen Materials erschwert haben könnten. Dies geschieht vor dem Hintergrund, dass im Zuge einer Neuperspektivierung der in der Fallstudie untersuchten Intervention Parameter für deren Weiterentwicklung definierbar werden. Eine entsprechende Evaluation liefert so wichtige Erkenntnisse für die didaktische Konzeption, die im letzten Kapitel dieser Arbeit folgen wird.

3.1 Problematisierung

Der empirische Teil entwicklungsorientierter Bildungsforschung, sprich die Konzeption einer im Rahmen der Fallstudie durchzuführenden und zu untersuchenden Intervention, beginnt mit einer Problematisierung von bestehender Theorie und Praxis. «Problematisierung» wird im Kontext entwicklungsorientierter Bildungsforschung als ein Moment bezeichnet, der das in der bestehenden Praxis anzutreffende pädagogische Geschehen auf seine Unstimmigkeiten, normativen Orientierungen, Konflikte und Diskrepanzen zwischen Intentionen und tatsächlichem Prozess hin untersucht (vgl. Sesink 2015: 71) Über sie wird das für die Praxis zu lösende «Problem» anvisiert und die Zielrichtung der zu entwickelnden Intervention vorgegeben. Welche Probleme und Schwierigkeiten, die über das Forschungsvorhaben gelöst oder verbessert werden können, finden sich in der bereits vorhandenen Praxis und Theorie? Der entsprechend in den Kapiteln 1 und 2 entfaltete Forschungsstand und Status quo von Praxis und Theorie lässt sich für eine solche Problematisierung wie folgt zusammenfassen:

Verknüpfungen von ethnografischen Verfahren wie dem der Feldforschung und künstlerischen Prozessen des Theaters finden sich im Kontext schulischen Theaterunterrichts oder außerschulischer Theaterpädagogik nur vereinzelt und nicht in didaktisch transparent aufbereiteter und zugänglicher Form (vgl. Kapitel 2.2.1). Im professionellen Theater sind zwar Beispiele für eine entsprechende Praxis vorhanden, sie entsprechen aber in keinem Fall gängigen Probenverläufen. Eine systematische Analyse steht auch hier aus (vgl. Kapitel 2.2.2). Die Untersuchung zentraler theoretischer Bezugspunkte zeigt, dass ethnografisch-forschende und theatral-künstlerische Formen einige Gemeinsamkeiten aufweisen, die Anschlussmöglichkeiten für eine wechselseitige Verknüpfung liefern (vgl. Kapitel 2.2.2 und 2.2.3). Unter bildungstheoretischer und didaktischer Perspektive scheint dabei eine Verknüpfung der beiden Ausgangspole vor allem deswegen vielversprechend, weil sie Erfahrungen des Fremden zu ermöglichen scheint und darüber hinaus im Sinne der in Kapitel 2.1.3 formulierten Thesen zur ästhetischen Bildung in besonderem Maße Wahrnehmungsvergleiche anstoßen und zur Beschäftigung mit Empfindungs-, Reflexions- und Übertragungswerten herausfordert (vgl. Kapitel 2.1.3). Dabei gestaltet sich die Herausforderung problematisch, entsprechende Erfahrungen und den künstlerischen Prozess als solchen didaktisch aufbereiten zu wollen, da eine diesbezügliche Engführung und Rahmung den strukturellen Unverfügbarkeiten beider Elemente entgegensteht.

Wie diese Zusammenfassung deutlich macht, steht die Entwicklung eines theaterpädagogischen Ansatzes, der das in der professionellen Theaterpraxis zu beobachtende Einbeziehen von ethnografischen Verfahren in den Proben- und Entwicklungsprozess didaktisch aufbereitet, noch ganz am Anfang. Die Problematisierung – und damit die Zielrichtung der empirischen Untersuchung – lässt sich folglich nicht aus bereits vorhandenen Analysen von Berichten, Projektdokumentationen oder Untersuchungen herausarbeiten und auch nicht in der Beobachtung einer bestehenden pädagogischen Praxis definieren. Die Grundproblematik liegt zuallererst im Fehlen einer geeigneten Praxis für den Unterrichtskontext. Dabei liefern die weiter oben bereits formulierten Bezugspunkte in Ethnografie- und Theaterpraxis und Theorie-Diskursen erste wichtige Ansätze für den Entwurf einer Intervention, die erforscht und weiterentwickelt werden kann. Sesink hebt jedoch in Bezug auf die Erarbeitung einer Problemstellung deutlich hervor:

> Im Kontext entwicklungsorientierter Forschung zu lösende Probleme kristallisieren sich nicht aus einem jenseits der Praxis angesiedelten Forschungskontext, sind also nicht Probleme, die die Forschung mit der Praxis hat, sondern erwachsen aus Schwierigkeiten innerhalb der Praxis und müssen deshalb auch praktisch gelöst werden. Forschung hat lediglich die Aufgabe, die den Schwierigkeiten zu Grunde liegende Problematik zu identifizieren, Lösungswege zu entwerfen und deren praktische Erprobung systematisch zu beobachten und auszuwerten. (Sesink 2015: 72)

Um diesen Praxisbezug unmittelbar zu gewährleisten, habe ich die empirische Untersuchung eines künstlerischen Forschungsprozesses während der Probenarbeit an einer professionellen Produktion aus dem Bereich der freien Theaterszene zur Grundlage der Entwurfsentwicklung gemacht. Diese Verankerung in der Theaterpraxis erfolgt zwar jenseits eines pädagogischen Kontextes, liefert aber zumindest eine empirische Grundlage, wie eine Verknüpfung von ethnomethodologischen Praktiken und theaterbezogener Probenarbeit überhaupt gestaltet werden kann – und ist somit als Basis eines ersten Entwurfes für die Unterrichtspraxis heranziehbar. Als konkreter Untersuchungsgegenstand dient, wie bereits beschrieben, der Probenprozess der Produktion «Ein Bankett für Tiere» der Frl. Wunder AG, in welchem die Gruppe dezidiert Methoden der Feldforschung in die künstlerische Arbeit integriert (vgl. Kapitel 1.5 und 3.2). Die Ergebnisse der Beobachtungen (zur spezifischen Methodik siehe Kapitel 1.5) liefern im Zusammenspiel mit den vorher angestellten theoretischen Überlegungen und dem Blick auf die ethnografische und künstlerische Praxis in den Kapiteln 1 und 2 die Basis für die Entwicklung des Unterrichtsentwurfes, den diese Arbeit empirisch untersuchen will.

3.2 Kurzzusammenfassung von Forschungsmethodik und Datenerhebung

Da sich kulturelle Bildung «unter dem Ziel der Selbstbestimmung und Teilhabe von konkreten Akteur*innen in spezifischen Situationen» (Hill 2015: 114) realisiert, verlangt sie nach Forschungsmethoden, die diese Parameter mit in den Blick nehmen. Die hier vorliegende Studie verortet sich daher im Spektrum qualitativer Forschung und beschäftigt sich als Fallstudie dezidiert mit der detaillierten Betrachtung eines beispielhaften Prozesses. Um dem Anspruch des Forschungsvorhabens, künstlerische Verfahren im bisher wenig stattfindenden Übertrag auf einen pädagogischen Kontext zu untersuchen, gerecht zu werden, bedient sie sich des Ansatzes entwicklungsorientierter Bildungsforschung nach Sesink und Reinmann (u. a. 2011). Dort wird der Akt des Entwerfens und Gestaltens einer Intervention durch die Forschenden selbst als Teil der empirischen Tätigkeiten konzipiert (vgl. Sesink 2015: 69).

ONLINE-VERWEIS: Herleitung der Forschungsmethodik und Vorgehen von Datenerhebung und Auswertung werden im Zuge dieser Veröffentlichung nur stark zusammengefasst dargestellt. Eine ausführliche Darstellung sowie weitere Daten und Transkripte finden sich auf der Seite zum Buch unter www.kopaed.de

Im Rahmen meines Forschungsvorhabens ist empirisches Datenmaterial in verschieden Kontexten entstanden: Die Probenbeobachtungen der Frl.-Wunder-AG-Produktion «Ein Bankett für Tiere» wurden mittels teilnehmender Beobachtung begleitet, um daran beispielhaft Vorgehensweise und Möglichkeiten einer Feldforschung im Kontext von Probenprozessen herauszuarbeiten. Nach Przyborski und Wohlrab-Sahr (2009) entstanden dabei Beobachtungsprotokolle, Video- und Audiomitschnitte von Feldforschungsexkursionen, deren Auswertung und den weiteren Proben bis zur Aufführung.

Aus diesen Beobachtungen entstand unter Berücksichtigung des theoretischen und praktischen Bezugsrahmens (vgl. Kapitel 2) die vorliegende Unterrichtsintervention. Sie bildet den Kern der empirischen Untersuchung im Hinblick auf die Entwicklung eines theaterpädagogischen Praxisansatzes und orientiert sich an den grundlegenden Phasen der Arbeit von Frl. Wunder AG (vgl. Kapitel 1.5). Wie von Sesink gefordert, soll das entworfene Interventionsdesign «im Dialog und in Interaktion mit den Akteuren» (Sesink 2015: 69) reflektiert werden und damit die Perspektive der Teilnehmenden auf das Erlebte in die spätere Auswertung einfließen. Hierfür wurde als abschließender Teil der Erhebung ein Gruppengespräch konzipiert, innerhalb dessen die Teilnehmenden eingeladen waren, sich über ihre Erfahrungen und Eindrücke mit den Aufgaben der Intervention auszutauschen.

Daten für die Auswertung der Unterrichtsintervention wurden in einer Triangulation von prozessbegleitenden Verfahren erhoben: Es entstanden Beobachtungsprotokolle (nach Przyborski & Wohlrab-Sahr, 2009) für den gesamten Prozess sowie Video- und Audioaufnahmen der Gruppenarbeiten und Gruppengespräche. Die Feldforschung auf dem Hof wurde nur in Form von Beobachtungsprotokollen dokumentiert, da eine Video- und Tonaufnahme aufgrund des dezentralen Settings von vornherein als nicht umfassend möglich eingeschätzt wurde.

Im Sinne meiner Forschungsfrage geht es in der Auswertung der erhobenen Daten vor allem um die Fragen, wie die Akteur*innen eine Transformation von Beobachtungen im Feld in szenisches Material vollziehen, welche Arten der Transformation sich finden und wie das Feld in den Präsentationen sichtbar wird.

Als Primärmaterial, anhand dessen diese Fragen zu beantworten sind, wurden daher die Entwicklungsarbeit und Präsentation der szenischen Auswertungen herangezogen, in denen im Anschluss an die Feldforschung die Beobachtungen und Erfahrungen präsentiert wurden. Die Entwicklungsarbeit liegt bei den Schüler*innen in Form von transkribierten Audioaufnahmen und Beobachtungsprotokollen, bei den Künstler*innen in Form von Beobachtungsprotokollen vor. Für die Präsentationen der szenischen Auswertungen dienen beiden Gruppen Videoaufnahmen, Beobachtungsprotokolle sowie schriftliche Verlaufsbeschreibungen, zudem transkribierte Auswertungsgespräche.

Die Grounded Theory bietet eine «Wechselwirkung zwischen empirischen Daten und sensibilisierenden theoretischen Forschungsperspektiven» (Sons 2015: 103). Daher eignet sich für gewöhnlich besonders zur Auswertung von in Fallstudien erhobenen Daten für eine Forschung kultureller Bildung, die als datenverankerte Theoretisierung wie in dem vorliegenden Fall eine Praxis untersucht, um wissenschaftliche Erkenntnisse zu gewinnen und gleichzeitig die Praxis weiterzuentwickeln. Entsprechend wurden die videografierten und transkribierten Daten der Studie also nach den Verfahrensschritten der Grounded Theory ausgewertet (Strauss & Corbin 1996).

3.3 Feldforschung und Probenbeobachtung im Kontext professioneller Theaterproduktion

Den Gegenstand der Untersuchung im Kontext professioneller Theaterproduktion bildet eine im Sommer 2012 durchgeführte Probenbeobachtung im Rahmen der Produktion «Ein Bankett für Tiere» des Theater- und Performancekollektivs Frl. Wunder AG (siehe Kapitel 1.5). Zu Beginn des Prozesses gab es keinen festen Plan, wie die Proben zu verlaufen hatten und keine Textvorlage oder ähnliche Grundlage, an der die Künstler*innen sich «abarbeiteten». Das gesamte Stück sollte aus Feldbeobachtungen entwickelt werden. Der insgesamt siebenwöchige Probenprozess für «Ein Bankett für Tiere» beinhaltete eine etwa einwöchige Recherchereise, und drei Probentage für die Auswertung der gesammelten Materialien, wovon ein Tag lediglich für die Präsentationen dieser Auswertung genutzt wurde. Ich begleitete die Entwicklung dieser Produktion und war von dem Beginn der den Proben vorgelagerten Feldforschungen bis zur Aufführung als teilnehmender Beobachter und Performer beteiligt. Die Erhebung von Datenmaterial erfolgte über Beobachtungsprotokolle (vgl. Pryborski & Wohlrab-Sahr 2009). Dabei flossen in diese Arbeit hauptsächlich die Beobachtung der Feldforschung sowie die erste Woche der auswertenden Proben im Anschluss danach ein, in denen die Künstler*innen aus dem im Feld gesammelten Material erste szenische Entwürfe präsentierten. Diese bildeten später die Grundlage für die Arbeit am entstehenden Stück.

Forschung im Feld

Die für die Produktion durchgeführte Feldforschung findet in Form einer etwa einwöchigen Recherchereise statt. Dabei begeben sich die Künstler*innen gezielt an unterschiedliche Orte, an denen Mensch und Tier in einem besonderen Verhältnis zueinanderstehen und es den Künstler*innen möglich ist, als teilnehmende Beobachter zu agieren. So finden Feldforschungen an folgenden Stationen statt: im Schlachthof, Hühnermastbetrieb, Kleintierkrematorium und Wolfscenter, auf einer Jagd und einer Fledermauswanderung, während eines Rituals einer Krafttierschamanin, eines Tierflugtrainings und des Zusammentreffens mit Menschen, die sich regelmäßig als «Furries» mit Tierkostümen verkleiden, einem Imker und einer Tiertelepathin. Die Feldforschungen wurden von den Künstler*innen über die Tage der Woche verteilt und dauerten jeweils zwischen ein und drei Stunden. Kurzbeschreibungen der jeweiligen Stationen finden sich im Anhang dieser Arbeit. Ich werde hier exemplarisch nur eine Station beschreiben, um einen grundlegenden Einblick in die Arbeit der Gruppe im Feld zu geben und daran die generellen Vorgehensweisen zu rekonstruieren.

Die Feldforschung zum Verhältnis von Mensch und Tier in der Jagd besteht aus einem frühmorgendlichen Treffen mit einem Stadtjäger in Hannover sowie einem abendlichen Treffen mit Jägern auf deren Pacht für eine tatsächliche Jagd. Gemeinsam mit den Performer*innen unternimmt der Stadtjäger im Morgengrauen eine Wanderung durch sein Revier. Es werden Tierbeobachtungen mit dem Fernglas gemacht, Lockrufe mit verschiedenen Geräten geübt und ein Interview mit dem Stadtjäger geführt. Das Treffen mit Jägern im Wendland findet am frühen Abend, kurz vor dem Aufbruch zur Jagd statt. Die Jäger erklären zuerst grundlegende Verhaltensregeln und Hintergründe zum Thema Jagd und Schonzeit und dazu, welche Tiere zurzeit erlegt werden dürfen und welche nicht. Ein Teil der Gruppe begleitet einen der Jäger im Anschluss auf die Pirschjagd, hier werden beim Gang durch das Unterholz und die Felder verschiedene Tiere gesichtet, jedoch nichts geschossen. Der Rest der Gruppe begleitet einen anderen Jäger auf einen Hochsitz zur Ansitz-Jagd. Die Tiere, die hier beobachtet werden, dürfen aus Gründen der Schonzeit nicht geschossen werden. Mit Einbruch der Dunkelheit treffen sich beide Gruppen wieder, die Kühlkammer des Forsthauses wird besichtigt, in der ein aufgebrochenes Reh hängt und zum Abschluss in einem Gespräch mit den Jägern werden beim gemeinsamen Essen von selbstgemachter Rehwurst Fragen vertieft. Im Erlebnisprotokoll einer der Performer*innen ist hierzu zu lesen:

> Wir haben keine Sau erlegt. Irgendwie erleichternd, diese Schweine sind einfach wahnsinnig schlau. Wir wollten dabei sein, wir wollten wissen, wie das ist, ein Tier zu töten. «Jagen» ist schon aufregend: ein Blick in eine eingeschworene Männergesellschaft. Zur Begrüßung gibt's Bier, alle haben die gleichen goldenen Ringe mit einem blauen Glasstein und einem Wappen darauf. Dann fahren wir mit Johanns Bully, ich halte das Gewehr in den Schlaglöchern fest im Arm. Pirschen geht so: Johann vorne, Stock links, Gewehr rechts, etwas vorgebeugte Haltung,

> leichte Schritte, federnd. Ich mit zwei Metern Abstand dahinter, versuche, keinen Laut zu machen, wenn ich auf dem Waldboden abrolle, dicht hinter mir Melanie. Wir beobachten lange eine schwarze Ricke mit ihrem braunen Kitz, bis Johann Schweiß von der Nase tropft und er hustet. Wir stöbern einen Jungbock auf, den wir hätten schießen dürfen, der aber aus seinem Grasbett aufsteht und verschwunden ist, bevor wir uns von unserer Überraschung erholt haben. Wir steigen auf einen Hochsitz und rauchen, wir starren eine Stunde auf die abgeernteten Äcker, es wird dunkler. Aus dem Waldstück laufen eine braune Ricke und ihr Kitz auf den Acker. Melanies Blick sagt, dass sie froh ist, dass diese «Stücke» noch bis November unter Mutter-Kind-Schutz stehen. Dann kommt ein drittes Reh aus dem Wald. Mir fährt das Adrenalin in den Körper, ich verstehe, wie es sich anfühlt, schießen zu wollen. Jagen ist wie jagen: Ansprechen & abschleppen oder glotzen & nach Hause gehen. «Ansprechen» bedeutet im Jäger-Slang zu kategorisieren: boy or girl, wie alt und ob es geschossen werden darf. Johann starrt durch den Feldstecher und versucht, den Ansatz eines Gehörns oder ein Fellbüschel zwischen den Hinterläufen zu erkennen. Kein Bock – eine ältere Ricke, die Mama und Bambi aus ihrem Territorium vertreibt, elegant und fast spielerisch. Später schauen wir uns das Opfer von vorgestern in der Kühlkammer an, ausgenommen mit einem Eichenzweig als «letztem Biss» im Maul, ein wunderschönes Tier, selbst die toten Augen. Klaus sagt: «Ein junger Beau, 20 in Menschenjahren». Wir berühren seine Ohren und schauen in seinen dunkelroten leeren Brustkorb. (Frl. Wunder AG 2012: 11)

Zum Festhalten der im Feld gemachten Beobachtungen nutzen die Künstler*innen unterschiedliche Methoden. Die Gruppe hat im Vorfeld verschiedene konkrete Beobachtungsaufträge entwickelt, die je nach Station der Feldforschung weitergegeben und von unterschiedlichen Personen bearbeitet werden. So werden zu folgenden sechs Schwerpunkten gezielt Eindrücke gesammelt:

- «Das Tier sieht»: Wie würde das Tier diese Umgebung wahrnehmen? Input lesen und der Wahrnehmung entsprechend beobachten
- «Das Tier spricht»: Wie kommuniziert das Tier? Wie bewegt es sich? Welche Laute macht es?
- «Visuelles»: Farben, Objekte, Formen, Gegenstände, Kleidungsstücke, Werkzeuge, was hängt an der Wand?
- «Sinnliches»: Geräusche, Klänge, Musik, Gerüche, Oberflächen (Haptik), ...
- «Fakten»: Fachwörter, Zahlen, Informationen, Wissen, Statistisches, ...
- «Performatives»: Handlungen, Bewegungen, Bewegungsmuster im Raum, Tätigkeiten

Wie und in welcher Genauigkeit und Fülle die Aufträge jeweils individuell ausgeführt werden, ist sehr verschieden. Es werden Tonaufnahmen mit Diktiergeräten, Fotos mit Handykameras sowie zusätzlich Video- und Fotoaufnahmen mit einer professionellen Videokamera und Fotokamera gemacht. Es ist zu beobachten, dass die Gruppe gezielt auch *Dinge* sammelt, also Objekte aus dem Feld mitnimmt, sofern das möglich ist. Zusätzlich wird jeweils direkt im Anschluss an die jeweilige Feldforschungsstation ein individueller «Fragebogen» ausgefüllt, in dem jede*r Performer*in für sich unmittelbare Eindrücke und Gedanken festhält. Darin finden sich Kategorien wie «erste Eindrücke/Gefühle/Gedanken», «Wie würde ich mich als Tier hier fühlen?», «Was kennzeichnet die Beziehung zwischen Tier und Mensch?» oder «Wenn ich hier ein Tier wäre – wie würde ich mich verhalten? Wo wäre mein Platz? Was würde mich kennzeichnen?». In einem Probentagebuch werden weitere Gedanken und Ideen festgehalten.

Die szenische Auswertung

Die sich an die Feldforschung anschließende Auswertungsphase hat das Ziel, sich einen Überblick über die Sammlung aus dem Feld zu verschaffen. In Kleingruppen werden jeweils mehrere Stationen der Feldforschung aufgearbeitet, um dem Rest der Gruppe möglicherweise interessante Aspekte für den szenischen Entwicklungsprozess zu präsentieren. Das diesem Arbeitsschritt zu Grunde liegende Material umfasst sämtliche Feldprotolle und Auswertungsbögen aller beteiligten Künstler*innen sowie die im Feld gemachten Ton- und Videoaufnahmen.

Die Gruppe beispielsweise, die sich mit der Auswertung der beschriebenen Jagderfahrungen beschäftigt, sichtet zuerst alle von den Künstler*innen nach dem Feldexkurs ausgefüllten Auswertungsbögen und geht die Antworten auf den Bögen Schritt für Schritt durch. In einem Worddokument werden die einzelnen genannten Aspekte notiert und anschließend sortiert. Die Gruppe filtert aus den Notizen vor allem konkrete szenische Ideen, aber auch thematische Schwerpunkte und inhaltliche Überlegungen heraus. Dabei wird solchen Ansätzen Priorität gegeben, für die die Gruppe schnell szenische Ideen hat. Unklarheiten werden versucht im Gespräch zu klären. Die Gruppe versucht, szenische Ideen mit zusätzlichen Texten zu kombinieren, die sie präsentieren möchte: eine Statistik über Tiere, die als Roadkill überfahren werden, einen Text über die Hetzjagd als älteste Jagdform und einen Text darüber, was ein gutes Beuteobjekt kennzeichnet. Die Künstler*innen recherchieren dazu Informationen und Textteile im Internet. Das Zusammentragen geschieht gemeinsam, das Schreiben der Texte wird dann untereinander aufgeteilt. Benötigtes Material und Requisiten für die szenische Präsentation werden auf einer Liste zusammengetragen und der Produktionsassistenz übergeben, damit diese Zeit hat, die Sachen bzw. Entsprechungen für sie zu besorgen, um die Präsentation möglichst anschaulich zu machen. In der Auswertung der Beobachtungsbögen wurden auch solche Aspekte notiert wurden, die die Gruppe selbst nicht besonders spannend findet. Jedoch kommen in der szenischen Präsentation vor allem die Aspekte zur Geltung, für die eine der Beteiligten ein persönliches Interesse mitbringt – oder die an spontane eigene Ideen und Vorstellungen anknüpfen.

Die Präsentationen, die diese Materialausschnitte wiederum zugänglich machen sollten, folgen keinem festen Schema. Zu Beginn der Auswertungsphase verständigt sich die gesamte Gruppe der Frl. Wunder AG darüber, wie die generelle Stoßrichtung dieser Präsentationen zu denken ist: Es wird deutlich, dass der Arbeitsschritt für die Künstler*innen die Funktion eines «Filters» besitzt, der die Eindrücke und Erfahrungen aus den Feldforschungsterminen im Hinblick auf verwertbares Material scannt. Reimers beschreibt diesen Arbeitsschritt als einen, bei dem sich «Wissen materialisiert, implizites Wissen sichtbar, greifbar und wieder transformierbar gemacht wird» (Reimers 2018: i. E.). Es geht um eine szenisch präsentierte «Aspektesammlung» (TR1 2012; § 2) aus Diskursen und Fragestellungen, interessante Passagen aus Video- oder Tonaufnahmen, konkretem Material wie Objekten. Dabei versichert sich die Gruppe im Gespräch, dass es nicht zwangsläufig darum geht, «jetzt schon szenische Ideen zu finden» (ebd.: § 39 f.), sondern «Assoziationen» (ebd.) zu präsentieren. Im Hinblick darauf wird noch einmal im Gespräch expliziert, dass die Elemente der Präsentation in verschiedener Form vorliegen können: sofern vorhanden in ersten konkreten szenischen Entwürfen als improvisierte Handlungen oder Texte, in Form von einer Zettelsammlung an der Wand, in Form von «Übersetzungen» oder zeichenhaften Umsetzungen von Vorgängen oder Ideen, die sich nicht so schnell oder ohne größere Vorbereitung realisieren lassen.

Die entwickelte Materialpräsentation der Kleingruppe zur Jagd sieht folgendermaßen aus: Die beiden Performer*innen präsentieren eine szenische Sequenz, die damit beginnt, dass einer der beiden mit einer Tiermaske auf eine Leiter steigt, die einen Hochsitz markieren soll. Die andere tritt als Jägerin mit einem Federbett als Beutesack auf. Auf der Soundspur sind Geräusche von der Rechercheeise zu hören, die zuvor herausgefiltert wurden: Regen und Rascheln, das Schnattern von Gänsen und Vogelgesang stellen eine Waldatmosphäre im verregneten Morgengrauen her. Die Jägerin spricht einen Text über Hetzjagd, schleicht durch den Raum, das Tier auf dem Hochsitz beobachtet sie und das Geschehen im Raum durch ein Fernglas. Dann moderieren die Performer*innen ein Spiel an, das die Bewegung des Publikums oder der späteren Akteur*innen auf der Bühne im Raum simulieren soll: Ein freier Stuhl im Raum soll von der Jägerin erreicht werden, die anderen versuchen, dies zu verhindern, indem sie ihren Platz wechseln. Erreicht die Jägerin einen Stuhl, ist die Person, die als letzte gestanden hat, «tot». Es folgt eine Sequenz aus Jagdposen, die reihum improvisiert werden – jeweils ein Jäger präsentiert ein Stück Beute in einer triumphalen Pose und steckt der Beute einen «letzten Biss» in den Mund. Am Ende spricht eine Performerin in dieser Pose einen Text darüber, was eine gute Beute ausmacht. Das Tier auf dem Hochstuhl ruft mit Zeigegeste auf verschiedene

Zuschauer*innen im Raum unterschiedliche Zahlen einer Statistik über Tiere auf, die auf Straßen überfahren werden.[40]

Insgesamt entstehen acht solcher Zwischenpräsentationen. Aus diesen Präsentationen sowie aus der Phase der Kleingruppenarbeit zu deren Vorbereitung lässt sich rekonstruieren, dass es über die in der Vorbesprechung explizit getroffenen gemeinsamen Absprachen hinaus ein implizites Grundverständnis innerhalb der Gruppe über die «Regeln» gibt, denen die Materialpräsentationen folgen. Dieses implizite Grundverständnis, von dem ich annehme, dass es aufgrund der langjährigen Zusammenarbeit der Künstler*innen nicht weiter zur Sprache gekommen ist, ergänzt das «Regelwerk» für die szenische Auswertung um folgende Aspekte:

- Es ist möglich, aus der Präsentation auszusteigen oder sie zu kommentieren, beispielsweise zur Erklärung weiterer angedachter Details, als Hinweis auf Unvollständigkeit oder alternative Vorgehensweisen.

- Die Präsentationen müssen nicht in sich abgeschlossen und perfekt sein – technische oder organisatorische Absprachen werden offen und direkt getroffen.

- Die einzelnen Elemente müssen nicht zwangsläufig inhaltlich oder ästhetisch miteinander verbunden sein, sondern können assoziativ verknüpft werden oder einfach lose hintereinander präsentiert werden.

- Ein Spiel mit dem Wahrheitsgehalt des dokumentarischen Materials, eine Vermischung von real Beobachtetem und ausgedachten Elementen, Fakten und Fiktion ist möglich, wenn nicht sogar gewünscht.

- Eine Einschränkung, wie nah die Präsentation an den tatsächlichen Beobachtungen bleibt oder wie weit sie sich davon entfernen darf, gibt es nicht, allerdings scheint es auch darum zu gehen, möglichst viel konkretes und vielfältiges Material aus der Feldforschung einzubinden.

- Texte können improvisiert oder abgelesen werden.

- Zusätzlich zu dem im Feld erhobenen Material können weiteres Material recherchiert und fehlende Fakten ergänzt werden. Eine Vermischung unterschiedlicher Quellen und Autorenschaft ist hierbei nicht zwangsläufig zu kennzeichnen.

Die so entstehenden Materialpräsentationen können extrem unterschiedlicher Gestalt sein: von einer Art Vortrag über ein für die Zuschauenden angeleitetes Spiel oder Präsentationen von Videosequenzen bis hin zu relativ komplexen

40 Sie wurde im Internet recherchiert.

szenischen Aufbauten. Die meisten sind angesichts der oben genannten impliziten Regeln und Möglichkeiten relativ «roh». Sie beinhalten offene Absprachen über den weiteren Verlauf, das Erklären von Aspekten, die noch nicht umgesetzt wurden etc. und funktionieren selten als szenische Entwürfe, in denen alles glattläuft, sondern haben eher den Charakter einer Präsentation unterschiedlicher Ansätze und Fragmente.

Nach jeweils zwei bis drei szenischen Entwürfen zur Auswertung der Feldforschung setzt sich die Gruppe zusammen und filtert aus dem Gesehenen im gemeinsamen Gespräch, welche präsentierten Ideen und Materialien sie im Probenprozess gerne weiterverfolgen möchte. Es werden Wirkungs- und Reaktionsweisen auf das zuvor Gesehene untersucht. Dabei fokussiert sich das Gespräch in erster Linie auf eine ästhetische und dramaturgische Ebene – die inhaltliche Diskussion über das Thema der Produktion, das Verhältnis von Mensch und Tier, wird nur am Rande gestreift und spielt erst viel später im Probenprozess wieder eine Rolle.

Die Ebene sprachlichen Ausdrucks spiegelt in diesen Auswertungsgesprächen deutlich eine generelle Suchbewegung wider: Sehr viele Sätze bleiben unvollständig und werden nicht zu Ende geführt, es gibt viele Versprecher, Korrekturen und Undeutlichkeiten, oft wird nach Worten oder Formulierungen gesucht. Auffällig ist auch eine ausgeprägte nonverbale Kommunikation in Form von Rückversicherungen über Gesten, Blicke und Gesichtsausdrücke innerhalb der Gruppe. Es finden sich zahlreiche Sprünge in der Argumentation der einzelnen Performer*innen sowie Gedanken, die von einer Person begonnen und eine ganze Weile später von einer anderen Person wieder aufgegriffen und weitergeführt werden. So entsteht der Eindruck, dass die Gruppenmitglieder auf ein großes geteiltes Wissen und Erfahrungen zurückgreifen, auf welches sie sich implizit berufen. Das Auswertungsgespräch inszeniert sich als eine Art kollektiver Entwurfsprozess, der produktiv gehalten wird, indem die Beteiligten eher additiv Ideen sammeln, als diese kontrovers zu diskutieren bzw. wirklich aufeinander einzugehen. Als Ergebnis des Gespräches werden konkrete Aspekte der vorherigen Präsentationen festgehalten, die die Gruppe im folgenden Probenprozess weiter untersuchen oder ausarbeiten möchte. Die Elemente, auf die sich die Künstler*innen hier geeinigt haben, sind im Anhang dieser Arbeit jeweils unter den Beschreibungen der Präsentationen als Stichpunkte zu finden.

Alle weiteren Phasen der Probenarbeit, die Entwicklung und Verdichtung des Materials sowie Wiederholung im Sinne der Verfestigung getroffener Entscheidungen bis hin zur abschließenden Premiere habe ich zwar, wie bereits oben angeführt, noch weiter beobachtet, aber nach einer ersten Auswertung des Materials und der Vorstudie mit Schüler*innen (siehe unten) entschieden, mich in der Analyse auf den Übertrag von konkreter Feldforschung auf die ersten szenischen Präsentationen zu fokussieren, wie sie hier eingehender beschrieben wurden.

3.4 Unterrichtsintervention im theaterpädagogischen Kontext

Die Unterrichtsintervention, die als Entwurf für eine theaterpädagogische Praxis die Grundlage dieser Fallstudie bildet, umfasste einen insgesamt sechsstündigen Aufenthalt auf einem Bauernhof in der Nähe von Hamburg. Die Realisierung fand im Rahmen unseres interdisziplinären erziehungswissenschaftlichen Forschungskreises zum Themenfeld «Irritation im Fachunterricht» statt, da sich hier verschiedene inhaltliche und methodische Anknüpfungspunkte zu meinem Vorhaben boten (vgl. Kapitel 3.2 link zur ausführlichen Darstellung der Forschungsmethodik). Die Gruppe der Teilnehmenden bestand aus insgesamt 22 Schüler*innen einer 13. Klasse der Stadtteilschule Hamburg Harburg.

Vorerfahrungen der Jugendlichen

Als Teil der Profiloberstufe bringen die Schüler*innen Vorerfahrungen mit in die Unterrichtsintervention, die sehr spezifisch sind. Unter dem Titel «Der entfesselte Mensch als Herrscher der Welt» besuchen sie eine Profil-Fächerkombination aus den drei Schwerpunktdisziplinen Biologie, Philosophie und Theater. Ziel dieser Profiloberstufe ist es laut Schulprogramm, mit Philosophie und Theater Probleme der modernen Biologie zu bearbeiten. Es kann also davon ausgegangen werden, dass die Schüler*innen sowohl auf Erfahrungen mit dem Bearbeiten und der Diskussion komplexer naturwissenschaftlicher wie ethischer Sachverhalte als auch im Umgang mit theatralen Mitteln zurückgreifen konnten. Laut Aussage ihrer Fachlehrerin für Theater hat dabei der Theaterunterricht, den die Gruppe zum Untersuchungszeitpunkt seit zwei Jahren im Gruppenverbund genossen hatte, die Jugendlichen bereits neben intensiver Grundlagenarbeit in den Bereiche Ensemblespiel, Körper und Raum, Text- und Figurenarbeit, auch mit komplexeren ästhetischen Formen und Arbeitsweisen vertraut gemacht. Dazu gehört zum Beispiel die eigenständige Entwicklung von Szenen und Dramaturgie oder die Arbeit mit Lecture Performance (Show & Tell) und Publikumsinteraktionen. Einige Schüler*innen hatten darüber hinaus das Fach Theater bereits zu einem früheren Zeitpunkt bei anderen Lehrkräften belegt.

Die Intervention

Die Intervention fand – als Exkursion angekündigt – außerhalb des regulären Unterrichts statt und umfasste verschiedene Aufgabenschritte, die den Schüler*innen erst nach und nach mitgeteilt wurden. Dabei war der grundlegende Ablauf den bei Frl. Wunder AG beobachteten Arbeitsphasen entlehnt. Die Schüler*innen sollten:

1. Eindrücke bei einem «mitmach-orientierten» Gang über den Hof sammeln,
2. sich über diese Eindrücke in einer Gruppendiskussion austauschen,
3. aus den Eindrücken eine Präsentation entwickeln,
4. diese Präsentation ihren Mitschüler*innen zeigen,
5. die Arbeitsschritte in einer Gruppendiskussion reflektieren.

Beim Sammeln der Eindrücke und dem Entwickeln der Präsentation sollten die Schüler*innen sich in Anlehnung an die Arbeit von Frl. Wunder AG mit dem Thema «Mensch-Tier-Verhältnis» beschäftigen.[41] Das Forschungsfeld Bauernhof war im Vorfeld daraufhin gewählt worden.

Im grundlegenden Aufbau und der Formulierung der einzelnen Arbeitsaufträge orientierte sich die Intervention auf dem Hintergrund der in Kapitel 2.1.3 herausgearbeiteten Thesen zur ästhetischen Bildung und der Ausführungen zur didaktischen Inszenierung von Fremderfahrungen in Kapitel 2.2.4. Daher wurde im Wesentlichen die in Kapitel 2.2.4.4 mit Rückgriff auf Bähr, Gebhard, Krieger, Lübke, Pfeiffer, Regenbrecht, Sabisch & Sting (2018b) formulierten Grundbedingungen irritationsfreundlichen Unterrichts in das Design der Intervention berücksichtigt: Der Besuch des Bauernhofes schaffte eine räumliche Distanz zum Regelunterricht und ermöglichte eine Lockerung von im schulischen Kontext etablierten Ordnungen. Die mehrschrittige, in ihren einzelnen Segmenten sehr offene Aufgabenstellung erzeugte grundlegende prozedurale Komplexität und eine vor allem in den gestalterischen Teilaufgaben hohe Notwendigkeit eigener Entscheidungen. Gleichzeitig wurden durch den Rundgang und die szenische Arbeit jeweils der unmittelbare Handlungsdruck auf der Ebene der Auseinandersetzung mit dem fachlichen Gegenstand verschärft und zugleich Raum und Zeit für experimentelle und vorläufige Umgangsweisen mit diesem geschaffen. Das generelle Setting außerhalb des regulären Unterrichtsgeschehens und die zwischengeschobenen Reflexionsphasen ermöglichten somit zeitliche Freiräume und Bewertungsfreiheit, die frei von strengen Rationalitäts- bzw. Effektivitätskriterien gehalten waren, und eröffneten einen Möglichkeitsraum, eigene Überzeugungen und bestehende Ordnungen in Frage zu stellen. Der Rundgang bot darüber hinaus Spielraum für individuelles Getroffen-Sein und Resonanz in einem Modus der Umgangserfahrung innerhalb der Vorgänge auf dem Hof (zum Beispiel das Füttern der Tiere). In der szenischen Entwicklungsarbeit wurden zudem in besonderer Weise mediale Übersetzungsleistungen von den Schüler*innen gefordert, die eigene Gedanken und Beobachtungen in theatrale Präsentationsformen zu überführen hatten. Somit standen über den Tag verteilt verschiedene mediale Zugänge und Artikulationsmöglichkeiten zur Verfügung.

41 Die genauen Aufgabenstellungen finden sich als Anhang der Arbeit.

Sequentielle Beschreibung der Feldforschung

Die Intervention beginnt mit einem Rundgang über den Gutshof unter der Führung einer Expertin des Hofs. Zuvor haben die Schüler*innen von unserer Forschungsgruppe nur erfahren, dass wir von der Universität Hamburg kommen und ihnen im Laufe des Tages verschiedene Aufgaben gestellt würden, die teilweise bewusst sehr offengehalten sind und in deren Bearbeitung es kein Richtig und Falsch gibt. Die Gruppe wird anschließend in Kleingruppen aufgeteilt. Die Schüler*innen sind als Klasse eingeladen, die eine Profiloberstufe besucht, und sind somit in keinem spezifischen Fach anwesend, werden jedoch von ihrer Klassenlehrerin begleitet, die gleichzeitig die die Klasse in Biologie unterrichtet.

Die erste Aufgabe beinhaltet die Aufforderung, mit einer Kleingruppe unter Leitung einer Expertin des Hofs über den Hof zu gehen und sich dabei dem Thema «das Verhältnis von Menschen und Tieren» zu nähern. Die Schüler*innen werden aufgefordert, dafür so viele Eindrücke und Informationen wie möglich zu sammeln. Sie sind aber in der Art und Weise der Sammlung frei.

> Ihr geht jetzt mit eurer Gruppe gemeinsam über den Hof. Dabei geht es darum, dass ihr euch einem Thema nähert. Dieses Thema ist «das Verhältnis von Menschen und Tieren». Sammelt dabei so viele Eindrücke und Informationen wie möglich, die etwas mit unserem Forschungsthema «Mensch-Tier-Verhältnis» zu tun haben, euch wichtig oder bemerkenswert erscheinen oder euch persönlich berühren, bewegen oder irritieren. Die Art und Weise wie ihr diese Eindrücke sammelt, ist euch freigestellt, ob ihr das auf einem Notizblock, im Kopf oder mit dem Handy macht, ist eure Entscheidung. (Auszug aus Aufgabenstellung 1, siehe auch Anhang)

Der Rundgang dauert 90 Minuten, findet in zwei Gruppen parallel statt und wird mittels teilnehmender Beobachtung mit offenem Beobachtungsprotokoll begleitet. Dabei ist mit den Expertinnen des Hofs besprochen, dass eine Gruppe (Gruppe Rot) hauptsächlich handlungsorientiert geführt wird und Hintergrundinformationen nur auf Nachfrage bekommen soll. Die andere (Gruppe Grün) soll zwar auch Zeit bekommen, tatsächlich Dinge zu tun, erhält jedoch auch viele inhaltliche Informationen. Der Rundgang wurde den Schüler*innen gegenüber bewusst nicht als Feldforschung tituliert, da davon auszugehen war, dass die Mehrheit der Schüler*innen mit dem Begriff vermutlich wenig hätte anfangen können und der Fachterminus eher Verwirrung gestiftet oder komplexere Erklärungen erfordert hätte. Der Rundgang beinhaltet bei beiden Gruppen in unterschiedlicher Reihenfolge und unterschiedlicher zeitlicher Gewichtung bzw. unterschiedlicher Intensität der direkten und praktischen Begegnung mit den Tieren folgende Stationen:

- Gang zum Hühnergehege, wo die Schüler*innen mit Schutzüberziehern über einen Zaun in den Auslauf der Tiere klettern und die Tiere über einen längeren Zeitraum mit Körnern aus Eimern füttern.

- Besichtigung des Hühnerstalls. Dort können einzelne Schüler*innen Eier vom Förderband nehmen und verpacken.

- Besuch des Schweinestalls, die Schüler*innen die Tiere im Außenbereich und das Ausmisten beobachten und im Innenbereich die Tiere mit Brotresten und altem Gemüse füttern können.

- Besichtigung der Bäckerei und des Hof-Restaurants inklusive der Fleischkammer, in der verschiedene tote Tiere und Fleischteile hängen.

- Gang durch das Kleintiergehege zur Schafsweide, wo wiederum Tiere gefüttert werden können.

Während des Rundgangs werden von Seiten der Schüler*innen nur sehr wenige Fragen gestellt, zumindest nicht gerichtet an die Person, die die Führung über den Hof leitet und explizit für Fragen angesprochen werden könnte. Unverständnis und Fragen werden eher in Flüsterlautstärke untereinander angesprochen. Der eingangs gestellte Beobachtungsauftrag wird jedenfalls nicht offensichtlich verfolgt. Es gibt augenscheinlich niemanden, der Notizen macht oder in einer anderen Form die Beobachtungen gezielt festhält. Vereinzelt werden Fotos gemacht. Gerade in Phasen, in denen die Gruppe Wege zwischen anmoderierten Stationen zurücklegt («Wir gehen jetzt mal auf die andere Seite der Straße zu den Hühnern») sind die Jugendlichen eher unkonzentriert, blödeln und begreifen diese Wege augenscheinlich nicht als Ort und Zeit, in denen ihnen Interessantes begegnen könnte. Das ändert sich jeweils schlagartig, wenn eine Station erreicht ist und ihnen erklärt wird, wo sie sich jetzt genau befinden und was zu tun ist. Mit einem Mal sind sie außerordentlich konzentriert und aufmerksam. An der ersten größeren Station geht es darum, die Hühner in ihrem Auslaufgehege zu füttern. Sichtlich zögernd und teilweise sogar schreckhaft, gleichzeitig aber mit Faszination und großem Interesse begegnen sie den Tieren, deren Verhalten sie nicht einschätzen können und deren Körperlichkeit sie überfällt: Die Hühner kommen in einer großen Horde auf die Jugendlichen zugerannt, sie werden von den Tieren umzingelt und regelrecht bedrängt, ein Huhn springt einer Schülerin auf die Schulter, einige Schüler versuchen, die Hühner aus ihrer Hand picken zu lassen. Es ist deutlich zu beobachten, dass die Jugendlichen sehr unsicher sind, wie sie sich gegenüber den Tieren verhalten können und sollen und was sie von den Tieren zu erwarten haben. Einige Schüler*innen bedienen auf ihre ausdrückliche Nachfrage anschließend im Hühnerstall mit eigenen Händen die Maschine, die die Eier unter den Brutstellen hervor fördert. Zu beobachten ist eine sehr gespannte, überaus konzentrierte Atmosphäre und ein sehr vorsichtiges Handeln, während die Schüler*innen die Maschine bedienen, die Eier vom Band nehmen und in Kartons legen. Die eigene Unsicherheit über die Funktionsweise und das richtige Bedienen der Maschine, über den Grad der Zerbrechlichkeit der Eier und das Sortierungssystem sowie die Sorge, auf allen diesen Ebenen möglichst «richtig» zu agieren, wird deutlich sichtbar. Bei der Fütterung der Schweine sind die meisten Schüler*innen sehr aktiv dabei, augenscheinlich auch, weil die Tiere sehr stark auf das Handeln der Jugendlichen reagieren: Sie quieken laut und vermeintlich freudig, als die Schüler*innen altes Brot und Gemüse in die Stallungen werfen. Nur wenige Schüler*innen trauen sich jedoch, die Tiere tatsächlich anzufassen, wenn diese ihnen mit ihren Rüsseln entgegenschnuppern. Eines der Schweine verrichtet im Anschluss an die Fütterung im Außengehege direkt vor den Augen der Schüler*innen sein Geschäft, ein Ereignis, das einige der Jugendlichen sichtlich bewegt und irritiert. Zu beobachten ist ein Schwanken zwischen gleichzeitigen Ekel und Faszination, zwischen deutlichem Abwenden des Blickes und einem gezielten, genaueren Hinschauen. Anschließend werden noch die Hofbäckerei und das Hofrestaurant besichtigt, wobei hier nicht wirklich handelnd agiert werden kann. Der Fleischraum des Restaurants provoziert die Schüler*innen aber allein durch den Anblick zu sehr deutlichen und unterschiedlichen Reaktionen: Hinter einer Glaswand liegen und hängen gut erleuchtet verschiedene Fleischstücke, unter anderem ein ganzes, bereits ausgenommenes und abgeflämmtes Schwein. Einige Schüler*innen wenden sich sofort ab, als sie registrieren, was sie dort sehen, andere stehen lange und fasziniert vor der Scheibe und betrachten den toten Tierkörper sehr genau. Wiederum andere schwanken, ähnlich wie bei der Situation im Außengehege des Schweinestalls, zwischen einem geekelten Abwenden und einem Zuwenden in Faszination. Die Jugendlichen sprechen an dieser Station sehr aufgebracht und angeregt miteinander.

Die letzte Station des Rundgangs bildet dann ein Besuch der Weideflächen, wo die Schüler*innen Schafe streicheln und füttern können. Hier verstreut sich die Aufmerksam und Teilnahme sehr – auch räumlich. Einige möchten die Tiere unbedingt anfassen und füttern, andere sind sichtlich uninteressiert und ziehen sich zurück, unterhalten sich über andere Dinge oder schauen in der Gegend umher.

Auswertungsgespräche

Nach dem Rundgang treffen sich die Schüler*innen in drei Gruppen für ein halbstündiges Auswertungsgespräch. Dabei werden nun drei Vergleichsgruppen gebildet, eine (Rot) bestehend nur aus Schüler*innen des erfahrungsorientierten Rundgangs, einer weitere (Grün) nur aus solchen, die am wissensorientierten Rundgang teilgenommen hat – und eine dritte Gruppe (Blau), die zu gleichen Teilen aus Schüler*innen beider Rundgänge zusammengesetzt ist. Von der Gesprächsleitung werden die Gruppen jeweils aufgefordert, sich untereinander über die Fragen auszutauschen, was sie gerade erlebt haben und was sie daran besonders berührt hat. Darüber hinaus werden sie darauf hingewiesen, dass sich die Gesprächsleitung bewusst zurückhalten wird und dass dies möglicherweise eine ungewohnte Situation schaffen kann. Die Gespräche selbst kreisen um unterschiedlichste Eindrücke, die während des Rundgangs gemacht wurden, und streifen dabei immer wieder auch bioethische Themen, die das Verhältnis von Mensch und Tier betreffen. Auffällig ist vor allem der hohe Anteil an persönlichen Anekdoten, Gefühlsäußerungen zum Thema und den Eindrücken sowie die große Konzentration und Aufmerksamkeit, mit der sich die Schüler*innen gegenseitig zuhören.

Im Anschluss an die Gespräche bereiten die Schüler*innen ein gemeinsames Mittagsessen (Brotzeit) vor, bei der auch Fleisch von verschiedenen Tieren und vegetarische Alternativen dazu probiert werden können. Der auf die Pause folgende zentrale Arbeitsauftrag (den die Schüler*innen wiederum in den drei Kleingruppen bearbeiten sollen, in denen sie zuvor das erste Auswertungsgespräch geführt haben) umfasst die Entwicklung einer Präsentation auf der Grundlage der Eindrücke des Rundgangs. Die Schüler*innen werden aufgefordert, aus den inhaltlichen und ästhetischen Eindrücken ihres Rundgangs über den Hof Ideen für einen Theaterabend zum Thema «Das Verhältnis von Menschen und Tieren» zu entwickeln. Dabei werden ihnen Beispiele dafür gegeben, was solche inhaltlichen und ästhetischen Eindrücke sein könnten. Sie werden aufgefordert, einen zentralen Aspekt ihrer Ideen in einer fünfminütigen Präsentation vorzustellen. Für die Aufgabe haben sie 45 Minuten Zeit, die Aufgabe erfolgt nur mündlich, die Schüler*innen erhalten keinen weiteren Aufgabenzettel.

Der Arbeitsprozess der szenischen Auswertung

Exemplarisch sei an dieser Stelle der Arbeitsprozess einer der Gruppen (Rot) näher dargestellt: Gleich zu Beginn konzipiert einer der Schüler, Mesut, die Erzählung eines Tages auf dem Bauernhof, der die Basis für die Präsentation darstellen könnte. Es findet kein gezielter Austausch darüber statt, was die unterschiedlichen Mitglieder der Gruppe eigentlich für Beobachtungen gemacht haben und was sie davon interessant fanden. Nach dem ersten konkreten Vorschlag entsteht erst einmal über längere Zeit Unsicherheit darüber, ob nur Ideen oder aber ein fertiges Stück präsentiert werden sollen. Die Schüler*innen haben die Anweisungen teilweise unterschiedlich verstanden und können sich nicht einigen. In diese Unsicherheitssituation hinein macht Adnan einen Vorschlag für eine konkrete Szene: Menschen essen Tiere, die dann sozusagen aus dem Jenseits heraus über ihr Leid sprechen. Die Idee wird von der Gruppe aufgegriffen und erweitert auf andere Nutzungsweisen des Tieres durch den Menschen (Hund, Pferd), wobei sich die Diskussion in einer Sammlung von Nutzungsweisen verliert und die konkrete Szenenentwicklung wieder aus den Augen gerät. Nach einer Weile bringt Mesut das Gespräch wieder auf die grundlegende Frage zurück: «wie das Verhältnis von Menschen und Tier überhaupt aussieht» (TR2

2014: § 86). Eine Grundsatzdiskussion entspinnt sich, in der die Schüler*innen sich relativ einig sind, dass der Mensch das Tier prinzipiell immer ausnutzt. Livana stellt in dieser Diskussion die Frage: «Geht das auch andersherum?» - ein Einwurf, der sehr entschiedenen verneint wird: «Dass die Tiere uns nutzen? Nee. Wir sind ganz oben» (TR2 2014: § 107). Eine Schülerin fragt, was die anderen Gruppen wohl machten, und die Jugendlichen stellen fest, dass diese sich vermutlich auch aufs Essen beziehen werden, wie das für die eigene Gruppe durch die von Adnan vorgeschlagene Ausgangsszene im Raum steht. Adnan hebt noch mal hervor, die Ideen sollten einen Bezug haben zu dem, was die Jugendlichen heute gesehen hätten. In der Verbindung seiner Ausgangsidee und Livanas Frage danach, ob Tiere eigentlich auch Menschen nutzen könnten, die er zuvor selbst verneint hat, stellt er dann die für die spätere Präsentation zentrale Idee in den Raum:

> Guck mal, mir ist auch noch so gerade eingefallen, wir könnten das ja auch so machen, wir haben ja diese Fleischsorten, da könnten wir es aber auch <u>so</u> rum machen, also wir ihr das eben gerade hattet, nicht, dass der Mensch, nicht, dass der Hund an der Leine ist, sondern der Mensch. Und dann könnten wir es aber auch so machen, dass zum Beispiel die Tiere da stehen und sich dann aussuchen können, was für eine Art von Mensch sie essen wollen so zum Beispiel (unv.). (TR2 2014: § 146)

Der Vorschlag wird im Laufe der Szenenentwicklung immer wieder diskutiert und setzt sich schließlich als zentrale Idee für die Präsentation durch. Mesut fragt dann danach, wie das Ganze dargestellt werden soll und erinnert an die Zeit, die schnell vergeht. In Anbetracht dessen fallen die Schüler zurück in eine Diskussion darüber, ob die Ideen vorgespielt oder vorgetragen werden. Als Mesut die Gruppe noch einmal dazu ermahnt, dass jetzt angefangen werden sollte (vgl. ebd.: § 180), meint Adnan, es müsste erst einmal festgehalten werden, was denn jetzt schon besprochen wurde. Niemand hat Stifte dabei und Livana notiert ein paar Aspekte in ihrem Handy und trägt vor, was feststeht. Die Anfangssequenz wird noch einmal genauer diskutiert: Die Gruppe wird sich über die Traumsequenz «Was wäre wenn?» am Beispiel des Fleischkonsums einig, der dann verschiedene Versionen einer Herrschaft der Tiere über den Menschen folgen sollen (ebd.: § 221). Damit verbunden sind auch die Entscheidungen für theatral-ästhetische Mittel wie eine überzeichnete Figurenführung, die Wahl einer einzelnen Figur als Identifikationsträger für die Zuschauer*innen (die Restaurantbesucher*innen) oder die spielerisch-körperliche sowie gedankliche Anverwandlung der tierischen Position. Als Motivation scheinen dabei unterschiedliche Spuren auf: Es soll mit der inhaltlichen Ausrichtung der szenischen Arbeit eine Zuspitzung im Sinne einer Verdeutlichung bestehender Verhältnisse erreicht werden: «Ja, also, das ist eine Extremsituation, was deutlich machen soll, wie wir mit den Tieren umgehen» (ebd.: § 157). Zum anderen soll das Publikum zur Reflexion und Empathie anregt werden: «Und die Absicht ist doch eigentlich, die Zuschauer spüren zu lassen, also, dass wir mit unserer Idee, die Menschen spüren lassen sollen, was wir den Tieren vielleicht antun» (ebd.: § 283). Tanja unterbricht die laufende Diskussion und erinnert am Beispielthema «Kostüm» (ebd.: § 226) daran, dass die Aufgabe auch noch nach «ästhetischen Mitteln» gefragt hätte. Das scheint von der Gruppe aber zuerst ignoriert zu werden (vgl. ebd.: § 233). Die anderen Schüler*innen sprechen parallel über mögliche Darstellungsweisen und weiterhin über die dramaturgische Grundidee. Zunehmend mischt sich jetzt aber die von Tanja geäußerte Verunsicherung darüber, was in der Aufgabe gefragt ist, in die Diskussion. Schließlich scheinen sich die Schüler*innen auf die Idee zu einigen, in Pausen zwischen den angedachten Szenen zu erklären, was weitere Ideen und angedachte Ausdrucksmittel für das Theaterstück sind (vgl. ebd.: § 283). Janina bringt die Idee ein, das Publikum als Fressen zu nutzen (vgl. ebd.: § 284-286). Livana greift den Impuls auf und wandelt ihn mit Rückgriff auf die Verkostungssituation während der Hofführung zur Idee, dem Publikum vermeintliches Fleisch von Mitspieler*innen als Essen zu servieren. Darüber entwickelt sich eine inhaltliche Diskussion über die Idee, Fleischkonsum auf Menschen zu übertragen (vgl. ebd.: bis § 342). Im Anschluss wird, ausgelöst von der Frage nach der Dauer der Präsentation, diskutiert, dass die Präsentation Ideen für einen ganzen Theaterabend enthalten und nicht nur aus einer vorgespielten Szene bestehen soll. Die Schüler*innen sammeln Beispiele, welche szenischen oder dramaturgischen Ansätze vorgestellt werden könnten (vgl. ebd.: bis § 387). Nachdem insgesamt 20 Minuten der Arbeitsphase verstrichen sind, fordert Adnan die Gruppe implizit auf, die Diskussion zu beenden und mit dem Proben zu beginnen: «Wollen wir das jetzt einmal so ein bisschen aufbauen?» (vgl. ebd.: § 388). Mesut bittet Livana daraufhin, der Gruppe noch mal die Notizen zusammenzufassen, was allerdings nicht zum Start der Proben, sondern zu einer erneuten Diskussion führt, diesmal über die Frage, ob die gesammelten Ideen überhaupt auf ein Theaterstück hinauslaufen müssen oder ob auch andere ästhetische Formen möglich wären: «Aber Abendprogramm ist ja nicht unbedingt ein Theaterstück» (ebd.: § 419). Die Schüler*innen diskutieren im Folgenden über die Frage, in welcher Reihenfolge sie die szenische Präsentation und die weitere Ideenvorstellung als sinnvoll erachten. Es entsteht aber keine eindeutige Einigung und einige Schüler*innen sind sichtlich verunsichert darüber, ob alle gerade tatsächlich das Gleiche meinen. Adnan drängt die Gruppe erneut vorsichtig in eine Probenpraxis («Wollen wir dann erst mal so die drei Tiere einteilen?», ebd.: § 515). Daraufhin verteilt die Gruppe im gemeinschaftlichen Prozess die Rollen und erprobt sich über das Ausprobieren von Tiergeräuschen in ersten Tierdarstellungen. Es entstehen Parallelgespräche zwischen kleinen Grüppchen, die sich scheinbar über Verkörperungsstrategien für die Tierfiguren austauschen. Als die Frage aufkommt, wer die Erzähler*in übernehmen könnte, die innerhalb der Szene als menschliche Figur das Geschehen rahmt, spricht Adnan Janina dafür an und schlägt ihr im Folgenden vor, was ihr Text sein könnte (vgl. ebd.: § 588 ff.). Textarbeit und Diskussion über den inhaltlichen Aufbau der Szene verschränken sich in einem allgemeinen Durcheinander. Adnan nimmt im Folgenden immer wieder eine Art Regieposition ein und führt die Gruppe durch den Prozess («Konzentriert euch», ebd.: § 613; «Okay, nun geht mal ihr da rüber!», ebd.: § 657). Die Rolle scheint er mit einer Selbstverständlichkeit zu füllen und wird auch von seinen Mitspieler*innen immer wieder darin angesprochen. Er koordiniert das Arrangement des Raumes, die inhaltlich-textliche Rahmung und bespricht mit Einzelnen ihren Text. Als Tanja im Laufe der Textarbeit fragt «Kann ich lieber ein Tier sein?» (ebd.: § 664), übernimmt Adnan bereitwillig auch die zentrale Rolle des menschlichen Restaurantbesuchers: «Dann mach ich das» (ebd.: § 675). Im Folgenden wird der Probenprozess noch unübersichtlicher – immer wieder verlieren Einzelne den Überblick, woran die Gruppe eigentlich gerade arbeitet, welche Entscheidungen gesetzt und welche noch nicht geklärt sind («Ich verstehe gerade gar nichts mehr», ebd.: § 701). Schließlich beginnen die Schüler*innen mit einer Art Durchlauf von Beginn der Szene an (vgl. ebd.: § 712). Vieles wird dabei allerdings eher trocken durchgesprochen und nicht wirklich im Spiel ausprobiert (oder geprobt). Die Gruppe setzt sich relativ schnell wieder auf die Stühle aus der vorherigen Diskussion, Mesut bringt noch einmal das Gespräch auf die Gesamtdramaturgie der Präsentation (vgl. ebd.: § 791) und die Frage, in welchem Verhältnis szenisches Spiel und weiterführende Erklärungen stehen sollten. Es erfolgt darauf jedoch keine richtige Einigung, verschiedene Ideen stehen im Raum. Janina unterbricht die Diskussion mit einem weiteren szenischen Vorschlag (vgl. ebd.: § 803), am Ende der Szene noch ein Interview mit den verspeisten Menschen zu inszenieren. Die Idee wird von der Gruppe positiv aufgenommen und kurz durchgesprochen. Janina weist jedoch, nachdem das geschehen ist, noch einmal darauf hin, dass in ihren Augen noch nicht geklärt wurde, was die Gruppe über die Szene hinaus präsentieren will (vgl. ebd.: § 835). Mesut unterstreicht die Anmerkung («Für mich ist es jetzt viel unklarer, was wir außerhalb des Theaterstücks sagen», ebd.: § 840). Der Einwand wird jedoch von der Gruppe nicht richtig aufgegriffen; es findet keine Klärung statt, was inhaltlich gesagt werden soll und wer das übernimmt. Die Schüler*innen einigen sich allerdings noch einmal explizit, dass die weiterführenden Erklärungen am *Ende* der Präsentation stattfinden sollen. Als die ersten Schüler*innen einer anderen Arbeitsgruppe, die bereits fertig ist, in den Raum kommen, beschließt die Gruppe, nicht noch einmal zu proben, sondern alles, was jetzt noch unklar ist, zu improvisieren. Das weitere Gespräch verliert sich einem parallelen Gesprächsdurcheinander, in welchem noch einmal einzelne Dialoge besprochen und präzisiert werden, andere Schüler*innen wiederum über die Vorstellung der Ideen jenseits der Szene sprechen.

Die Szene wird dann im Anschluss an die Gruppenarbeitsphase wie auch die Ergebnisse der anderen Kleingruppen der Gesamtgruppe präsentiert, jedoch nicht weiter im Plenum besprochen. Die Präsentation, die aus dem oben beschriebenen Entwicklungsprozess hervorgeht, gestaltete sich folgendermaßen.

Der Eröffnung, die als alltägliche Entscheidung der Essensbestellung in einem Restaurant inszeniert ist, folgt als theatrales Mittel eine Perspektivumkehrung: In einer Art Gedankenspiel des Protagonisten, der in der Eingangsszene mit der Entscheidung konfrontiert ist, welches Fleischgericht er im Restaurant auswählen möchte, stehen in der zweiten Szene verschiedene Tiere vor der Wahl, welchen der drei ihnen präsentierten Menschen sie essen möchten. Huhn, Schwein und Rind unterhalten sich über die geschmacklichen Vorzüge drei weiterer Mitspielerinnen, die im Hintergrund der Szene an der Wand stehen. Auf diese zweite Sequenz folgt die im Gegensatz zur Diskussion abschließende und eindeutige Positionierung der Gruppe auf den Grundkonflikt: Der Protagonist im Restaurant entscheidet, heute doch lieber auf Fleisch zu verzichten. Abschließend wird in der vierten und letzten Szene den verspeisten Menschen eine Stimme verliehen, indem sie wie bei einem Interview zu ihrem (vergangenen) Leben befragt werden. Sie berichten dabei von sehr verschiedenen Empfindungen. Anders als zuvor besprochen, ergreift keine*r der Schüler*innen nach dem Ende der Szene noch einmal das Wort, um die weiteren Ideen und Überlegungen der Gruppe zu präsentieren.

Auch wenn das in der Aufgabenstellung so nicht explizit formuliert war, entwickelten alle Gruppen unabhängig voneinander eine szenische Präsentation in Form einer in sich konsistenten Spielszene mit verteilten Rollen. Den Abschluss der Intervention bildet eine zweite Gruppendiskussion von 30 Minuten Länge. Dabei werden die Schüler*innen aufgefordert, sich darüber auszutauschen, wie sie den Rundgang und die Entwicklung der Präsentation erlebt haben.

3.5 Auswertung der erhobenen Daten

In der Auswertung der Daten untersuche ich zuerst mit Bezug auf die bildungstheoretischen Vorannahmen, welche Anzeichen es dafür gibt, dass sich in der Feldforschungspraxis für Jugendliche, wie theoretisch angenommen, tatsächlich Fremderfahrungen und Wahrnehmungsvergleiche ereignen. Anschließend werde ich die ästhetische Dimension, den Transformationsprozess von Forschung im Feld zu szenischem Material, genauer betrachten: Welche Bezüge zwischen Feld und Szenen lassen sich rekonstruieren? Im Hinblick auf die Frage, auf welche Art und Weise Beobachtungen zu szenischem Material werden, rekonstruiere ich im Anschluss dem Datenmaterial verschiedene ästhetische Praktiken. Im dritten Schritt betrachte ich dann die Frage danach, wie die Jugendlichen im Vergleich zu den Künstler*innen mit den Aufgabenstellungen umgegangen sind. Dabei untersuche ich auch welches Wissen, welche Fähigkeiten und welches Material wir Jugendlichen zur Verfügung stellen müssen, damit sie optimale Voraussetzungen dafür haben, das ästhetische Potential einer Feldforschung in möglichst vielfältiger Art und Weise für sich bzw. den Probenprozess, nutzbar zu machen. Die empirisch gewonnenen Erkenntnisse für ein überarbeitetes Praxiskonzept finden sich dann noch einmal zusammengefasst im letzten Teil dieses Kapitels.

3.5.1 Fremderfahrungen und Wahrnehmungsvergleiche in der Intervention

Wie in der Einleitung zu Kapitel 3 beschrieben wurde, besteht eine normative Vorannahme der Fallauswertung darin, dass im Rahmen von Feldforschung im Kontext theatraler Probenprozesse in besonderer Weise zentrale Aspekte ästhetischer Bildung angebahnt werden. In der Auswertung wird es um die genauere Betrachtung der Prozesse und Praktiken innerhalb der Intervention gehen. Zuvor soll daher zumindest grundlegend untersucht werden, ob sich im Rahmen der Fallstudie tatsächlich Erfahrungen mit Fremdem als auch in besonderer Weise Anlässe zu Wahrnehmungsvergleichen rekonstruieren lassen. Denn die entwickelten Arbeitsaufträge sollten die Schüler*innen nicht nur zu einer ästhetischen und inhaltlichen Bearbeitung der Beobachtungen aus dem Feld anstoßen, sondern auch diese beiden Aspekte als zentrale Bezugspunkte in der didaktischen Konzeption und Bestandteile ästhetischer Bildung ermöglichen (vgl. Kapitel 2.1.3). Sie sollten die Schüler*innen implizit darauf lenken, Aspekte, die sie irritieren, die ihnen fremd, wundersam oder erstaunlich erscheinen, wahrzunehmen, sich mit ihnen vergleichend auseinanderzusetzen und einen ästhetischen Ausdruck für sie zu finden.

Eine vertiefende Auseinandersetzung mit der Frage nach Fremderfahrungen, die sich in den vorliegenden Daten rekonstruieren lassen, habe ich in Zusammenarbeit mit unserer Forschungsgruppe zu Irritation im Fachunterricht von Biologie und Theater mit Britta Lübke, Ulrich Gebhard und Wolfgang Sting bereits an anderer Stelle geleistet (vgl. Gebhard, Lübke, Pfeiffer & Sting 2017, 2018). Daher werde ich hier lediglich zusammenfassend auf die dort gewonnenen Erkenntnisse verweisen und nur einige Aspekte herausstellen und stellenweise detaillierter ausarbeiten, die mir für den Kontext meiner Arbeit von Bedeutung erscheinen.

Betrachten wir genauer, ob und wie in den unterschiedlichen Phasen der Intervention auf Seiten der Schüler*innen tatsächlich Fremderfahrungen gemacht wurden, so lassen sich aufgrund der generellen Unverfügbarkeit des Fremden und dessen nur subjektiv bestimmbarer Relationalität zwar nur interpretative Hypothesen formulieren. Dennoch lassen sich verschiedene Irritationsmarker in den Aussagen und Reaktionen der Schüler*innen ausmachen, in denen Schüler*innen innerhalb der Unterrichtsintervention Fremdes im Sinne der geltenden Ordnungs-, Werte-, Ich- und Weltsysteme verunsichernden Momente widerfahren ist. Im Rahmen der oben genannten Untersuchungen wurde ein umfassendes Instrumentarium entwickelt, um die Begegnung mit Fremdem in Form von Irritationen bestehender Selbst- und Weltverhältnissen zur rekonstruieren, Anlässe dafür ausfindig zu machen und die Antwortweisen auf diese Erfahrungen seitens der Schüler*innen näher zu bestimmen.[42] Entscheidend für den Kontext dieser Arbeit sind dabei in erster Linie, ob in der Intervention *überhaupt* Begegnungen mit dem Fremden angebahnt werden konnten und welche Anlässe es für mögliche Fremderfahrungen gab. So konnten wir zeigen, dass Begegnung mit Fremdem tatsächlich auf unterschiedlichen Ebenen zu Irritationen führt – die Studie beschreibt hier als Überkategorien zum einen gegenstandsbezogene, zum anderen institutionelle Anlässe. Diese hier in Gänze zu behandeln, würde den Rahmen dieser Untersuchung sprengen, daher sei auf die Aufsätze unserer Forschungsgruppe verwiesen (vgl. ebd.). Ich möchte mich im Kontext dieser Arbeit lediglich auf zwei für die erkenntnisleitende Perspektive zentrale Faktoren beschränken, die sich in unserer rekonstruktiven Datenanalyse als besonders bedeutend für das Entstehen von Irritationen gezeigt haben und damit Katalysatoren in der Begegnung mit Fremdem sein könnten: Ereignishaftigkeit und Performativität einerseits sowie Diskursivität im Gespräch andererseits.

42 In der Identifikation von Momenten, in denen die Schüler*innen Fremdes erfahren haben, sind wir dabei folgendermaßen vorgegangen: «Ob etwas (Fremdes) und was irritiert (hat), lässt sich im Endeffekt nur rückwärts gedacht – anhand des Verhaltens der Person, die irritiert ist oder war – bestimmen. Insofern sind wir von Umgangsweisen ausgegangen, die wir über Abweichungen vom routinierten Handeln der Schüler*innen identifiziert haben. Dieses Vorgehen ist theoretisch sowohl von Oevermanns Konzeptualisierung der Krise als Abweichung von Routine (2001) und von Waldenfels' (vgl. 2013: 42 ff.), dass das Fremde sich zeige, indem es sich entziehe und damit nur die Antwort des Subjektes auf den Anspruch des Fremden sichtbar werden könne, sensibilisiert. Beim axialen Kodieren haben wir spezifischere und unspezifischere Antworten auf Irritation unterschieden. Die Kategorie «Unspezifischere Antwortweisen» erfasst eine Antwort darauf, dass innerhalb eines Momentes der Irritation etwas Fremdes (vgl. Waldenfels 2013) einen Anspruch stellt. Es erfolgt eine Anerkennung der generellen Anwesenheit des Fremden im Sinne von: «Ja, Fremdes, du bist da». Unterkategorien sind (1) sich auf kognitiv-geistiger Ebene inszenierende Irritationsmarker (Suche nach Worten, Pausen und Schweigen, unsicheres Lachen), (2) explizit verbalisierte Metakommentare, in denen Irritationen benannt werden und (3) Antworten auf körperlicher, leiblicher Ebene (Gesten der Unsicherheit und Nervosität). «Spezifischere Antwortweisen» beinhalten eine Antwort auf den konkreten Anspruch, den das Fremde stellt. Der «Rückgriff auf bestehende Referenzsysteme» versucht, das Irritierende zu erklären. «Fremdes, ich habe dir das hier zu entgegnen!» Das kann sowohl auf die Welt (z. B. Expertenwissen oder Gesetzmäßigkeiten) als auch das Selbst (z. B. eigene Erfahrungen oder Einstellungen) bezogen werden. Bei der zweiten Art spezifischerer Antwortweisen geht es um eine genauere Bestimmung der Irritation. Bei der «Beschäftigung mit dem situativen Moment» wird die Uneindeutigkeit und Brüchigkeit einer Situation anerkannt: Das Irritierende wird nicht geschlossen, sondern Widersprüche und Fragen werden aufgenommen. Im Sinne von «Fremdes, was bist du und was tust du mit mir?» könnten diese Antworten mit Waldenfels als ein Antworten auf den Anspruch des Fremden bezeichnet werden» (Gebhard, Lübke, Pfeiffer & Sting 2017: i. E.).

Performativität als Katalysator

Die Performativität der im Forschungsfeld erlebten Ereignisse scheint ein großes Potenzial für eine Begegnung der Schüler*innen mit Fremdem zu besitzen. Performativität und Ereignishaftigkeit sind klassische Aspekte von Theatersituationen (vgl. Fischer-Lichte 2004). Der Begriff rückt dabei im theaterwissenschaftlichen Diskurs Ebenen von körperlicher Präsenz, Ereignishaftigkeit, Prozesse des Herstellens, Sich-Ereignens und Handelns in den Fokus (vgl. hierzu vertiefend auch Kapitel 3.5.3.8).

Interessanterweise zeigt sich Irritationspotential im Hinblick auf diese Dimensionen besonders im «theaterfernsten» Teil der Intervention, im Rundgang über den Bauernhof. Drei Situationen möchte ich hierfür als beispielhaft heranziehen: die Fütterung der Hühner, das Sammeln von Eiern im Hühnerstall sowie den Besuch des Schweinestalls. Alle drei Situationen werden von den Schüler*innen in der Auswertungsrunde auch thematisiert (Hühnerfütterung u. a. TR1 2014: § 92-§ 129, Eiersammeln u. a. ebd.: § 36-§ 46, Schweinestall u. a. ebd.: § 168-§ 172: § 232 f.) und fließen so in den kreativen Prozess der Szenenentwicklung ein, selbst wenn sie sich nicht 1:1 in den Szenen wiederfinden.

Zuerst beim Anblick der Hühner vor der Umzäunung des Auslaufs, später dann im Direktkontakt mit den Tieren während der Fütterung werden sich die Schüler*innen ihres eigenen Nichtwissens über die Reaktionsweisen der Tiere und die Unkontrollierbarkeit deren Verhaltens bewusst. Dies wird vor allem während des direkten körperlichen Kontakts deutlich, den die Schüler*innen mit den Tieren im handlungsorientierten Umgang haben (vgl. 3.4). Dass hier Irritationen, ausgelöst durch die Begegnung mit Fremdem, im Spiel sind, lässt sich vor allem an den Reaktionen der Schüler*innen ablesen, die zwischen Faszination, Begeisterung, Unsicherheit und Angst schwanken – beispielsweise in der Fütterung der Hühner, die die Schüler*innen regelrecht «überfallen» (vgl. TR1 2014: § 92-§ 129). Es ist deutlich zu beobachten, dass die Jugendlichen sehr unsicher sind, wie sie sich gegenüber den Tieren verhalten können und sollen und was sie von den Tieren zu erwarten haben. Für die Fremdheitserfahrung zentral zu sein scheinen der direkte Kontakt mit den Tieren, die Unmittelbarkeit der Erfahrung sowie das eigene Handeln innerhalb der Situation. Auch in der anschließenden Gruppendiskussion nimmt das Aufarbeiten dieser Momente einen entsprechend großen Anteil ein (vgl. ebd.). Eine Schülerin stellt besonders die Neuheit der Erfahrung (vgl. ebd.: § 101) heraus, die höchstwahrscheinlich einen Beitrag dazu leistet, dass der Umgang mit den Tieren als fremd erlebt wurde, da nicht auf bereits gemachte ähnliche Erfahrungen zurückgegriffen und adäquate Verhaltensweisen abgerufen werden können.

Auch die Irritationen, die über das Sammeln der Eier und den Kontakt mit den Schweinen entstehen (vgl. u. a. ebd.: § 36-§ 46 und § 232) geben ähnliche Hinweise auf Fremderfahrungen und sind geprägt von den Erfahrungen, die

Schüler*innen durch das Handeln innerhalb der Situation machen. Entsprechend werden diese Erfahrungen im Auswertungsgespräch auch genau von jenen Schüler*innen thematisiert, die daran unmittelbar beteiligt waren. Anders als im handelnden Kontakt mit den Tieren bei der Fütterung und dem Sammeln der Eier, konfrontiert das Schwein, das vor den Augen der Schüler*innen im Stall sein «Geschäft macht» (ebd.: § 232), diese mit der Performativität des Ausscheidungsvorgangs nur über deren Rezeption. Dennoch sind die Schüler*innen sichtlich bewegt und irritiert. Eine körperliche Handlung, die zwar Teil ihres eigenen alltäglichen Handlungsrepertoires darstellt, wirkt in ihrer Exponiertheit plötzlich schockierend und animalisch direkt. Zu beobachten sind gleichzeitig Ekel und Faszination, Abwenden und der direkte Blick. Auch diese Form von einer Konfrontation mit Performativität trägt in meinen Augen unmittelbar zur Fremdheitserfahrung bei, stellt diese eventuell sogar erst her: Wäre der Vorgang in einem Schaubild gezeigt oder in irgendeiner Weise ästhetisiert dargestellt, übersetzt oder verschlüsselt worden, wären die Schüler*innen sicherlich weniger «betroffen» gewesen. Hier jedoch trifft sie der Anblick des tatsächlich vor ihren Augen stattfindenden Ausscheidungsvorgangs in seiner unmittelbaren Realität und Direktheit.

Alle drei Beispiele – die Begegnung mit Hühnern, Eiern und Schwein – sind somit stark von performativen Vorgängen geprägt: Die Schüler*innen erfahren sich entweder selbst im tatsächlichen Handeln oder sie sind zwar nicht selbst Akteur*innen, jedoch Beobachter*innen stark performativer Vorgänge. Man könnte hier eventuell noch schärfer zwischen unmittelbarer Performativität und rezipierter Performativität unterscheiden und genauer untersuchen, welchen Stellenwert Performativität für die Fremdheitserfahrung einnimmt. Eine These könnte in der Analyse dieser Beobachtungen lauten, dass die Performativität einer Lernumgebung sich möglicherweise einladend auf potentielle Fremderfahrungen auswirkt bzw. die Widerfahrnis dieser Fremderfahrungen begünstigt. Außerdem könnte vermutet werden, dass Performativität intensivierend oder katalytisch wirkt und innerhalb bestimmter Settings sogar eine Voraussetzung für Fremderfahrung darstellt – ohne die Fremderfahrung und Irritation gänzlich ausbleiben (vgl. Schwein).

Die Bedeutung der Erfahrungsreflexion

Darüber hinaus kommt auch der Reflexion der Erfahrungen, die in den verschiedenen Gruppendiskussionen über den Verlauf der Intervention immer wieder zentral gesetzt wird, eine wichtige Rolle in der Auseinandersetzung mit dem Fremden zu. Gewissermaßen wird die Konfrontation mit Fremdem erst innerhalb dieser Gespräch zu Tage gebracht bzw. erzeugt (vgl. Gebhard, Lübke, Pfeiffer & Sting 2018). Im Austausch über die Erfahrungen versuchen Schüler*innen immer wieder ihr Erleben einzuordnen, zu erklären oder Position zu beziehen. Die Bestrebung einzelner Schüler*innen jedoch, Klarheit zu schaffen und beispielsweise Fremdartiges zu erklären und eindeutige Orientierungsrahmen zu schaffen, geht aber nicht immer auf. Unterschiedliche, gegensätzliche oder widersprüchliche Positionen prallen auf Gruppenebene aufeinander und gerade durch den Versuch, das Fremde zu erklären, wird dessen Unbestimmbarkeit auf der Gruppenebene aufrechterhalten bzw. ein neues Moment von Fremdheit geschaffen. Vermeintliche Erklärungsversuche wie «Die legt ja auch teilweise die Eier so, damit die Füchse und so was zu essen haben» (TR1 2014: § 42) werden über Gegenpositionen «Ach Quatsch, ich sag doch nicht, ich leg jetzt ein Ei, damit die Füchse das essen können.» (ebd.: § 43) oder ein Anzweifeln und Infrage-Stellen «Aber der Mann hat gesagt, jedes Huhn legt fast jeden Tag ein Ei» (ebd.: § 42) ihrer Gewissheit beraubt.

Dass in diese Situation nun durch das didaktische Setting allgemeine Orientierungspunkte verwehrt werden (wie beispielsweise die eindeutige Positionierung der Lehrkraft oder das Heranziehen eines sachbezogenen Lehrbuchtextes), führt dazu, dass die Schüler*innen immer wieder auf ihre subjektiven Positionen und Erfahrungen zurückgeworfen sind. Eine Entscheidung über Kategorien wie «richtig» oder «falsch» ist nicht abschließend möglich und die Frage danach, welches oder welche Orientierungssysteme nun gelten, bleibt in Bewegung und hält den Diskurs uneindeutig, unabschließbar und in der Schwebe. Der sprachliche Diskurs zwingt so auf Gruppenebene regelrecht zur Konfrontation mit für einzelne Schüler*innen Fremdem und zum Aushalten von Ambiguität. Das geschieht zum einen in den inhaltlichen Diskussionen der Gruppengespräche, zum anderen aber auch im Entwicklungsprozess der szenischen Präsentationen. Auslöser sind zentrale thematische Fragen wie zur Tierethik, aber auch ästhetische Entscheidungen oder die Beurteilung und Bewertung bestimmter Ideen und Vorschläge. Immer wieder lässt sich in diesen Arbeitsphasen über Stille, Themenwechsel, unsicheres Lachen, rückversichernde Blicke oder ein Stocken oder Schlingern im sprachlichen Ausdruck rekonstruieren, dass die Schüler*innen mit für sie Fremdem beschäftigt und davon irritiert sind (vgl. Gebhard, Lübke, Pfeiffer & Sting 2018).

Ein wichtiger Bestandteil dieser Diskussions- und Reflexionsebene ist dabei immer auch eine Praxis der Wahrnehmungsvergleiche und damit verbunden eine Auseinandersetzung mit Empfindungs-, Übertragungs- und Reflexionswerten. Sie sind zugleich, wie in Kapitel 2.1 hergeleitet wurde, zentrale Bestandteile ästhetischer Bildung und stellen damit Zielparameter in der Entwicklung der Aufgabenstellungen der untersuchten Intervention dar. In den Gesprächsrunden nach dem Rundgang und zum Abschluss des Tages sowie in der Entwicklungsphase für die Präsentationen finden sich zahlreiche Beispiele dafür, dass die Schüler*innen immer wieder Wahrnehmungen vergleichen und sich über ihre diesbezüglichen persönlichen Bewertungen austauschen. Nicht selten sind es dabei ästhetische Erfahrungen, die den grundlegenden Anlass für den Diskurs liefern: Anna stellt beispielsweise in den Raum: «Ich fands komisch, dass wir diesen Fleischraum so eklig fanden, weil wir essen es ja?» (TR1 2014: § 130) und tritt damit eine lange Diskussion über tierethische und ästhetische Fragen los, die sich am Anblick eines toten Tierkörpers im Fleischraum des Hofes aufhängt, der viele der Jugendlichen sehr bewegt hat. In dem Gespräch geht es nicht nur um den Abgleich unterschiedlicher Wahrnehmung, beispielsweise bezogen auf die Farbigkeit von rohem oder gebratenem Fleisch. Die Jugendlichen sprechen auch über Empfindungen, die die Wahrnehmungen bei ihnen ausgelöst haben, hier ganz besonders über Gefühle von Ekel, Betroffenheit, Traurigkeit oder Faszination. Auch die Übertragungs- und Reflexionswerte werden ausgehend von dieser Auseinandersetzung immer wieder thematisiert, so z. B. die Frage danach, ob Jungen und Mädchen anders auf den Anblick toter Tiere reagieren, ob eine selbstverständliche Zugänglichkeit zu Fleisch als gesellschaftlicher Fortschritt bewertet wird oder ob das Essen von Tieren als *natürlicher* Vorgang konzeptualisiert wird (vgl. TR1 2014: § 130–182).

Weitere Beispiele finden sich an anderen Stellen: das Schwein, was vor den Augen der Schüler*innen sein Geschäft verrichtet oder die beim Einsammeln der zerbrechlichen Eier aufkommenden Empfindungen. Auch im weiteren Verlauf der hier ausschnittweise wiedergegebenen Diskussion um den Fleischkonsum werden immer wieder ästhetische Erfahrungen thematisiert. Farbe, Haptik, körperliche Empfindungen und innere Bilder werden zu Bezugspunkten der Frage, wie die Schüler*innen ihre Wahrnehmungen einordnen. Dabei vergleichen sie unterschiedliche Gegenstände ihrer Wahrnehmung (lebendes Tier, totes Fleisch, gebratenes Stück Fleisch auf dem Teller) und treten in den Austausch darüber, wie sie ihre Wahrnehmungen persönlich beurteilen und welche Vorstellungen, Werte und Diskurse sie in diesen Einschätzungen prägen.

Auch die an anderer Stelle in unserer Forschungsgruppe vorgenommene Untersuchung von Referenzsystemen in der Argumentation von Schüler*innen in der Diskussion um irritierende Auseinandersetzung mit der Erfahrung von Fremdem (vgl. Gebhard, Lübke, Pfeiffer & Sting 2018), liefert Erkenntnisse darüber, inwieweit Schüler*innen innerhalb der Intervention Empfindungs- und Übertragungswerte reflektieren. In dieser Untersuchung konnten wir in empirisch fundierter Rekonstruktion zeigen, dass die Jugendlichen im sprachlichen Diskurs im Rückgriff auf zwei verschiedene Referenzsysteme auf Fremdes reagieren – jeweils entweder als Anrufung von Welt oder Anrufung des Selbst. In diesen beiden Kategorien spiegeln sich aus der Perspektive ästhetischer Bildung zentrale Aspekte einer Auseinandersetzung mit Empfindungs- und Übertragungswerten wider. Die Anrufung des Selbst fasst auf der einen Seite beispielsweise Anrufungen des eigenen Empfindens, eigener Erfahrungen oder Werte: «[...] und das finde ich so traurig, so dass ich vorher irgendwie fast jeden Tag Fleisch gegessen habe.» (TR1 2014: § 177). In ihr wird das eigene Bewerten von Situationen und Erlebnissen und somit eine Versprachlichung von Empfindungswerten reflektiert. Anrufungen von Welt beziehen sich auf der anderen Seite, beispielsweise auf die Meinung von Expert*innen («[...] aber der Mann hat gesagt, jedes Huhn legt jeden Tag ein Ei», TR1 2014: § 142), von Gesetzmäßigkeiten («... das ist Natur, das ist das Naturgesetz», TR1 2014: § 44) oder mathematischer Logik («... Wenn man das, dann wären ja schon in einem Jahr 356 Küken. Wie sollen die das denn großziehen?», TR1 2014: 42). Sie wiederum spiegeln eine Auseinandersetzung mit Reflexions- und Übertragungswerten wider, die die Schüler*innen in ihren persönlichen Bewertungen beeinflussen und prägen.

Diskurse wie das weiter oben ausschnitthaft dargestellte Gespräch über den Fleischraum finden sich im Verlauf der Intervention häufig. Sie sind angeregt durch die Aufforderung, sich darüber auszutauschen, was *berührt* hat – und werden getragen, bzw. unterfüttert durch die kollektive Erfahrung des Sehens und Erlebens, auf die sich im Gespräch gemeinsam bezogen werden kann. Sie machen deutlich, dass die Schüler*innen nicht nur Wahrnehmungen vergleichen, sondern über die Einladung zum Austausch über ihr Erleben und die Notwendigkeit, ihre Erlebnisse in eine ästhetische Form zu bringen sowie gemeinsame Entscheidungen über Inhalte und Form der Darstellung zu finden, kontinuierlich im Gespräch über Empfindungswerte, Reflexions- und Übertragungswerte sind.

3.5.2 Bezüge zwischen Feldforschung und szenischer Auswertung

Wie eingangs dargestellt, beschäftigt mich in der Auswertung des empirischen Materials im Hinblick auf die ästhetischen Dimensionen einer feldforschungsbasierten Theaterarbeit die Frage, in welchem Verhältnis die Feldforschung zu den im späteren Probenprozess diskutierten oder tatsächlich präsentierten szenischen Ideen steht.

Der Ausgangspunkt einer Idee ist sicher nicht immer ganz exakt zu bestimmen, aber der für Erkenntnisinteresse zentrale Fall, dass eine szenische Idee einen direkten Bezug zu einer Beobachtung oder Erfahrung im Forschungsfeld aufweist, ist deutlich rekonstruierbar. Daher wurde gezielt auf folgende drei Kategorien hin codiert, um zu fassen, auf welches Material – sofern rekonstruierbar – die Ideen im Probenprozess jeweils zurückgreifen: 1) Ideen aus dem Feld, 2) Ideen aus Recherche sowie 3) Ideen aus Alltagsphantasien. Diese Kategorien werden im Folgenden zuerst kurz umrissen, bevor mit ihrer Hilfe empirisch betrachtet wird, in welchem Umfang sich die ethnografische Praxis der Feldforschung in der ästhetischen Praxis der Szenenentwicklung wiederfindet.

1 Ideen aus dem Feld
Diese Kategorie meint, dass eine szenische Idee einen eindeutigen Bezug zu einer Beobachtung oder Erfahrung im Rahmen der Feldforschung aufweist. Da solche Bezüge zum Teil von den Schüler*innen und Künstler*innen häufig selbst explizit formuliert werden und sich zum Teil aus den Beobachtungen der Rundgangs rekonstruieren lassen, können zumindest im Hinblick auf einen direkten Feldbezug eindeutige ideengebende Impulse ausgemacht werden. So steht beispielsweise

bei den Schüler*innen die Idee, eine Verkostung mit Publikum durchzuführen in direktem Bezug zu der Verkostung verschiedener Fleischsorten, die sie mit den Mitarbeiter*innen des Hofes in der Mittagspause der Intervention durchgeführt haben. Eine andere Gruppe hatte die Idee, zu visualisieren, wie viel Platz ein Mensch als Existenzgrundlage bräuchte, was die Gruppe in Zusammenhang mit den Beobachtungen der räumlichen Lebensbedingungen und Möglichkeiten der Tiere auf dem Hof diskutiert. Bei Frl. Wunder AG findet sich zum Beispiel ein direkter Bezug zwischen einer Szene, bei der eine Performerin das Publikum – einem Bienenstock gleich – mit Rauch aus einer Blechdose benebelt, zu den Beobachtungen der Gruppe während ihres Besuches bei einem Imker – oder aber zwischen den Erfahrungen während der Jagd und dem szenischen Vorgang des Beobachtens mit einem Fernglas von einer Art Hochsitz aus (vgl. Kapitel 3.3).

2 Ideen aus Recherche

Über den Feldbezug hinaus lässt sich auch eine zusätzliche Recherche eindeutig rekonstruieren. Unter dieser Kategorie gefasst wird eine Idee, sobald ihre Umsetzung auf Inhalten basiert, die nicht direkt aus dem Feld stammen oder dem Wissens-, Erfahrungs- oder Ideenschatz einer am Prozess beteiligten Person entstammt, sondern externen Quellen entspringt: z. B. einer Literatur- oder Internetrecherche, einem Zeitungsartikel, einem Musiktext oder anderen Artefakten.
Die Schüler*innen überlegen beispielsweise, Videoclips von Massentierhaltung und artgerechter Tierhaltung zu finden, die dann gegenübergestellt oder miteinander verschnitten werden könnten. Frl. Wunder AG recherchiert Kochshows im Internet, um das Format zur Gestaltung einer Szene zu nutzen oder die Memoiren von Matthew Marks über seine Ehe mit einem Pferd. Das Material musste hier, egal wodurch die Idee möglicherweise inspiriert war, jeweils zusätzlich recherchiert werden.

3 Ideen aus Alltagsphantasien

Sofern eine Idee nicht eindeutig in Bezug auf eine Beobachtung oder Erfahrung im Feld oder eine zusätzliche Recherche zurückzuführen ist, wurde der Impuls für die Idee mit Rückbezug auf Combe und Gehbard als Alltagsphantasie codiert (vgl. Combe & Gebhard 2007 und 2012). Als Alltagsphantasien bezeichnen die Autoren von Schüler*innen im Rahmen von Reflexionsprozessen zu einem Lerngegenstand abgerufene «bereits vorhandene Vorstellungen, die auf der Basis vielfältiger Erfahrungen entwickelt und im Gedächtnis gespeichert werden» (Combe & Gebhard 2007: 61).[43] Eine Engführung auf den Begriff der

43 Diese Definition erfolgt im Hinblick auf kognitive Lernprozesse in Abgrenzungen zu rein wissenschaftlich-analytischen Zugängen. Der Anteil des Symbolischen, des Alltagswissens und der Phantasie innerhalb rationaler Prozesse wird von Combe und Gebhard stark gemacht, um mit «subjektivierenden Sinnentwürfe des Alltags, die oft intuitiv, bildungsreich, geschichtenreich und metaphorisch sind» (Combe & Gebhard 2007: 62) das vermeintliche *Irrationale* seiner rationalen *Zweitrangigkeit* (vgl. ebd.: 62) zu entheben. Alltagsphantasien werden somit als «notwendige, komplementäre und ebenfalls rationale Wirklichkeitszugänge (beschrieben), ohne die auch die wissenschaftlichen Zugänge keinen Sinn ergeben würden» (ebd.: 62).

Alltagsphantasie im Gegensatz zur Verwendung weiter gefasster Begrifflichkeiten wie *Phantasie* im Allgemeinen, *Vorerfahrung* oder *feldfremde Inhalte* scheint mir im Zusammenhang dieser Untersuchung daher als sinnvoll, da sie zum einen den ideengebenden Moment klar im Alltag der Schüler*innen verortet und den Bereich des Alltags gegenüber dem von den Schüler*innen zu erkundenden Forschungsfeld abgrenzt. Zum anderen eröffnet sie einen Gegenpol zu extern motivierten Ideen, die durch Beobachtungen im Feld, die Begegnung mit Expert*innen und dem von ihnen vermittelten fachlichen Wissen oder über eine zusätzliche Recherche ausgelöst werden. Alltagsphantasien schließen ganz bewusst Vorerfahrungen, intuitive Vorstellungen und emotionale Reaktionen mit ein (vgl. Gebhard 2007) und geben so *subjektiven Resonanzen* Raum, den mit Combe und Gebhard «intuitiven und bewussten Assoziationen, die ein Lerngegenstand jeweils individuell in den Köpfen der Schülerinnen und Schüler auslöst» (Combe & Gebhard 2007: 63).

Ein Rückgriff auf Alltagsphantasien findet sich im Material beispielsweise bei den Schüler*innen, wenn sie die Schlachtung des Schweines szenisch mit einem lauten Quieken vor der Tür des Raumes umsetzen – obwohl sie eine solche Schlachtung nicht selbst erlebt haben, greifen sie hier auf das zurück, was in ihren subjektiven Assoziationen diesen Vorgang akustisch ausmacht. Frl. Wunder AG auf der anderen Seite arbeitet zum Beispiel mit Alltagsphantasien, wenn in unterschiedlichen Standbildern Triumph-Posen eines Jägers über seine Beute nachgestellt werden, die weder im Feld beobachtet noch über eine zusätzliche Bildrecherche fundiert wurden.

Rekonstruierte Bezüge szenischer Ideen zur Feldforschung

Betrachtet man nun die Verteilung einer entsprechenden Codierung aller entwickelten Ideen, so wird deutlich, dass Frl. Wunder AG das Material für einen Großteil ihrer Ideen direkt aus dem Feld bezieht – fasst die Hälfte (47,3 %) aller entwickelten Ideen arbeiten mit Material, das direkt beobachtet, erlebt oder dokumentiert wurde. Bei den Schüler*innen ist der Anteil deutlich kleiner: Nur knapp ein Drittel (30,9 %) aller szenischen Ideen weist einen direkten Bezug zu Erfahrungen oder Beobachtungen während der Feldforschung auf dem Hof auf. Auch im Hinblick auf die *Art* des verwendeten Materials werden Unterschiede deutlich: Die Schüler*innen entwickeln Ideen, die aus dem Feld *inspiriert* sind – sie haben im Feld z. B. Schweine gefüttert und denken im Probenprozess dann darüber nach, eine Fütterung von Menschen zu inszenieren – das konkret szenisch verwendete Material entstammt aber nur selten *direkt* dem Feld. Bei Frl. Wunder AG hingegen findet sich sehr viel unmittelbar aus dem Feld übertragenes Material: Versatzstücke von Ton- oder Videoaufnahmen, mitgeschriebene Fakten oder Texte, beobachtete Bewegungen oder Vorgänge. Im Gegensatz zu den Künstler*innen ist dafür bei den Schüler*innen der Bereich der Alltagsphantasien als Quelle für Ideen sehr viel stärker vertreten: Die Jugendlichen beziehen rund zwei Drittel (67,3 %) ihrer Ideen aus dem in der weiteren Analyse nicht genauer bestimmbaren Reich der Alltagsphantasien. Für die Künstler*innen hingegen machen Alltagsphantasien nur etwa ein Viertel (27,3 %) des ideengebenden Materials aus. Fast gleichbedeutend bei ihnen ist die zusätzliche Recherche (25,5 %), die sich im Vergleich fast ausschließlich bei Frl. Wunder AG, findet – die Schüler*innen greifen so gut wie gar nicht darauf zurück (1,8 %).

Für die weitere Diskussion dieser Befunde sind zuallererst selbstverständlich die unterschiedlichen zeitlichen Strukturen und räumlich-technischen Umstände der Arbeitsprozesse herauszustellen, die die Schüler*innen in der Vorbereitung der Präsentationen stärker einschränkte als die Künstler*innen. Ich werde weiter unten an verschiedenen Stellen weiter auf diese strukturellen Aspekte eingehen.

Wichtig in Bezug vor allem auf die Frage nach direkten Bezügen zu im Feld gemachten Beobachtungen und Erfahrungen ist darüber hinaus ganz zentral festzuhalten, dass Frl. Wunder AG (wie bereits in Kapitel 1.5 dargelegt) schon während der Forschung ihm Feld systematisch dafür sorgt, dass die eigenen Beobachtungen tatsächlich dokumentiert werden. Damit schaffen sie vermutlich überhaupt erst die Voraussetzung dafür, Material aus dem Feld später auch tatsächlich verwenden zu können. Es entstehen Auswertungsbögen mit eigenen Gedanken, Assoziationen und Notizen zu inhaltlichen Fragestellungen oder Diskursen, Video- und Tonaufnahme, die als eigenständiges Material oder als transkribierte Texte verwendet werden können, Fotos und Listen von Objekten sowie beobachteten Handlungen. Die Jugendlichen schienen im Gegensatz dazu, trotz der eingangs gestellten Aufgabe, während des Rundgangs möglichst viel Material zu sammeln und dieses eigenständig festzuhalten, schnell vergessen zu haben oder zu ignorieren, dass sie überhaupt mit einem konkreten Arbeitsauftrag auf dem Hof unterwegs waren. Es gab augenscheinlich niemanden, der Notizen gemacht oder in einer anderen Form die Beobachtungen gezielt festgehalten hat. Vereinzelt wurden Fotos gemacht, jedoch wurden sie von keiner der Gruppen später in der Entwicklungsphase noch einmal angeschaut und für die Arbeit genutzt. Der Rundgang war, wie es auch in den Worten einer Schülerin anklang («Ich hab sie einfach so beobachtet, weil's mich interessiert hat», TR4 2014: § 58), hauptsächlich geleitet von spontanen persönlichen Affekten. Es fehlte der Blick, der tatsächlich gezielt Eindrücke und Informationen festhält, die – wie die Aufgabenstellung es ausdrückt - «bemerkenswert» oder im Hinblick auf das Forschungsthema relevant erscheinen. Auch die Künstler*innen sind, wie in ihrem persönlichen Feldzugang und ihren Beobachtungen sicher auch von persönlichen Affekt in dem beeinflusst, was sie jeweils beobachten. Hier jedoch wird dieses «Sich-im-Feld-Verlieren» über eine selbst auferlegte Beobachtungsstrategie gerahmt, die dafür sorgt, dass Material generiert wird, das dem ästhetischen Interesse der Gruppe entsprechend später verwertet werden kann.

Einen entscheidenden Unterschied bei der Intentionalität der Beobachtungen schafft in diesem Zusammenhang natürlich die Tatsache, dass die Schüler*innen im Gegensatz zu den Künstler*innen zum Zeitpunkt der Feldforschung nicht genau wussten, was sie im Folgenden erwartet. So konnten sie ihre Beobachtung nicht darauf ausrichten, gezielt Material für die Entwicklung einer Präsentation zu generieren. Das Forschungsdesign hat an dieser Stelle den Blick der Schüler*innen bewusst nicht beeinflusst, um grundlegend feststellen zu können, wie Schüler*innen in einem entsprechenden Unterrichtssetting von sich aus und ohne starke methodische Lenkung agieren. Entsprechend lässt sich zwar festhalten, dass die Schüler*innen bei einer allgemeinen Aufforderung nicht eigenständig dazu tendieren, ihre Beobachtungen in einer Art und Weise festzuhalten, die Material in einer für einen weiteren künstlerischen Prozess unmittelbar verwendbaren Weise generiert. Jedoch kann keine sichere Aussage darüber getroffen werden, inwieweit die Schüler*innen gezielter Material erhoben hätten, wären sie über die weiteren Arbeitsschritte informiert gewesen. Eine Schülerin formuliert in der Auswertung: «Ich glaube, hätte man die Aufgabe der Präsentation direkt am Anfang gestellt, gleich als Erstes, dann wär wahrscheinlich was ganz anderes rausgekommen» (TR4 2014: § 4). Dem widersprechen aber andere Schüler*innen (vgl. ebd.: § 5 ff.) sowie Aussagen, die klarmachen, dass der Beobachtungsauftrag zwar wahrgenommen, dann aber über die unmittelbaren Eindrücke im Feld vergessen wurde. Letzteres lässt darauf schließen, dass möglicherweise auch die Information, dass Eindrücke für die Entwicklung einer szenischen Präsentation zu sammeln wären, in Anbetracht der unmittelbaren Faszination des Forschungsfeldes untergegangen wäre. Die oben zitierte Vermutung der Schülerin über ein verändertes Ergebnis bezieht sich zudem erst einmal nur auf den *Inhalt* der entwickelten Szenen und die Frage, ob das Thema der konventionellen und artgerechten Tierhaltung darin so präsent gewesen wäre – nicht auf formalästhetische Fragen, Beobachtungsweisen und das erhobene Material.

Durch die grundsätzlich unterschiedlichen Beobachtungsstrategien der beiden Gruppen im Feld entstehen bereits unterschiedliche Arbeitsvoraussetzungen für die spätere Entwicklung einer Präsentation, was die direkte Präsenz von Material aus dem Forschungsfeld im Prozess der Präsentationsentwicklung angeht: Die Künstler*innen werten die während der Proben gemachten Notizen ganz genau aus und gehen zuallererst von dem Material aus. Die Schüler*innen hingegen verhandeln eher allgemein, was sie erzählen wollen, ohne starken Bezug auf ihre Beobachtungen oder konkretes Material aus dem Feld zu nehmen. Einige der Schüler*innen kommen zwar in der Entwicklungsphase wiederholt darauf zu sprechen, dass die Ideen in Zusammenhang mit dem Tag stehen sollten, wie es in der Aufgabenstellung für die Entwicklung der Präsentation von ihnen auch gefordert wird: «Aber ich finde, wir sollten trotzdem noch so einen Bezug zu dem haben, was wir heute gesehen haben» (TR2 2014: § 125). Stellenweise wird auch als Kriterium gegen vorgeschlagene Ideen angeführt, dass sie nichts mit den Erlebnissen während des Tages zu tun haben: «Aber warum reden wir denn über Pferde [...] wir haben heute kaum ein Pferd gesehen» (ebd.: § 143). Da aber während des Rundgangs keine Notizen gemacht wurden, sind die Beobachtungen der Eindrücke während der Arbeit an der Präsentation für die Gruppe nicht mehr direkt abrufbar, sondern bestimmen nur implizit und vage das Gespräch.

In diesem Zusammenhang ist auch die Beobachtung interessant, dass die Künstler*innen an vielen Stellen auf der Grundlage von Eindrücken und Informationen aus dem Feld zusätzliche Recherchen unternehmen, um weiteres Material für die Präsentation zu generieren. Wie oben bereits dargelegt, spielen solche Recherchen bei den Schüler*innen keine Rolle. Beispiele aus der Arbeit von Frl. Wunder AG zeigen, dass es sich dabei nicht nur um die Recherche von Hintergrundwissen und zusätzlichen Informationen handelt, sondern auch um Recherchen von ästhetischem Material, wie beispielsweise zusätzlichem Videomaterial. Solche Recherchen bedürfen selbstverständlich einer (technischen) Infrastruktur, auf die die Jugendlichen im Zusammenhang mit der Unterrichtsintervention nicht zurückgreifen können. Bei der Selbstverständlichkeit, mit der heutzutage bereits Jugendliche Informationen über ihr Handy schnell aus dem Netz abrufen, wäre eine Recherche zwar vermutlich möglich gewesen. Wiederum hemmend jedoch könnte der Schulkontext auf eine entsprechende Alltagspraxis gewirkt haben, da die Jugendlichen wahrscheinlich davon ausgingen, dass das Benutzen ihres Handys in einem Schulkontext nicht erlaubt sei. Infrastrukturell stärker und eindeutig ins Gewicht fällt wohl aber die knappe Zeit, die ihnen die Intervention für einen entsprechenden Arbeitsschritt ließ. Abgesehen davon, dass verschiedene Faktoren eine Recherche für die Jugendlichen möglicherweise erschwert haben könnten, werden jedoch von den Gruppen auch so gut wie keine Ideen angesprochen, die überhaupt einer Recherche bedürften und dann wieder verworfen werden. Möglicherweise gibt es in den Augen der Jugendlichen schlicht und ergreifend keinen Anlass, weitere Recherchen anzustellen, eventuell auch aus dem einfachen Grund, dass sie im schulischen Kontext nicht gewöhnt sind, eigene Recherchen ohne einen expliziten Handlungsauftrag und entsprechendes Material anzustellen. So haben sie im Kontext der Intervention lediglich das Material bearbeitet, das ihnen gegeben wurde: den Rundgang selbst. Sie hätten vermutlich gezielt dazu eingeladen werden müssen, zusätzliches Material zu recherchieren, wenn dies als didaktisch oder ästhetisch produktiv sinnvoll erachtet wird.

Zusammenfassend kann festgestellt werden, dass in der Unterrichtsintervention die ethnografische Praxis für die Jugendlichen zumindest in direkt rekonstruierbarem Bezug auf die entwickelten Ideen wenig bis keinen Effekt auf die Wahl der ästhetischen Mittel zu haben scheint. Hier kann durchaus die Frage gestellt werden, ob die Schüler*innen nicht auch ohne eine aufwändige Recherche im Feld zu ähnlichen szenischen Ergebnissen gekommen wären. Die meisten entwickelten Ideen sind auf der Basis von vermutlich sowieso bereits vorhandenen Alltagsphantasien entstanden. Dies kann nun verschiedene Gründe haben: Entweder erfolgt der Rückgriff auf subjektive Alltagsphantasien, weil das ästhetische Potential, tatsächliche Beobachtungen aus dem Feld zu nutzen, nicht gesehen oder erkannt wird, oder aber, weil die Schüler*innen die Feldbeobachtungen tatsächlich als weniger tragfähig und produktiv für einen Szenenentwicklungsprozess einschätzen. Außerdem könnte eine Rolle spielen, dass die Schüler*innen aus dem Kontext Schule gewohnt sind, dass ebensolche Rückgriffe auf eigene Erfahrungen besonders gewünscht oder gefordert sind – sei es generell oder im Fachunterricht Theater – oder dass ihnen konkrete Erfahrungen fehlen, wie sie aus einer möglicherweise faszinierenden, aber sehr konkreten Beobachtung im Feld eine szenisch tragfähige Idee entwickeln können. Da ein unmittelbarer Feldbezug darüber hinaus zumindest teilweise durch mangelnde Infrastruktur und Vorerfahrung sowie durch eine wenig präsente Aufgabenstellung bedingt zu sein scheint, bleibt darüber hinaus zu fragen, was an dem *generellen* Setting der Intervention verändert werden müsste: Wie und mit welchen Mitteln können die Jugendlichen stärker dazu eingeladen werden, das Forschungsfeld als unmittelbare Quelle für die Ideenentwicklung tatsächlich zu nutzen?

3.5.3 Ästhetische Praktiken in der Transformation von Feldbeobachtungen zu szenischem Material

Eine der zentralen Fragen dieser Arbeit richtet sich auf das *Wie* der Transformation von Eindrücken aus dem Feld in szenisch präsentierte Vorgänge. Die Fallstudie betrachtet somit im Folgenden das *doing* (vgl. Garfinkel 1967) dieser Transformation: Was machen die Akteure*innen im ästhetischen Übersetzungsprozess zwischen Feld und Bühne mit dem Material? Wird mit einer Idee beispielsweise eine Erzählung generiert, ein Bild oder eine Atmosphäre kreiert, ein biografischer Bezug behauptet oder der Eindruck von Authentizität vermittelt? In Anlehnung an die Praxeologie fasse ich nachstehend dieses gestalterische Handeln im Transformationsprozess des Materials als ästhetische Praktiken.

Die Beschäftigung mit sozialen Praktiken wird wissenschaftlich gerahmt als Praxeologie, in der Soziologie oft auch als practice turn oder practical turn (vgl. Schatzki, Knorr-Cetina & Savigny 2001) bezeichnet. Die Praxeologie versucht, «die Isolierung von empirischer und theoretischer Arbeit zu überwinden» (Schmidt 2012: 3). Sie geht unter anderem auf die Schriften von Bourdieu (1979) zurück, der mit seiner Theorie der Praxis die in der Philosophie etablierte Dichotomie zwischen Theorie und Praxis aufzuheben versucht und sich um eine «wechselseitige Verschränkung» (Schmidt 2012: 31) bemüht. Praxeologische Soziologie verortet in kritischer Abkehr vom Strukturalismus auf der einen und klassischen Handlungstheorien auf der anderen Seite das Soziale im (körperlichen) Vollzug von Praktiken (vgl. Alkemeyer 2017: 141). Eine entsprechende praxeologische Perspektive ermöglicht künstlerisches Handeln als eine *doing culture* zu begreifen und Kultur in ihrem performativen, körperlichen Vollzug zu betrachten, als ein Phänomen, welches durch Praktiken als «kleinste Einheiten des Sozialen» (Reckwitz 2003: 288) hervorgebracht wird und an den Körper der Agierenden gebunden, an die Artefakte und kulturellen Kontexte geknüpft ist. Dabei wird theoretisch auf das Konzept des auch Alltags- und Körperwissen genannten impliziten Wissens von Polanyi (1985) zurückgegriffen sowie auf das eines im Habitus generierten «Praxissinns» (Bourdieu & Wacquanct 1996: 42).[44]

44 Die Entwicklung der Praxeologie in ihren theoretischen Begründungszusammenhängen ist damit eng verwoben mit der der Ethnomethodologie (vgl. Kapitel 2.2.2). Beide sehen soziale Systeme als Summe sozialer Praktiken innerhalb eines differenzierten gesellschaftlichen Bereichs, in dem für diesen Gesellschaftsausschnitt spezifische Spielregeln für das soziale Verhalten gelten. Sie betonen den Aushandlungscharakter sozialer Wirklichkeit und basieren auf der Annahme, dass die sozialen Akteur*innen nicht den Strukturen unterliegen, innerhalb derer sie agieren, sondern diese selbst erst hervorbringen. Die Praxeologie untersucht auf dieser Basis (häufig mit ethnomethodologischen Verfahren) soziale Praxis im Vollzug und versucht, Praktiken zu identifizieren und beschreibbar zu machen, über die gesellschaftliche Realität hergestellt wird. Sie legt ihren Fokus nicht auf die Absichten der Individuen, sondern auf deren Aktivitäten. Praktiken sind «immer als eine ‹skilfull performance› von kompetenten Körpern zu verstehen» (Reckwitz 2003: 290) und begründen sich in einer Art kollektivem Wissen der Beteiligten. Reckwitz definiert soziale Praktiken «als know-how abhängige und von einem praktischen ‹Verstehen› zusammengehaltene Verhaltensroutinen, deren Wissen einerseits in den Körpern der handelnden Subjekte ‹inkorporiert› ist, die andererseits regelmäßig die Form von routinisierten Beziehungen zwischen Subjekten und von ihnen ‹verwendeten› materialen Artefakten annehmen» (Reckwitz 2003: 289). Soziale Praktiken sind so an bestimmte situative Kontexte gebunden, vollziehen sich überwiegend im Modus des Gewohnten und in Regelmäßigkeit, entstehen aus einem kollektiven Wissen heraus oder werden zumindest von mehreren Personen geteilt. Im Übertrag auf den Untersuchungsgegenstand der Fallstudie ermöglicht ein entsprechender Ansatz, künstlerisch-gestalterisches Handeln als etwas zu kontextualisieren, das nicht prinzipiell jenseits von Alltagshandeln angesiedelt, sondern aus einem kollektiven ästhetischen Bewusstsein heraus verfügbar ist. Bereits Dewey spricht sich für eine Kontinuität zwischen alltäglichen und ästhetischen Erfahrungen aus (vgl. Dewey 1980: 18). Er geht davon aus, dass Kunst als Gegenstand der Erfahrung auf dieselbe Art und Weise wahrgenommen, erlebt und verstanden wird wie andere Lebensbereiche auch. Ästhetische Praktiken wären damit ebenfalls Alltagspraktiken, die auch in Handlungskontexten jenseits eines Probenprozesses anwendbar sind und tatsächlich genutzt werden – in der Erzählung eines besonderen Erlebnisses beispielsweise, im Einrichten der Wohnung oder der Gestaltung einer Party. Ein entsprechender Ansatz unterstreicht darüber hinaus eine prinzipielle Gleichwertigkeit des ästhetischen Handelns von Künstler*innen und Schüler*innen, denn wenn beide Gruppen auf kollektiv zugängliche ästhetische Praktiken zurückgreifen, um damit ihre Kunstwerke herzustellen, sind die Künstler*innen, so meine Grundannahme, nicht «einen Schritt weiter» und entwickeln Ideen mit einem anderen strategischen Bewusstsein, das sich in der Qualität grundsätzlich von dem unterscheidet, was die Schüler*innen auch tun. Die Schüler*innen werden in ihrem ästhetischen Handeln und Ausdruck ernstgenommen (vgl. auch Einführung zu Kapitel 3). Ich gehe im Einklang mit diesem Ansatz davon aus, dass weder Schüler*innen noch Künstler*innen in dem Transformationsprozess von Feld zur Szene planvoll handeln. Beide Gruppen beziehen selbstverständlich auch Gedanken über die Wirkung dessen, was sie tun, in die Ideenentwicklung ein. In dem hier untersuchten ersten Entwicklungsprozess zeigt sich jedoch deutlich ein intuitiver Zugriff auf ein kollektives Alltagsverständnis und Repertoire an Praktiken, die in einer Art und Weise in den Arbeitsprozess eingebracht oder aus dem gemeinsamen Gespräch heraus entwickelt werden, die nicht als planvolles Handeln im Sinne von Strategien oder Verfahren bezeichnet werden können. Entsprechende Begriffe ließen sich eventuell auf einen späteren Inszenierungsprozess übertragen, wenn es darum geht, entwickeltes Material bewusst zu prüfen und zu arrangieren, nicht aber im ersten Zugriff auf das Material und die Entwicklung erster Ideen.

Zur Rekonstruktion der innerhalb der entwickelten Ideen angewendeten ästhetischen Praktiken wurde das Datenmaterial kodiert und kategorisiert.

> ONLINE-VERWEIS: Zur Rekonstruktion zentraler ästhetischer Praktiken aus dem Datenmaterial der teilnehmenden Beobachtung finden sich vertiefte Hinweise und Einblicke auf der Seite zum Buch unter www.kopaed.de

Trotz zeitlich versetzter, wiederholter Codierungs-Vorgänge und einer externen Codierung, sind die Codierungen und Kategorien von subjektiver Einschätzung geprägt. Auch die Trennschärfe zwischen den unterschiedlichen Praktiken – das muss an dieser Stelle angemerkt werden – ist nicht immer eindeutig ist, da szenische Ideen komplexe und häufig multidimensionale Phänomene sind und das Datenmaterial nicht als reiner Text vorliegt. Dennoch erlauben die im folgenden dargestellten Kategorien von ästhetischen Praktiken einen analytischeren Blick auf den Transformationsprozess von der Feldbeobachtungen zum szenisch präsentierten Vorgang.

3.5.3.1 Atmosphäre gestalten

Über die ästhetische Praktik *Atmosphäre gestalten* zielt eine szenische Idee auf das Herstellen einer im Sinne von Schouten *theatralen Atmosphäre* (vgl. Schouten 2004; 2005a). Schouten beschreibt Atmosphäre als temporäre Erscheinung im Moment der Aufführung, die zwar immer auch von der Rezeption der Zuschauenden abhängig, jedoch inszenatorisch weitgehend herstellbar ist. Atmosphäre meint in diesem Sinne einen inszenierten Stimmungsraum, eine bewusste Gestaltung von stimmungsgebenden Faktoren wie Licht, Geräuschen, Gerüchen, Handlungen und Raumelementen – mit einer zumindest intendiert gerichteten Wirkung, die auf stimmungsverändernde Affekte beim Zuschauenden abzielt. Sie entsteht in einer «Wechselwirkung zwischen Materialität und Referenzialität der wahrgenommenen Raumkonstellation» (Schouten 2005a: 15). Dabei spielt häufig die Gestaltung von Multisensualität eine entscheidende Rolle. Mit Multisensualität (lat. Multus: viel; sensus: Sinn, Wahrnehmung) wird im eigentlichen Wortsinn die Eigenschaft eines Objektes bezeichnet, mit mehreren

Sinnen wahrgenommen zu werden.[45] Atmosphäre zu gestalten bedeutet in diesem Sinne daher auch die gezielt gestaltete Ansprache weiterer Sinne über die visuelle und auditive Wahrnehmung hinaus.[46] Ideen, die sich einer entsprechenden ästhetischen Praktik bedienen, sind demnach solche, die auf das Erzeugen oder Gestalten einer bestimmten Stimmung im Raum gerichtet sind, den Raum im Hinblick auf seine unmittelbare Wirkung auf den Zuschauenden verändern. Dies kann über ganz unterschiedliche Verfahren geschehen, über die Arbeit mit Geräuschen und Klängen, einen performativen, raumgreifenden Vorgang, ein Video oder klassisch über Bühnenbildelemente. Im Unterschied zu der ästhetischen Praktik *Bild herstellen* geht es beim Gestalten von Atmosphären demnach nicht um die Arbeit an einem einzelnen visuellen Eindruck, sondern um das Erzeugen einer unmittelbaren Wirkung auf den Raum, was häufig über das Zusammenwirken verschiedener einzelner Faktoren erreicht wird.

45 Sieht man von wenigen Ausnahmen ab, ist der größte Teil unserer natürlichen Umwelt per se multisensuell, wobei im Hinblick auf die sinnliche Wahrnehmung durch den Menschen, also die Rezeption multisensueller Objekte, davon gesprochen werden kann, dass bei erwachsenen Menschen deutlich eine visuelle Dominanz (vgl. Kavšek 2016) zu verzeichnen ist. Damit gemeint ist die menschliche Tendenz, visuelle Informationen bevorzugt vor anderen Sinneseindrücken zu verarbeiten. Kulturelle Ausdrucksformen sind größtenteils dominiert durch das Visuelle und Auditive. Dabei sind visuelle Medien wie das Bild oder Foto oder auch die Schrift omnipräsent, Musik als reines Hörmedium wiederum ist ebenfalls allgegenwärtig, wenn auch im Vergleich zur Bildsprache etwas weniger präsent, Medien wie der Film oder das Internet, die visuelle und auditive Eindrücke verbinden, scheinen für die menschliche Wahrnehmung besonders interessant zu sein und werden vor allem genutzt, wenn Menschen selber auswählen, was sie konsumieren möchten. Geruchs-, Geschmacks- oder Gefühlsmedien sind im Grunde genommen nicht existent (vgl. Patalong 2016 oder Bundeszentrale für Politische Bildung 2015). Auch Theater ist in erster Linie eine visuelle und auditive Kunstform, ermöglicht aber anders, als beispielsweise andere Medien wie Film, Fernsehen oder Radio, zumindest theoretisch durch die leibliche Kopräsenz von Akteur*innen und Rezipient*innen im selben Raum die Gestaltung von Sinneseindrücken, die nicht wie das Sehen oder Hören über Fernwahrnehmung funktionieren, sondern eine direkte körperliche Anwesen- und Involviertheit voraussetzen.

46 Dabei wären in meinen Augen über die immer noch sehr gängige aristotelische Definition der Sinnesphysiologie hinaus zumindest theoretisch auch diejenigen sinnlichen Eindrücke zu fassen, die innerhalb der modernen Psychologie und Neurowissenschaften diskutiert werden: der Geruchsinn oder die olfaktorische Wahrnehmung, der Geschmacksinn oder die gustatorische Wahrnehmung, der Tastsinn oder die taktile Wahrnehmung mit der Haut, der Bewegungssinn oder die kinästhetische Wahrnehmung, die Körperempfindung oder Tiefensensibilität (Propriozeption) und der viszerale Sinn oder die körperinnere Wahrnehmung. In der Praxis zeigt sich natürlich, dass ein bewusst ästhetisches Ansprechen von beispielweise viszeralem Sinn oder Schmerzempfinden im Rahmen einer Aufführungssituation eher unwahrscheinlich ist, dennoch aber denkbar und daher aufgrund des damit verbundenen ästhetischen Potentials entsprechender Ideen ausdrücklich mit einzuschließen.

Ideen, deren Wirkungsweise zentral auf Atmosphäre bauen, sind beispielsweise die Überlegung, den blutigen Vorgang einer Schlachtung mit einer Gebetssituation zu kontrastieren, um über diesen Stimmungswechsel einen Effekt beim Zuschauenden auszulösen. Weitere Beispiele sind die zu einer Soundspur verdichteten Tonaufnahmen einer Pirschjagd im Regen oder das Produzieren von Rauch im Bühnenraum in Anlehnung an die Beobachtungen beim Imkern.

3.5.3.2 Authentizität behaupten

Etymologisch gesehen meint Authentizität nach dem griechischen *authèntikos* so viel wie *gültig, echt* oder *glaubwürdig*. Der theaterpädagogische Diskurs beschreibt dabei Authentizität als Relationsverhältnis eines «substantiell angenommenen inneren Kerns zu einer nach außen vermittelnden Oberfläche des Ausdrucks» (Hentschel 2003b: 32). Damit wird zum einen deutlich, dass das, was als authentisch gilt, abhängig vom jeweils kulturellen und historischen Kontext und den damit verbundenen Vorstellungen von Subjekt und Wirklichkeit ist (vgl. Geertz 1998). Gleichzeitig wird Authentizität stark an Darstellungsweisen und Darsteller*innen geknüpft: Als authentisch gilt «eine Person, die anderen und sich selbst gegenüber ‹echt›, ‹wahrhaftig› ist, mit sich selbst übereinstimmt» (Hentschel 2003b: 32). Dabei diagnostizieren Autor*innen wie Hentschel zwar, dass es seit den 1980er-Jahren zu einer Begriffserweiterung gekommen ist, Authentizität heute in vielen unterschiedlichen Kontexten konstatiert oder verhandelt wird und dass es nicht um «eine Gleichsetzung von Authentizität im Sinne Rousseauscher Zivilisationskritik mit dem Schönen und Guten gehe» (Hentschel 2003a: 32 ff.). Arbeiten von anderen Autor*innen wie die zum biografischen Theater von Maike Plath (2009) machen aber deutlich, dass der allgemeine theaterpädagogische Zugang zum Begriff des Authentischen häufig in erster Linie damit verbunden ist, dass jugendliche Darsteller*innen eine Darstellungsweise finden, die möglichst «echt» und «natürlich» wirkt (vgl. u. a. Plath 2009: 25 f.). Im Gegensatz zu Plath, die unter anderem davon ausgeht, dass es für das Herstellen von Authentizität auf der Bühne mit Jugendlichen eine «vollständige Identifikation der Schüler*innen mit den auf der Bühne dargestellten Inhalten» (Plath 2009: 26) brauche, ist meinem Verständnis nach der Begriff nicht zwangsläufig an das Subjekt der Akteur*innen und deren Identifikationsleistung gekoppelt. Authentisch können nicht allein die Darsteller*innen sein, sondern auch Objekte, Texte oder Artefakte. Hentschel definiert im Hinblick auf die Authentizität von Artefakten, dass sie insofern als authentisch gelten können, als dass sie «tatsächlich von dem Autor stammen, dem sie zugeschrieben werden» und verweist damit auf die «dokumentarische Echtheit eines Originals» (Hentschel 2003a: 32).

Interessant ist in diesem Zusammenhang ein Blick in die Wortgeschichte der Authentizität. Im Spätmittelalter erlangten Bibelabschriften den Status des «Authentischen» und wurden zum beglaubigten Original, indem sie mit dem Siegel hoher kirchlicher Würdenträger versehen wurden. Authentizität wurde folglich nicht als tatsächliche Eigenschaft des Artefakts oder Dokuments definiert, sondern als etwas, was dem Artefakt institutionell verliehen werden musste (vgl. Merschmann 2012). Daher wäre mit Hügel nicht zu fragen, «was authentisch ist, sondern wie Authentifizierung zustande kommt, ein authentischer Ausdruck hergestellt und/oder geglaubt wird» (Hügel 1997: 47). So rücken die Wahrhaftigkeit und das genuine *Echte* des Artefakts oder die Darstellungsweise in den Hintergrund der ästhetischen Betrachtung und – ganz im Sinne des *performative turns* – Herstellungsprozess und Perspektive der Rezipient*innen ins Zentrum der Betrachtung – die sich, kommen wir zurück auf den griechischen Wortstamm, nun auf den Aspekt *glaubwürdig* fokussiert. Denn als authentisch oder *echt* kann vom Publikum auch rezipiert werden, was bei tatsächlicher Prüfung den Kriterien dokumentarischer Echtheit des Originals nicht standhalten würde, dessen dokumentarischer Charakter aber glaubhaft *behauptet* wird. Authentizität wird so mit Kolesch zum «Effekt von – mehr oder weniger expliziten – Inszenierungsprozessen» (Kolesch 2005b: 223), zu einem ästhetisch generierten Moment. Sie ist nicht als Qualitätskriterium zu verstehen, das einer Darstellung vorausgeht und dieser Wahrhaftigkeit verleiht.

Grundlage für das Behaupten oder Herstellen von Authentizität ist im Sinne der Relativität des Begriffes damit vor allem ein Einhalten von Kriterien der Glaubwürdigkeit, die dem historischen und kulturellen Kontext der Rezipient*innen entsprechen. Nur so kann der «Wahrnehmungsvertrag» zwischen Produzent*in und Rezipient*in im Sinne eines authentischen Empfindens eingelöst werden. Wie genau sich diese Kriterien im kulturellen Kontext gestalten, innerhalb dessen diese Arbeit entsteht, müsste Gegenstand einer eigenständigen Untersuchung sein und würde den Rahmen dieser Untersuchung sprengen. Dennoch können aus der Beobachtung heraus vorsichtig Parameter beschrieben werden, *wie* über die ästhetische Praktik *Authentizität behaupten* der Eindruck von Echtheit erweckt wird: So werden ästhetische Mittel zentral wie beispielweise eine Darstellungsweise, die den Charakter als Dargestelltes leugnet, der direkte Verweis auf die Welt außerhalb des Theaters, das Vorlegen von Beweisen in Form von Artefakten, Schriftstücken oder Videomaterial, das Einbeziehen und Präsentieren von Expert*innen, deren Wissen und Sprechweisen, das Ausstellen und Verhandeln kontroverser Diskurse oder aber Spontaneität, Improvisation und Alltagssprache im Sprechgestus der Akteur*innen.

Beispielhafte Ideen für diese ästhetische Praktik sind unter anderem das Einspielen von Interviewschnipseln aus Gesprächen mit den im Feld getroffenen Expert*innen, das Behaupten eines Staubsaugerfussel als mitgebrachtes Eulengewölle oder das Vorlegen von Dokumenten, die eine Performerin dem Publikum gegenüber als Falkenexpertin ausweisen sollen.

3.5.3.3 Bild herstellen

Die Definition dessen, was wir theater-, kunst- oder kulturwissenschaftlich unter einem Bild verstehen, ist in Anbetracht der «Vielzahl und Heterogenität der Bilder und bildlichen Darstellungen, die in unserer Kultur existieren und in ihr Verwendung finden» (Kolesch 2005c: 44), sehr schwer – wenn nicht sogar unmöglich. Im Kontext des Theaters wird ein Bild klassischer Weise häufig entweder als eine an Dekorationswechsel gebundene Unterteilung eines Theaterstückes oder im weiteren Sinne im Kontext der Szenografie definiert. Dabei sind heute selbstverständlich auch Film- und Videobilder als mögliche Bestandteile mit eingeschlossen. Eine «konkrete visuelle Gestaltung des Bühnenraumes, mit dessen Möglichkeiten» (ebd.: 45) ist im Kontext dieser Arbeit zwar auch Ausgangspunkt für das, was mit der ästhetischen Praktik *Bild herstellen* gemeint ist, kann aber nicht keine umfassende Definition darstellen. Gegenstand der Untersuchung sind schließlich keine fertigen Inszenierungen, sondern lediglich die Entwicklung und Präsentation erster Ideen und Ideenskizzen, die aus organisatorischen und zeitlichen Gründen keine ausgearbeitete Gestaltung des Bühnenraums beinhalten können.

Als Bild definiert sich hier folglich ganz grundlegend ein szenisches Element, das in erster Linie visuell wirkmächtig bzw. bewusst gestaltet ist. Dabei kann auch Barthes' Definition des Bildes im Kontext von Malerei, Theater und Literatur als «reiner Ausschnitt mit sauberen Rändern, der seine ganze unbenannte Umgebung ins Nichts verweist und all das ins Wesen, ins Licht, ins Blickfeld rückt, was er in sein Feld aufnimmt» (Barthes 1990: 95) hilfreich sein. Dem Bild käme in diesem Sinne vor allem auch die Funktion der Rezeptionslenkung zu, die Setzung eines Fokus oder die bewusste Rahmung eines bestimmten Elementes, das Aufmerksamkeit erhalten soll.

Eine Person oder ein Gegenstand auf der Bühne ist in diesem Sinne an sich noch kein Bild, erst wenn das jeweilige Element durch zusätzliche Mittel in einen bestimmten bildhaften Rezeptionsrahmen gerückt wird, entsteht ein Bild. Die Person nimmt zum Beispiel eine Heiligenpose ein oder es wird ihr ein Heiligenschein hinter den Kopf gehalten, ein Gegenstand wird durch eine Projektion oder über Musikeinspielung so inszeniert, als triebe er verlassen auf dem Meer umher. Häufig entstehen so Bilder auch im Sinne ikonografischer Anordnungen, die an bekannte Bilder aus Kunst, Kultur, Alltag oder Öffentlichkeit erinnern. Dabei müssen die Mittel, mit denen das Bild hergestellt wird, nicht zwangsläufig rein visuelle Mittel sein – ausschlaggebend ist die bewusste Gestaltung eines visuellen Assoziationsraums bzw. die Lenkung der Wahrnehmung der Rezipienten auf ebendieses Bild in ihrem Kopf. Das Bild leistet dabei «vor allem Ordnungs- und Synthetisierungsfunktionen, indem Zufall und Chaos ausgeschlossen und die ausgewählten Elemente unter einen Gedanken oder eine Hauptidee gefasst werden» (Kolesch 2005c: 46). In diesem Sinne unterscheidet sich Herstellen von Bildern von einem Gestalten von Atmosphären, die sich eher auf den allgemeinen Stimmungsraum beziehen– wobei eine klare Trennschärfe zwischen den Kategorien nicht immer gegeben ist, wie kritisch anzumerken bleibt.

Bildhaft kann so auch das Spiel mit An- und Abwesenheit werden, wenn gerade das nicht Gezeigte dazu dient, die Vorstellungskraft der Rezipient*innen in eine bestimmte Richtung zu lenken. So beinhaltet eine szenische Idee beispielsweise, dass für den Vorgang einer Schlachtung eine Spielerin bewusst aus dem Präsentationsraum in einen Nebenraum geht, von wo aus nur noch ein lautes, gequältes Quieken zu hören ist. Hier spielt gerade die bewusste Verweigerung des Bildes der Schlachtung mit der Bildhaftigkeit des Momentes und den Bildern im Kopf der Rezipient*innen – und klassifiziert die szenische Entscheidung als eine, die der ästhetischen Praktik *Bild herstellen* folgt. Weitere Beispiele für die Vergabe sind ein szenischer Ansatz, bei dem die Zuschauenden eingekleidet in Schutzkleidung um einen nackten Körper auf einem Tisch herumstehen und so gemeinschaftlich zu Rembrandts *Die Anatomie des Dr. Tulp* werden oder aber die Imitation eines Falken durch einen Performer, der die gesamte Szene mit einem schwarzen Mantel auf einem Holzklotz sitzt und vogelähnliche Bewegungen mit dem Kopf macht.

3.5.3.4 Biografischen Bezug behaupten

Die Arbeit mit biografischen Bezügen stellt in der Theaterpädagogik derzeit einen immer populäreren Ansatz dar. Theaterpädagog*innen und Lehrkräfte an Theatern und in Schulen beziehen sich dabei nicht nur auf theaterästhetische Ausdrucksformen, die seit vielen Jahren in der freien Szene zu beobachten sind. Sie greifen auch auf Ansätze wie die von Boal, Praml oder Brecht zurück und können sich seit jüngster Zeit auch an dezidiert theaterpädagogischer Veröffentlichung zum Thema orientieren (vgl. z. B. Köhler 2009, Plath 2009, Hentschel 2009; Bundesverband Theater in Schulen 2012). Innerhalb des theaterpädagogischen Diskurses wird dabei das Biografische meist an den bzw. die Biografieträger*in selbst geknüpft und nicht zuletzt auch mit einer Suche nach für Amateur*innen[47] wirkungsvollen Ausdrucksformen verbunden (vgl. z. B. Gäbler 2003). Bei Köhler wird daneben auch der Aspekt der sozialen Interaktion und gesellschaftlichen Teilhabe stark gemacht, ihrer Auffassung nach fließen in biografischer Theaterarbeit «ästhetische Kompetenzvermittlung und Persönlichkeitsbildung» (Köhler 2009: 154) zusammen.

Mir geht es innerhalb dieser Arbeit explizit nicht um eine Bewertung dessen, ob die biografischen Bezüge in den Augen möglicher Rezipient*innen glaubhaft oder authentisch (siehe oben) sind, sondern lediglich um die gestalterische Intention, einen Aspekt der Präsentation in Verhältnis zu einer Biografie zu setzen. Aus diesem Grund erscheint es mir aus wirkungsästhetischer Perspektive sinnfällig, generell von biografischen *Behauptungen* zu sprechen. Anders als Norma Köhler fasse ich dabei als verbindliches Kriterium des Biografischen nicht nur, dass eine Idee oder Produktion von biografischen Aspekten der Akteur*innen ausgeht, sondern lediglich, dass sie Bezug zur Biografie eines*r Akteur*in oder der einer

47 Zur Begriffsverwendung Amateur vgl. Hilliger 2017: 55, Fußnote 1.

anderen Person hat. Biografische Behauptungen bleiben demnach wie von Köhler beschrieben zwar «Sprachrohr» von Biografieträgern (vgl. Köhler 2012: 123), aber eben nicht zwangsläufig der Akteur*innen selbst, nicht lediglich in Form von «Selbstthematisierung» (vgl. Köhler 2009: 72), sondern eben auch im Hinblick auf das Einarbeiten und Thematisieren fremder Biografien und Alltagserfahrungen. Dabei ist es irrelevant, ob diese als Erzählungen anderer ausgestellt werden oder genau darauf gesetzt wird, ein Publikum glauben zu machen, es handele sich um eigene Erfahrungen. Somit ist die *Behauptung* eines biografischen Bezugs unter der Perspektive der Wirkungsweise gegenüber den Zuschauenden in meinen Augen als zentrales Kriterium ausschlaggebender als die tatsächliche Autorenschaft («es ist *meine eigene* Geschichte») oder der tatsächliche Wahrheitsgehalt («es ist eine *echte* Geschichte») dessen, was da erzählt wird. In diesem Sinne kann eine biografische Behauptung auch vollständig konstruiert sein.[48]

Im dieser Untersuchung zu Grunde liegenden Material finden sich Beispiele für Codierungen mit der ästhetischen Praktik *biografischen Bezug behaupten* unter anderem im Erzählen von scheinbar persönlichen Haustiergeschichten, einem Text darüber, was in den Augen einer der Performer*innen eine gute Beute ausmacht, in der Übertragung eines Hahnenkampfes auf eine Konfliktsituation zwischen zwei Performer*innen oder die Inszenierung einer talkshowartigen Diskussion über die persönlichen Gründe der Beteiligten, warum sie Fleisch essen oder nicht.

3.5.3.5 Inhaltliche Kontexte vermitteln

Als ästhetische Praktik *Inhaltliche Kontexte vermitteln* wurden bei der Untersuchung der entwickelten Ideen und szenischen Ansätze all jene Aspekte codiert, bei denen es den Akteur*innen augenscheinlich darum geht, ihrem Publikum Wissen, Fakten, Diskurse oder inhaltliche Positionen zum Thema nahezubringen. Im Unterschied zur Praktik *Narration generieren* (siehe unten) sind diese Inhalte nicht zwangsläufig einer strukturierten Erzählung unterworfen, sondern können als einzelne, zusammenhangslose Elemente bestehen und folgen nicht unbedingt

48 Eine Erweiterung des Biografischen ist in meinen Augen nicht zuletzt deswegen sinnvoll, da es sich bei einer biografischen Erzählung auf der Bühne in Zeugenschaft eines Publikums immer um eine *ästhetisch geformte* Erzählung handelt – und damit die Frage nach Authentizität immer eine relative bleibt. Diese Feststellung findet sich im Grunde genommen sowohl bei Plath als auch bei Köhler, selbst wenn beide an Autorenschaft und Authentizität festhalten. Köhler definiert beispielsweise mit Verweis auf Theodor Schulze Biografie «als Prozess, Produkt und Potential» (ebd. 2009: 20) und stellt heraus, dass es ihr um den «Ästhetisierungsprozess» (ebd.: 22) der eigenen Biografie ginge – und damit um die Fähigkeit, Biografie als ästhetisches Phänomen wahrzunehmen und «in ihrer Wirkung und Inszeniertheit zu verstehen, mit ihr reflektierend und produktiv gestalterisch umzugehen, um damit wiederum ästhetische und biografische Kommunikation initiieren zu können» (ebd: 154).

einer Erzähllogik, Chronologie oder Dramaturgie. Dennoch gibt es natürlich häufig Codierungen, die beide ästhetische Praktiken beinhalten – da narrative Erzählungen häufig auch einen bestimmten Inhalt vermitteln und die Vermittlung von inhaltlichen Kontexten umgekehrt häufig narrativ strukturiert wird.

Diese ästhetische Praktik kommt beispielsweise zur Anwendung, wenn zeitliche Kontextualisierungen einer Szene über Schilder vorgenommen werden, über die Projektion von Videos die Unterschiede zwischen konventioneller und artgerechter Tierhaltung verdeutlicht werden sollen oder in einer Art Koch-Show Fakten zur Massentierhaltung aus dem Interview mit einem Mastbauern und zusätzlicher Recherche präsentiert werden.

3.5.3.6 Materialität ausstellen

Materialität bezieht sich im Unterschied zum Begriff des Materials nicht auf Quellen und Mittel einer Inszenierung, sondern auf die spezifischen Eigenschaften von Körpern, Objekten, Lauten oder Räumen und deren ästhetische Verwendung und Wahrnehmung. Materialität, so Schouten, «lässt den Gegenstand für die Dauer seiner Wahrnehmung in seinem phänomenalen, selbstreferenziellen So-Sein hervortreten» (Schouten 2005b: 194). Dabei wird unterschiedlichen Dingen oder Stoffen unterschiedliche Materialität zugeschrieben – die wiederum auch vom historischen und kulturellen Kontext der Verwendung und Rezeption abhängig ist.[49]

Unter theaterästhetischer Perspektive ist dabei vor allem auch die performative Qualität eines Stoffes im Hinblick auf dessen Materialität interessant: Sie umfasst den Appel- oder Aufforderungscharakter der Dinge, der aus phänomenologischer Perspektive allen Dingen eigen ist: «Das Handeln beginnt mit der Aufforderung der Dinge, es beginnt außerhalb seiner selbst» (Waldenfels 2000: 375). Die Dinge fordern uns auf, etwas mit oder an ihnen zu tun. Diese performative Qualität ist hierbei an die spezifische Materialität der Dinge geknüpft. Ein Gegenstand wie ein rohes Ei besitzt dabei eine andere performative Qualität als ein großes robustes Eisengewicht. Dem einen wohnen unter anderem zum Beispiel Zerbrechlichkeit und Fragilität inne, dem anderen Schwere und Zerstörung, beiden jedoch auch die performative Qualität von Gravitation bzw. die Aufforderung oder der Appell des Fallenlassens oder Werfens. Unter Materialität ist hier – wie oben bereits angeklungen – ausdrücklich auch die häufig separat als Körperlichkeit definierte Materialität von Körpern gefasst.

49 Hinter Kunststoff beispielweise «verbirgt sich eine Vielzahl chemischer Verbindungen, die sowohl materiell als auch in ihren semantischen Zuschreibungen hochgradig wandelbar sind. So stehen Kunststoffe für das Ideal der Transformation und Flexibilität, der Haltbarkeit und Stabilität gleichermaßen, bis sie schließlich unter den Vorzeichen der Nachhaltigkeit in Verruf geraten und ihren modernistischen Appeal, den sie im 20. Jahrhundert lange Zeit besaßen, weitgehend einbüßen» (Heibach & Rohde 2015: 22).

Materialität auszustellen bedeutet als ästhetische Praktik folglich, Körper, Objekte, Laute oder Räume in ihrer spezifischen Erscheinung und Wirkung im Rahmen von szenischen Entwürfen zu präsentieren und somit ihre performative Qualität hervorzuheben oder gezielt zu nutzen.

Materialität wird als ästhetische Praktik beispielsweise genutzt, wenn darüber gesprochen wird, ein rohes Ei aus der Bluse einer Spielerin fallen zu lassen, wenn Fleischpartien auf einen nackten menschlichen Körper gezeichnet oder Material aus dem Feld wie zum Beispiel Gummihandschuhe oder Schutzanzüge genutzt werden sollen, um den klinischen Charakter einer Situation zu unterstreichen.

3.5.3.7 Narration generieren

«Unter Narration wird ein grundlegendes Ordnungsschema von Erfahrungen und Wissen verstanden, das einen Zusammenhang von Geschehen und Handlung in eine Geschichte überführt» (Kolesch 2005a: 217). Narration als ästhetische Praktik zu generieren meint in diesem Sinne nicht zwangsläufig die Narration eines*r Erzähler*in – sie wird nicht wie bei Horaz (1984, Original: um 14. V. u. Z.) als Gegensatz einer szenischen Präsentation angesehen, sondern sie kann in «mündlicher, schriftlicher, visueller, akustischer und/oder gestisch-kinetischer Form präsentiert» (Kolesch 2005a: 217) werden. Somit lässt sich von der narrativen Struktur einer Handlung oder einer Bildfolge sprechen, sofern die Auswahl der präsentierten Elemente eine *«nach Kriterien der Relevanz und der zeitlichen Abfolge» (ebd.) strukturierte Geschichte wiedergibt.* Dabei wird im Zusammenhang dieser Untersuchung keine Unterscheidung unter literarturtheoretischer oder dramenanalytischer Perspektive gemacht, die die Art und Weise einer solchen Narration genauer bestimmen würde. Selbstverständlich hat sich die Art, wie in unserer Gesellschaft und vor allem in den Künsten, besonders im Theater, Narrative generiert und vermittelt werden, stark gewandelt (vgl. u. a. Lehmann 1999: 196, Hentschel & Mattenklott 2009). Nicht zuletzt die digitalen Erzählweisen verändern dabei Inhalt und Form unserer Narrationen und die generelle Rezeptionshaltung gegenüber Narrativen (vgl. u. a. Pilarczyk 2009). Eine genauere Untersuchung der Art und Weise, wie Narration generiert wird und welche Form der Narration jeweils gewählt wird, würde jedoch den Rahmen dieser Arbeit sprengen und einer eigenständigen Untersuchung bedürfen. Alleiniges Kriterium, eine entwickelte Idee unter der ästhetischen Praktik *Narration generieren* zu fassen, stellt daher das Anliegen der Akteur*innen dar, eine strukturierte Erzählung im Sinne einer Folge von Ereignissen zu vermitteln – sei es, dass sie der geschlossenen Ordnungen klassischer Geschichten folgen oder nicht, chronologisch erzählt werden oder lediglich assoziativ miteinander verknüpft sind, dabei aber die Verknüpfung immer noch sichtlich einem erzählerischen Anliegen folgt.

Zur Anwendung kommt eine entsprechende ästhetische Praktik, wenn beispielsweise in der Entwicklung von zahlreichen Ideen darüber diskutiert wird, was die Ausgangserzählung einer szenischen Idee sein könnte – Schweine, die die Herrschaft über die Menschen erkämpfen, ein Biobauer, der kurz vor dem Ruin entscheidet, seinen Betrieb auf konventionelle Tierhaltung umzustellen, oder eine Familie, die in einem Erlebnis-Restaurant Geburtstag feiert und dafür ein Tier live schlachten lässt. Auch das Verlesen einer Kurzgeschichte über Gelee Royal oder im Erzählen von Geschichten verstorbener Haustiere werden Narrationen generiert.

3.5.3.8 Performativität nutzen

Performativität ist quer durch die Disziplinen zu einem Schlüssel- und Sammelbegriff geworden. Das hat gerade in den Kulturwissenschaften seit den 1990er-Jahren eine Vielzahl innovativer Forschungen hervorgebracht, macht es aber auch schwer, Trennschärfe zu behalten, was Performativität eigentlich umschreibt und in den Überschneidungsbereichen zu anderen Begrifflichkeiten von denen unterscheidet. Geprägt wurde der Begriff «performativ» im Kontext der Sprachwissenschaft durch Austin (1962/1979) und beschreibt dort einen zentralen Aspekt der Sprechakttheorie: Als *performativ* bezeichnete Austin sprachliche Äußerungen, die nicht rein verbal bleiben, sondern durch die gleichzeitig eine Handlung vollzogen und Wirklichkeit verändert, gar erst konstituiert wird. Die Perspektive auf das Performative rückt ebendiese Herstellungsvorgänge und prozesshaften Handlungsvollzüge innerhalb sozialer Interaktion in den Blick. In diesem Zusammenhang hat Butler (1993) den Begriff der Performativität für das kulturwissenschaftliche Performativitätskonzept entscheidend geprägt. Performativität bezeichnet nach Butler die kulturelle Konstitution von Geschlecht durch sprachliche Äußerungen und körperliche Handlungen. Wirklichkeit, in Butlers Forschungsfokus die Wirklichkeit von Geschlechtsidentität, wird als soziale Konstruktion definiert, die durch das ständige Wiederholen und Zitieren von (kulturell überlieferten) Sprechakten und Handlungsweisen erst entsteht. Performativität umschreibt in diesem Sinne weniger ein neues Phänomen, als vielmehr eine «neue Art der Betrachtung bekannter Phänomene – eine andere Weise, auf sie zu reagieren, sie zu erfahren und über sie nachzudenken» (George 2004: 22). Allgemeiner formuliert, kann man daraus folgernd davon sprechen, dass mit dem Begriff der Performativität andere Dimensionen in den Blick der Betrachtung rücken: körperliche Präsenz, Ereignishaftigkeit, Flüchtigkeit und das Momenthafte sowie der Prozess des Herstellens, Sich-Ereignens und Handelns in der leiblichen Kopräsenz von Künstler*innen und Publikum. Theater erfüllt dabei immer gleichzeitig eine referentielle und eine performative Funktion. Während sich die referentielle Funktion auf die Ebene der Darstellung und des Verweises bezieht und zeichenhaft Figuren, Beziehungen und Situationen entwirft, ist die performative auf den konkreten Handlungsvollzug der Agierenden (Darstellende wie Zuschauende) und dessen unmittelbare Wirkung bezogen (vgl. Fischer-Lichte 2004; Fischer-Lichte & Roselt 2001). Der referentielle oder performative Gehalt ist von Situation zu Situation unterschiedlich stark ausgeprägt.

Die ästhetische Praktik *Performativität nutzen* meint nun folglich das gezielte Einbringen von performativen Vorgängen in die entwickelten Ideen. Darunter fallen zum einen das Herstellen und Ausstellen von realem Handeln, zum anderen das Offenlegen der Konstruktionsprozesse von Vorgängen, Zeichen, Figuren oder Objekten.

Beispiele für die Anwendung dieser Praktik finden sich in szenischen Ansätzen wie dem Produzieren von Rauch auf der Bühne mit einer improvisierten Imkerpfeife oder in einem Beerdigungsritual mit toten Eintagsküken, bei denen die Tiere vor den Augen der Zuschauenden einbandagiert und mumifiziert werden oder eine letzte Ölung erhalten.

3.5.4 Einflussfaktoren für produktives Aufgreifen ästhetischer Appelle aus dem Forschungsfeld

In der genaueren Betrachtung der von Künstler*innen und Schüler*innen angewendeten ästhetischen Praktiken wird deutlich, dass die beiden Gruppen die Feldforschung in unterschiedlicher Art und Weise für ihre Arbeit nutzen bzw. ihr Potential jeweils anders einschätzen und gewichten. Generell lässt sich aus den Beobachtungen rekonstruieren, dass die Künstler*innen großen Wert darauflegen, die ästhetischen Potentiale des Feldes zu nutzen. Während sie in ihrer Arbeit ästhetischen Praktiken wie Authentizität, Materialität und Performativität nachgehen, Bilder und Atmosphären generieren, und in Verbindung damit darauf setzen, das Material als authentisch zu kennzeichnen, nutzen die Schüler*innen in der Feldforschung eher das inhaltlich, narrative Potential, das ihnen Material für eine in sich geschlossene, fiktive Erzählung auf der Bühne zuspielt.

ONLINE-VERWEIS: Vorgehensweise und detaillierte Vergleiche von ästhetischen Praktiken bei Frl. Wunder AG und Schüler*innen auf der Seite zum Buch unter www.kopaed.de

Im Kontext dieser Arbeit bin ich eingangs normativ davon ausgegangen, dass aus theaterästhetischer und inhaltlicher Perspektive eines der zentralen Potentiale für das Integrieren von Feldforschung in einen Probenprozess das Generieren von szenischen Elementen ist. Diese weisen zum einen einen direkten Bezug zur Realität sozialer Felder auf. Zum anderen lassen sie eine Vielfalt und Fülle unterschiedlicher Anregungen und Materialen in einen Probenkontext einbringen, die sonst so nur selten oder schwer im Kontext einer Probe entstehen. Dieses Potential wurde, wenn wir Feldbezüge und ästhetische Praktiken rekonstruieren, mit denen die Schüler*innen in der Intervention arbeiten, nur in sehr geringem Maße genutzt. Die entwickelten Szenen sind zwar offensichtlich von den Erfahrungen und Beobachtungen im Feld thematisch inspiriert. Es finden sich aber nur ansatzweise direkte Bezüge zu dem, was die Jugendlichen dort beobachtet und erfahren haben und so gut wie keine Materialen, Artefakte oder Texte, die direkt dem Feld entstammen. Die Anwendung ästhetischer Praktiken ist deutlich auf das Generieren von Narrationen und Vermitteln inhaltlicher Kontexte fokussiert, andere Ansätze finden sich nur sehr vereinzelt und häufig lediglich in der Diskussion von Ideen, nicht in der tatsächlichen szenischen Umsetzung, die die Jugendlichen entwickeln und präsentieren.

Nun könnte man davon ausgehen, dass die Schüler*innen die Eindrücke des Forschungsfeldes einfach als wenig interessant und bewegend wahrgenommen haben. Dann spiegeln die vielschichtigen ästhetischen Apelle des Feldes sich schlichtweg deswegen nicht in den Präsentationen wider, weil es für die Jugendlichen eben keine besonderen Eindrücke gab, das Feld nicht zu ihnen «gesprochen» hat. Dass dem nicht so ist, lässt sich jedoch relativ deutlich aus den Auswertungsgesprächen der Teilnehmenden rekonstruieren. Die Schüler*innen nehmen den Tag ganz im Gegenteil als etwas Besonderes wahr, das sich vom regulären Schulalltag unterscheidet und ihnen ungewöhnliche Eindrücke und Erfahrungen ermöglicht hat. Besonders in der ersten Gesprächsrunde, in der sich die Schüler*innen unmittelbar nach dem Rundgang über den Hof über ihre Eindrücke austauschen, wird dies deutlich. Dort werden auffällig oft unmittelbare Affekte auf das Erlebte geschildert, Schock (vgl. TR1 2014: § 116), Angst (vgl. ebd.: § 96), Ekel (vgl. ebd.: § 131) oder ein schlechtes Gewissen (vgl. ebd.: § 40). Gerade die unmittelbaren Begegnungen mit den Tieren, wie beispielsweise im Rahmen des Fütterns der Hühner oder Schweine oder der Anblick des toten Schweins im Fleischraum des Hofrestaurants, nehmen einen auffällig großen Anteil an der Diskussion ein. Die Schüler*innen scheinen sehr wohl ein Gespür für die ästhetischen Elemente des Forschungsfeldes besitzen– im Sinne von *aisthesis*, als das, was unsere Sinne bewegt, wenn wir es betrachten: Schönes und Angenehmes, Hässliches und Unangenehmes. Scheinbar fehlen lediglich der Wille, die Möglichkeit oder Vorstellungskraft dafür, diese Wahrnehmungen in einen theatralen Gestaltungsprozess zu überführen. Auch im Hinblick auf eine allgemeine Bewertung des Tages formulieren die Schüler*innen explizit, dass der Tag für sie spannend (vgl. TR4 2013: § 22) war, sie Dinge gemacht haben, die sie noch nie zuvor gemacht haben (vgl. TR1 2014: § 97), dass der andere Ort und die Begegnung mit den Expert*innen positiv wahrgenommen wurde (vgl. TG4 2014: § 67) – und das eigene Handeln das Lernen intensiviert hat (vgl. ebd.: § 82–84).

Die Frage stellt sich also, warum in der Szenenentwicklung der Jugendlichen ein Rückgriff auf tatsächliche Feldbeobachtunggen nur so eingeschränkt erfolgt ist. Im Folgenden werde ich mich daher mit möglichen Gründen beschäftigen, die die Analyse des Datenmaterials nahelegt.

3.5.4.1 Intrinsisch motiviertes Forschen

Ein erster möglicher Grund für einen geringen Rückgriff auf direkte Feldbeobachtungen und -erfahrungen ist in der Grundproblematik zu suchen, dass die Jugendlichen anders als die Künstler*innen von Frl. Wunder AG nicht einem selbst gewählten Thema an einem eigens gewählten Orten nachgehen, sondern Thema und Ort der Forschung vorgegeben bekommen. Ob und inwiefern diese unterschiedliche Ausgangsvoraussetzung eine Auswirkung auf die Art und Weise hat, wie die beiden Gruppen dem Feld begegnen, lässt sich an dem erhobenen Material nicht eindeutig belegen. Es ist aber zumindest zu vermuten, dass eine Fremdbestimmung eine negative Auswirkung auf die generelle Motivation hat, oder anders formuliert, dass die Schüler*innen eventuell motivierter und produktiver agiert hätten, hätten sie sich im Vorfeld ihr eigenes Thema und Forschungsfeld setzen und eigenen Spuren und Interessen nachgehen, also wirklich intrinsisch motiviert etwas herausfinden wollen.

Aus pädagogischer Perspektive legen die Überlegungen von Reformpädagog*innen wie Pestalozzi, Fröbel oder Montessori nahe, dass ein ideales Lernumfeld dann hergestellt wird, wenn das lernende Subjekt Lernziele selbst festlegen und individuellen Interessen sowie dem eigenen Lernrhythmus folgen kann. Deci und Ryan konnten in empirischen Studien diese Grundannahmen belegen und zeigen auf, dass eine auf Selbstbestimmung beruhende Lernmotivation positive Wirkungen auf die Qualität des Lernens hat (vgl. Deci & Ryan 1993: 223). Amabile wiederum hat darüber hinaus den Zusammenhang intrinsischer Motivation und der Kreativität künstlerischer Produkte beforscht. Wenn Künstler*innen ihre Werke unter kontrollierenden Bedingungen herstellen, die wie beispielsweise Ausschreibungen oder Wettbewerbe bestimmte Parameter der Arbeit vorgeben, wird das Ergebnis dieser Werke im Durchschnitt als weniger kreativ eingeschätzt als Arbeiten, die ohne Vorgaben entstanden sind (vgl. Amabile 1983)50.

Dieser Befund könnte für den hier beschriebenen Forschungskontext so interpretiert werden, dass die Motivation für qualitativ hochwertige Kreativleistungen dann am höchsten ist, wenn Vorgaben und Kontrollbedingungen minimiert und die Selbstbestimmung des Subjekts optimiert wird. Die Schüler*innen wären demnach durch die Vorgaben von Thema und Ort in ihrer Kreativität gehemmt worden und könnten dementsprechend weniger vielfältige szenische Antworten auf das Forschungsfeld entwickelt haben. Um Schüler*innen einen selbstverständlicheren Rückgriff auf ihre Erfahrungen und Beobachtungen im Feld zu ermöglichen, hätte sich eine entsprechende Didaktik also die Frage danach zu stellen, wie die Forschung intrinsischer motiviert werden kann: Kann die Gruppe gemeinsam über Thema, Fragestellungen und Forschungsfeld entscheiden? Können das Erschließen des Forschungsfeldes, der Kontakt und Absprachen

50 Kreativität wird bei Amabile anhand einer durch Konsens hergestellten Bewertung (consensual assessment) erfasst.

mit den Expert*innen vor Ort von den Jugendlichen mit übernommen werden? Könnten unterschiedliche, selbstgewählte Teilperspektiven auf das Thema oder Feld, unterschiedliche spezifische Beobachtungsaufträge von einzelnen Schüler*innen oder Kleingruppen erlauben?

3.5.4.2 Erwartungshorizont der Institution Schule

Das Datenmaterial legt an verschiedenen Stellen nahe, dass sich die Schüler*innen im Entwicklungsprozess an einem im Vergleich zu den Künstler*innen völlig anderen Erwartungshorizont orientieren und diesem entsprechen wollen. Die Künstler*innen folgen dem Anspruch, ein von ihnen gewähltes Thema möglichst originell für ein späteres Publikum aufzuarbeiten und dabei auch die Besonderheit ihrer Arbeitsweise deutlich werden zu lassen, was in der Folge zu einer starken Sichtbarkeit von Feldbezügen und einer Vielfalt unterschiedlicher ästhetischer Mittel führt. Hingegen liefern die Schüler*innen im Sinne eines professionellen Schülerverhaltens ungefragt das, was ihrer Vorstellung nach nur von ihnen als Schüler*innen verlangt worden sein kann: Interesse an neuen Wissens- und Lerninhalten zu haben. So thematisieren sie von sich aus an unterschiedlichsten Stellen den Lernprozess des Tages und die inhaltlichen Impulse im Sinne einer erfolgten Wissensvermittlung (vgl. u. a. TG4 2014: § 82–84), obwohl sie in den Auswertungsgesprächen nicht explizit danach gefragt wurden, was sie gelernt hätten oder was der Tag an Wissen vermittelt hätte.

Möglicherweise liegt darin bereits einer der Schlüsselaspekte, die dazu führen, dass die Schüler*innen so stark an Inhalten und Narrationen orientiert sind; sie betrachten den Tag als Aufforderung für eine schulische Auseinandersetzung mit einem vorgegebenen Thema. Trotz ihrer Erfahrungen aus der Profiloberstufe, in der die gezielt theaterästhetischen Verfahren mit der Bearbeitung fachlicher Inhalte kombiniert werden, geht es für sie in erster Linie im Sinne eines schulischen Alltags um die Auseinandersetzung mit Inhalten und Lernprozessen. In der abschließenden Auswertung wird in beiden Gruppen thematisiert, dass es «tiefgründigere» Informationen gebraucht hätte (TG4 2014: § 65), der Tag für das Lernen von «Fachwissen» nicht ausreichend gewesen sei (ebd.: § 44) oder dass vieles schon vorher «gewusst» wurde (TR4 2014: § 28).

Unterricht fordert bedeutsame Narrative

Setzen wir diese Aussagen in Bezug zur Beobachtung, dass die Schüler*innen anstatt einer Fülle ästhetischer Praktiken in erster Linie das Herstellen von Narrativen und Vermitteln von Inhalten fokussieren, wird die These Hodels (2013) anschlussfähig, dass Unterricht Schüler*innen implizit auffordert, Wissen in Form von Narrativen in die Klassengemeinschaft einzuspeisen. Hodel untersucht, wie Jugendliche digitale Netzmedien für die Erstellung von Geschichtsreferaten nutzen. Er stellt dabei heraus, dass Schüler*innen vom System Schule «dazu aufgefordert sind, Narrative zu erzeugen, die in sich schlüssig und bedeutsam sind» (Hodel 2013: 312 f.) und diese «verständlich und anschlussfähig in die Lerngemeinschaft der Klasse einzubringen» (ebd.: 313). Der Alltag der Schüler*innen ist zwar längst durch den selbstverständlichen Umgang mit digitalen Netzmedien von narrativen Fragmenten geprägt und die hypertextuelle Vernetzung digitaler Informationen ermöglicht neue Formen der Ordnung. Dennoch hat Hodel in seiner Untersuchung belegen können, dass die Schüler*innen, zumindest im Erzeugen von Referaten Fragmentarisches zu in sich konsistenten Narrativen zusammenführen, wie sie sie beispielsweise aus Schulbüchern kennen (vgl. ebd.: 315). Auch wenn unsere postmoderne Gesellschaft längst nicht mehr von sogenannten «Meisternarrativen» (ebd.: 313) dominiert ist – die Schule fordere diese von den Schüler*innen immer noch ein, da, wie auf Hodels Forschungskontext Geschichtsunterricht bezogen, in «Lehrplänen, Lehrmitteln und auch im Unterricht noch immer gesellschaftliche Erwartungen an die Vermittlung eines (historischen) Kernwissens wirksam sind» (ebd.: 314). Hodel geht davon aus, dass der Rekurs auf das Narrative möglicherweise deswegen so hartnäckig erfolgt, «weil Lehrpersonen, aber auch Schülerinnen und Schüler [...] davon ausgehen, dass Basisnarrative wegen ihrer allgemeinen Bedeutung alle Mitglieder der Lerngemeinschaft in gleicher Weise betreffen und daher auch interessieren – oder zumindest höhere Akzeptanz genießen, da sie den Erwartungen an Unterrichtsinhalten [...] entsprechen» (ebd.: 315).

Sind diese Beobachtung, die Hodel in Bezug auf den Umgang mit Narrativen innerhalb des Geschichtsunterrichts macht, auch auf das Schülerverhalten beim Entwickeln szenischer Elemente übertragbar? Was dafür spricht, ist dass der Kontext Schule selbst in der hier vorliegenden außerschulischen Unterrichtsintervention, die auch methodisch nicht unbedingt an klassischen Unterrichtsformen anschließt, immer wieder von den Schüler*innen selbst aufgerufen wird (vgl. z. B. TR4 2014: § 55 und § 109). Auch Theaterunterricht findet im Rahmen dieses Kontextes statt, in seiner zeitlichen und strukturellen Organisation, innerhalb von Bewertungszusammenhängen und innerhalb des sozialen Gefüges Schule. Es lässt sich also vermuten, dass auch eine Aufgabenstellung im Kontext Theater bei den Schüler*innen ähnliche Vergleichshorizonte aufruft, wie Hodel für andere Bereiche schulischen Lernens konstatiert. Ein «professionelles Schülerverhalten» würde also um die grundlegende Erwartungshaltung, schlüssige und bedeutsame Narrative und diese anschlussfähig in die Lerngemeinschaft der Klasse einzubringen, wissen und diese Erwartungshaltung bedienen – auch beim Entwickeln einer Szene, zumal ein weiteres Merkmal zur Untersuchung Hodels übereinstimmt: Die Schüler*innen sind, wie bei der Entwicklung eines Referats aufgefordert, eine eigens gestaltete Präsentation zu entwickeln – beim Geschichtsreferat gespeist aus fragmentarischen Quellen des Internets, im hier vorliegenden Setting gespeist aus fragmentarischen thematischen, ästhetischen und persönlichen Eindrücken des Rundgangs über den Hof. Es ist also durchaus wahrscheinlich, dass die starke Bedeutung des Narrativen für die szenische Arbeit der Schüler*innen auch mit dem Bedienen antizipierter Erwartungen des Systems Schule bzw. Unterricht in Verbindung stehen.

Ausschluss von Unabgeschlossenheit

Die Tendenz zum Entwickeln bedeutsamer Narrative steht in unmittelbarer Verbindung zu einem weiteren auffälligen Unterschied im Hinblick auf die Präsentationen und die daraus möglicherweise resultierende Weiterarbeit von Schüler*innen und Künstler*innen. Die szenischen Ansätze der Künstler*innen erscheinen aufgrund der starken Konkretion in einzelnen Elementen weit fragmentarischer und skizzenhafter zu sein. Material wird teilweise sehr «roh» belassen und ohne direkte Verbindung aneinandergereiht präsentiert, Texte abgelesen oder Videoausschnitte mit Kommentaren der Performer*innen vorgespielt. Die Künstler*innen haben scheinbar eher Zeit und Energie darauf verwendet, einzelne Aspekte plastisch zu machen, als ein stimmiges *Gesamtpaket* zu schnüren.

Anders hingegen sieht es bei den Schüler*innen aus: Sie präsentieren in sich geschlossene Erzählungen auf szenische Aufbauten und haben offensichtlich viel Zeit darin investiert, die im Prozess entstandenen Ideen so zu glätten, miteinander zu kombinieren und aneinander anzupassen, dass eine «runde» Präsentation, eine quasi fertige Szene, teilweise sogar ein fertiges «Minidrama» entsteht. Daraus ergeben sich unterschiedliche Perspektiven für die weitere Bearbeitung dessen, was in den jeweiligen Präsentationen gezeigt wurde. Die Präsentationen der Schüler*innen bieten wegen ihrer narrativen und szenischen Geschlossenheit eher Anlass, nun in die Feinarbeit an Text, Narration, Figuren und generellem Szenenaufbau einzusteigen. Dahingegen gäbe es bei den Künstler*innen, die ein viel *roheres* Material präsentieren, sehr vielfältige Ansatzpunkte zur Weiterarbeit, die in jeweils völlig unterschiedliche Richtungen weisen und ganz unterschiedliche Szenen, teilweise ganz unterschiedliche Theaterabende generieren würden. Die Präsentation ist hier weniger abschließende Bewertung, Erkenntnis oder Konklusion, sondern eher eine Materialschau, die eine Potentialität verschiedener szenischer Miniaturen vor Augen führt. Es liegt die Annahme nahe, dass Schüler*innen auf Grund der oben beschriebenen, vermeintlichen Unterrichtserwartungen Unabgeschlossenheit und Skizzenhaftigkeit in der Präsentation ihrer Ideen von vornherein ausschließen. Viele Ideen und Feldbezüge, die für einen weiteren Probenprozess sehr produktiv sein könnten, werden so überhaupt nicht sichtbar gemacht, das das Material dem in sich geschlossenen Narrativ unterstellt und anstatt von Vielfalt eher auf Stringenz einer einzigen Idee gesetzt wird.

Damit das ästhetische Potential von Feldforschung für den Probenprozess tatsächlich produktiv werden kann, bedarf es demnach vermutlich eines gezielten Entgegenwirkens gegen eine Erwartungshaltung, die an Wissenserwerb, Lernprozessen und dem Generieren anschlussfähiger, in sich geschlossener Narrative orientiert und durch den Kontext Schule aufgerufen wird. Auch die gezielte Einladung zu einer skizzenhaften Präsentation von Ideen, welche die Fülle und Vielfalt des Materials verdeutlicht, wäre ein wichtiger didaktisch zu berücksichtigender Aspekt.

3.5.4.3 Art und Weise der Materialsammlung

Betrachten wir die Art und Weise, wie sich Feldbeobachtungen im Beispiel der untersuchten professionellen Theaterproduktion in den später entwickelten Szenenskizzen wiederfinden, so wird deutlich, dass – unabhängig von den jeweils angewendeten ästhetischen Praktiken – in vielen szenischen Entwürfen der Künstler*innen konkretes Material eingesetzt wird. So werden teilweise Fotos, Videos und Tonaufnahmen aus dem Feld verwendet sowie Material, welches die Künstler*innen im Feld gesammelt haben oder zusätzlich im Internet recherchiertes Bild-, Text- oder Tonmaterial. Durch den zeitlichen Abstand zwischen jeweiliger Feldforschung und den Auswertungsproben ist es den Künstler*innen darüber hinaus möglich, zusätzliches Material von zu Hause mitzubringen oder anderweitig zu besorgen. Die Gruppe schreckt aber auch nicht davor zurück, Material zu substituieren, und so kommen häufig Dinge zum Einsatz, die zufällig im Probenraum vorhanden waren und als Stellvertreter für etwas benutzt werden, was sich nicht so schnell organisieren ließ. In diesem Zuge wird in Falken-Kostüm aus dem Mantel eines Performers improvisiert, eine alte Dose wird zur Imkerpfeife, in der trockene Blätter zum Ausräuchern des Bienenstocks entzündet werden. Diese Bandbreite an genutzten Materialien macht natürlich teilweise die Fülle der präsentierten Ideen aus und trägt dazu bei, dass die Entwürfe trotz ihres Zustandes als Entwurf (nicht ausgearbeitete Szene) bereits sehr greifbar und anschaulich werden.

Im Vergleich dazu bedienen sich die Schüler*innen in ihren Präsentationen fast ausschließlich des szenischen Spiels, also ihres eigenen Körpers, und verwenden konkretes Material nur sehr rudimentär. Sie substituieren teilweise zwar Gegenstände, das geschieht jedoch nur sehr vereinzelt, wie zum Beispiel die Verwendung eines gerollten Blatt Papiers als Mikrofon bei einer Befragung. Lediglich der Einsatz von beschriebenen Schildern, die Figuren kennzeichnen oder zeitliche und räumliche Kontextualisierungen eröffnen, ist in allen Gruppen und somit häufig zu finden – dies geht vermutlich auf eine gemeinsame Unterrichtserfahrung zurück. Die Schüler*innen scheinen sich in jedem Fall schwerer damit zu tun, die eigenen Beobachtungen in eine Konkretion zu bringen, die das Material für das Publikum greifbar macht und ästhetisch interessant werden lässt – möglicherweise, weil sie darin keine Notwendigkeit sehen oder ihnen Handwerkszeug oder Erfahrung fehlen, wie genau ein entsprechender Prozess vonstattengehen kann.

Ein Blick auf die Präsentationen zeigt, dass bei der Verwendung des Materials bei den Künstler*innen teilweise nicht unbedingt die im jeweiligen Feld zentralen Inhalte und Thematiken im Vordergrund der szenischen Verwendung stehen. Die Eintagsküken, die in der Präsentation einem Beerdigungsritual unterzogen werden, waren im Feld keineswegs das Produkt des Besuchs einer Hühnerzucht, sondern in der Begegnung mit der Falkentrainerin lediglich als Futter für die Raubvögel aufgetaucht. Sie stellten damit in der Beobachtungssituation eigentlich nur ein Randprodukt dar, was mit der Thematik des Feldes (Mensch trainiert Tier für Jagd) im Grunde genommen nicht viel zu tun hatte. Das Feld wird also auf eine bestimmte Weise befragt (z. B. «In welchem Verhältnis stehen Mensch und Tier als Jagdgefährten?»). Aber das erhobene Material (Küken) wird nicht zwingend innerhalb dieses thematischen Kontextes verwendet, sondern im Hinblick auf seine Wirkungsweise befragt und entsprechend dort genutzt, wo die Künstler*innen es zur Vermittlung einer Thematik, eines Bildes, einer Stimmung usw. gebrauchen können. Im Gegensatz dazu verbleiben die Schüler*innen in allen Präsentationen sehr nah am Setting Bauernhof und dem Inhalt artgerechte Tierhaltung.

Ein breiter und direkterer Einsatz von im Feld gesammelten Material hängt natürlich nicht zuletzt auch damit zusammen, wie systematisch die Beobachtungen im Feld tatsächlich dokumentiert werden und damit im weiteren Probenprozess zugänglich bleiben. Die Beobachtungen der unterschiedlichen Feldforschungen machen deutlich, dass die Künstler*innen kontinuierlich und systematisch Material sammeln und Beobachtungen festhalten. So wurden im Feld sehr viele Notizen gemacht, konkrete Dinge gesammelt oder mit dem Handy ein Foto zur Erinnerung eines bestimmten Gegenstandes gemacht, der besonders ins Auge gefallen war. Darüber hinaus wurden Gespräche mit Expert*innen immer auch aufgenommen und wo immer es ging, Videos von Elementen gemacht, die den Künstler*innen bedeutsam oder ästhetisch interessant erschienen.

Darüber hinaus wurde im Zuge der Szenenentwicklung das Material bzw. die Aufzeichnungen noch einmal ganz gezielt gesichtet. In Kleingruppen fand ein Austausch über die Beobachtungen und besonders interessante Aspekte statt, wurde sich Mitgebrachtes gegenseitig gezeigt, in Tonaufnahmen hineingehört und Videos und Fotos angeschaut. Dadurch wurden die Beobachtungen im Probenraum sozusagen noch einmal aktualisiert, bevor überhaupt mit der Entwicklung von Ideen für die szenischen Präsentationen begonnen wurde.

Die Schüler*innen machen im Gegensatz dazu trotz der Aufforderung zu Beginn des Rundgangs kaum oder so gut wie keine Notizen. Sie halten die Eindrücke auch nicht anderweitig fest, indem sie beispielsweise die ihnen vorhandenen Mittel wie die Foto-, Video- oder Tonaufnahmefunktion ihrer Handys gezielt einsetzen (vgl. 3.4). Die von einzelnen Schüler*innen während des Rundgangs sporadisch gemachten Fotos werden später in der Entwicklungsphase nicht mehr gesichtet – ob ihre Existenz vergessen wurde oder die Schüler*innen trotz des Hinweises, ihre Notizen zu sichten, nicht auf die Idee kommen, die gemachten Fotos könnten in irgendeiner Weise produktiv für den Prozess sein, lässt sich anhand des Materials nicht rekonstruieren.

Es bedarf scheinbar sowohl einer expliziteren Aufforderung zur Nutzung solcher Mittel. Dies sollte nicht nur durch die Aufgabenstellung sowie wiederholte sprachliche Einladungen während des Prozesses geschehen, sondern vermutlich vor allem auch über den Aufforderungscharakter, der von der tatsächlichen Präsenz entsprechender technischer Geräte in der unmittelbaren Lernumgebung ausgeht. Denn: Auch die Künstler*innen hätten vermutlich nicht im gleichen Umfang auf ihre Handys zur Dokumentation zurückgegriffen, wie das mit den im Vorfeld organisierten Diktiergeräten und Videokameras geschehen ist, die dann tatsächlich zum Zeitpunkt der Feldforschung vorhanden waren und zur Nutzung aufgefordert haben. Das Beobachtungsinstrumentarium – sei es in Form einer technischen Ausstattung, sei es durch klar entwickelte Aufträge, Teilaspekte zu beobachten oder bestimmte Dinge oder Informationen zu sammeln – hat vermutlich gerade für Schüler*innen einen großen Einfluss darauf, wie gezielt dann das im Feld vorhandene Material tatsächlich wahrgenommen und festgehalten wird.

3.5.4.4 Vorerfahrungen und Seherfahrungen

Auf der Suche nach Gründen dafür, dass es den Schüler*innen schwerfiel, Impulse aus der Feldforschung vielfältig und direkt in ihre szenische Arbeit einzubeziehen, muss selbstverständlich auch die Vorerfahrung in die Analyse der Beobachtungen mit einbezogen werden. Dies betrifft zum einen die inhaltlichen Vorerfahrungen in Bezug auf die bearbeitete Thematik, zum anderen die theaterästhetischen Vorerfahrungen im Allgemeinen und in der Arbeit mit Mitteln der Feldforschung als Ausgangspunkt für theatrale Prozesse im Spezifischen.

In der inhaltlichen Vorerfahrung entspricht die Vorbereitung der Schüler*innen auf tierethische Themen durch den vorangegangenen Unterricht im Rahmen ihrer Profiloberstufe vermutlich in etwa den Vorerfahrungen und dem angelesenen Informationsstand der Künstler*innen bei Feldforschungsbeginn. Beide Gruppen starten weder als dezidierte Expert*innen noch als Noviz*innen in die inhaltliche Beschäftigung. Stattdessen bringen sie – sicherlich mit jeweils unterschiedlichen Schwerpunkten und punktuellem Tiefenwissen – ein Vorwissen mit in die Feldforschung, das eine produktive und kritische Auseinandersetzung mit den dem Feld immanenten Inhalten möglich macht.

Die *theaterästhetischen Vorerfahrungen* der von Schüler*innen und Künstler*innen unterscheiden sich offensichtlich ganz erheblich. Dies bezieht sich auf die Arbeits- und Seherfahrungen mit Theater im Allgemeinen und die Arbeit mit Mitteln der Feldforschung als Ausgangspunkt für theatrale Prozesse im Besonderen. Natürlich liegt auf der Hand, dass die Künstler*innen den Jugendlichen im erstgenannten Feld aufgrund ihres Studiums und der langjährigen Praxiserfahrung voraus sind. Da die Schüler*innen zum ersten Mal Feldforschung und theatrale Praxis kennenlernen, diese Methode für die Arbeit von Frl. Wunder AG aber zentral ist, sind die Künstler*innen ihnen auch hier voraus. Wenn man die konkreten Vorerfahrungen der Schüler*innen in Betracht zieht: theatrale Grundlagen, Improvisationstechniken und Umgang mit Show & Tell-Formaten (vgl. Kapitel 3.4), so wird verständlich, dass für vieles jenseits der Vermittlung von Inhalten und szenischem Spiel schlichtweg Seh- und Arbeitserfahrungen fehlen. Zumindest aber hätte die Arbeit mit Formen der Lecture Performance ein etwas breiteres Formenspektrum jenseits der klassischen Spielszene erwarten lassen können. Warum dieses nicht zum Tragen kam, obwohl es in den Entwicklungsphasen teilweise zur Sprache kommt, ist aus dem Material nicht eindeutig zu rekonstruieren.

Natürlich spielen über die Vorerfahrungen und das bereits erlernte künstlerische «Handwerkszeug» hinaus auch das grundlegende ästhetische Verständnis und die jeweiligen ästhetischen Vorlieben eine Rolle in der Entscheidung der Gruppen, auf welche Praktiken in der Gestaltungsarbeit jeweils zurückgegriffen wird. Bei den Künstler*innen als bereits eingespieltes Team spielt das sicher eine stärkere Rolle, für die Schüler*innen, die in ihren Kleingruppen als Arbeitsgemeinschaften jeweils zufällig zusammengewürfelt wurden und höchstens seit zwei Jahren im wöchentlichen Theaterunterricht die Gelegenheit hatten, vermutlich eher weniger. In den Aufzeichnungen lassen sich zumindest keine Passagen finden, in denen für irgendwelche Ideen oder Ansätze mit Geschmacksgründen argumentiert wurde. So wird mangelnde Erfahrung oder eine nicht vorhandene Seherfahrung in Bezug auf bestimmte ästhetische Praktiken als Grund für deren Fehlen in der Anwendung wahrscheinlicher.

Welches Spektrum an Vorerfahrung ist nötig, damit die im Feld enthaltenen ästhetischen Appelle für die Schüler*innen nutzbar werden?

Um zu untersuchen, welche Erfahrungen bei der Ideenentwicklung überhaupt zum Tragen kamen, habe ich die in den vorliegenden Daten zu findenden präsentierten und diskutierten Ideen aus Probenbeobachtung und Unterrichtsintervention dahingehend überprüft, inwieweit sie Kenntnisse im Umgang mit bestimmten theaterästhetischen Gestaltungsmitteln oder eine bestimmte Infrastruktur voraussetzen. Dabei stellte sich als am häufigsten vertreten der Rückgriff auf Erfahrungen im Umgang mit Inhalten und Bedeutungsproduktion heraus. Zum einen überrascht diese Beobachtung nicht, da sie eine zentrale Erfahrungsdimension jeglicher theaterästhetischen Kommunikation darstellt. Zum anderen weil gerade in den szenischen Präsentationen der Schüler*innen, wie weiter oben beschrieben, das Vermitteln von Inhalten und die Konstruktion von Narrativen besonders zentral war – und hierfür genau diese Erfahrungen bedeutsam bzw. nötig sind.

Weitaus zentraler für die Frage nach Vorerfahrungen, die einen möglichst breit gefächerten und direkten Zugriff auf Feldbeobachtungen und deren Einbringen in Probenprozesse ermöglichen, scheinen Erfahrungen im Umgang mit Realitätsbezügen, mit theatralen Formen sowie mit Material und Kostümen.

Diese drei Kategorien sind im Datenmaterial ebenfalls stark vertreten und lassen sich vor allem auf Ideen zurückführen, die entweder bei den Künstler*innen präsentiert oder in der Diskussion der Schüler*innen nur besprochen, aber nicht umgesetzt wurden.

Der Umgang mit Realitätsbezügen verweist auf Ideen, die bewusst Bezug auf eine Realität außerhalb des Theaters nehmen. Darunter fallen zum Beispiel biografisches Erzählen, das Einbinden von (pop-)kulturellen Zitaten, die Imitation realer Personen über Sprechgestus oder Körperhaltung, der Rückgriff auf Phänomene der Alltagswelt, aber auch ein Bewusstsein über die Wirkung realer Vorgänge auf der Bühne oder die Materialität von Objekten. Gemeinsam mit der Erfahrungsdimension *Umgang mit Material und Kostümen*, die sich beispielsweise auf die Fremdnutzung von Requisiten, den performativen Umgang mit Material, das Substituieren von tatsächlichem Material durch Ähnliches, aber auch die Gestaltung von Kostümen oder Kostümfragmenten bezieht, bilden diese beiden Kategorien wichtige Vorerfahrungen für die szenische Arbeit mit Material aus einer Feldforschung ab. Sie sind notwendig, um den prinzipiellen ästhetischen und szenischen Wert von Material mit einem Realitätsbezug überhaupt zu erkennen und dann in der Folge Ideen zu entwickeln, wie mit diesen gesammelten Materialien konkret umgegangen werden kann.

Erfahrungen im Umgang mit theatralen Formen wiederum erweitern das Spektrum an szenischen Möglichkeiten, wie überhaupt Feldbeobachtungen und Erfahrungen auf der Bühne auftauchen und verwendet werden können. Hier geht es um die Kenntnis und Erfahrung in der Anwendung spezifischer theatraler Formen, beispielsweise die Arbeit mit Bewegungssequenzen, Handlungsanweisungen, Lecture, Showformaten oder Moderationen, Spielsystemen, Reenactments, Standbildern, Masken oder dem Gestalten von Publikumsinterkationen. Auch theatrale Gestaltungsmittel wie Serialität, Freeze, V-Effekt, das Aussteigen aus einer Rolle oder der Wechsel der Spielebene über eine Parallelisierung von Handlungen werden hier gefasst. Je mehr Erfahrungen eine Gruppe mit einer Fülle theatraler Formen hat, so könnte die These lauten, desto leichter könnte es ihr fallen, im Entwicklungsprozess flexible und vielleicht ungewöhnliche Lösungen zu finden, Material aus dem Feld szenisch zu verwenden. Denn erst wenn ich Theater jenseits klassischer, rollenspielartiger, dialogischer Szenen denke, wird der Möglichkeitsraum dafür geöffnet, dass sich beispielsweise aus den Beobachtungen von Hühnern eine Bewegungssequenz, aus der Erzählung eines Schlachters eine Lecture Performance oder aus dem Mithelfen im Schweinestall ein theatrales Spiel mit Publikumsinteraktion entwickeln ließe. Auch ein Rückbezug auf die oben bereits angesprochene Bedeutung von Skizzenhaftigkeit der Präsentationen (vgl. 3.5.4.2) lässt sich im Hinblick auf diese Dimension von Vorerfahrung ziehen. Auch für eine nicht abgeschlossene, fragmentarische Präsentation ist nämlich ein bestimmtes Erfahrungsspektrum mit collagenartigen Theaterformen nötig.

Die Rekonstruktion nötiger Vorerfahrungen in diesen Bereichen liefert für einen später überarbeiteten didaktischen Aufbau Orientierungspunkte, welche theaterästhetischen Kompetenzen bereits vermittelt worden sein sollten, wenn mit einer Gruppe in einen Prozess gestartet werden soll, in dem Feldforschung produktiv zur Szenenentwicklung genutzt werden soll. Diese Erfahrungsebenen können dabei meines Erachtens sowohl im aktiven Gestalten als auch als Seherfahrungen entsprechender Arbeiten anderer Künstler*innen gemacht werden, da es nicht um ein faktisches Beherrschen von Techniken geht, sondern eher um gedanklich vorhandene Möglichkeitsräume, die auch rezeptiv erworben werden können.

Deutlich wird an dieser Stelle aber einmal mehr, dass es sich bei dem Anliegen, Feldforschungen produktiv in einen Probenprozess zu integrieren, um einen durchaus voraussetzungsvollen Ansatz handelt, wenngleich meines Erachtens nicht zwingend nötig ist, dass die angesprochenen Erfahrungen zwangsläufig vor dem Beginn eines entsprechenden Arbeitsprozesses gemacht werden müssen. Denn das, was hier als zentrale Erfahrungen beschrieben wurde, bildet letztendlich zum Großteil auch gerade diejenigen Kompetenzen ab, die *innerhalb* solcher Prozesse gefragt und herausgebildet werden. Mit einer entsprechenden didaktischen Rahmung und Lenkung des Prozesses könnte mit einer Gruppe auch während eines feldforschungsorientierten Projektes gezielt an diesen Aspekten gearbeitet werden.

3.5.4.5 Zugänge zu (technischer) Ausstattung

Szenische Ideen, die auf einen Umgang mit Medien oder sonstiger technischer Ausstattung zurückgreifen, machen nur einen kleinen Teil des Spektrums des präsentierten oder diskutierten Materials aus. Die meisten Ansätze, Material aus dem Feld in szenische Vorgänge vor Publikum zu transformieren, kommen ganz ohne technische Elemente aus. Dennoch sind Zugänge zu einer technischen bzw. gewissen räumlichen Infrastruktur für einen Probenprozess zentral, im dem möglichst vielfältige ästhetische Praktiken zum Tragen kommen und in welchem vor allem auch die Nutzung von möglichst direktem Material aus dem Feld möglich gemacht werden soll. Die Auswertung legt nahe, dass dieser Aspekt in der Grundkonzeption für die Intervention mit den Schüler*innen zu wenig Beachtung erhalten hat.

Den Jugendlichen wurde zwar ausdrücklich erlaubt, ihre Mobiltelefone zu nutzen, um während der Feldforschung Beobachtungen festzuhalten und sie verfügten über die Telefone auch überwiegend über die Möglichkeit, zu fotografieren, Videos oder Ton aufzunehmen und abzuspielen. Allerdings hatten sie dafür anders als die Künstler*innen, die sich auf eine Dokumentation von Beobachtung mit technischen Geräten entsprechend vorbereitet hatten, natürlich einen sehr viel bescheideneren und schlechter zugänglichen Zugang. Daraus ergibt sich die einfache Schlussfolgerung, dass die Schüler*innen für eine ebenso produktive Nutzung ihrer Eindrücke aus der Feldforschung zumindest die Möglichkeit haben sollten, auf eine grundlegende technische Ausstattung und generelle Infrastruktur zurückgreifen zu können. Möglicherweise würde bereits das Vorhandensein von besonderen Aufnahmegeräten, wie z. B. Diktiergeräten zum Mitschneiden von Interviews oder Fotokameras zum Festhalten von besonderen Momenten oder Beobachtungen, zu einer intensiveren Form der Dokumentation von Beobachtungen führen. Selbst wenn z. B. ein aufgenommenes Video dann später nicht auf der Bühne projiziert und szenisch genutzt wird, ermöglicht es der Gruppe vielleicht im Probenprozess, einen bestimmten Ausschnitt der Feldforschung noch einmal bewusst zu machen, der ansonsten in Vergessenheit geraten wäre. Das Gleiche gilt umgekehrt aber für den späteren Probenprozess, denn wenn beispielsweise die technischen und räumlichen Möglichkeiten gegeben sind, während der Recherche im Feld aufgenommenen Videosequenzen oder Fotos im Probenraum einfach und schnell auch an die Wand zu werfen, wird die Wahrscheinlichkeit, dass dies von den Schüler*innen auch tatsächlich in Anspruch genommen und umgesetzt wird, sicher deutlich erhöht.

Orientieren wir uns an der Ausstattung, die die Künstler*innen in ihrem Probenprozess genutzt haben, bedeutet das, dass den Schüler*innen zusätzlich zu einem Arbeitsraum mit ausreichend Platz im Idealfall folgende technischen und räumlichen Möglichkeiten zugänglich sein sollten:

- Möglichkeit zur Video- und Audioaufnahme, deren Bearbeitung und Wiedergabe,
- Zugang zum Internet und damit verbunden die Möglichkeit zur Recherche von zusätzlichem Material und/oder Zugang zu einer Bibliothek mit unterschiedlichen Medien,
- Möglichkeit, an einem Computer Texte zu bearbeiten und auszudrucken,
- Möglichkeit, gesammelte Objekte aus der Recherche für den Probenprozess einfach und direkt zugänglich zu halten,
- Möglichkeit, zusätzlich Material von zu Hause mitzubringen oder zu besorgen,
- Möglichkeit, Gedanken schriftlich festzuhalten und zu visualisieren sowie räumlich zu präsentieren (Moderationskoffer, Flipchart etc.).

Allein das Vorhandensein einer bestimmten Ausstattung führt dabei selbstverständlich nicht automatisch dazu, dass im Probenprozess auch tatsächlich auf sie zurückgegriffen wird. Hier ist – wie bereits an anderen Stellen formuliert –

wahrscheinlich, dass es darüber hinaus einer bewussten Einladung oder Aufforderung zur Nutzung dieser Werkzeuge bedarf, weswegen hier auch die Frage nach der Aufgabenstellung und Anleitung während des Prozesses berührt wird.

3.5.4.6 Ausmaß und Ebenen von Offenheit der Aufgabenstellung

Die Art und Weise, wie Schüler*innen zum Handeln im Kontext einer didaktisch gerahmten Situation aufgefordert werden, spielt eine entscheidende Rolle für das Geschehen, das eine solche Aufforderung nach sich zieht. Aufgabenstellungen werden so heute als entscheidender Faktor der Unterrichtsdramaturgie betrachtet (vgl. Leisen 2001: 401 ff.), als Katalysatoren von Lernprozessen angesehen (vgl. Thonhauser 2008) und in ihrer Beschaffenheit und Potentialität eingehender betrachtet als das noch im vergangenen Jahrhundert der Fall war (vgl. Gropengießer, Höttecke, Nielsen & Stäudel 2006).

Wenn im Folgenden betrachtet wird, inwieweit die Aufgabenstellung geeignet war, um tatsächlich Prozesse auszulösen, die mit ihrer Konzeption intendiert waren, geschieht das vor dem Hintergrund eines Verständnisses von Aufgaben als *Fremdaufforderungen zur Selbsttätigkeit* (vgl. Benner 2010). Mit einem Auffordern zur Selbsttätigkeit ist hier keineswegs ein unmittelbares Einwirken auf die Schüler*innen zu verstehen, keine Aufforderung etwas Bestimmtes zu tun oder zu denken. Das wäre an sich als Akt der Normierung zu interpretieren und würde einem eigenständigen Arbeiten vermutlich direkt entgegenwirken (vgl. Baecker 2000: 258). Gemeint ist vielmehr, Prozesse zu initiieren, *ohne* unmittelbar auf das Denken und Handeln einzuwirken. Das *Initiieren* ist jedoch eine notwenige Hilfestellung, wenn es darum geht, Schüler*innen zur Selbsttätigkeit anzuregen:

> Notwendig ist diese Aufforderung zur Selbsttätigkeit, weil die Zu-Erziehenden ohne eine entsprechende Aufforderung noch nicht selbsttätig sein können. Die Erfahrung der Selbsttätigkeit ist nicht schon vor aller Erfahrung, quasi als anthropologische Konstante, vorhanden, sondern wird erst in dem Prozeß des Ausführens hervorgebracht und damit auch erfahrbar. (Ebd.)

Eine Aufgabenstellung als eine solche Fremdaufforderung und Initialmoment für einen dann selbstgesteuerten Erfahrungsprozess beeinflusst selbstverständlich dennoch durch die damit vorgegebenen Parameter in hohem Maße mögliche nachfolgende Prozesse, macht die ein oder andere Art zu denken oder zu handeln wahrscheinlicher oder unwahrscheinlicher. Dies gilt es kritisch im Hinblick auf die untersuchte Intervention zu hinterfragen. Dabei muss die Frage danach, in welchem Maße Schüler*innen mit grundverschiedenen Voraussetzungen unterschiedlich auf die Konfrontation mit offenen Aufgabenstellungen reagieren (vgl. Hänze & Moegling 2004)[51], außer Acht gelassen werden, weil das Datenmaterial dazu keine empirisch auswertbare Grundlage liefert.

Im Fall der vorliegenden Unterrichtsintervention wurde die Aufgabenstellung an den bereits in Kapitel 2.2.4.4 formulierten Kriterien ausgerichtet, die auf das Einladen von Fremderfahrungen und Irritationen seitens der Schüler*innen angelegt waren. Grundlegend waren unter anderem Aspekte wie prozedurale Komplexität, Notwendigkeit zu eigenen Entscheidungen, Raum und Zeit für experimentelle Umgangsweisen, zeitliche Freiräume und Bewertungsfreiheit, Spielraum für individuelles Getroffen-Sein und Resonanz sowie verschiedene mediale Zugänge und Artikulationsmöglichkeiten. Die Aufgabenstellung entsprach damit auch in hohem Maß den im Rahmen von PISA entwickelten Kriterien für guten Unterricht, die nahelegen, Fragestellung aus einem Kontext heraus zu entwickeln, Verknüpfungen verschiedener Instrumente und Modelle zu ermöglichen und vorzugsweise Verständnis und weniger Fakten- oder Fachwissen zu fordern und fördern (vgl. Hammann 2006: 167 ff.). Zusammenfassend kann von einer bewusst offen gehaltenen Aufgabenstellung und großen Zurückhaltung in Bezug auf eine Lenkung des Geschehens durch die Lehrkraft gesprochen werden. Die Schüler*innen waren in der zentralen Aufgabe lediglich dazu aufgefordert worden, aus den auf dem Bauernhof gemachten Beobachtungen eine szenische Präsentation zum Thema «Das Verhältnis von Mensch und Tier» zu entwickeln. In der Wahl ihrer Mittel waren sie dabei völlig frei und erhielten auch keine weitere Unterstützung im Prozess.

> Ihr habt ja alle Theatererfahrung. Wir möchten euch deswegen Folgendes bitten: Entwickelt aus den inhaltlichen und ästhetischen Eindrücken eures Rundgangs über den Hof Ideen für einen Theaterabend zum Thema «Das Verhältnis von Menschen und Tieren». Entwickelt eine Präsentation dieser Ideen oder szenischen Entwürfe von maximal 5 Minuten Länge. Arbeitszeit: 45 Minuten.
> Auszug aus Aufgabenstellung 2, siehe auch Anhang

Interessanterweise wird die Aufgabenstellung im Auswertungsgespräch der Schüler*innen mehrfach thematisiert (vgl. z. B. TR4 2014: § 97-§ 104): Anna spricht von einer «sehr freie[n] Aufgabenstellung» (ebd.: § 98), Adnan beschreibt: «wir ham ja nicht so nen richtigen Leitfaden so, und wenn Sie dann auch gar nicht mit uns reden, hab ich immer das Gefühl so ich lieg ganz falsch» (ebd.: § 97). Diese Beobachtungen werden im Gespräch von allen Beteiligten geteilt, wenn auch etwas unterschiedlich bewertet. Tanja, Anna und Janina bekräftigen, dass das «gut war» (ebd.: § 101 f.), Janina wünscht sich aber dennoch ein «bisschen Land» (ebd.: § 103). Anna hebt hervor, dass es «voll schwer[war], weil man eben nicht genau

51 «Im Hinblick auf den Umgang mit Komplexität, Unsicherheit und einer großen Fülle an Informationen unterscheidet man ungewissheitsorienterte und gewissheitsorientierte Personen. Erstere gehen die genannten Probleme direkt an, letztere halten sich lieber an Gewohntes und Vertrautes, weshalb sie sich beim kooperativen Lernen weniger wohl fühlen.» (Hänze & Moegling 2004: 113)

wusste, was gefragt war» (ebd.: § 104) und setzt dies in Verbindung dazu, dass die Präsentation am Ende in ihren Augen eine «halbe Sache» (ebd.) war, von der nicht alle überzeugt waren und die den meisten peinlich gewesen ist. Dass es sich bei dieser Erfahrung um einen Irritationsmoment handelt, deckt sich auch mit den Beobachtungen während der Entwicklungsphase, in welcher die Schüler*innen die Arbeit immer wieder gegenseitig unterbrechen, weil sie plötzlich verunsichert darüber sind, ob die Gruppe die Aufgabenstellung überhaupt «richtig» bearbeitet («Ich dachte, wir sollten uns überlegen, wie wir das machen würden und eine Präsentation darüber [unv.], fünf Minuten das vorspielen» (Anna, TR2 2014: § 27). Die Schüler*innen thematisieren im abschließenden Auswertungsgespräch auch sehr deutlich, wie verunsichert sie in dieser Phase waren und dass sie teilweise nicht wussten, wie sie sich organisieren konnten. Sie haben, so beschreiben sie es, mehrfach versucht, untereinander ein Verständnis darüber herzustellen, was von ihnen eigentlich erwartet wurde. Durch das Fehlen von konkreten Orientierungspunkten, an denen sie sich abarbeiten konnten, verwickelten sie sich immer wieder in kreishafte Diskussionen (vgl. z. B. ebd.: § 346-§ 388).

So nehmen die Schüler*innen die große Offenheit und damit verbundene Irritation nicht zwangsläufig als gestalterisches und inhaltliches Potenzial wahr, sondern immer wieder auch als lähmende Verunsicherung – zumindest nach dem, was sich aus den expliziten Aussagen der Schüler*innen rekonstruieren lässt. Die Beobachtungen aus den Entwicklungsprozessen bestätigen diese Annahme, da sie deutlich machen, dass kreative Prozesse immer wieder durch Irritationen auf organisatorisch-struktureller Ebene unterbrochen werden und die Schüler*innen beispielweise einen Probenprozess oder eine ästhetische Entscheidung abbrechen, weil ein Gruppenmitglied zum Beispiel in Frage stellt, ob die Aufgabe das überhaupt verlangt. Auch während des vorangehenden Rundgangs lässt sich die grundlegende Beobachtung machen, dass die Prozesse, die durch die Aufgabenstellung angestoßen werden sollten, so nur bedingt von den Schüler*innen umgesetzt werden. Die konkrete Aufgabe lautete:

> Ihr geht jetzt mit eurer Gruppe gemeinsam über den Hof. Dabei geht es darum, dass ihr euch einem Thema nähert. Dieses Thema ist «Das Verhältnis von Menschen und Tieren». Sammelt dabei so viele Eindrücke und Informationen wie möglich, die etwas mit unserem Forschungsthema «Mensch-Tier-Verhältnis» zu tun haben, die euch wichtig oder bemerkenswert erscheinen oder die euch persönlich berühren, bewegen, irritieren. Die Art und Weise, wie ihr diese Eindrücke sammelt, ist euch freigestellt, ob ihr das auf einem Notizblock, im Kopf oder mit dem Handy macht, ist eure Entscheidung.
> Auszug aus Aufgabenstellung 3, siehe auch Anhang

Während des Rundgangs lässt sich beobachten, dass die Schüler*innen dem Forschungsfeld zwar sichtlich sehr interessiert gegenüber standen und sich in vielen persönlichen Gesprächen über das, was sie gerade sahen und erlebten austauschten. Sie schienen jedoch schnell vergessen zu haben, dass sie mit einem konkreten Arbeitsauftrag unterwegs waren. Es gab wie bereits beschrieben wurde augenscheinlich niemanden, der Notizen gemacht oder in einer anderen Form die Beobachtungen gezielt festgehalten hatte. Eine Schülerin formuliert darüber hinaus auch die generell ungezielte Feldbeobachtung «Es war ja auch, ähm, in der Aufgabe zu gucken, wie wir beobachten, ob wir jetzt Notizen machen oder Fotos oder halt irgendwie alles im Kopf und ich glaub die meisten ham einfach so von sich aus Fotos gemacht, ich hab gar keinen gesehen, der jetzt aufgeschrieben hat» (ebd.: § 63). An anderer Stelle präzisiert sie ihr eigenes Verhalten in diesem Zusammengang: «Ja, aber ich hab mich nicht an diese Aufgabe gehalten. Also ich hatte die nicht so im Kopf. Ich hab sie einfach so beobachtet, weil's mich interessiert hat» (ebd.: § 58). Ein anderer Schüler stellt generell in Frage, dass es überhaupt einen Beobachtungsauftrag gab und führt dann an: «Ich hab die zum Beispiel gar nicht mitbekommen» (ebd.: § 70), obwohl der Auftrag in Anwesenheit der vollständigen Gruppe bei auf den ersten Eindruck sehr konzentrierter Atmosphäre und bei hoher Aufmerksamkeit der Jugendlichen formuliert wurde.

Kritisch zusammenfassend kann also davon gesprochen werden, dass das Verhältnis von Offenheit und Lenkung in der entwickelten Intervention noch nicht in einer Art und Weise gestaltet war, so dass die Schüler*innen tatsächlich in die durch die Aufgabenstellung intendierten Prozesse eingetreten sind bzw. eintreten konnten. Auch die starke Zurückhaltung in der Anleitung ist zwar vor dem Hintergrund eines Versuchs, die Arbeit der Jugendlichen möglichst wenig zu beeinflussen und die Erhebung dadurch von einem möglichst neutralen Standpunkt auswerten zu können, nachvollziehbar. Im Rückblick aber ist sie unter didaktischer Perspektive kritisch zu beurteilen. Stäudel und Wodzinski heben gerade für komplexe Aufgabenstellungen hervor: «Dem Lehrer-Schüler-Gespräch kommt in diesem Szenario jetzt eine veränderte aber inhaltlich gut begründete Rolle zu, nämlich die, Ergebnisse von Schülerseite aufzunehmen, zu diskutieren, sie zu würdigen und neue Impulse zu geben» (Stäudel & Wodzinski 2008: 187). Eine entsprechende Interaktion fehlte jedoch in der Intervention völlig. Damit wurden Offenheit der Aufgabenstellung und Zurücknahme der Lehrkraft zu «institutionsbezogenen Anlässen» für Irritationen (Gebhard, Lübke, Pfeiffer & Sting 2018). Sie sind zwar durchaus als Katalysatoren für Fremderfahrungen zu werten, da sie im Sinne der eingangs formulierten Kriterien eine Lockerung von im schulischen Kontext etablierten Ordnungen darstellen und somit eine Grundlage für eine Destabilisierung bestehender Ordnungssysteme bilden können. Sie können aber – wie im vorliegenden Fall vermutlich auch geschehen – in einem Übermaß den Blick für Fremdes jenseits einer strukturell organisatorischen Verunsicherung verstellen und kontraproduktiv auf den kreativen Prozess wirken, weil sie Gedanken und Arbeitskraft daran binden, klären zu wollen, wie eine Aufgabe verstanden werden sollte. Als These ließe sich hier formulieren, dass Ausmaß und Ebenen von Offenheit in unserer konkreten Intervention vermutlich in einer Art und Weise Irritationen produziert haben, die für die Schüler*innen nicht mehr produktiv zu nutzen waren. Stattdessen kam es zu einer Orientierungslosigkeit und stellenweise sogar Unzufriedenheit mit der eigenen Arbeit. Vermutlich bedingte diese Verunsicherung auch, dass die Schüler*innen sich sehr stark an der Frage nach «richtig» und «falsch» orientierten, und darüber hinaus möglicherweise, dass sie in der ästhetischen Gestaltung stark auf die Reproduktion von Bekanntem zurückgriffen, anstatt den Freiraum zu nutzen, Neuland zu betreten.

3.6 Schlussfolgerungen für die Weiterentwicklung

Ein Großteil der mit Aufbau und Aufgabenstellung verbundenen Parameter ästhetischer Bildung konnten innerhalb der Intervention realisiert werden. Zu diesen Parametern gehören das Anbahnen von Erfahrung mit für die Schüler*innen Fremdem, das Ermöglichen von Wahrnehmungsvergleichen sowie die Auseinandersetzung mit Empfindungs-, Übertragungs- und Reflexionswerten. Dennoch sind einige Aspekte des hier entwickelten Designs weniger positiv zu beurteilen und bedürfen perspektivisch einer Überarbeitung bzw. didaktischen Neuausrichtung.

Zentral erscheint mir, dass es stellenweise nicht gelungen ist, Gestaltungsspielräumen und Offenheit der Aufgabenstellung einerseits und Lenkung und pädagogischer Begleitung andererseits in ein solches Verhältnis zueinander zu setzen, dass ein Boden dafür bereitet wurde, auch die *ästhetischen* Erwartungen und Zielsetzungen zu erreichen. Die theaterästhetische Vorstellung war, dass die Schüler*innen auf dem Hof konkrete Materialien sammeln, die Eingang in die szenische Präsentation finden und über welche dann ein dokumentarischer Ausschnitt von Wirklichkeit auf der Bühne sichtbar würde, der so nur schwer im Fantasieraum eines Probenraums entstehen könnte. Diese hat sich nur sehr rudimentär erfüllt. Auch die Anwendung ästhetischer Praktiken fiel trotz entsprechender ästhetischer Appelle des Feldes, der nötigen Vorerfahrungen und teilweise sogar vorhandenen Ideen in der Umsetzung nicht besonders breit oder feldbezogen aus. Dies stellt so die Notwendigkeit einer Feldforschung aus ästhetischer Perspektive zum Teil in Frage.

In der Betrachtung von Einflussfaktoren für ein produktives Aufgreifen ästhetischer Apelle aus dem Forschungsfeld wurde deutlich, dass verschiedene Aspekte in einem Redesign der ursprünglichen Intervention stärker Beachtung finden sollten. Dies umfasst ein Ermöglichen stärker intrinsisch motivierter Forschungsperspektiven. Möglicherweise sollten auch durch einen Schulkontext hervorgerufene bzw. antizipierten Erwartungshaltungen seitens der Jugendlichen, Fachwissen zu erwerben und in stringente Narrative zu überführen, gezielt aufgeweicht werden. Dies würde mit einer stärkeren Lenkung des Blickes der Jugendlichen auf die *ästhetischen* Besonderheiten des Forschungsfeldes, eine systematischere Dokumentation gerade dieser Aspekte sowie die Einladung zu einer szenischen Auswertung des Materials, die bewusst skizzenhaft verbleiben darf und nicht dem Anspruch einer in sich geschlossenen Szene entsprechen muss, bereits Hand in Hand gehen. Selbstverständlich hat ein didaktisches Konzept außerdem eine entsprechende technische und räumliche Infrastruktur zu berücksichtigen und sich bezogen auf die tatsächlichen Vorerfahrungen der jeweiligen Gruppe damit zu beschäftigen, welche zusätzlichen theaterästhetischen Erfahrungen und Techniken vermittelt werden sollen bzw. welche Aspekte und Zugänge zum Forschungs- und Probenprozess ggfs. zentral gesetzt werden, um die Gruppe dort abzuholen, wo sie steht.

Alle diese Fragen stehen in Verbindung zur Frage nach der Offenheit der verwendeten Aufgabenstellungen, denn es bedarf immer einer Lenkung und damit eines aktiven Eingriffs in den Prozess, um in diesem bestimmte Aspekte stärker zu betonen, bestimmte Handlungsweisen wahrscheinlicher zu machen oder nur eine spezifische Arbeitsatmosphäre zu erzeugen. Das Ausmaß an Offenheit der Aufgabenstellung stellt damit eine besondere Stellschraube für die Weiterentwicklung der theaterpädagogischen Praxis der untersuchten Intervention dar. An welchen Stellen lässt die Offenheit eines didaktischen Settings Feldforschung und Probenprozess wirklich produktiv werden – im Sinne eines vielfältigen Zugriffs auf Impulse und Material aus dem Feld? An welchen Stellen hindert sie die Schüler*innen im Handeln und bedarf größerer Lenkungen durch die Lehrkraft? Legt man das von Helsper beschriebene Schema der Antinomien pädagogischen Handelns an die Aufgabenstellung im Konkreten und die theaterpädagogische Arbeit im Allgemeinen an, so lassen sich zentrale Spannungsfelder in den Bereichen *Freiheit vs. Zwang*, *Organisation vs. Interaktion* und *Differenzierung vs. Einheit* beschreiben (vgl. Helsper 1993), die es für die Überarbeitung der Intervention zu berücksichtigen gilt.[52]

52 Mit der flächendeckenden Einführung von Theater als drittes künstlerisches Fach neben Kunst und Musik in einigen Bundesländern und der Formulierung einheitlicher Prüfungsanforderungen für ein bundesweit vergleichbares Abitur muss sich auch das Fach Theater stärker Fragen nach systematischer Kompetenzvermittlung stellen. Dem für das Fach so wichtigen Moment künstlerischer Freiheit steht nun zunehmend der Anspruch entgegen, vergleichbare Qualitätskriterien zu schaffen und überprüfbare Kompetenzen zu vermitteln. Dies erfordert wiederum eine im klassischen Sinne enger gefasste Struktur des Unterrichts, klarere Regeln und Orientierungspunkte, Lernziele und Methoden. Wie qualifizieren wir Schüler*innen, damit sie diese übergreifenden Lernziele sicher erreichen und ihre erworbenen Kompetenzen in Prüfungen angemessen und vergleichbar mit anderen Fächern zeigen können, und zwar unabhängig von ihrem Wohnort in Bayern, Hessen oder Hamburg – intersubjektiv überprüfbar, heißt: egal von welcher Lehrkraft? Wie schaffen wir es, gleichzeitig die künstlerische Freiheit und strukturelle Ungewissheit, die den Kern jeder ästhetischen Arbeit bildet, nicht in einem engen Korsett von Lerninhalten einzuschränken, sondern in maximaler Weise für die Jugendlichen als Gestaltungsraum erleb- und erfahrbar werden zu lassen. Einige Autor*innen stehen der Entwicklung, dass sich das Fach Theater dieser Frage nun stellen soll, äußerst kritisch gegenüber. Sie sehen in der Didaktisierung des Faches ein Ende der künstlerischen Freiheit und einen vehementen Einschnitt im Potential der fachspezifischen Lernfelder (vgl. Schlünzen 2000, Linck 2006 oder Mieruch 2006), die eben gerade durch die große Offenheit und Gestaltungsspielräume der Prozesse ermöglicht werden. Zweifelsohne besteht die Gefahr, dass durch zu enge methodologische oder didaktische Reglementierung die fragilen Prozesse des Theaterunterrichts ins Wanken geraten, Kreativität und Ideenreichtum blockiert, instrumentalisiert oder zunehmend uniformisiert werden. Zweifelsohne lässt sich auch die Frage stellen, warum sich Theater in seiner Didaktik und Unterrichtsstruktur den Anforderungen anderer Fächern anpassen soll und ob das Fach nicht in seiner Offenheit eine visionäre Alternative zur heutigen schulischen Lern- und Lehrkultur entwerfen sollte.

Die Unterrichtsintervention zeigt, dass es stellenweise klarerer Regeln und Orientierungspunkte, Ziele und Methoden bedarf, um künstlerische Freiheit produktiv gestalten, Ungewissheit auszuhalten und Leerstellen füllen zu können. Ohne entsprechende Reibungsfläche verliert sich der Prozess schnell in Orientierungslosigkeit, Beliebigkeit und letztendlich Frustration. Problematisiert werden könnten vor diesem Hintergrund auch die Breite und Komplexität der hier untersuchten Aufgabenstellung, die die Schüler*innen womöglich überfordert hat. Einem solchen Befund wird bisweilen didaktisch mit dem Senken des allgemeinen Anforderungsniveaus begegnet (vgl. Stäudel & Wodzinski 2008). Das bedeutet jedoch meist auch

> eine Rücknahme von Komplexität, sodass man sich schließlich ähnlichen Schwierigkeiten gegenüber sieht wie beim fragend-entwickelnden Unterrichtsgespräch. Insbesondere steht eine solche Strategie auch dem Ziel entgegen, durch anspruchsvollere Aufgaben kognitive Aktivität bei den Lernenden zu provozieren. (Ebd.: 190)

Wie also können Ungewissheit, Freiheit, Offenheit und Komplexität der Prozesse trotz stärkerer Lenkung, Organisation und Vorgaben erhalten bleiben? Welche didaktischen Ansätze und konkreten Methoden können in der Praxis den Spagat zwischen den Polen dieser Antinomien ermöglichen?

Orientierung in der Gestaltungsfreiheit

Eine Antwort kann aus dem vorliegenden Material zwar nicht rein empirisch fundiert rekonstruiert werden, dennoch lassen sich anhand der Empirie zumindest einige zentrale Momente bestimmten, die in diesem Spannungsverhältnis von Bedeutung sind und Orientierungspunkt für eine Weiterentwicklung darstellen können. Mit Rückgriff auf Sons (2017) könnte dabei zwischen Schlüssel-, Stärkungs- und Ambiguitätselementen (vgl. Sons 2017) unterschieden werden. Schlüsselelemente sind jene Faktoren, die das In-Gang-kommen des Bildungsprozesses anstoßen, Stärkungselemente geben Halt im Prozess, Ambiguitätselemente wirken in ihm verunsichernd. Wenn im Sinne der Ausführungen in Kapitel 2.2 die Feldforschung selbst als ein Schlüsselmoment in der vorliegenden Intervention definiert wird, die (Ergebnis-)Offenheit des Prozesses als eines der zentralen Ambiguitätselemente, – dann wäre mit Sons die Frage nach solchen Momenten im Prozess zu stellen, die als Stärkungselemente fungieren können. Mit Blick auf das empirische Material stellt sich damit die Frage, was den Schüler*innen und Künstler*innen in den untersuchten Prozessen Halt gegeben hat.

Generell kann davon gesprochen, dass bereits die Gruppendiskussionen, die die Intervention durchziehen, als solche Stärkungselemente bezeichnet werden können. Wie oben beschrieben, tragen auch sie zwar dazu bei, die Begegnung mit

Fremdem über den Diskurs gegenläufiger Positionen zu aktualisierten. Gleichzeitig stellen sie jedoch immer wieder Momente dar, in denen sich die Schüler*innen der Wahrnehmung und Interpretation ihrer Mitschüler*innen vergegenwärtigen und so Orientierung für die eigene Perspektive auf das Erlebte schaffen. Die Prozessbeobachtungen zeigen darüber hinaus während der Entwicklungs- und Probenphase der Schüler*innen vor allem strukturelle Aspekte, über die Gruppen versuchen, sich in Momenten der Orientierungslosigkeit rückzuversichern. So wird häufig versucht, sich an den Zeitvorgaben zu orientieren und diese zu nutzen, um auszuloten, wo die Gruppe im Prozess gerade steht oder vermeintlich stehen müsste. Stellenweise wird versucht, gemeinsam das Verständnis nach der Aufgabenstellung zu aktualisieren oder noch einmal nachzufragen, was denn die Aufgabe war. In zwei der drei Gruppen werden von einzelnen Schüler*innen Notizen gemacht, teilweise aus freien Stücken, teilweise auf Aufforderung der Gruppe hin. Weitere Elemente sind der imaginierte Vergleich mit den anderen Gruppen sowie die Verantwortungsübernahme einzelner für bestimmte Teile des Prozesses, beispielsweise das Delegieren von Rollenübernahme oder die Koordination der Mitspieler*innen im Raum.

Der Blick auf die Probenbeobachtungen bei Frl. Wunder AG zeigt, dass auch die Künstler*innen sich selbst Stärkungselemente für die Erhebung und die Auswertung des Materials setzen, die aber teilweise anderer Natur und noch stärker «institutionalisiert» sind: Die Gruppe legt unter anderem zu Beginn der Feldforschung verschiedene Beobachtungsaufträge und Instrumentarien zur Dokumentation fest und verteilt diese untereinander, beispielsweise die Beobachtung von visuellen, performativen oder akustischen Elementen. Diese Positionen ermöglichen einen größeren Fokus auf einzelne Aspekte, obwohl die Prozessbeobachtung zeigt, dass die Künstler*innen durchaus flexibel mit diesen Elementen umgehen, die Aufträge rotieren lassen oder auch mal Aspekte festhalten, die nicht in ihren derzeitigen «Auftrag» fallen. Im späteren Prozess werden Ideen auf Karten festgehalten und so an einer Wand für alle sichtbar gemacht. Das mitgebrachte Material wird im Raum zur Ansicht ausgelegt. Einzelne Personen übernehmen in einem Rotationssystem die Moderation von Gruppengesprächen oder achten als Verantwortliche auf die Zeit.

Im Hinblick auf diese Sammlung an Stärkungselementen für den Arbeitsprozess kann für beide Gruppen festgehalten werden, dass es sich in erster Linie um Versuche handelt, den Prozess auf einer strukturell-organisatorischen, institutionsbezogenen Ebene zu festigen. Das ist insofern für eine potentielle Weiterentwicklung der Intervention interessant, als dass darin ein Ansatzpunkt besteht, die bereits angelegten Stärkungselemente didaktisch aufzugreifen und strukturell zu implementieren, ohne inhaltlich gegenstandsbezogene Ambiguitätselemente einzuschränken. Möglicherweise können so über didaktische Hilfestellungen und Mehrstufigkeit von Aufgaben (vgl. Stäudel & Wodzinski 2008) eine im Sinne der Zielsetzungen der Intervention noch produktivere Prozesse angestoßen werden. Zugänglichkeit der Aufgaben während des Prozesses, eine gesteigerte Interaktion zwischen Lehrkraft und Schüler*innen, Untergliederung der Aufgabe in Arbeitsschritte, Vorbereitung und Anleitung von Methoden zur Sicherung der Eindrücke und Sichtung des Materials, das Entwickeln eigener Arbeitsaufträge durch die Schüler*innen selbst und andere aus den bereits bestehenden Stärkungselementen abgeleitete Schritte könnten so den Schüler*innen Orientierung im Prozess bieten, ohne sie in ihrer inhaltlichen und ästhetischen Gestaltungsfreiheit einzuschränken.

Im folgenden Kapitel soll nun auf der Basis dieser Erkenntnisse der Versuch unternommen werden, eine mögliche Antwort auf die Frage nach einem produktiven Spannungsverhältnis von Lenkung und Freiraum zu finden. Zudem soll eine didaktisch aufbereitete Prozessbeschreibung für eine schulische Theaterarbeit entwickelt werden, die Feldforschung in den Probenprozess integriert.

4 Theaterpädagogische Konzeption für Feldforschung in Probenprozessen

Zur Orientierung: Wie kann im Kontext theaterpädagogischer Arbeit gemeinsam mit Jugendlichen Feldforschung betrieben und in den Probenprozess integriert werden? In diesem letzten Teil des Buches werde ich dieser Frage nachgehen und eine Praxiskonzeption für einen entsprechenden Prozess entwerfen. Dieser Entwurf erfolgt als Neuperspektivierung der bereits in der Studie durchgeführten Unterrichtsintervention. Er stellt den Versuch dar, diese so zu überarbeiten, dass die zentralen Erkenntnisse aus Theorie (Kapitel 2) und Empirie (Kapitel 3) berücksichtigt werden.
Den so entstehenden didaktischen Leitfaden werde ich am Arbeitsprozess ausgerichtet in verschiedenen Phasen gliedern: In eine Vorphase, die die Vorbereitung der eigentlichen Feldforschung umfasst (S. 205), die Durchführung der Feldforschung selbst (S. 217) sowie eine Phase szenischer Interpretation (S. 220), in der es darum geht, wie Beobachtungen und Erfahrungen der Feldforschung für den Probenprozess aufgearbeitet und produktiv gemacht werden können. Abschließend werde ich mich außerdem damit beschäftigen, welche Rolle der Spielleitung in einem entsprechenden Prozess zukommt (S. 240).

Ausgangspunkt dieses Buches ist das Anliegen, ein Zusammenspiel von ethnografischer Feldforschung und künstlerischen Prozessen im Theater für die theaterpädagogische Praxis produktiv zu machen. Dies soll im Kontext entwicklungsorientierter Bildungsforschung theoretisch und empirisch fundiert geschehen. Im Zentrum steht die Frage: Wie kann die Vielfalt an inhaltlichen und ästhetischen Impulsen einer Forschung im Feld für einen Probenprozess mit Jugendlichen erschlossen und zugänglich gemacht werden? Wenn es im Folgenden nun um das Ausdefinieren eines didaktischen Rahmens für eine solche Praxis geht, soll an dieser Stelle noch einmal in aller Kürze zusammengefasst werden, an welchen theoretischen und empirischen Erkenntnissen der Vorkapitel sich ein solcher Entwurf orientiert.

Die theoretische Beschäftigung hatte zum einen gezeigt, dass eine Didaktik, die dem Anspruch gerecht werden möchte, ästhetische Bildung zu ermöglichen, das Anbahnen von Erfahrung mit für die Jugendlichen Fremdem sowie das Ermöglichen von Wahrnehmungsvergleichen, die Auseinandersetzung mit Empfindung-, Übertragungs- und Reflexionswerten und die Ausbildung eines ästhetischen Vokabulars im Blick haben sollte. Diese Aspekte werden also im Entwurf einer theaterpädagogischen Praxis eine zentrale Rolle spielen. Über die Feldforschung selbst sind bereits in vielfältiger Weise potentielle Fremderfahrungen angelegt (vgl. Kapitel 1.2). Daher wird die didaktische Rahmung vor allem die Verlängerung dieses Erfahrungsmomentes und die Aufforderung der Jugendlichen zur weiteren Auseinandersetzung mit den oben genannten Aspekten über konkrete Aufgabenstellungen fokussieren. Darüber hinaus fließen in die Rahmung die in Kapitel 2.2.4.4 formulierten Gelingbedingungen für einen produktiven Umgang mit Fremderfahrungen ein: u. a. eine Verschärfung des unmittelbaren Handlungsdrucks in der Auseinandersetzung mit dem fachlichen Gegenstand bei gleichzeitiger Entlastung von Handlungsdruck bezogen auf zeitliche Freiräume und Bewertungsfreiheit, das Schaffen von Räumen von Getroffen-Sein und Resonanz, Aufforderungen, eigene Überzeugungen in Frage zu stellen, sowie die Berücksichtigung von Medialität.

In der Empirie wurde deutlich, dass die Forschung im Feld zwar ein großes Potential unterschiedlicher ästhetischer Impulse und Praktiken mit sich bringt, diese jedoch von Jugendlichen nicht zwangsläufig eigenständig erkannt und umgesetzt werden. Damit im Feld gemachte Beobachtungen und gesammelte Materialien auch tatsächlich Eingang in die szenische Präsentation finden und darüber dokumentarische Ausschnitte von Wirklichkeit auf der Bühne sichtbar werden können, die so nur schwer im Fantasieraum eines Probenraums entstehen, bedarf es gewisser Vorerfahrungen und einer Infrastruktur. Die theaterpädagogische Konzeption wird diese also in dem Prozess mitzudenken haben. Es bedarf darüber hinaus, so zeigte sich in der Empirie, konkreter Handlungsaufforderungen und Impulse, damit Schüler*innen im Arbeitsprozess nicht ratlos werden und sich lediglich an bekannten Erwartungen und Erfahrungen orientieren, sondern sich auf eine möglichst vielfältige szenische Bearbeitung des Forschungsmaterials einlassen. Daher werden auf struktureller Ebene Stärkungselemente konzipiert werden, die den Prozess auf einer organisatorischen Ebene festigen, wie z. B. über Zugänglichkeit der Aufgabenstellungen oder Untergliederung einer einzelnen Aufgabe in Arbeitsschritte. Aber auf inhaltlicher Ebene wird der didaktische Rahmen solche Stärkungselemente beispielsweise durch eine stärkere Definition von Vorbereitung und eine Anleitung von Methoden zur Sicherung der Eindrücke und Sichtung des Materials oder über konkrete Vorschläge zur Bearbeitung dieses Materials implementieren. Im Fokus dessen steht, den Jugendlichen Orientierung im Prozess zu bieten, ohne sie in ihrer inhaltlichen und ästhetischen Gestaltungsfreiheit einzuschränken oder gegenstandsbezogene Ambiguitätselemente auszuschalten.

Dabei geschieht jegliche Entwicklung eines didaktischen Rahmens im Bewusstsein über ein prinzipielles Spannungsverhältnis in der Vereinbarkeit von Didaktik und künstlerischem Prozess. Trotz der zuvor gewonnenen Erkenntnis, dass es dem ursprünglichen Entwurf an Orientierungspunkten im Prozess mangelte, soll also der Versuch unternommen werden, diese zwar zu etablieren, dabei aber eine maximale inhaltliche und ästhetische Offenheit zu erhalten. Das ist insbesondere bei einem derart ergebnisoffenen und vielfältigen Vermittlungsgegenstand wie der künstlerisch motivierten Feldforschung und dem weiterhin geltenden Anspruch relevant, Prozesse ästhetischer Bildung zu ermöglichen, die Freiräume und Erfahrung von Fremdheit bedürfen.

4.1 Vorphase

Eine Forschung im Feld, die Ausgangspunkt oder Teil eines späteren Probenprozesses sein soll, lässt sich nicht von heute auf morgen realisieren.

Zahlreiche Aspekte wie das Klären einer Ausgangsfrage bzw. generellen Erkenntnisinteresses, der Aufbau von für eine entsprechende Arbeit nötigen Vorerfahrungen und einer geeigneten räumlichen und technischen Ausstattung gilt es, im Blick zu behalten. Außerdem muss die eigentliche Feldforschung konzipiert und organisiert werden: Wo soll geforscht werden, wie kann der Zugang zu diesem Feld organisiert werden, was sind die Bedingungen vor Ort und was lässt sich in teilnehmender Beobachtung überhaupt machen? Mit welchem Vorverständnis und welchen konkreten Beobachtungsaufträgen erfolgt der Zugang zum Feld?

All diese Aspekte sind in der Vorphase zur eigentlichen Feldforschung zu klären und werden im folgenden Kapitel beleuchtet. Checklisten in einzelnen Unterkapiteln ermöglichen, die wesentlichen Aspekte im Blick zu behalten. Sie sind als Fragen formuliert und so gesetzt, dass sie sich einfach kopieren lassen, um sie in der Praxis von den Jugendlichen selbst bearbeiten bzw. beantworten zu lassen.

4.1.1 Ausgangsfrage entwickeln

Jugendliche werden – davon ist auszugehen – nicht aus eigener Motivation heraus vorschlagen: Lasst uns ein Theaterstück entwickeln, das auf Feldforschung aufbaut. «Warum sollten wir das tun?», werden sie sich und ihre Spielleitung wohl eher fragen. Wenn jedoch bereits zu Beginn eines gemeinsamen Prozesses etabliert wird, dass es bei der Stückentwicklung um die Auseinandersetzung mit einem spezifischen Thema, vielleicht sogar mit einer konkreten Fragestellung geht, ist ein forschender Weltzugang bereits in den Probenprozess verankert und der Schritt heraus aus dem Probenraum und hinein ins Forschungsfeld nicht mehr allzu weit. Eine Antwort auf die oben gestellte Frage erschließt sich dann organisch, weil sich die Jugendlichen von einer Recherche an einem bestimmten Ort tatsächlich einen Beitrag zu etwas versprechen können, was sie selbst herausfinden möchten.

«Wie wäre es, wenn wir uns im kommenden Projekt mit einem Thema oder einer konkreten Frage beschäftigen und damit experimentieren, wie wir Theater nutzen können, um uns mit diesem Thema auseinanderzusetzen und unserem Publikum näher zu bringen, worüber wir uns Gedanken gemacht und was wir herausgefunden haben?» Ein solcher oder ähnlicher Vorschlag könnte den Startpunkt markieren und die Jugendlichen zur Suche nach einem gemeinsamen Thema einladen. Eine Ausgangsfrage sollte dabei mit ihnen gemeinsam entwickelt werden, um intrinsische Motivation für die Forschung zu fördern und den Prozessbeteiligten zu ermöglichen, Neugierde zu entwickeln und ein Gespür für das eigene Interesse an der Fragestellung und dem späteren Forschungsprozess zu entwickeln (vgl. Huber 2012: 5). Wie Beer und König beschreiben, können Anregungen für Fragestellungen in der Auseinandersetzung mit theoretischen Überlegungen aus der Fachliteratur hervorgehen, aus der Feststellung, dass Themen bislang nur wenig genauer untersucht wurden oder aber aus dem Anliegen, ein gesellschaftlich relevantes Problem genauer zu beschreiben und damit möglicherweise zu einer Lösung beizutragen (vgl. Beer & König 2020: 16). Es geht folglich um ein Markieren von Wissenslücken und Forschungsbedarf.

Die Annäherung an eine Fragestellung über eine Auseinandersetzung mit solchen Wissenslücken kann dabei die Jugendlichen gleichzeitig von Anfang an auf einen forschenden Blick im Probenprozess einstimmen, der vermutlich nicht unbedingt zu dem gehört, was sie wahrscheinlich mit Theaterarbeit verbinden. Vielleicht werden die Jugendlichen in Zeitungsartikeln oder einem Archiv recherchieren, Auszüge aus einem Fachbuch lesen oder Interviews auf der Straße führen, um in die Diskussion über ihre Fragestellung zu kommen. Dabei muss dieser Einstieg in den Forschungsprozess selbstverständlich nicht zwangsläufig rein theoretisch geführt werden. Theaterspiele oder Improvisationen können ebenso genutzt werden, um in die Auseinandersetzung mit einem Thema einzusteigen und mögliche Fragen und Wissenslücken spielerisch zu generieren oder auszuloten.

Betrachten wir die Arbeit mit Feldforschungen im Probenprozess bei professionellen Theaterschaffenden wie beispielsweise Frl. Wunder AG, zeigt sich, dass dort zu Beginn der Arbeit eine relativ offene Forschungsfrage formuliert wird («In welchem Verhältnis stehen Mensch und Tier zueinander?»). Diese wandelt sich jedoch im Laufe des Prozesses bzw. wird in unterschiedliche Unterperspektiven aufgegliedert («Wie kommunizieren Mensch und Tier miteinander?», «Was geschieht, wenn wir für gewöhnlich gegebene Hierarchien zwischen Mensch und Tier umkehren würden?», ...). Im Hinblick auf den künstlerischen Prozess ist eine gewisse Offenheit bzw. Vagheit in der Formulierung einer Fragestellung wichtig, um im Feld möglichst unterschiedlichen Spuren folgen zu können und nicht von vornherein zu «engmaschig» an den Untersuchungsgegenstand heranzugehen. Für die Arbeit mit größeren Gruppen im pädagogischen Kontext wird diese Anfangsoffenheit allein dadurch produktiv, dass die Prozessbeteiligten unterschiedliche Schwerpunkte setzen können; zum einen, weil dadurch wiederum individuelle Motivation Platz und Ausdruck finden kann, zum anderen schlicht und ergreifend auch deshalb, damit sich die Jugendlichen später im Feld nicht in die Quere kommen. Lehrende sollten also im Blick behalten, dass zu Beginn des Prozesses eine grob formulierte Frage ausreicht, um bestimmen zu können, welches Themengebiet und damit welches Feld im Zentrum der Arbeit stehen wird. Eine präzise Fragestellung und damit verbundene These entwickelt sich zumeist erst im Gestaltungsprozess.

Selbstverständlich könnte schlicht ein konkretes Forschungsfeld den Ausgangspunkt darstellen, ohne dass damit bereits spezifische Themen oder Fragen verknüpft sind. Neben der Schule oder dem Probenort befindet sich vielleicht ein Schwimmbad oder ein Altenheim und allein aus Praktikabilitäts- und Zugänglichkeitsgründen entscheidet sich eine Spielleitung oder Gruppe möglicherweise dazu, genau dort Feldforschung zu betreiben. Dann würde sich natürlich die Frage andersherum stellen: Wenn wir an einem solchen Ort arbeiten und Material sammeln wollen: Worum könnte es gehen? Welche Themen sind mit dem Schwimmbad oder dem Altenheim verbunden? Geht es um Körperinszenierungen oder Kindheitserinnerungen? Um Wettkämpfe oder ums Altern? Das Formulieren einer konkreten Fragestellung oder zumindest eines thematischen Fokus der Arbeit ist auch in diesem Fall sinnvoll, da es ermöglicht, im Folgenden spezifischer zu definieren, mit welchen Mitteln überhaupt geforscht und welche Art von Material gesammelt werden soll.

4.1.2 Vorerfahrungen und Infrastruktur aufbauen

Verschiedene Vorerfahrungen spielen eine Rolle, wenn es darum geht, dass Elemente der im Feld gemachten Beobachtungen tatsächlich gezielt in die Theaterarbeit einfließen und verarbeitet werden. Diese nötigen Erfahrungen sollten entweder bereits tatsächlich im Vorfeld gemacht worden sein oder zumindest parallel zum Probenprozess von der Spielleitung gezielt aufgebaut werden. Daher ist die folgende Liste (Tab. 1) nicht als eine Sammlung an Voraussetzung zu verstehen, die vollständig vorhanden sein muss, bevor mit Feldforschungen als Teil von Probenprozessen überhaupt gearbeitet werden kann. Sie bietet vielmehr ein Instrument, mit dem die Spielleitung oder die Gruppe selbst danach fragen kann, wo Stärken oder Defizite vorhanden sind. Entsprechend derer können dann beispielsweise Schwerpunkte in der Beobachtung und späteren Probenarbeit gelegt und an anderer Stelle auf bestimmte Verfahren und Zugänge verzichtet werden. Wenn eine Gruppe beispielsweise noch über keinerlei Erfahrung mit der Aufnahme, dem Schnitt und einer Interaktion mit Projektion von Videomaterial gemacht hat, kann entweder die Entscheidung fallen, dass im Feldforschungsprozess bewusst *nicht* mit Videoaufnahmen gearbeitet wird. Oder aber das Projekt wird ausdrücklich als Lernraum für den Umgang mit diesem Medium konzipiert – und beinhaltet dementsprechend dann aber auch Raum und Zeit, sich mit der Aufnahme, der Weiterverarbeitung und der Interaktion zwischen Bühnenraum und Projektion auseinanderzusetzen.

Es lassen sich mit Blick auf die unten stehende Checkliste für Vorerfahrungen (Tabelle 1) demnach Bereiche definieren, die eventuell gezielt als Vorbereitung vor dem Start ins Projekt oder aber parallel zur späteren Probenarbeit weiterentwickelt werden sollen, um auf ein breiteres Spektrum an Ausdrucks- und Verarbeitungsmöglichkeiten der im Feld gesammelten Eindrücke zurückgreifen zu können. Der Spielleitung obliegt innerhalb dieser Orientierungspunkte das Fingerspitzengefühl für die jeweilige Gruppe und Situation, wie viel Herausforderung nötig und sinnvoll ist und an welchem Punkt diese in eine die Produktivität hemmende Überforderung umschlagen könnte.

In Verbindung mit den Vorerfahrungen steht im Sinne einer Vorbereitung auch eine gewisse Infrastruktur, die die ästhetische Auseinandersetzung mit den Impulsen im Feld breiter auffächern lässt. Sie sollte von der Spielleitung zur Verfügung gestellt werden und den Beteiligten zumindest in Ansätzen vertraut sein bzw. müsste ihnen Zeit gegeben werden, sich innerhalb des Prozesses den Umgang damit aneignen zu können. Diese Infrastruktur richtet sich selbstverständlich in erster Linie danach, welche Beobachtungsschwerpunkte innerhalb der Feldforschung gesetzt werden.

Um ein möglichst breites Spektrum an ästhetischen Möglichkeiten und Mitteln abzudecken, sollten aber zumindest technische Geräte für Foto-, Audio- und Videoaufnahmen sowie deren weitere Bearbeitung im Verlauf des Prozesses und ein gut ausgestatteter Moderationskoffer vorhanden sein. Selbstverständlich kann eine technische Ausstattung auch sehr niedrigschwellig ausgelegt sein und die Jugendlichen beispielsweise aufgefordert werden, für die Dokumentation ihre eigenen Smartphones zu nutzen. Die Spielleitung sollte dann aber selbstverständlich auch in der Lage sein, die so entstehenden Daten für den Prozess produktiv zu machen: Wie kommen Videos, Fotos und Audioaufnahmen von den Geräten der Jugendlichen in eine gemeinsame Sammlung und können im Probenprozess leicht zugänglich abgespielt und ggfs. weiterbearbeitet werden?

Auch entsprechende Möglichkeiten, in der Phase der Feldauswertung zusätzliche Recherchen im Internet anzustellen und Textmaterial auszudrucken sowie auf einen Material- und Kostüm-Fundus, eine Bibliothek oder Musikbibliothek zurückzugreifen, sind von Vorteil. Nicht zu unterschätzen ist dabei die Präsenz des gesammelten Materials im Probenprozess. Materialien sollten unbedingt so gelagert werden können, dass sie während der Probenzeiten vor Ort frei und schnell zugänglich sind.

Vorerfahrungen

- □ Haben wir ein Bewusstsein für die ästhetische Qualität von **Realitätsbezügen** und wie diese im Theater genutzt werden können? (Biografisches, (pop-)kulturelle Zitate, Wirkung realer Vorgänge oder Materialität, ...)
- □ Können wir auf **verschiedene theatrale Formen** zurückgreifen und diese eigenständig entwickeln? (Bewegungssequenzen, Lecture, Reenactment, Show- und Spielformate, V-Effekt, ...)
- □ Welche Erfahrungen haben wir mit unterschiedlichen Möglichkeiten, auf der Bühne **Zeichen und Bedeutung zu produzieren** (etwas als das zu behaupten, was es nicht ist, Gegenläufigkeit von Inhalt und Form, Mehrdeutigkeit, Spiel mit Abwesenheit, Umkehrung, ...)
- □ Wie gut können wir eigenständig **recherchieren**?
- □ Welche Erfahrungen haben wir im **Umgang mit Objekten?** (Umnutzung, performativer Umgang mit Material, (zeichenhafte) Kostümierung, ...)
- □ Wie gut können wir mit **Texten** umgehen? (eigene Texte schreiben, improvisiertes oder situatives Sprechen, Sprechhaltungen, ...)
- □ Welche Erfahrungen haben wir damit, wie unterschiedliche **Medien** auf der Bühne zum Einsatz kommen können?
- □ Welche Erfahrungen haben wir mit unterschiedlichen Möglichkeiten, auf der Bühne eine **Figur** herzustellen? (zeichenhaft, Rollensplitting, ...)
- □ Können wir **Szenografie, Raum und Publikumsinteraktionen** gestalten? (Atmosphäre, Raumanordnung, reale Objekte als Bühnenbild nutzen, Publikumsansprache, ...)

Tabelle 1 Checkliste Vorerfahrungen

Infrastruktur

- □ Womit können im Feld **Tonaufnahmen** gemacht werden? Sind Software und Kenntnisse vorhanden, diese später weiterzubearbeiten? Ist entsprechende Technik vorhanden, sie abzuspielen?
- □ Womit können im Feld **Filmaufnahmen und Fotos** gemacht werden? Sind Software und Kenntnisse vorhanden, diese später weiterzubearbeiten? Ist entsprechende Technik vorhanden, sie zu projizieren?
- □ Wo können während der Phase der Feldauswertung **(Internet-)Recherchen** durchgeführt und Material ausgedruckt werden?
- □ Welches weitere **Material** kann im Probenprozess zur Verfügung gestellt werden? (Stichwort Fundus und Materialbudget)
- □ Steht ein **Moderationskoffer** oder vergleichbares Material zur Verfügung?
- □ Gibt es einen **Lagerort**, an dem Material aus dem Feld so aufbewahrt werden kann, dass es während der Proben jederzeit gut zugänglich ist?

Tabelle 2 Checkliste Infrastruktur

4.1.3 Vorbereitung der Forschung im Feld

Neben der Ausgangsfrage und einer Auseinandersetzung mit nötigen Vorerfahrungen und Arbeitsbedingungen geht es in der Vorphase darum, die spätere Feldforschung in allen Einzelheiten zu planen und zu organisieren. Sich dafür ausreichend Zeit und Aufmerksamkeit zu nehmen, dient zum einen dazu, einen für die Jugendlichen erfahrungsreichen und spannenden Forschungsaufenthalt im Feld zu ermöglichen und Frustrationen vorzubeugen, die auf Grund mangelnder Absprachen auftreten können. Zum anderen dient die Vorbereitung aber vor allem auch der Entwicklung von konkreten Beobachtungsstrukturen und Erfahrungsräumen im Feld, die dann im darauffolgenden Probenprozess szenisch aufgegriffen und verarbeitet werden können.

Die Checklisten 3 und 4 helfen bei der Bestimmung des konkreten Forschungsfeldes und der praktischen Organisation der Feldforschung. Die Checklisten 5 (Vorverständnis klären), 6 (Beobachtungsinstrumente entwickeln) und 7 (Testläufe) dienen dazu, der Gruppe Orientierung in der inhaltlichen und methodischen Vorbereitung zu geben. Sie helfen zu klären, wie und mit welchem Blick konkret geforscht werden soll, und zu prüfen, ob im Umgang mit diesen Zugängen genügend Vertrautheit besteht, um später im Feld souverän agieren zu können.

4.1.3.1 Feld bestimmen und Zugang organisieren

Wenn das Erkenntnisinteresse des Probenprozesses geklärt ist, gilt es, zu überlegen, welches Forschungsfeld sich eignet, um besonders interessantes Material zur Untersuchung der zentralen Fragen zu finden. Die Gruppe möchte sich mit der Frage beschäftigen, wie Menschen mit dem Tod umgehen? Welche Orte und Personen könnten auf diese Fragen Antworten liefern? Ein Friedhof? Eine Kirche? Ein*e Trauerbegleiter*in? Wiederum sollten die Jugendlichen auch in diesen Arbeitsschritt einbezogen werden, um die intrinsische Motivation für eine Feldforschung zu erhöhen. Dafür ist es sicher zuerst wichtig, ein gemeinsames Verständnis zu erarbeitet, was überhaupt unter Feldforschung verstanden wird. Eine Sammlung von möglichen Forschungsfeldern kann gemeinsam erfolgen oder in Kleingruppen vorbereitet werden, die sich jeweils überlegen, an welchen Orten Material gesammelt werden könnte. Die Auswahl sollte sich dabei an folgenden Fragen orientieren:

Dabei sollte auch gerade der letzte Punkt, die Zugänglichkeit des Feldes, nicht unterschätzt werden. Denn gerade in pädagogischen Kontexten ist es wenig sinnvoll, die Forschungslust von Jugendlichen zu wecken, um sie dann später wieder enttäuschen zu müssen, weil eine Forschung am entsprechenden Ort schlichtweg nicht möglich ist. Das kann vermieden werden, wenn Zugänglichkeit als Kriterium für Vorschläge transparent gemacht wird.

Falls es sich beim Forschungsfeld nicht um frei zugängliche öffentliche Räume handelt, sollte die Organisation des konkreten Feldzugangs von der Spielleitung selbst übernommen werden, da es hier nicht nur um präzise Absprachen geht, die teilweise Fingerspitzengefühl und Erfahrung mit institutionellen und sozialen Hierarchien bedürfen, sondern auch um Fragen der Repräsentation. Dass die Spielleitung dabei zumindest als offizielle Vertreterin einer Institution, häufig wahrscheinlich der Bildungsinstitution Schule, sprechen kann, verleiht ihrer Anfrage ein gewisses Gewicht und eine Rahmung. In Anlehnung an das bereits oben zitierte Kriterium eines einfachen Feldzugangs erscheint es sinnvoll, im Falle persönlicher Kontakte diese als Erstes anzusprechen - auch wenn am Ende noch jemand anders die Entscheidung trifft, ob die Institution wirklich für die Forschung der Jugendlichen bereit ist, können diese persönlichen Kontkate dennoch häufig als Türöffner zu Institutionen und Strukturen agieren, die sonst nur schwer zu erreichen sind. Die Kontaktpersonen verfügen eventuell über wichtiges Insiderwissen, mit wem in welcher Reihenfolge über das Vorhaben gesprochen werden muss oder können im besten Fall schon einmal intern vorfühlen und Erkundigungen einholen. Generell sei es nach Beer und König notwendig, bestehende Hierarchien im Feld zu respektieren und sich zum Beispiel gleich zu Beginn lokalen Autoritätspersonen vorzustellen, auch wenn von «höherer» Stelle ein Einverständnis bereits vorliege (vgl. Beer & König 2020: 23). So ist es beispielsweise sicher sinnvoll, auch kurz mit dem Bademeister zu sprechen, wenngleich die Geschäftsführung des Hallenbades bereits ihr OK zur Forschung gegeben hat, und die Kooperationsbereitschaft von den Menschen, die tatsächlich vor Ort tätig sind, unbedingt vor Beginn abzusichern (vgl. Przyborski & Wohlrab-Sahr 2009: 69).

Einen wichtigen inhaltlichen Aspekt in der Vorbereitung stellt die Klärung dessen dar, was die Jugendlichen im Feld tatsächlich dürfen und was nicht. Je stärker ein Feld institutionell gerahmt ist, umso restriktiver gestaltet sich zum Teil der Gestaltungsspielraum für Außenstehende, dort aktiv zu handeln. Dies betrifft in erster Linie die Frage nach den Möglichkeiten, Fotos, Videos und Audioaufnahmen zu machen und danach, ob das so entstehende Material für einen künstlerischen Prozess, der eine Aufführung mit sich bringt, verwendet werden kann. Dabei geht es zwar zum einen um das Transparentmachen, *dass* mit dem Material gearbeitet werden wird, zum anderen aber auch darum, die jeweilige Institution nicht unnötig aufzuschrecken und in Besorgnis zu versetzen bzw. etwaige Bedenken auszuräumen. Schließlich wird der Kreis der Öffentlichkeit, den die Jugendlichen mit ihrer Arbeit erreichen, in der Regel relativ überschaubar sein.

Alle Verhaltensregeln, die vermeintlich im Feld gelten könnten, die aber nicht die Rechte von Datenerhebung und -nutzung betreffen, sollte die Spielleitung nicht unnötig gegenüber den Jugendlichen vermitteln. Denn gerade in Bezug auf mögliche Fremderfahrungen und damit verbundene Bildungspotentiale gehört es zu den wichtigsten Erfahrungen im Feld, mit ungewohnten Regel- und Ordnungssystemen in Berührung zu kommen. Eine Spielleitung sollte aber im Zweifelsfall den Ansprechpersonen der Institution deutlich machen, dass sie die Jugendlichen bewusst nicht auf Verhaltensregeln vor Ort vorbereitet.

Bereits während der Organisation des Feldzugangs kann ein weiterer Aspekt in den Blick genommen werden, der die Motivation des gesamten Forschungsvorhabens beeinflussen kann. Hellmer (2009) formuliert in Bezug auf forschendes Lernen im Allgemeinen, dass gerade solche Forschungsvorhaben besonders motivierend sein können, die auf reale Bewährungssituationen ausgerichtet sind: «Stehen die forschenden Tätigkeiten in Zusammenhang mit realen Praxis-/Problemfeldern und/oder werden die Ergebnisse zur Weiterentwicklung der Praxis genutzt oder im Rahmen der ‹science community› veröffentlicht, dann ist das für die Studierenden motivationsfördernd» (Hellmer 2009: 220). Übertragen auf den Kontext ästhetischer Forschung mit Jugendlichen könnte eine solche Anwendungsorientierung bedeuten, dass im Kontakt mit der Institution überlegt wird, inwieweit die Ergebnisse, sprich eine spätere Präsentation, an die Beforschten zurückfließen könnten: Werden sie zur Vorstellung eingeladen? Präsentieren die Jugendlichen wichtige Aspekte oder Thesen noch einmal nach Abschluss des Projektes vor Ort?

Ein Forschungsfeld finden
□ Haben wir **Lust**, dieses Feld zu erforschen?
□ Gibt es im Feld die Möglichkeit für **aktive Teilnahme**, aktives Handeln, Mitmachen?
□ Ist das Feld **unbekannt** genug, damit wir Neues und Überraschendes entdecken können?
□ Ist das Feld **abwechslungsreich** und bietet Eindrücke auf unterschiedlichen Ebenen?
□ Ist das Feld **weitläufig** genug, damit wir uns als Gruppe darin bewegen und unterschiedliche Forschungsschwerpunkte verfolgen können?
□ Können wir in dem Feld **Menschen treffen**, die Insiderwissen haben und Fragen beantworten können?
□ Birgt das Feld **Herausforderungen**, die wir spannend finden? Etwas, was wir schon immer mal machen wollten, wovor wir aber vielleicht auch ein bisschen Angst haben?
□ Können wir einen Zugang zum Feld **einfach organisieren**?

Tabelle 3 Checkliste Feld

Den Zugang zum Forschungsfeld organisieren
□ Wer muss informiert werden? Welche Hierarchien sind dabei zu beachten?
□ Was dürfen wir vor Ort machen, was nicht? (Foto-, Video-, Audioaufnahmen)
□ Welche Möglichkeiten gibt es, im Feld aktiv zu werden? (*Teilnehmende* Beobachtung)
□ Dürfen wir das Material für unseren Prozess verwenden?
□ Wer sind konkrete Ansprechpersonen vor Ort?
□ Welche Personen mit besonderem Wissen oder Erfahrungen stehen für Fragen zur Verfügung?
□ Wie sind die zeitlichen und organisatorischen Rahmenbedingungen?
□ Welche Möglichkeit gibt es, die Ergebnisse der Forschung wieder ins Feld zurückzuspielen?
□ Wem sollten wir ein Dankeschön mitbringen und was könnte das sein?
□ Welche Rücksprachen mit Schule oder Elternschaft sind zu treffen?

Tabelle 4 Checkliste Organisation Feldzugang

4.1.3.2 Vorverständnis reflektieren

Ein weiterer Schritt, der wiederum in einem gemeinsamen Verfahren mit den Jugendlichen erfolgen sollte, ist die Klärung eines individuellen und gemeinsamen Vorverständnisses des Forschungsfeldes. Welches Wissen, welche Theorien sind zu dem Feld bekannt, welches Bild davon haben die Beteiligten selbst bereits verinnerlicht? Das Explizieren eines Vorverständnisses ist hier weniger im Sinne geisteswissenschaftlicher Forschung relevant als vielmehr im Hinblick auf die Zielformulierung, dass Feldforschung in diesem Praxisansatz nicht nur inhaltliche und ästhetische Impulse liefern soll, sondern Jugendliche bewusst auch im Kontext ästhetischer Bildungsprozesse herausfordern möchte. Daher spielt eine Auseinandersetzung mit Empfindungs-, Übertragungs- und Reflexionswerten in Wahrnehmungsvergleichen eine zentrale Rolle (vgl. Kapitel 2.1.2.2). Sollen Jugendliche jedoch darüber in ein Nachdenken und einen Austausch kommen, wie sie bestimmte Erfahrungen bewerten und welche Wertesysteme und Vorstellungen ihr Denken, Fühlen und Handeln prägen, dann braucht es dafür bewusste Anlässe. Das Festhalten eines Vorverständnisses gegenüber dem Feld ermöglicht im späteren Prozess, dann die *tatsächlich* gemachten Erfahrungen und Beobachtungen ins Verhältnis dazu zu setzen und Unterschiede und Gemeinsamkeiten kritisch zu reflektieren. Eine Auseinandersetzung mit diesem Vorverständnis könnte als Einstieg in ein Probentagebuch[53] erfolgen. Sie sollte in jedem Fall zuerst individuell geschehen, um vorzubeugen, dass Jugendlichen im Gruppengespräch eigene Assoziationen zurückstellen oder an bereits von anderen Gesagtes angleichen. Innerhalb des Gesamtplenums bietet sich an, über zuvor recherchierte Artikel oder Berichte zu sprechen und gemeinsam einen Wissensstand zusammenzutragen, in dem zu diesem Zeitpunkt weniger die persönlichen Konzepte eine Rolle spielen.

4.1.3.3 Beobachtungsinstrumente festlegen und testen

Jugendliche müssen gezielt aufgefordert werden und Zeit bekommen, sich einen eigenen Beobachtungsapparat aufzubauen, damit dieser im Feld tatsächlich angewandt wird. Dabei sollte ein Bewusstsein dafür geschaffen werden, dass in einem späteren Probenprozess die Feldbeobachtungen umso breiter genutzt werden können, je vielfältigeres Material vorher gesammelt und je unmittelbarer Eindrücke direkt im Feld festgehalten wurden.

53 Ein individuell von den Jugendlichen geführtes Probentagebuch eignet sich hervorragend als Instrument zur Begleitung des gesamten Prozesses. Hierin können eigene Gedanken, Ideen, Beobachtungen und Notizen festgehalten werden und sind auch nach längerer Zeit noch zugänglich.

Natürlich müssen die Jugendlichen erst einmal Kenntnis darüber entwickeln, welche Forschungsmethoden sie im Rahmen von Feldforschungen anwenden können. Je nach Alter und Kontext können diese entweder in Kleingruppen recherchiert und präsentiert oder von der Spielleitung vorgestellt werden. Im Wort «Methode» stecken die altgriechischen Wörter meta (für «nach») und hodos (für «Weg»). Mit einer Methode ist also der Weg gemeint, den man gehen muss, um ein Ziel zu erreichen. Das ist im Fall einer Feldforschung, die innerhalb von Probenprozessen genutzt werden soll, insofern von Bedeutung, als dass das Ziel eben nicht eine wissenschaftliche Publikation, sondern eine Aufführung im Kontext Theater ist. Unter dieser Perspektive sollte es bei der Entwicklung von Beobachtungsaufträgen immer auch bereits darum gehen, sich zu fragen, welche Art von Material später gebraucht wird, um dieses Ziel zu erreichen.

In Feldforschungsprozessen von professionellen Theaterschaffenden wie z. B. Frl. Wunder AG kommen ganz unterschiedliche methodische Ansätze zum Einsatz: teilnehmende Beobachtung, Interviews mit Expert*innen, Video-, Foto- und Audio-Dokumentation, das Sammeln von Artefakten sowie Introspektionen in Form eines Festhaltens von individuellen Ersteindrücken nach einem Feldexkurs. Gerade in großen Gruppen eignet sich vermutlich die gleichzeitige Anwendung unterschiedlicher Methoden, weil diese je unterschiedliche Zugänge und Beobachtungsschwerpunkte ermöglichen. Ein gemeinsamer Entwicklungsprozess muss daher nicht unter dem Vorzeichen stehen, dass sich alle auf Methoden *einigen*, sondern sollte durchaus individuelle Forschungsinteressen zulassen und Einzelnen die Chance geben, Aspekte zu beobachten und Forschungsmethoden anzuwenden, die eventuell in der Gruppe keine Interessensmehrheit finden würden. Das ist nicht zuletzt auch deswegen wichtig, da ethnografische Feldforschung den Anspruch hat, explorativ und ganzheitlich zu beobachten. Dabei dürfe nach Fischer Ganzheitlichkeit nicht mit «Vollständigkeit» verwechselt werden, sondern meine in erster Linie eine grundsätzliche Offenheit gegenüber allen Bereichen der Beobachtung, auch für das Unerwartete und selbst das scheinbar Irrelevante (vgl. Fischer 2002: 14).

Im ethnografischen Forschungskontext spiegelt sich diese Ganzheitlichkeit auch in der Beschaffenheit der *Feldnotizen* wider. Diese Notizen sind jene Aufzeichnungen, die im unmittelbaren Augenblick der Beobachtung oder Befragung, der Unterhaltung oder Teilnahme gemacht werden und die nicht im Rahmen formaler Interviews oder einer systematischen Beobachtung nach vorgegebenen Beobachtungskategorien entstehen. Sie fangen das ein, was den Forschenden unerwartet im Feld begegnet, auffällt und erst einmal ungeordnet niedergeschrieben wird, «ein wildes Durcheinander von Schrift, Zeichnungen, Musiknoten, selbst Abreibungen von Mustern und gepressten Pflanzen und verschiedenen Kürzeln» (Fischer & Beer 2020: 265). Im Hinblick auf die Produktivität von gesammeltem Material für den späteren Probenprozess ist auch die Bedeutung dieser ungeordneten und spontanen Notizen nicht zu unterschätzen. In der Planung des Beobachtungsinstrumentariums mit Jugendlichen sollte daher unbedingt ein Bewusstsein dafür geschaffen werden, dass es auch jenseits der konkreten Beobachtungsaufträge wichtig ist, alles, was den Jugendlichen auffällt, ihnen durch den Kopf geht oder sie bewegt, erst einmal festgehalten wird. Denn immer wieder waren es in den beobachteten Probenprozessen der Frl. Wunder AG auch Randnotizen und die Spuren jenseits der konkreten Beobachtungsaufträge, die in der Entwicklung szenischen Materials produktiv wurden: ein Nebensatz, der während einer Führung durch den Schlachthof fällt, inspiriert die Künstler*innen später zu einer Soundcollage, ein spontan gemachtes Video von einem Weizenfeld stößt die Arbeit mit atmosphärischem Filmmaterial an.

Je explorativer und umfassender Beobachtungsaufträge gestellt werden, desto größer wird später auch die Fülle und Vielfalt dessen sein, was an Material mit diesen Aufträgen generiert werden kann und somit im Probenprozess zur Verfügung steht.

Die Fallstudie hat unter anderem gezeigt, dass selbst wenn sie deutlich formuliert sind, Beobachtungsaufträge schnell vergessen werden, sobald die Jugendlichen erst einmal im Feld unterwegs sind. Daher sollte die Spielleitung nicht nur ein Auge darauf haben, dass tatsächlich *konkrete* Aufträge entwickelt werden, sondern eventuell auch dafür sorgen, dass sie während der Feldforschung präsent und zugänglich sind. Es bietet sich zum Beispiel an, Aufträge zu verschriftlichen und auf unterschiedlichen Kärtchen dabeizuhaben, mit Hilfe derer die Jugendlichen dann jeweils ganz klar vor Augen haben, wer gerade mit welcher «Brille» im Feld unterwegs ist. Beim gemeinsamen Besprechen der Beobachtungsaufträge ist es zudem wichtig, darauf zu achten, dass über die Vorhaben nicht nur Informationen und Inhalte gesammelt, sondern gezielt auch *ästhetische* Elemente festgehalten werden können. Vielleicht kann sich die Gruppe außerdem auf ein gemeinsames Notationssystem einigen oder zumindest Aspekte davon vorbesprechen, oder sie entwickelt eine Art Fragenkatalog, der im Anschluss an die Feldforschung jeweils individuell beantwortet wird, um Eindrücke so schnell wie möglich festzuhalten.

Wichtig ist auch zu klären, ob die Beobachtungen im Feld offen oder verdeckt erfolgen sollen. Dabei ist die Entscheidung, ob eine Beobachtung offen oder verdeckt durchgeführt wird, nicht nur eine ethische Frage, sondern sollte auch im Hinblick auf den Untersuchungsgegenstand reflektiert werden. In manchen Fällen verändere eine offene Beobachtung das, was beobachtet werden soll ganz massiv, andere Phänomene könnten erst gar nicht untersucht werden, so Przyborski und Wohlrab-Sahr (vgl. ebd. 2009: 57-58).

Verdeckte Beobachten sind vermutlich nur dann möglich, wenn das Feld ausreichend groß und unübersichtlich ist (Fußgängerzone, Fußballstadion), damit die Gruppe forschender Jugendlicher darin tatsächlich nicht als solche auffällt. Zudem stellt sich die Frage, welches Material in einer verdeckten Beobachtung erhoben wird und ob dessen Verwendung unter forschungsethischen Gesichtspunkten zu vertreten ist. Diese Fragen können durchaus mit den Jugendlichen direkt diskutiert werden. Gemeinsam ließe sich auch erörtern, wie es im Feld möglich werden kann, ein produktives Verhältnis von Nähe und Distanz zum Untersuchungsgegenstand herzustellen, das heißt, zum einen so involviert wie möglich im Geschehen zu sein, zum anderen aber Momente zu finden oder zu setzen, in denen das Erlebte von außen betrachtet werden kann.

Hat die Gruppe konkrete Beobachtungsaufträge entwickelt, stellt sich noch die Frage, wie die Aufgaben im Feld verteilt werden sollen. Beobachten alle mit dem gleichen Auftrag oder der gleichen Serie an Aufträgen? Gibt es Gruppen, die jeweils für bestimmte Aspekte zuständig sind? Hat jede Person einen anderen Beobachtungsschwerpunkt? Wird zwischendurch getauscht? Beobachtungsschemata in irgendeiner Weise auf mehrere Schultern zu verteilen, scheint auf der Basis der Empirie zumindest aus dem Grund sinnvoll, da eine Fülle gleichzeitiger Blickwinkel schnell überfordernd für eine einzelne Person sein kann und die diesbezügliche Beobachtung oberflächlicher werden lässt.

Gerade wenn eine Gruppe sich zum ersten Mal mit Feldforschung in künstlerischen Prozessen beschäftigt, kann es sinnvoll sein, der eigentlichen Forschung eine Art Testlauf vorzulagern, damit die Jugendlichen den Umgang mit der gemeinsam entwickelten Methodik und vor allem auch der darin zum Einsatz kommenden Technik ausprobieren können. So können sie später im eigentlichen Forschungsfeld souveräner mit diesen Elementen umgehen und sich besser auf ihren eigentlichen Auftrag konzentrieren. In einem Zwischenschritt können in einer Auswertung der Testläufe Erfahrungen und Tipps geteilt werden und die Spielleitung hat die Möglichkeit, Unklarheiten zu erkennen und wenn nötig gemeinsam mit den Jugendlichen zu besprechen. In der Testphase sollte unbedingt auch diskutiert und im Idealfall ausprobiert werden, wie die Gruppe im Feld über ihre Forschung sprechen kann und möchte. Bernard empfiehlt, dass Forschende sich im Vorfeld besonders Gedanken darüber machen sollten, wie sie bei (unerwarteten) Nachfragen erklären, was genau sie hier gerade machen – und empfiehlt dabei ehrlich, kurz und nachvollziehbar zu kommunizieren (vgl. Bernard 2004: 356 f.). Die Frage danach, wie das Forschungsinteresse oder Selbstverständnis gegenüber Außenstehenden formuliert wird, ist auch deswegen wichtig, weil es, je nachdem wie es formuliert ist, die Forschungsergebnisse beeinflussen kann. Przyborski und Wohlrab-Sahr empfehlen, eher allgemeine Einführungen zu geben als spezielle Erläuterungen zum eigentlichen Erkenntnisinteresse (vgl. Przyborski & Wohlrab-Sahr 2009: 57-58), da letztere häufig dazu führen, dass sich Gesprächspartner*innen inhaltlich in ihrem eigenen Sprechen daran anpassen. Die Gruppe sollte am besten verschiedene Möglichkeiten ausprobieren – entweder untereinander oder in einem Testlauf mit fremden Personen – um ein Gefühl dafür zu entwickeln, was zum einen leicht über die eigenen Lippen geht, zum anderen vom Gegenüber verstanden werden kann und als befriedigende Antwort empfunden wird. Das Gespräch mit Menschen über die eigene Forschung im Feld kann im Übrigen auch gut dazu genutzt werden, diese Personen bereits gezielt zur Präsentation der Ergebnisse einzuladen – auch das kann geübt werden.

Vorverständnis klären

- □ Welches Bild habe ich ganz persönlich von dem Feld und den Menschen darin? Woher kommen diese Vorstellungen?
- □ Welche Geschichten kenne ich über das Feld? Woher stammen sie?
- □ Was wissen wir bereits über das Feld?
- □ Welche interessanten Artikel, Berichte oder Forschungen finden wir über das Feld?

Tabelle 5 Checkliste Vorverständnis

Beobachtungsinstrumentarium

- □ Haben wir verstanden, was Feldforschung ist?
- □ Haben wir uns mit Interviewtechniken auseinandergesetzt?
- □ Welche Art von Aufzeichnungssystematik ist für uns produktiv?
- □ Haben wir festgelegt, welche Art von «Material» wir sammeln wollen?
- □ Haben wir Beobachtungsaufträge entwickelt, mit denen wir nicht nur Informationen und Inhalte sammeln können, sondern auch ästhetische Elemente und Eindrücke?
- □ Haben wir definiert, in welcher Form wir unsere Eindrücke festhalten wollen?
- □ Haben wir besprochen, ob und wie wir unterschiedliche Beobachtungsaufträge verteilen?
- □ Wollen wir offen oder verdeckt beobachten? (verdeckt überhaupt möglich?)
- □ Wie schaffen wir gleichzeitig Nähe und Distanz zum Forschungsgegenstand?
- □ Planen wir konkret Nachbereitungszeit direkt nach den beobachteten Interventionen ein? Wenn ja, wie soll diese gerahmt sein?

Tabelle 6 Checkliste Vorverständnis

Testläufe

- □ Können wir mit der Technik, die wir nutzen werden, sicher umgehen?
- □ Sind uns die Beobachtungsaufträge vertraut?
- □ Fühlen wir uns sicher in der Gesprächsführung während des Interviews?
- □ Wie formulieren wir unser Forschungsinteresse im Feld gegenüber Dritten?
- □ Wie laden wir Menschen, mit denen wir in Kontakt treten, zu unserer Präsentation ein?

Tabelle 7 Checkliste Vorverständnis

4.2 Forschung im Feld

Die eigentliche Forschung im Feld unterscheidet sich stark nach dem jeweiligen Feld, den Beobachtungsaufträgen und den Menschen, die sich dort als Forschende und Beforschte begegnen. Daher soll an dieser Stelle nicht versucht werden, vermeintliche Strukturen zu behaupten. Zum tieferen Verständnis von ethnografischer Feldforschung im Allgemeinen sei an dieser Stelle auf das Kapitel 1.2 verwiesen, in welchem Grundzüge, Forschungsethik und Vorgehensweise eingehend erklärt werden. Feldforschung als explorative, interpretative, dynamische und extrem variable Forschungsmethode stellt in der didaktischen Grundkonzeption einen Ermöglichungsraum für potentiell bildungswirksame Fremderfahrungen dar (vgl. Kapitel 2.2). Dieses Potential wieder über eine starke Didaktisierung und Strukturierung der möglichen Erfahrungen im Feld zu unterwandern, würde dieser Grundkonzeption entgegenstehen. Die Phase der Feldforschung ist daher bewusst als maximal offener Prozess zu denken, in dem die Jugendlichen jeweils individuellen Spuren folgen und eigene Erfahrungen machen können, die eben nicht nur durch eine unterrichtliche Rahmung oder das Eingreifen der Spielleitung in eine spezifische Richtung gelenkt oder überformt werden.

An dieser Stelle geht es daher vordergründig um die Frage, welche Aspekte die Spielleitung trotz oder gerade wegen dieser grundsätzlichen Offenheit während der eigentlichen Forschung im Feld überhaupt noch im Blick haben sollte, wenn sie eine Gruppe in diesem Prozess begleitet.

Für die grundlegende **zeitliche Struktur** der Feldforschung ist es beispielsweise gerade aus den eben genannten Gründen sinnvoll, sich an der von Beer & König vorgeschlagenen Unterteilung in explorative und problemorientierte Phase zu orientieren (vgl. Beer & König 2020: 24 f.). Zu Beginn sollte es nach einer ersten Kontaktaufnahme mit den Ansprechpersonen im Feld die Gelegenheit einer möglichst breiten Teilnahme am Geschehen, eines offenen und ungelenkten Entdeckens geben. Erst im Anschluss können dann in einer *problemorientierten Phase* gezielt Befragungen, Interviews, die Erhebung spezifischer Daten etc. erfolgen. Diese Aufteilung ermöglicht, dass die Forschenden sich zuerst individuelle Wege und Zugänge zum Feld suchen können und nicht bereits durch beispielsweise das Gespräch mit einer Expert*in in ihrem Blick und ihren Interpretationen der Erfahrung gelenkt werden. Auch der Spielraum für individuelles Getroffen-Sein und für die Konfrontation mit Regeln oder Phänomenen, die fremd oder unvertraut erscheinen, ist größer, da die Jugendlichen auf mögliche Irritationen nicht durch Expert*innen-Informationen vorbereitet werden. Die Spielleitung sollte sich aus demselben Grund, so gut es geht, zurückhalten, Verhaltensregeln für das Feld zu formulieren und die Jugendlichen zu maßregeln.

Die Spielleitung sollte außerdem einen wichtigen Grundsatz im Blick behalten, der wie bereits mehrfach angeklungen die zentrale Methode von Feldforschung, die **teilnehmende Beobachtung** kennzeichnet: Wie Fischer klarstellt, macht die bloße Anwesenheit an einem Ort noch keine Feldforschung aus, denn Teilnahme bedeute, dabei zu sein, mitzumachen, sich zu beteiligen (vgl. Fischer 2002: 10). Das bedeutet nicht so sehr, dass sie die Jugendlichen zur Aktivität ermahnen sollte, denn diese sollen ihre eigenen Erfahrungen machen, die im Zweifelsfall auch aus einem Sich-Entziehen bestehen können. Sie sollte vielmehr im Kontakt mit den Ansprechpersonen im Feld – im besten Fall bereits in der Vorbereitungsphase – deutlich machen, dass es für das eigene Anliegen wichtig ist, dass die Jugendlichen nicht nur gucken dürfen, sondern tatsächlich aktiv etwas tun, an etwas teilnehmen können. Dürfen sie in der Bäckerei selbst ein Brot backen? Im Labor an einer Versuchsreihe teilnehmen? Auf dem Friedhof eine Grabpflege begleiten? Manchmal ergeben sich bestimmte Gelegenheiten erst direkt im Feld – oder sie werden dann erst offensichtlich. Die Jugendlichen achten vermutlich nicht eigenständig auf solche Gelegenheiten und selbst für den Fall, dass sie ihnen auffallen würden, fragen sie vielleicht nicht danach, ob sie tatsächlich aktiv werden können. Daher kann die Spielleitung gezielt nach solchen Möglichkeiten die Augen offenhalten, mit Verantwortlichen Teilnahmemöglichkeiten rücksprechen und Jugendliche darauf hinweisen.

Im Hinblick auf die Materialsammlung und **Dokumentation der Eindrücke** fällt der Spielleitung außerdem die Position einer Metabeobachterin zu. Sinnvoll ist sicherlich, zu Beginn der Feldexkursion noch einmal an die gemeinsamen Absprachen und Beobachtungsaufträge zu erinnern, sich dann aber bewusst im Hintergrund zu halten. Selbst wenn sie den Eindruck hat, dass die Jugendlichen im Folgenden nicht gezielt Beobachtungen festhalten oder den Absprachen entsprechend handeln, ist es aus den bereits formulierten Gründen erforderlich, die Jugendlichen erst einmal «einfach machen» zu lassen und darauf zu vertrauen, dass die Gruppe insgesamt genügend Material sammeln wird. Sie sollte sich außerdem darüber bewusst sein, dass es verschiedene Gründe gibt, warum während der Feldforschung nicht direkt Notizen gemacht werden können:

> aus Gründen der Teilnahme etwa (wenn die oder der Untersuchende selbst mit auf Jagd geht oder beim Hausbau hilft), aus Gründen der Pietät (bei einer Beerdigung), aus praktischen Gründen (weil man vielleicht mit Kameras und Tonbandgerät völlig ausgelastet ist) oder weil man eine Situation persönlicher Unterhaltung nicht stören will. [...] Hier bleibt nur das Gedächtnisprotokoll, die nachträgliche Niederschrift des Erinnerten. Sie sollte so schnell wie möglich nach der Situation erfolgen, damit noch so viel wie möglich erinnert wird. In solchen Fällen kann die Benutzung eines Aufnahmegerätes oder die Aufnahme mit dem Smartphone praktisch sein. Sprechen geht schneller als Schreiben. (Fischer & Beer 2020: 266)

Sollte der Spielleitung auffallen, dass die Jugendlichen *nicht* beobachten oder Beobachtungen nicht festhalten, bietet es sich anstatt eines Ansprechens (was immer eine Unterbrechung der Felderfahrung mit sich bringt) an, eigene Notizen dazu festzuhalten und eher im Nachgang zur eigentlichen Feldforschung Situationen anzusprechen und danach zu fragen. Eine Spielleitung sollte sich generell selbst als Teilnehmende im Feld sehen und sich so zum einen nicht *über* die Jugendlichen stellen, zum anderen aber auch in ihren eigenen Bewertungen ernst nehmen, welche Situationen als spannend oder bedeutsam empfunden werden. Dabei unterscheidet sich ihr Blick von dem der Jugendlichen insofern, als dass sie über einen besseren Einblick in den weiteren Probenprozess und einen größeren Erfahrungsschatz in der Arbeit mit ästhetischen Mitteln im Gestaltungsprozess verfügt. Ihre Feldbeobachtungen werden so vermutlich stärker als bei den Jugendlichen durch eine Produktionsperspektive beeinflusst: Welche Elemente fallen als möglicherweise produktiv für den folgenden Prozess ins Auge, welche szenischen Ideen entstehen vielleicht bereits *im* Feld noch während der Beobachtungen?

4.3 Szenische Interpretation des Materials

Nachdem die Jugendlichen in der Feldforschung hoffentlich möglichst viele Beobachtungen und Erfahrungen sammeln konnten, bewegt sich der gemeinsame Arbeitsprozess wieder zurück in ein stärker vertrautes Umfeld, den Probenraum. Hier geht es um die szenische Interpretation der gesammelten „Daten", denn schließlich sollen Beobachtungen und Erfahrungen nicht für sich stehen, sondern in einem gemeinsamen Prozess bewusst betrachtet, befragt und in szenisches Material verdichtet werden, aus welchem die Gruppe etwas entwickelt, was sie später auch einem Publikum präsentieren kann.

Der Prozess umfasst hierbei zuallererst die Sichtung und Aufarbeitung des gesammelten Materials, die anschließende Entwicklung von szenischen Interpretationen sowie deren Zwischenpräsentation. Diese Arbeitsschritte werden im Fokus der folgenden Ausführung stehen und wiederum von Checklisten begleitet, die Jugendlichen wie Spielleitung Orientierung bieten können. Dasselbe gilt für den weiteren Probenprozess und dessen Gesamtreflexion, die zwar nicht Teil der vorliegenden Fallstudie waren, hier jedoch auf Basis der Erkenntnisse über die anderen Arbeitsphasen auch einer kurzen Betrachtung unterzogen werden.

Im Unterkapitel zur szenischen Interpretation (4.3.2) finden sich zudem konkrete Aufgabenstellungen, die zu einer vielfältigen ästhetischen Bearbeitung des gesammelten Materials einladen und ebenfalls durch Kopieren direkt in der Praxis genutzt werden können (Tabellen 10 bis 16).

4.3.1 Sichtung und Aufarbeitung des gesammelten Materials

Damit die im Feld gemachten Beobachtungen gezielt in die Theaterarbeit eingebracht werden können und nicht lediglich als vage Erinnerungen die Gedanken- und Diskussionsprozesse anregen, bedarf es einer gewissen Systematik. Damit wird sich das Material nach der eigentlichen Feldforschung noch einmal bewusst vergegenwärtigt, bevor die Gruppen in den eigentlichen Gestaltungsprozess einsteigen: Was haben die unterschiedlichen Beteiligten beobachtet und an Eindrücken und konkretem Material mitgebracht? Werden auf diese Frage nicht systematisch Antwort generiert, geht eine Auswertung sehr schnell in die direkte Diskussion um Gestaltungsmöglichkeiten von einzelnen Ideen und Inhalten über. Dadurch kommen viele Eindrücke gar nicht erst zur Sprache und werden auch für den späteren Gestaltungsprozess nicht zugänglich und Teil der *Verhandlungsmasse*.

Gerade wenn es in der Probenarbeit darum gehen soll, dass sich in der szenischen Arbeit direkte Feldbezüge wiederfinden, die Feldforschung auch im szenischen Produkt deutlich sichtbar werden soll, sollte eine bewusste Aufarbeitung des gesammelten Materials in der Arbeit mit Jugendlichen unbedingt als Arbeitsschritt gesetzt und begleitet werden.

Gerade bei einer großen Gruppe wird die Fülle an gesammeltem Material auf den ersten Blick entsprechend unüberschaubar sein. Es geht in der Sichtung folglich nicht darum, jeden einzelnen Aspekt und jede Notiz in ihrer Gänze zu betrachten, sondern bereits um eine erste bewusste Selektion. In die Fragen «Was ist uns eigentlich begegnet?» und «Welche konkreten Materialien haben wir mitgebracht?», mischen sich also auch beispielsweise folgende Perspektiven: «Welche Aspekte haben uns wirklich interessiert?», «Was war ästhetisch besonders eindrücklich oder auffällig?», «Was hat uns total überrascht und ist allein deswegen schon erzählenswert?». Außerdem kann das Material auf Leerstellen geprüft werden. Vielleicht wurde ein Auftrag vergessen auszuführen, ein wichtiger Interviewpartner ist erkrankt oder im Feld ist eine neue zentrale Frage aufgetaucht, zu welcher unbedingt noch einmal nachrecherchiert werden soll. Vielleicht steht eine Person aus dem Feld noch einmal für Rückfragen zur Verfügung?

Hier kann sich folglich auch ein erstes Reflexionsgespräch anschließen, das im Sinne der weiter oben formulierten Thesen zur Didaktik ästhetischer Bildung Wahrnehmungsvergleiche zum Ausgangspunkt hat und die Jugendlichen dazu anregt, sich mit Empfindungs-, Übertragungs- und Reflexionswerten auseinanderzusetzen (vgl. Kapitel 1.2). Wie werden die Eindrücke und Erfahrungen im Feld individuell bewertet und welche Wertesysteme und Vorstellungen haben das Denken, Fühlen und Handeln geprägt? Hierzu kann gezielt auch das eingangs formulierte Vorverständnis herangezogen werden, um zu befragen, in welchem Verhältnis es zu den *tatsächlich* gemachten Erfahrungen und Beobachtungen steht. An welcher Stelle wurden Erwartungen erfüllt und warum glauben die Jugendlichen, hatten sie diese Erwartungen? Wo sind Dinge ganz anders gelaufen und haben überrascht? Welche individuellen Sichtweisen hat diese Erfahrung verändert? Wie unterschiedet sich der eigene Blick auf das Feld von dem der Menschen, die sich dort selbstverständlich bewegen – und woran liegt das?
Hier schließt sich auch der Kreis zur in Kapitel 1.2.2 formulierten Forderung nach Reflexivität ethnografischer Feldforschung, die eigene Befangenheit und Positionalität gegenüber dem Feld kritisch in den Blick zu nehmen. Dabei könnte auch die Frage von Interesse sein, inwieweit Dokumentationsgeräte oder die eigene Anwesenheit etwas am Forschungsgegenstand verändert hat. Das ist im Kontext eines Probenprozesses zwar nicht vordergründig relevant, da der Prozess nicht wie im Kontext der Wissenschaft auf nachvollziehbare wissenschaftliche Ergebnisse abzielt. Dennoch kann eine Reflexion produktiv sein, da sie dazu einlädt, Eigenes und Fremdes ins Verhältnis zu setzten.

Sichtung und Aufarbeitung

- ☐ Welche Erfahrungen haben wir persönlich gemacht? Welche Eindrücke fand ich spannend/schön/ ..., welche nicht? Was hat mich begeistert, was überrascht? In welchem Verhältnis stehen meine Erwartungen zu dem, was tatsächlich erlebt wurde? Wie unterscheidet sich der Blick der Menschen im Feld von meinem eigenen? Wie haben wir selbst das Geschehen im Feld beeinflusst? (Gemeinsamer Austausch)
- ☐ Welche konkreten Beobachtungen haben wir gemacht? Welches Material haben wir zu unseren Beobachtungsaufträgen mitgebracht? (Anlegen einer Mindmap oder Wandzeitungen, in denen das Material nach unterschiedlichen Kategorien einsortiert wird)
- ☐ Welche Handlungen und Bewegungen haben wir beobachtet? Was war davon besonders interessant oder ungewöhnlich?
- ☐ Welche Objekte, Kostümteile, Gegenstände oder Materialien sind uns begegnet? Was davon haben wir mitbringen können? Was davon würden wir gerne für die Proben besorgen?
- ☐ Welches Textmaterial wurde gesammelt? Welche Teile davon scheinen uns so interessant, dass wir sie transkribieren wollen?
- ☐ Welche spannenden Audioaufnahmen wurden gemacht? Welche Geräusche und Sounds oder Songs sind uns begegnet? Sind die Tonaufnahmen so gut, dass wir sie laut abspielen könnten?
- ☐ Welche interessanten Fotos haben wir aufgenommen? Eignen sie sich zur Projektion?
- ☐ Welche Teile des Videomaterials sind besonders spannend? Eignen sie sich zur Projektion?
- ☐ Welche Hinweise, Informationen oder Spuren sind uns im Feld begegnet, die wir über zusätzliche Recherchen gerne weiter ausarbeiten würden?
- ☐ Wie können wir dieses gesammelte Material am besten zugänglich machen und so aufbereiten, dass wir es für Proben nutzen könnten?

Tabelle 8 Sichtung und Aufarbeitung von Material aus dem Feld

Eine Spielleitung kann in dieser gesamten Arbeitsphase bewusst die Folie «Theater» außer Acht lassen, denn inwieweit und in welcher Form die Materialien später tatsächlich verwendet werden können, wird sich erst im eigentlichen Probenprozess zeigen (siehe 4.3.4). In erster Linie geht es um eine Bestandsaufnahme dessen, was während der Feldforschung wichtig und interessant genug erschien, es in irgendeiner Art und Weise festzuhalten.

4.3.2 Entwicklung szenischer Interpretationen

An die Aufarbeitung und Vergegenwärtigung der Eindrücke aus der Feldforschung schließt sich der eigentliche Probenprozess an, die szenische Interpretation des Materials. In dieser Phase geht es im Wesentlichen um eine Weiterbearbeitung des im Feld erhobenen Materials zu ästhetischen Produkten, die Erfahrungsprozess und/oder Erkenntnisse widerspiegeln. Brenne formuliert im Hinblick auf künstlerisch forschende Prozesse in diesem Kontext, dass es ihnen dabei nicht darum gehe, einen bestimmten Ausschnitt der äußeren Welt zu rekonstruieren, sondern um die Konstruktion einer *erweiterten* Vorstellung von Wirklichkeit, in die bisherige Erfahrungen und Wissensbestände integriert bzw. neu bewertet würden (vgl. Brenne 2008a: 4).

Eine Grundproblematik besteht in diesem Prozess darin, dass Jugendliche besonders in der Phase der szenischen Interpretation des Materials von einer sehr offenen Aufgabenstellung schnell überfordert werden, es gleichzeitig aber einer grundsätzlichen Offenheit bedarf, um kreative Prozesse in Gang zu bringen. Diese Offenheit ist vor allem auch dann wichtig, wenn wir der didaktischen Setzung folgen, dass das Einbrechen von Momenten der Fremderfahrungen in den pädagogischen Prozess als prinzipiell sinnvoll und bildungswirksam angesehen wird. Die Krux liegt hier also in einem Spagat zwischen Offenheit und Orientierungspunkten. Einerseits kann beispielsweise bereits die Formulierung des Auftrags aus dem Material «Szenen zu entwickeln» dazu führen, dass Jugendliche in der Entwicklung ihrer Ideen sehr auf klassische Vorstellungen zurückgreifen, was wohl von ihnen erwartet wird, und in erster Linie dialogisch aufgebaute Szenen produzieren. Darüber gehen viele mögliche weitere Wege verloren. Andererseits fällt es den Jugendlichen meist nicht leicht, ohne ausdrückliche Aufforderung in einen wirklich spielerischen Umgangsmodus mit dem Material zu kommen, Sinn über scheinbar Unsinniges zu produzieren, unterschiedliche Möglichkeiten der Materialbearbeitung auszuprobieren und umzusetzen.

Es bedarf daher einer Aufgabenstellung zur Präsentationsentwicklung, die auf der einen Seite sehr weit und unkonkret formuliert ist, auf der anderen Seite jedoch gleichzeitig sehr konkrete Orientierungspunkte liefert. Der Möglichkeitsraum des *generellen* Ergebnisses muss in der Phantasie extrem offen gefasst werden, um dann vielschichtige konkrete Angebote für das *Wie* der Ausgestaltung zu machen, an denen sich die Jugendlichen orientieren können. Den Teilnehmenden soll schließlich dabei geholfen werden, das Gesammelte so zu bearbeiten und zu präsentieren, dass es produktive Anknüpfungspunkte für Probenprozesse liefert.

Die anfängliche Aufgabenstellung kann entsprechend ohne jegliche Theaterreferenz formuliert werden: «Was könnt ihr mit diesem Material machen? Entwickelt und präsentiert eure Ideen.«

Schwieriger gestaltet sich dann aber die Frage danach, was die Spielleitung den Jugendlichen für den Entwicklungsprozess mit an die Hand geben kann, um das ästhetische Potential von im Feld gesammeltem Material tatsächlich zu Tage zu bringen. Es soll schließlich nicht darum gehen, aus dem Material eine Hausarbeit zu schreiben, sondern damit im Kontext eines theatralen Probenprozesses in einen ästhetischen Dialog zu treten.

Um Orientierungspunkte zu schaffen, an denen sich die Jugendlichen produktiv reiben können, oder über die sie zumindest einen Eindruck davon erhalten, wie vielfältig sich ein Möglichkeitsraum für die zu entwickelnden Präsentationen ausgestalten kann, habe ich die in der Studie beobachteten Präsentationen von Jugendlichen und Künstler*innen noch einmal unter einer rekonstruktiv-didaktischen Perspektive betrachtet. Sämtliche Zwischenpräsentationen wurden auf die impliziten ästhetischen Verfahren hin befragt, die zur Entwicklung der szenischen Ideen jeweils angewendet wurden. Im zweiten Schritt wurden diese in konkrete Handlungsaufträge überführt, die sich als Aufgabenstellungen in Vermittlungsprozessen würden anwenden lassen. Das entsprechende Entwicklungsschema sieht beispielhaft so aus:

Präsentierte Idee	**Rekonstruiertes ästhetisches Verfahren**	**Entwickelte Aufgabenstellung**
„Ich wollt, ich wär ein Huhn» wird als Jingle zur Kochshow eingespielt.	Popkulturelles Zitat mit inhaltlich-assoziativer Anknüpfung an Szene.	Findet einen Popsong oder Schlager, der textlich an das Forschungsfeld anknüpft.
Sequenz aus Jagdposen, die reihum improvisiert werden – jeweils ein Jäger präsentiert seine Beute in einer Triumph-Pose und steckt ihr einen «letzten Bissen» in den Mund.	Jagdposen mit letztem Bissen: Überhöhung eines im Feld zentralen/dramaturgisch wichtigen Moments durch eine Serie von Standbildern.	Entwickelt eine Serie von Standbildern zu einem im Feld wichtigen Moment.
Eine Performerin serviert den Zuschauenden kleine rote Kapseln, die sie als Gelee Royale bezeichnet.	Behauptung eines Alltagsobjekts als ein für das Feld bedeutsames, aber in der Feldforschung nicht angetroffenes Objekt.	Über welches ungewöhnliche Objekt wurde im Feld gesprochen, von dem wenige Leute wissen, wie es genau aussieht/was es ist? Findet einen Alltagsgegenstand, von dem ihr behauptet, dass es sich um dieses Objekt handelt.

Tabelle 9 Entwicklungsschema Aufgabenstellungen

Aus den bei Künstler*innen und Jugendlichen beobachteten Ideen und szenischen Ansätzen ergibt sich mit Hilfe eines entsprechenden Verfahrens eine Fülle an Aufgabenstellungen, die als potentielle Bausteine einer szenischen Auswertung eingesetzt werden können (vgl. S. 226-233). Ein «Baukasten» solcher Aufgabenstellungen könnte im eigenen Forschungsprozess ständig erweitert werden, wenn Ideen präsentiert werden und nach dem obigen Schema dahingehend befragt werden, welche generellen Verfahren ihnen eigentlich zu Grunde liegen.

ONLINE-VERWEIS: Die entsprechenden Herleitungen der Aufgabenstellungen aus den Beobachtungen der Fallstudie finden sich vollständig auf der Seite zum Buch unter www.kopaed.de

Der mögliche Einsatz dieser Aufgabenstellungen wäre als Angebot zu denken, aus dem die Jugendlichen auswählen, was sie spontan anspricht oder zum erhobenen Material einen guten Zugriff erlaubt.

Es wird in der konkreten Arbeit an der szenischen Präsentation dabei vermutlich vor allem wichtig sein, die Gruppen dazu zu ermutigen, Ideen nicht zu verwerfen, weil sie noch nicht realisierbar scheinen. Wenn sich z. B. ein Material nicht so schnell organisieren lässt, könnte alternativ mit einem Bild davon gearbeitet werden oder einer Art Platzhalter. Produktiv ist auch, die Arbeitszeit aufzuteilen, um zwischen zwei Arbeitsblöcken zu ermöglichen, dass Dinge zusätzlich organisiert, recherchiert oder vorbereitet werden können.

Ein weiterer wichtiger Hinweis besteht auch darin, zu bestärken, Fremdheit und Unzugänglichkeit der gemachten Erfahrungen und des Materials bestehen zu lassen und nicht unter dem vermeintlichen Anspruch, als Gruppe ein rundes, durchweg verständliches und konsensbasiertes Ergebnis präsentieren zu müssen, alle Unzugänglichkeiten «glattzubügeln». Dass der Anspruch, ethnografische Feldforschung zu betreiben, nicht der ist, Eindeutigkeiten zu produzieren, scheint bereits bei Geertz auf (vgl. Geertz 1987: 43). Aber auch aus der Perspektive einer Didaktik ästhetischer Bildung und dem künstlerisch-ästhetischen Anspruch des Faches Theater heraus, wären Eindeutigkeiten nicht unbedingt erstrebenswert. Didaktisch gesehen liegt, wie mehrfach beschrieben, im Fremden, Liminalen, Uneindeutigen und Differenten ein großes Potential, Bildungsprozesse in Gang zu setzen – und auch ästhetisch bergen diese Aspekte wichtige Lernfelder und eigene ästhetische Qualitäten, mit denen sich Jugendliche im Probenprozess bzw. Schüler*innen im Theaterunterricht auseinandersetzen sollten.
Die Spielleitung kann hier Jugendliche ermutigen, im Entwicklungsprozess Widersprüchlichkeiten bestehen zu lassen und nicht jede szenische Idee von allen Seiten für die Arbeitsgruppe oder ein Publikum «wasserdicht» und «leicht verständlich» zu gestalten.

Figuren und Kostüm

Welche Figuren sind euch im Feld begegnet? Entwickelt ein reduziertes, zeichenhaftes Kostüm für eine solche Figur, das mit Materialien arbeitet, die euch im Feld begegnet sind.

Behauptet, ihr selbst seid eine Expertin, die ihr im Feld getroffen habt: Benutzt dazu ein zeichenhaftes Kostüm, das die Rolle der Expertin unterstreicht und «beweist» euer Expertentum in Form von Objekten und Dokumenten, die ihr dem Publikum präsentiert.

Schreibt einen Text, der aus Teilen eines aufgenommenen Interviews besteht. Tragt den Text vor und versucht dabei zu imitieren wie die interviewte Person gesprochen hat. Könnt ihr zusätzlich Material, Bewegungen oder Handlungen nutzen, um eine Figur zu schaffen, die den Text spricht?

Recherchiert im Internet, ob ihr eine Maske findet, die ihr benutzen könntet, um eine Figur, die euch im Feld begegnet ist, darzustellen. Präsentiert die Ergebnisse.

Präsentiert eine Figur aus dem Forschungsfeld, die ihr über einen starken körperlichen Einsatz auf der Bühne verkörpern könnt.

Präsentiert eine Figur aus dem Forschungsfeld, die ihr über einen starken körperlichen Einsatz auf der Bühne verkörpern könnt.

Präsentiert eine Figur aus dem Forschungsfeld, die ihr über einen starken körperlichen Einsatz auf der Bühne verkörpern könnt.

Präsentationsformen

Sucht nach einem Präsentationsformat, das im Gegensatz zu den verhandelten Inhalten steht. Präsentiert zum Beispiel einen traurigen Inhalt in einem unterhaltsamen Format oder andersherum. Überlegt, welche Formate ihr aus Alltag, Fernsehen oder Medien kennt – könnt ihr diese in eurer Präsentation «zitieren»?

Entwickelt eine Handlungsanweisung, mit der ihr das Publikum dazu bringt, ein Ereignis/Erlebnis/Moment aus dem Feld gemeinsam mit euch zu reinszenieren.

Entwickelt eine Situation, die es Zuschauenden ermöglicht, eine Erfahrung, die ihr selbst im Feld gemacht habt, so gut das möglich ist selbst zu erleben.

Entwickelt ein Regelwerk für ein Theaterspiel im Raum, mit dem ihr einen im Feld beobachteten Vorgang/Ereignis reinszeniert.

Entwickelt eine Raumanordnung für die Präsentation einer Handlung, die ihr im Feld beobachtet habt. Die Anordnung soll einen Raum zitieren, der nicht dem Feld selbst entstammt.

Entwickelt eine Idee, wie ihr das Publikum unterschiedliche im Feld angetroffenen Gruppierungen repräsentieren lassen könnt. Wie könnt ihr die Zuschauenden aufteilen? Wie wird ihnen die Rolle zugeschrieben? Wie werden sie gekenn-zeichnet? Wie verteilt ihr die unterschiedlichen Gruppierungen im Raum?.

Biografische Bezüge erkunden

Sucht euch einen Aspekt aus dem Forschungsfeld, den ihr persönlich entweder stark ablehnt oder sehr gut findet. Schreibt einen Text, der nun die auf ironische/satirische Weise genau eure Gegenposition einnimmt: Findet ihr den Aspekt gut, macht der Text diesen Aspekt schlecht – und umgekehrt. Der Text kann sich z. B. folgender Formen bedienen: Manifest, Werbetext, behördliche Warnung, politische Rede, Kolumne, Kommentar, Beschwerdeschreiben, ...

Schreibt ein Statement zu einem für das Feld zentralen Aspekt: Was bedeutet dieser Aspekt für euch persönlich – und wie sähe dieser Aspekt für euch im Idealfall aus?

Schreibt einen Erfahrungsbericht über etwas, was ihr selbst erlebt habt und das mit einem für das Feld zentralen Motiv zu tun hat.

Entscheidet euch für einen Aspekt, der für das Feld zentral ist und mit dem jeder von euch schon mal etwas zu tun hatte. Schreibt dann Erfahrungsberichte zu euren persönlichen Erlebnissen mit diesem Aspekt. Bringt einen Gegenstand mit, der mit diesem Erlebnis zu tun hat und erzählt nacheinander anhand des Gegenstands eure Geschichte.

Informationen und Inhalte aufarbeiten

Recherchiert zusätzliche Fakten zu einem zentralen Thema des Forschungsfeldes.

Recherchiert eine Statistik, die einen Bereich des Feldes beleuchtet, der bei der Feldforschung selbst nur sehr am Rand eine Rolle gespielt hat.

Recherchiert und präsentiert ein Schaubild, das Hintergrundwissen der Expert*innen im Feld beinhaltet und das Richtlinien/Regeln für ihr Verhalten im Feld vorgibt.

Recherchiert eine Kurzgeschichte zu einem zentralen Motiv aus dem For-schungsfeld und überlegt euch eine besondere Raumanordnung, in der ihr diese Geschichte verlest.

Welches Thema ist für euer Forschungs-feld strukturell relevant? Verdichtet eure Beobachtung im Feld zu einem Text, der sich mit diesem Thema beschäftigt.

Überlegt, welches ethisch heikle Thema mit dem Forschungsfeldes verbunden ist. Entwickelt eine Szene, die dieses Thema hervorhebt, indem sie das tatsächlich Beobachtete übertreibt. Findet ihr zusätzliche Texte oder Materialien, die das unterstützen können? Traut euch, darin zynisch, «böse» oder politisch inkorrekt zu sein.

Recherchiert, welche weiteren kulturellen «Versionen» von im Feld beobachteten Handlungen oder Ereignissen existieren – in anderen gesellschaftlichen Kontexten, an anderen Orten oder in anderen Ländern. Haltet einen kleinen Vortrag zu euren Ergebnissen.

Findet eine im Feld zentrale Handlung, bei der sich Hierarchien oder grundlegende Verhältnisse umkehren lassen. Entwickelt eine Szene, die mit dieser Umkehrung spielt und bezieht dabei ein reales Objekt aus dem Feld ein.

Körpereinsatz

Auf welches Element aus dem Feld entsteht eine neue und/oder interessante Perspektive, wenn ihr es mit einem menschlichen Körper ersetzt? Entwickelt eine Präsentation, bei der genau dieses Ersetzen zentral ist.

Entwickelt eine Serie von Standbildern zu einem im Feld wichtigen Moment.

Welche nichtmenschlichen Elemente wie Tiere, Maschinen oder große Objekte waren im Feld wichtig? Entwickelt eine Verkörperung für solch ein Element über Bewegung und einfache Kostümteile.

Recherchiert Bild-/Fotomaterial, das im Feld beobachtete Vorgänge oder Bewegungen abbildet. Präsentiert diese Bilder und kopiert das jeweils auf dem Bild Sichtbare in einem Standbild oder einer Bewegung.

Wiederholt einen Vorgang aus dem Feld live auf der Bühne – dieser Vorgang sollte eine sinnliche Komponente haben: etwas im Raum erzeugen, was ihr riechen, hören, fühlen, sehen, schmecken, ... könnt.

Material aus dem Feld nutzen

Welcher besondere Gegenstand im Feld hat das Potential, bei Menschen starke Affekte hervorzurufen (wie Ekel, Zuneigung, Abneigung, Angst, ...)? Bringt diesen Gegenstand entweder real oder repräsentiert über ein Bild/Video auf die Bühne.

Überlegt, welches Artefakt aus dem Feld entweder über seine Materialität oder die Themen, die wir damit assoziativ verbinden, einen emotionalen Effekt erzeugen kann wie Ekel, Betroffenheit, Angst, Faszination, ...

Über welches besondere oder ungewöhn-liche Objekt wurde im Feld gesprochen, von dem wenige Leute wissen, wie es genau aussieht / was es ist? Findet einen Alltagsgegenstand, von dem ihr behauptet, dass es sich um dieses Objekt handelt.

Wählt ein besonderes Objekt aus eurem Forschungsfeld und recherchiert: Wo findet ihr außerhalb des Feldes ähnliche Objekte, die zwar Gemeinsamkeiten mit denen aus dem Feld haben, sich aber auch von ihnen unterscheiden? Findet eine Form, wie ihr die Ergebnisse in Serie präsentieren könnt.

Welchen ungewöhnlichen Dingen seid ihr im Feld begegnet? Findet ein Alltagsobjekt, das einem realen Artefakt aus dem Feld in Form und Beschaffenheit ähnelt, es aber offensichtlich nicht ist, und behauptet, dass dieses Objekt das reale Artefakt aus dem Feld ist.

Über welche Vorgänge wurde im Feld gesprochen, die ihr aber nicht real beobachten konntet? Benutzt Material, das ihr tatsächlich im Feld gefunden habt, um diese Vorgänge in einer Interaktion mit Publikum sichtbar zu machen.

Wählt ein großes Objekt, dem ihr im Feld begegnet seid und macht dieses Objekt zu einem realen Element eurer Szenografie.

Einsatz von Medien

Findet einen Popsong oder Schlager, der textlich an das Forschungsfeld anknüpft.

Verdichtet das gefilmte Interview zu einem kurzen Clip, der lediglich die zentralen Informationen beinhaltet.

Was war das Besondere/Eindrücklichste am Forschungsfeld? Filtert genau solche Videoaufnahmen aus dem gesammelten Material, die diese Besonderheit am besten wiedergeben.

Über welche Vorgänge wurde im Feld gesprochen, die ihr aber nicht real beobachten konntet? Recherchiert und präsentiert ein kurzes Video, das einen solchen Vorgang zeigt.

Schneidet Interview-Schnipsel rhythmisier-ter zusammen, so dass eine Art Hip-Hop- oder Rap-Clip entsteht. Vielleicht könnt ihr den Clip auch zusätzlich mit Musik unterlegen.

Schneidet einen Clip mit relevanten oder absonderlichen Teilen des aufgenomme-nen Interview-Materials. Unterlegt den Clip mit Musik (ohne Gesang) oder Sounds, die in Verbindung mit dem Feld stehen könnten.

Verdichtet euer gefilmtes Material zu einem kurzen Clip, der lediglich Personen oder Objekte aus dem Feld zeigt, die besonders wichtig waren..

Wählt ein zentrales Motiv aus den im Feld gemachten Videoaufnahmen, das ihr in Endlosschleife abspielen könnt. Findet für die Projektion dieser «Videotapete» einen Gegenstand oder Material, das etwas mit dem Forschungsfeld oder eurem Thema allgemein zu tun hat und das dennoch eine gute Sichtbarkeit des Videos ermöglicht.

Verdichtet die Tonaufnahmen aus dem Feld zu einer Soundspur, die die Atmosphäre im Feld wiedergibt.

Recherchiert über YouTube oder Vimeo Videoclips, die einen für euer Feld zentralen Vorgang in anderen Kontexten oder Umgebungen zeigen.

Sichtet das im Feld aufgenommenes Videomaterial und entscheidet, wo es euch gelungen ist, damit zentrale Motive einzufangen. Schneidet diese Sequenzen zu einem Videoclip.

Schneidet aus dem aufgenommenen Interviewmaterial die ungewöhnlichsten, überraschendsten oder skurrilsten Aussagen zu einem kurzen Audioclip zusammen.

4.3.3 Zwischenpräsentation und Auswertung

Die aus den Feldbeobachtungen entwickelten Präsentationen stellen einen wichtigen Punkt im Probenprozess dar, da sie zum ersten Mal den Möglichkeitsraum dessen eröffnen, wohin sich der weitere Prozess entwickeln könnte. Brenne beschreibt, dass durch eine Zusammenführung und Präsentation künstlerischer Feldforschungsergebnisse nicht nur die Forschung kommunikabel werde, sondern auch der Prozess der Erfahrungsbildung durch den Austausch über das Erlebte in der Gruppe gesteigert würde (vgl. Brenne 2008a: 4).

Es geht darum, dass die Präsentationen einen Kommunikationsraum eröffnen, der greif- und diskutierbar werden lässt, welche im Feld gefundenen Materialien für die Gruppe von weiterem Interesse sind bzw. sein könnten. Eine Spielleitung sollte dies bereits im Vorfeld transparent machen und auch deutlich kommunizieren, dass der Anspruch an diese Zwischenpräsentationen nicht der einer Aufführungen fertiger Szenen ist, sondern vielmehr dem einer Materialschau gleichkommt. Die folgende Regelsammlung für die Zwischenpräsentationen, die aus der Probenbeobachtung von Frl. Wunder AG rekonstruiert wurde, kann dabei helfen.

Regeln für die Zwischenpräsentation

- ☐ Ein Kommentieren der Präsentation, beispielsweise zur Erklärung weiterer angedachter Details, Hinweise auf Unvollständigkeit oder alternative Vorgehensweisen, sind möglich.
- ☐ Die Präsentationen müssen nicht in sich abgeschlossen und perfekt sein – technische oder organisatorische Absprachen werden offen und direkt getroffen.
- ☐ Die einzelnen Elemente müssen nicht zwangsläufig inhaltlich oder ästhetisch miteinander verbunden sein, sie können assoziativ verknüpft werden oder einfach lose hintereinander stehen.
- ☐ Texte können improvisiert oder abgelesen werden.
- ☐ Ein Spiel mit dem Wahrheitsgehalt des dokumentarischen Materials, eine Vermischung von real Beobachtetem und ausgedachten Elementen, Fakten und Fiktion ist möglich.
- ☐ Es sollte möglichst konkretes und vielfältiges Material aus der Feldforschung eingebracht werden.
- ☐ Zusätzlich zu dem im Feld erhobenen Material können weiteres Material recherchiert und fehlende Fakten ergänzt werden. Eine Vermischung unterschiedlicher Quellen und Autorenschaft ist hierbei nicht zwangsläufig zu kennzeichnen.

Tabelle 10 Regeln für die Zwischenpräsentationen

Die konkrete Auswertung kann je nach Anzahl der Arbeitsgruppen und der zur Verfügung stehenden Zeit entweder direkt im Anschluss an jede Präsentation erfolgen oder nach zwei oder drei Präsentationen hintereinander. Im Sinne eines

Materialsammlungsgedankens stellt sich hierin nicht so sehr die Frage nach detailliertem Feedback, wie einzelne Elemente oder die Präsentation im Ganzen verbessert werden könnten, sondern es steht zuallererst lediglich im Fokus, sich gegenseitig zurückzumelden, welche Ideen besonders spannend waren, welches Material besonders interessant. Die Gruppe filtert so aus dem Gesehenen im gemeinsamen Gespräch, welche präsentierten Ideen und Materialien sie im Probenprozess gerne weiterverfolgen möchte.

Wieder gilt es, hier im Sinne einer Praxis der Wahrnehmungsvergleiche auch Wahrnehmung und Beurteilung von ästhetischen Eindrücken zu schulen: Was hat mir aus welchem Grund gefallen? Dabei sollten die individuell erlebten Wirkungen und Reaktionen auf das Gesehene thematisiert und von der Spielleitung darauf geachtet werden, dass sich das Gespräch in erster Linie auf eine ästhetische und dramaturgische Ebene fokussiert. Dies ist wichtig, da, wie die Fallstudie gezeigt hat, Jugendliche sich sehr schnell in inhaltlichen Debatten verlieren und die ästhetischen Aspekte dabei aus dem Blick geraten. Zuletzt kann es im Auswertungsgespräch darum gehen, gemeinsam Schwerpunkte und Leerstellen zu markieren. Welche Themen oder Aspekte tauchen immer wieder auf? Was war uns eigentlich am Thema wichtig oder erschien uns interessant und findet sich jetzt aber gar nicht mehr wieder? Hieran schließt sich der Phantasie- und Möglichkeitsraum, was aus dem Gesehenen perspektivisch entwickelt werden könnte. Er sollte von der Spielleitung gezielt eröffnet werden. Vielleicht können die «Highlights» und «Lieblingsmomente» der Jugendlichen sowie die thematischen Schwerpunkte zuerst gut sichtbar festgehalten werden, um dann in einem zweiten Schritt danach zu fragen: Was könnten wir denn mit diesen einzelnen Elementen weiter anfangen?

Feedback zur Auswertung der Zwischenpräsentationen

- □ Was hat mir in der Präsentation besonders gut gefallen? Was fand ich schön? Was war besonders eindrücklich? Wie komme ich zu diesem Urteil?
- □ Welche Elemente von den Beobachtungen aus dem Feld wurden zentral gemacht?
- □ Welche Wirkung hat das Material, das direkt aus dem Feld auf die Bühne gebracht wurde?
- □ Welche ästhetischen Mittel wurden angewendet? Was haben sie mit dem Material gemacht?
- □ Welche Inhalte wurden zentral gesetzt?
- □ Welche mir wichtigen Aspekte unseres Themas haben mir gefehlt? Welches Material könnte genutzt werden, um sie einzubringen?
- □ Wohin könnte uns dieses Material führen? Was könnten wir daraus entwickeln?

Tabelle 11 Feedback zur Auswertung der Zwischenpräsentationen

4.3.4 Weiterentwicklung und Präsentation

Über die weitere Probenarbeit können hier nur skizzenhafte Aussagen getroffen werden – zum einen da dieser Prozess nicht Teil der empirischen Auseinandersetzung mit dem Datenmaterial war, zum anderen weil je nach tatsächlichem Forschungsfeld, Gruppenzusammensetzung, Vorerfahrungen, infrastruktureller und zeitlicher Rahmung, getroffener Materialauswahl in den Zwischenpräsentation etc. sehr unterschiedliche Wege denkbar sind, in deren Richtung der weitere Stückentwicklungsprozess laufen kann.

Für den generellen Prozess wird von entscheidender Bedeutung sein, inwieweit es gelingt, ein Grundprinzip von kollektiver Autorenschaft zu etablieren, das ermöglicht, frei mit dem von einzelnen Jugendlichen oder Kleingruppen entwickelten Material umzugehen. Daher ist es vermutlich ratsam, die am Anfang des realen Probenprozesses stehende Zwischenpräsentation nicht direkt von den Gruppen im Detail ausarbeiten und weiterentwickeln zu lassen, sondern als Ideenpool und Materiallager zu nutzen. Ein bei Frl. Wunder AG zu beobachtender Arbeitsschritt ist in diesem Zusammenhang das «Demokratisieren» von Material. Welche spezifischen Elemente der einzelnen Materialpräsentationen können in die Probengemeinschaft zurückgespielt und als Probenaufgabe genutzt werden, über die dann alle Beteiligten wiederum neues Material generieren? So könnten beispielsweise folgende Demokratisierungsprozesse des entwickelten Materials erfolgen: In einer Zwischenpräsentation hat eine Person vom Tod des ersten Haustieres berichtet? Alle Jugendlichen werden aufgefordert, einen kurzen Text über den Tod ihres ersten Haustieres zu schreiben (oder eine Geschichte von jemand anderem einzufangen) und entwickeln gemeinsam eine Form, diese Geschichten zu präsentieren. In einer anderen Zwischenpräsentation wurde eine kleine Tanzsequenz mit Tierbewegungen gezeigt? Gemeinsam mit allen wird im Probenprozess eine Bewegungssequenz entwickelt, in die alle Jugendlichen Bewegungsmaterial einbringen können. Wichtig ist natürlich aus didaktischer Perspektive, dass die Spielleitung oder Gruppe aus *jeder* der unterschiedlichen Zwischenpräsentationen Elemente herausgreift, die im Probenprozess weiterbearbeitet werden sollen, damit alle Beteiligten etwas zum kollektiven Prozess beigetragen haben und das Gefühl von Wertschätzung entstehen kann.

Das in solchen demokratisierten Einzelelementen entwickelte Material wiederum eignet sich hervorragende als Anlass für Wahrnehmungsvergleiche. Was gefällt mir an der einen Version besser als an der anderen? Warum genau? Was beeinflusst mich in dieser Entscheidung? Was sind unterschiedliche Qualitäten der verschiedenen Versionen? Welche dieser Qualitäten wollen wir weiterverfolgen und vielleicht noch stärken?

Die Spielleitung sollte außerdem ihren Blick immer auch ein Stück weit darauf richten, wo sich in entwickelten Szenen Ansatzpunkte finden, über welche die wahrscheinlich sehr verschiedenen Elemente unterschiedlicher Arbeitsgruppen später zusammengeführt werden können. Gibt es ein Thema, das auch in anderen Szenen gestärkt oder genutzt werden kann, um dort den Fokus zu verschieben? Eine Idee für ein Bühnenbild oder ein Kostüm, die sich gut auf alle Ansätze übertragen lässt? Ein dramaturgisches Format, das in einer Szene angelegt ist und in das sich andere Szenen integrieren lassen? Das gilt auch dann, wenn im weiteren Prozess gar nicht auf ein gemeinsames Endprodukt hingearbeitet werden soll, sondern ein Ergebnis unterschiedliche Spuren verfolgt und deutlich collagenhafter bleibt. Denn auch ein Nebeneinander, Kontrast oder Verschnitt unterschiedlicher Ansätze will erarbeitet und ausdefiniert sein, braucht gegenseitige Bezüge und Entsprechungen, damit er als solcher wahrgenommen werden kann und nicht beliebig erscheint.

Eine der zentralen Herausforderungen wird im gesamten folgenden Probenprozess sein, einen Spagat zu gestalten zwischen einem Raum, der es ermöglicht, individuelle Spuren und Interessen der Prozessbeteiligten zu verfolgen und einem gemeinsam zu entwickelnden Produkt, das in sich nach einer gewissen Konsistenz verlangt. Durch den sehr offenen Materialsammlungsprozess im Rahmen der Feldforschung und einen didaktischen Fokus auf das Ermöglichen von Fremderfahrungen erfährt das Spannungsverhältnis gewissermaßen eine Zuspitzung. Es stellt aber letztendlich eine grundlegende Herausforderung von ergebnisoffenen, kollektiven Theaterprozessen dar, die der Spielleitung durchaus aus anderen Kontexten bekannt sein dürfte.

Am Ende eines solchen Prozesses kann, wie bei der dieser Arbeit zu Grunde liegenden Beispielinszenierung «Ein Bankett für Tiere» der Frl. Wunder AG ein multimediales Theaterereignis vorliegen, das als «dichte Beschreibung» (vgl. Geertz 1987) ein kulturelles Phänomen ästhetisch beleuchtet. Sie stellen ein Hybrid dar, in welchem die Orientierungsrahmen Erkenntnisinteresse und Ästhetik miteinander ringen und in einen Verhandlungsraum treten (vgl. Pfeiffer 2018a). Manchmal rücken sie damit so weit von einer klassischen Theateraufführung weg, dass sich die Frage stellt, ob die Behauptung einer Aufführung überhaupt den «richtigen» Vergleichshorizont dafür eröffnet. Denn allein die Ankündigung «Premiere» oder «Theaterstück» oder das Bespielen eines Theaterraums gehen unweigerlich mit einer bestimmten Erwartungshaltung des Publikums einher, das aufgrund einer entsprechenden Kontextualisierung zumindest unterschwellig nach Aspekten wie Narration, Geschlossenheit, dramaturgischem und darstellerischem Feinschliff sucht. Wenn Feldforschung auch deswegen zum Teil des theaterpädagogischen Prozesses gemacht wurde, weil unter didaktischer Perspektive nach Ermöglichungsstrategie für Fremderfahrungen gesucht wird, dann würde der Anspruch, Begegnungen mit dem Fremden zu ermöglichen, konsequent weiterführgeführt zwangsläufig in einem hybriden und schwer einzuordnen szenischen Endprodukt münden:

> Theater, das sich als Schauplatz des Fremden bestimmt, ist im Grunde stets ein Experimental-Theater. [...] Theater, das geltende Ordnungen in Frage stellt, kann sich nicht in klassische Gewänder hüllen, so publikumswirksam diese auch sein mögen. Es bleibt fremden Ansprüchen verpflichtet, die von sich aus zur Darstel-

> lung drängen und kreative Antworten erheischen. Dies betrifft alle, die am Bühnengeschehen beteiligt sind, also auch die mitspielenden Zuschauer. (Waldenfels 2010: 250)

Letztlich ist es aber eine Frage dessen, was Spielleitung und Gruppe interessiert und begeistert, denn selbstverständlich muss nicht zwangsläufig auch noch im Produkt versucht werden, Fremderfahrungen zu ermöglichen. Probenprozesse, die auf der Basis von Material aus Feldforschungen entstehen, können auch sehr viel weniger experimentelle Formen entwickeln: ein klassisches Tanzstück, das aus im Feld beobachteten Bewegungen entwickelt wird oder ein rein biografischer Abend mit Erlebnisberichten. Vielleicht wird es sogar eine an gängigen dramatischen Formaten entwickelte Bühnenerzählung, die aus den beobachteten Inhalten geschrieben wird und ästhetische Elemente aus dem Feld zur Entwicklung von Bühnenbild und Kostümen nutzt.

Für den Kontext von Theaterunterricht bietet der weitere Probenprozess, unabhängig von der entstehenden Form, die Möglichkeit, fächerübergreifend verfolgt zu werden. Dies könnte entweder formell als dezidierte Kooperation unterschiedlicher Fächer geschehen – oder aber auch informell, indem die Schüler*innen gezielt danach gefragt werden: Was könnten Inhalte aus anderen Fächern, mit denen ihr euch gerade beschäftigt oder bereits beschäftigt habt, mit unserer Forschungsfrage und unserem Projekt zu tun haben? Impulse aus unterschiedlichen Fächern wie Philosophie, Deutsch, Sport, Geschichte, Kunst, Biologie oder Physik könnten so in das Projekt einfließen und den Probenprozess im Fach Theater zu einem Ort für Wissenstransfer machen, ohne große curriculare Abstimmungsprozesse vorauszusetzen.

Orientierungspunkte

- ☐ Welche Elemente einzelner Präsentationen lassen sich als Aufgaben für alle demokratisieren?
- ☐ Welche verbindenden Themen oder Motive finden sich in den unterschiedlichen Szenen? Wie können diese Verbindungen weiter herausgearbeitet werden?
- ☐ Welche Formate sind angelegt, die für eine spätere Inszenierungsidee oder Dramaturgie nutzbar sind? Wie ließen sie sich auf andere Szenen übertragen?
- ☐ Wie lässt sich die Forschungsfrage weiter konkretisieren oder zuspitzen?
- ☐ Wie können individuelle Interessen und Ausdrucksmöglichkeiten im gemeinsamen Produkt ermöglicht werden?
- ☐ Welche Möglichkeiten gibt es, Inhalte aus anderen Fächern in den Probenprozess einfließen zu lassen?

Tabelle 12 Orientierungspunkte für die Weiterarbeit im Probenprozess

4.3.5 Reflexion von Prozess und Produkt

Nach Beendigung des Probenprozesses in Form einer gemeinsamen Präsentation der Arbeitsergebnisse sollte in jedem Fall ein abschließendes Gespräch zum Austausch über die Erfahrungen im Prozess stattfinden. Das ist sowohl für die Jugendlichen als auch für die Spielleitung von Bedeutung, um Höhen und Tiefen noch einmal ins Bewusstsein zu rufen und mit dem Prozess innerlich abzuschließen, Offengebliebenes noch einmal aufzugreifen und Gelerntes bewusst zu machen und dadurch zu vertiefen, es somit für weitere Prozesse zugänglich zu machen. Zentral ist darin ein In-Beziehung-Setzen von anfänglichen Erwartungen und Eindrücken zum szenischen Ergebnis.

Wenn die entsprechende Reflexion als Gruppengespräch geführt wird, ermöglicht das einen gemeinsamen Abschluss und eine Perspektivierung der eigenen Wahrnehmungen über die Rückmeldung anderer. Die Spielleitung sollte sich dafür nur einige in ihren Augen zentrale Fragen aus dem untenstehenden Katalog herausgreifen, um das Gespräch nicht zu überfrachten. Denkbar ist aber auch, dass die Reflexion im schulischen Kontext als schriftlicher Leistungsnachweis in Form einer Hausarbeit oder Klausur nach dem Gruppengespräch jeweils zusätzlich noch individuell erfolgt.

Fragen zur Auswertung des Gesamtprozesses

- □ Was hat mir im ästhetischen Endprodukt besonders gut gefallen, was weniger gut? Was fand ich schön? Wie komme ich zu diesem Urteil und was prägt mich in dieser Wahrnehmung?
- □ Was taucht von den Beobachtungen aus dem Feld überhaupt noch in unserer Präsentation auf?
- □ Auf welche Art und Weise haben Transformationen des Beobachtungsmaterials stattgefunden?
- □ Welche ästhetischen Mittel haben wir angewendet und wie beurteile ich deren Einsatz im szenischen Produkt? Wie habe ich diese Mittel im Unterschied dazu im Probenprozess wahrgenommen?
- □ Welche inhaltlichen Erkenntnisse habe ich über das Forschungsfeld gewonnen? Hat sich an meinem Bild davon und meinem persönlichen Urteil darüber etwas geändert? Woran liegt das?
- □ Mit welchen besonderen Gefühlen hatte ich im Prozess zu tun? Wodurch wurden diese ausgelöst? Wie bin ich damit umgegangen und wie beurteile ich sie im Nachhinein?
- □ Was hat mich im Prozess besonders irritiert oder befremdet? Wo bin ich an Grenzen gekommen? Welche Krisen und Schwierigkeiten habe ich erlebt? Wie bin ich damit umgegangen?
- □ Welche neuen Fragen sind entstanden? Was bleibt an Zweifeln und Ungeklärtem bestehen?
- □ Welche Rückmeldungen könnten die Menschen, die uns im Feld begegnet sind, zu unserer Präsentation haben? (Haben sie diese tatsächlich gehabt?)

Tabelle 13 Feedback zur Auswertung des Gesamtprozesses

4.4 Zur Rolle der Spielleitung

Mit der Entscheidung, Feldforschung zum Teil künstlerischer Arbeit in theaterpädagogischen Prozessen zu machen, verändern sich mit der eigentlichen Proben- und Prozessstruktur zwangsläufig auch die Rolle der Spielleitung und die Anforderungen, die an sie gestellt werden. Dies ist zum einen auf die zentrale Bedeutung von Fremderfahrungen und einer Konzeption ästhetischer Bildung als Praxis der Wahrnehmungsvergleiche zurückzuführen, zum anderen aber selbstverständlich auch auf die speziellen Prozessabläufe und den forschenden Charakter des Probenprozesses. Viele der Anforderungen spiegeln die in Kapitel 2.2.4.4 beschriebenen Rolle eines Passeurs (Bergala 2006) wider und scheinen bereits in den zuvor gemachten Ausführungen zu den einzelnen Phasen des Prozesses auf – sie sollen an dieser Stelle jedoch noch einmal explizit und gebündelt benannt werden.

Gleichberechtigte Partnerin

Eine Arbeit mit ethnografischen Praktiken ist ein Stück weit immer auch bestimmt von Unplanbarkeit, Chaos, Risiko und dem Charakter des Experiments. Das gilt sicher für die allermeisten anderen theaterpädagogischen Prozesse auch, erfährt aber durch den Forschungscharakter und die zentrale Bedeutung von Fremderfahrung noch einmal eine besondere Intensität. Sie benötigt eine Spielleitung, die sich selbst überraschen lässt und die Spieler*innen nicht in ihre ästhetischen Vorstellungen hineinpresst, sondern Offenheit und Mut zum Risiko vermittelt. Dies erfordere die Bereitschaft, im Respekt vor dem Eigensinn der Mitwirkenden und den Selbstläufern des Gestaltungsvorgangs eigene pädagogische oder ästhetische Zielvorstellungen loszulassen (vgl. Wiese 2005: 18). Hierin wird deutlich, dass die Spielleitung für einen solchen beidseitig respektvollen Umgang in dem Gestaltungsprozess durchaus als Partnerin agieren und Ideen und Material *mit* den Jugendlichen entwickeln kann – sie sollte lediglich vermeiden, Entscheidungen *für* die Jugendlichen zu treffen.

> Wir lernen nichts von dem, der uns sagt: Mache es wie ich. Unsere Lehrer sind einzig diejenigen, die sagen: «Mache es mit mir zusammen», und die, anstatt uns bloß die Reproduktion von Gesten abzuverlangen, Zeichen auszusenden vermochten, die man im Heterogenen zu entfalten hat. (Deleuze 1997: 41)

Wenn der Probenprozess als Forschungsprozess konzipiert wird, wird es, wie bei Deleuze anklingt, umso wichtiger, Jugendliche von der Reproduktion in die Entfaltung des Eigenen und Heterogenen hin zu begleiten. Selbsttätigkeit und Gestaltungsspielraum als Ziele für die Aktivität der Jugendlichen im pädagogischen Setting erfordern jedoch zwangsläufig eine veränderte Form von Arbeitsbündnissen zwischen Jugendlichen und Spielleitung. Planungs- und

Entscheidungsbeteiligungen, Gesprächs- und Feedbackkultur oder beispielsweise ein Probentagebuch sowie seitens der Spielleitung Transparenz von Zielen, Methoden und Erwartungen schaffen ein Arbeitsbündnis, das diese Ziele im Blick hat und auf Respekt und Verantwortung aufbaut (vgl. Meyer 2004: 130 ff.). Eine Spielleitung wird so zur gleichberechtigten Partnerin der Spielenden innerhalb eines ästhetischen und sozialen Interaktionsprozesses, die sich, genau wie die Jugendlichen, selbst auf einen suchenden und selbstbefragenden dialogischen Prozess in der Gruppe einlässt. Im Umgang mit den Jugendlichen hieße das, ein demokratisch-partnerschaftliches Verhältnis zu entwickeln, das geprägt sei von Kompromissbereitschaft, Toleranz und Rücknahme der eignen Person, und darüber hinaus Teilhabe an Prozessgestaltung und Entscheidungsprozessen zu ermöglichen (vgl. Pfeiffer 2009: 58). Solche Teilhabemöglichkeiten und Gestaltungsspielräume sind dabei nicht mit einer maximalen Offenheit in allen Prozessphasen gleichzusetzen. Wie sich in der empirischen Studie gezeigt hat, kann Offenheit durchaus auch überfordernd wirken und den kreativen Prozess eher hemmen als fördern. Stellenweise wird es daher gerade Aufgabe der Spielleitung sein, sehr konkrete Rahmen vorzugeben, an denen sich die Jugendlichen orientieren und abarbeiten können, damit sie überhaupt in die Lage kommen, spielerisch und produktiv mit Material und Ideen umgehen zu können. Trotz eines gleichberechtigten Arbeitsbündnisses kommt der Spielleitung daher selbstverständlich immer eine gesonderte Stellung zu, da sie immer über einen spezifischen ästhetischen und methodischen Kenntnis- und Erfahrungsvorsprung mit theatralen Ausdrucksformen und Forschungsprozessen verfügt bzw. diesen auch klar vermitteln muss, um den Spieler*innen an entscheidenden Punkten Sicherheit und Orientierung im oft chaotisch wirkenden Prozess geben zu können. Dieser Erfahrungsvorsprung berechtige sie nicht zur Überstülpung von Produktionsideen, sondern mache sie kompetent, Spiel-, Übungs-, Material-, Medien- und Themenvorschläge zu unterbreiten, welche individuelle Aktionsphantasie der Spieler*innen hervorlocken können (vgl. Lange 2002: 416). Dafür muss eine Spielleitung über eine Vielfalt von Spielen, Übungen, methodischen Ansätzen und Wegen verfügen, die sie je nach Entwicklung der Arbeit einsetzen kann, um den Teilnehmenden zu helfen, zu ästhetischen Übersetzungen des Beobachteten, zu szenischen Ideen oder dramaturgischen Formen zu kommen, ohne mit diesen richtungsweisenden Elementen jedoch das Ergebnis vorweg zu bestimmen. Die Spielleitung sollte daher Methoden so einsetzen, dass sie Arbeitsprozesse in Gang bringen, deren Verlauf und Ergebnisse aber möglichst offenlassen und dabei auch für Veränderungen der Vorgaben durch die Jugendlichen offenbleiben. Daraus ergibt sich zwangsläufig, dass eine Spielleitung zwar Impulse setzt und Prozesse anstößt, diese aber in ihrem Verlauf nicht übergreifend steuert, sondern vielmehr gegenüber den Jugendlichen begleitend und beratend agiert oder wiederum Anlässe und Rahmungen schafft, in denen sich die Jugendlichen selbst gegenseitig beraten.

Handelndes Vorbild

Dabei kann es durchaus produktiv sein, als Spielleitung eigene, subjektive Sichtweisen in den Prozess einzubringen. An ihnen kann den Jugendlichen deutlich werden, dass der eigene Zugang nicht der einzig mögliche ist, dass andere Menschen andere Erfahrungen machen oder ähnliche Eindrücke anders bewerten. Die Spielleitung stellt so als handelndes Vorbild die Grundlage für eine vertrauensvolle Gesprächsatmosphäre her, in der eigene Wahrnehmungen thematisiert werden können, auch wenn sie vielleicht dem entgegenstehen, was bereits von anderen geäußert wurde. Für alle Äußerungen und Hinweise gilt es aber zu bedenken, dass aufgrund des Erfahrungsvorsprungs und der Stellung der Lehrkraft in der Institution Schule die Schüler*innen ihre Aussagen leicht als «richtig» oder besonders «wichtig» einschätzen werden. Wenn eine Spielleitung selbst nicht «das letzte Wort» anstrebt, kann sie vor diesem Hintergrund zumindest versuchen, dass ihre eigenen Beiträge nicht als Schlusspunkt und Engführungen von offenen Prozessen und Uneindeutigkeiten gelesen werden, und die Jugendlichen dazu ermutigen, die Auseinandersetzung mit eigenen Eindrücken und Unklarheiten, Irritationen oder Ambivalenzen nicht vorschnell zu schließen, sondern bewusst und kontrovers zu führen.

Das ist gerade im Hinblick auf die Begegnung mit Fremdem relevant. Hier müssen Erfahrungen und Prozesse mit Transformationspotential für die Welt- und Selbstverhältnisse der Spieler*innen, der Gruppe oder der Spielleitung selbst, von der Spielleitung erkannt und produktiv genutzt werden, da sie oft auf der Grundlage habitueller Denk- und Handlungsgewohnheiten erst einmal unwahrscheinlich sind und häufig (zumindest unbewusst) vermieden werden (vgl. Kapitel 2.1.1.1). Die Theaterpädagogin kann dazu beitragen, dass mögliche «Blickstörungen» oder «Bruchlinien der Erfahrung» in Erscheinung treten, indem sie beispielsweise ihr eigenes Erleben im Forschungsfeld thematisiert, indem sie offenlegt, an welcher Stelle sie von etwas verunsichert, herausgefordert, provoziert oder anderweitig gefühlsmäßig angesprochen wurde. Die Spielleitung kann die Jugendlichen sogar mit Aspekten konfrontieren, welche sie selbst nicht bewusst suchen oder deren Auseinandersetzung sie vielleicht sogar scheuen.

Eine Spielleitung sollte sich in diesem Prozess darüber bewusst sein, dass derart ergebnisoffene Probenprozesse, die gezielt auch die Begegnung mit Fremdem suchen, Verwirrung und Irritation stiften und unterschiedlichste Affekte auslösen können (vgl. Kapitel 2.1.1.2). Es braucht gleichzeitig Mut, pädagogisches und menschliches Fingerspitzengefühl, den Jugendlichen auf der einen Seite bewusst etwas zuzumuten, was entsprechende Erfahrungen ermöglicht, auf der anderen Seite jedoch auch der pädagogischen Verantwortung nachzukommen, sie im Zweifelsfall wieder auffangen zu können und sie nicht gänzlich den Halt verlieren zu lassen. Eine Balance zwischen Prozessen, die Verunsicherung und Krisen auslösen können, und Stärkungselementen, die Sicherheit vermitteln, sind dabei gerade für unerfahrene Spieler*innen sehr wichtig. Dabei ist selbstverständlich auf die entwicklungsspezifischen Besonderheiten der Teilnehmenden zu achten (vgl. Sautermeister 2006: 81). Auch individuelle Voraussetzungen, die aktuelle Lebenssituation oder Vorerfahrungen spielen eine Rolle. Ein Sich-Einlassen seitens der Jugendlichen und ihre Bereitschaft, Vertrautes und Bisheriges in Frage stellen zu können, ist aber stark auch an die Beschaffenheit der Lernumgebung und die Haltung der Spielleitung selbst geknüpft. So wird es beispielsweise von Bedeutung sein, wie einladend die Spielleitung einer Fragehaltung der Jugendlichen begegnet, wie sehr sich die Jugendlichen im Fragen und Äußern von persönlichen Wahrnehmungen, Zweifeln oder Unsicherheiten ernst genommen fühlen. Ebenso wird entscheidend sein, ob es der Spielleitung gelingt, nach potentiell auftretenden Krisensituationen den Jugendlichen die Möglichkeit zu geben, sich über entsprechende Angebote wiederum der Kollektivität der Gruppe zu vergewissern.

Auch die zeitlichen und räumlichen Bedingungen spielen dabei eine Rolle, inwieweit Jugendlichen Bereitschaft zeigen, sich auf potentiell verunsichernde Prozesse einzulassen. Hier muss ganz klar gesagt werden, dass die schulische Rahmung von Unterrichtsinhalten in eineinhalbstündige «Päckchen» der Komplexität und den zeitlichen Bedürfnissen theaterpädagogischer Prozesse entgegenläuft und die Gefahr mit sich bringt, Inhalte und Prozesse zwangsläufig zu zerstückeln. Hier kann eine Spielleitung versuchen, den Prozess nicht zu überfrachten, große Ansprüche klein zu denken und den Gegebenheiten anzupassen – und sich trotz der engen zeitlichen Vorgaben nicht in einen vermeintlichen Produktionszwang zu verstricken, sondern genügend Zeit für individuelle Lösungsweise und ästhetische Spuren sowie vor allem für die Reflexion von Wahrnehmungsvergleichen, Empfindungs- und Übertragungswerten einzuräumen (vgl. Kapitel 2.1.2.2).

Äußeres Auge für Gestaltungsentscheidungen

Eine Lenkung des Prozesses durch die Spielleitung ist über die Begleitung von Fremderfahrungen und das Ermöglichen von Wahrnehmungsvergleichen hinaus vor allem im Hinblick auf ästhetische Entscheidungen ein wichtiges Thema. Vor allem für Gruppen, die mit ergebnisoffenen künstlerischen Prozessen noch relativ unerfahren sind, ist es wichtig, dass eine Spielleitung im entscheidenden Moment die Funktion eines «äußeren Auges» einnehmen kann. Diese Funktion können erfahrenere Spieler*innen auch bereits selbst übernehmen und generell sollen ästhetische Entscheidungen, wie oben bereits angeklungen ist, einer Gruppe nie übergestülpt werden, sondern aus ihr heraus entstehen. Dennoch wird es immer wieder Situationen geben, in denen die Gruppe selbst nicht entscheiden kann oder will, von einer Entscheidung überfordert ist oder schlichtweg der zeitliche Rahmen eine ausführliche Diskussion nicht möglich macht. In solchen Fällen bedarf es einer Spielleitung, die Verantwortung für Gestaltungsentscheidungen übernimmt. Wilhelm (1994) beschreibt im Zusammenhang damit ein Grundproblem von Theaterarbeit mit Jugendlichen, die das Experiment sucht und von der

Perspektive der Kinder und Jugendlichen geleitet sein soll: Die Spielleitung habe gerade bei einer Fülle von Ideen und Einfällen der Spieler*innen unter dramaturgischen Gesichtspunkten und im Hinblick auf das Endergebnis Ansätze für Verdichtungen festzulegen (vgl. Wilhelm 1994: 71). Das kann manchmal auch bedeuten, ästhetische Entscheidungen treffen zu müssen – was gerade auf der Grundlage eines demokratischen und gleichberechtigten Miteinanders, in dem Entscheidungen im Idealfall von allen Beteiligten mitgetragen werden sollen, immer einen extremen gruppendynamischen Balanceakt darstellt und viel Feingefühl erfordert. Erst durch eigene Handlungskompetenzen und Erfahrungen mit unterschiedlichen theatralen Formen und theaterpädagogischen Methoden wird eine Spielleitung in der Lage sein, ästhetische Entscheidungen im Sinne eines Gesamtkonzepts zu steuern und Reflexionen über bildhaft-symbolische und ästhetische Ausdrucksgehalte zu initiieren, die solche Entscheidungen für die Akteur*innen selbst transparent, nachvollziehbar und mit tragbar machen.

Bewerterin fachbezogener Lernprozesse

Zuletzt sei im Hinblick auf die Rolle der Spielleitung auch auf die Frage nach Bewertung hingewiesen, der sich eine theaterpädagogische Praxis gerade im schulischen Zusammenhang aus institutionellen Gründen in den allermeisten Fällen stellen muss. Selbstverständlich können vor dem Hintergrund der bereits gemachten Ausführungen zur generellen Unverfügbarkeit von Fremderfahrung und Bildung diese Prozesse trotz ihres zentralen Stellenwertes für das hier vorliegende Konzept nicht selbst zu Bewertungskriterien werden, da sie höchst subjektiv, nicht steuerbar und letztlich nicht nur der Spielleitung, sondern auch den Jugendlichen selbst nicht unmittelbar zugänglich sind. Bewertungen sollten sich daher in erster Linie auf den Bereich fachbezogener Lernprozesse beziehen und evaluieren, wie die Jugendlichen mit den Anforderungen umgegangen sind, die an sie gestellt wurden – oder die sie gemeinsam als Gruppe entwickelt haben. Die große Offenheit und prozessuale Komplexität forschenden Theaters können hier zuerst überfordernd wirken, sollen sie auf die darin enthaltenen Lernprozesse und möglichen Bewertungskriterien hin überprüft werden. Außerdem kommt sicherlich erschwerend hinzu, dass jeder ästhetische Forschungsprozess so unterschiedlich verläuft, dass es schwierig erscheint, im Vorfeld übergreifende Parameter zu bestimmen. Dennoch liefern die im Verlauf dieses Kapitels geschilderten Arbeitsphasen eines Projektes, das Feldforschung zum Teil des Probenprozesses macht, Orientierungspunkte auch für eine eventuelle Bewertung.

Beispielsweise können einzelne Aspekte der dort zu findenden Checklisten zu Bewertungskriterien gemacht werden – und selbstverständlich je nach Verlauf des Prozesses durch weitere Aspekte ergänzt werden, die für den jeweils individuell entstehenden theaterpädagogischen Probenprozess zentral sind. Die Leistungserwartungen sollten dabei in jeder Phase des Prozesses transparent sein und deutlich formuliert werden, damit sich die Jugendlichen daran orientieren können. Je nach Gruppe ist auch denkbar, dass die Jugendlichen selbst zu bestimmten Punkten des Prozesses in die Entwicklung von Bewertungskriterien einbezogen werden. So wird ein weiterer Brückenschlag zum Anspruch ermöglicht, ästhetische Bildung als Auseinandersetzung mit Wahrnehmungsvergleichen, Empfindungs- und Übertragungswerten zu konzipieren.

5 Fazit und Forschungsausblick

Die vorliegende Arbeit hat als entwicklungsorientierte Bildungsforschung einen Beitrag dazu leisten wollen, eine theaterpädagogische Praxis zu entwickeln, die ethnografische Feldforschung im Kontext von Probenprozessen betreibt, um daraus Material für eine Stückentwicklung zu generieren. Dabei sollten sowohl praxisfundierte theoretische Erkenntnisse über entsprechende Prozesse gewonnen werden als auch eine konkrete didaktische Praxis weiterentwickelt und damit bestehende Forschungslücken geschlossen werden. Anhand bildungstheoretischer und didaktischer Vorüberlegungen, einer theoretischen Beschäftigung mit ethnografischer Feldforschung und einer Probenbeobachtung während des Produktionsprozesses zum Stück «Ein Bankett für Tiere» des Theater- und Performancekollektivs Frl. Wunder AG konnten eine Vorstudie und ein erster Entwurf für eine entsprechende theaterpädagogische Praxis entwickelt werden. Letzterer wurde als Intervention mit einer Oberstufenklasse auf einem Bauernhof durchgeführt und die erhobenen Daten mit Hilfe der Grounded Theory ausgewertet. Die Daten lieferten zum einen Erkenntnisse zum *Wie* eines Transformationsprozesses von Feldbeobachtungen zu szenischem Material. Zum anderen ermöglichten sie die zuvor entwickelten Ziele auf ihre Umsetzung hin zu überprüfen und eine Neuperspektivierung der ursprünglichen Intervention vorzunehmen. So konnte im letzten Schritt der Arbeit ein theorie- und empiriebasierter didaktischer Leitfaden für den Einsatz von Feldforschung in der theaterpädagogischen Praxis entwickelt werden.

Beiträge zum Fachdiskurs

Als Beitrag zum Fachdiskurs konnten unter anderem anhand der eingehenden Betrachtung ethnografischer Verfahren, deren Verknüpfung mit ästhetischen Weltzugängen und einem Blick in die zeitgenössische Theaterlandschaft konkrete Kriterien herausgearbeitet werden. Anhand derer ließe sich definieren, ab wann bei einem Theaterprobenprozess überhaupt von einer künstlerischen Feldforschung gesprochen werden kann. Dazu zählt ein direkter Bezug zur Realität sozialer Felder, ein Rückgriff auf teilnehmende Beobachtung als Methode zur Materialsammlung, ein induktives, ergebnisoffenes Vorgehen und eine bewusste Rahmung und Vorbereitung als Feldforschung. Die Kriterien lassen einen gewissen Interpretations- und Diskussionsspielraum, der nicht zuletzt der Vielfalt künstlerischen Schaffens Rechnung trägt und sich klaren Kategorisierungen immer ein Stück weit entzieht.

Auf bildungstheoretischer Ebene konnte mit Rückgriff auf die Theorie transformatorischer Bildungsprozesse von Koller, die Auseinandersetzung mit dem Phänomen der Fremderfahrung bei Waldenfels sowie die Gehaltsästhetik von Lehmann ein grundlegendes Verständnis von ästhetischer Bildung herausgearbeitet werden, das gängige Konzepte in verschiedenen Punkten weiterdenkt. Es definiert ästhetische Bildung als *Erweiterung* von bestehenden Selbst- und Weltverhältnissen im Medium der Kunst, wobei davon ausgegangen wird, dass diese über Begegnungen mit Fremdem besonders angestoßen werden kann und sich in einer Praxis der Wahrnehmungsvergleiche realisiert. Ein entsprechendes Verständnis begegnet damit zum einen der Herausforderung, dass die von Koller an Anlehnung an Waldenfels vorgenommene Definition von Bildungsprozessen als *grundlegendende* Transformation des Welt-Selbst-Verhältnisses den Blick auf weniger umfassende, möglicherweise subtilere Momente ebendieser verstellt. Sie geht davon aus, dass Bildungsprozesse in der Realität *langwierig* und stellenweise *kleinschrittig* sind und eine klare Grenzziehung zwischen einem Zuwachs von Wissen, Kompetenzen und Transformationsprozessen vermeintlich höherer Ordnung ein Konstrukt darstellt, welches den komplexen Vorgängen und Zusammenhängen im Bereich der menschlichen Wahrnehmungsverarbeitung zwischen Informationsaufnahme, Verarbeitung und Integration im Denken, Fühlen und Handeln nicht vollständig gerecht werden kann. Zudem begegnet sie der Herausforderung, in einer extrem heterogen gewordenen Welt noch bestimmen zu wollen, was als ästhetisch zu bezeichnen wäre. Sie definiert das Ästhetische nicht länger über ein Differenzkriterium, sondern als Ergebnis ästhetischer Urteile, die in einer Praxis der Wahrnehmungsvergleiche entstehen – und ermöglicht so eine flexible und kontextgebundene Definition des Ästhetischen, die sich nicht in einem Widerstreit zwischen Erfahrungen des Subjektes oder den Eigenschaften des Objektes positionieren muss, weil in ihr beide Elemente als essentielle Bestandteile eines Wechselverhältnisses gedacht werden. Im Anschluss an diese theoretischen Verortungen wurde herausgearbeitet, dass eine Didaktik ästhetischer Bildung Anlässe für Wahrnehmungsvergleiche, eine Auseinandersetzung mit Empfindungs-, Übertragungs- und Reflexionswerten (als zentrale Bestandteile von Wahrnehmungsvergleichen) ermöglichen, zur Ausbildung eines ästhetischen Vokabulars beitragen sowie zur Begegnung mit Fremdem einladen müsse.

Im Kontext der theoretischen Verortung konnte darüber hinaus gezeigt werden, dass Feldforschung als eine Forschungspraxis zu konzeptualisieren ist, die unter anderem durch ihren interpretativen, mikroskopischen Zugriff auf die Welt ihre Ausrichtung auf ein Praxis- und Handlungswissen und die konsequente Anerkennung der Positionalität Forschender eine Nähe zu künstlerischen Verfahren zeigt. Außerdem stellt sie eine forschungsmethodologische Wende in der Begegnung mit Fremdem dar, welches sie nicht aus kritischer Distanz betrachten und analysieren, sondern durch teilnehmende Beobachtung im Feld selbst leiblich erfahren will.

Die theoriegeleitete entwickelte Kernthese dieser Arbeit lässt sich entsprechend folgendermaßen zusammenfassen: Eine Didaktik des Theaters, die eine Praxis der Wahrnehmungsvergleiche und Begegnungen mit dem Fremden als Ausgangspunkte für Prozesse ästhetischer Bildung sucht, findet in einem Einsatz von Feldforschung in Probenprozessen einen Ansatz, der nicht nur ästhetische Qualitäten besitzt, sondern in besonderer Weise Erfahrung des Fremden ermöglicht und Anlässe für Wahrnehmungsvergleiche liefert. Dabei wurden die besonderen Potentiale vor allem an einer Verknüpfung von Leiblichkeit und Reflexivität, der Verlängerung eines Erfahrungsmomentes von Fremdbegegnungen über den Probenprozess und der doppelten Differenz festgemacht, die im Transformationsgeschehen zwischen den Handelnden, dem Feld und dem szenischen Produkt entstehen.

Erkenntnisse über Prozesse künstlerisch orientierter Feldforschung

Vor dem Hintergrund dieser Überlegungen konnten in der Auswertung eines ersten Interventionsentwurfs für die theaterpädagogische Praxis verschiedene weitere Erkenntnisse über das *Wie* der Ausgestaltung künstlerischer Feldforschung herausgearbeitet werden. Im Transformationsprozess von Beobachtung im Feld zum szenischen Material greifen die Akteur*innen auf verschiedene ästhetische Praktiken zurück: Atmosphäre gestalten, Authentizität behaupten, Bild herstellen, biografischen Bezug behaupten, inhaltliche Kontexte vermitteln, Materialität ausstellen, Narration generieren und Performativität nutzen sind dabei die Kategorien, die aus dem empirischen Material rekonstruiert werden konnten. Diese mögen im Kontext weiterer Untersuchungen noch zu erweitern sein.

Die Auswertung der ästhetischen Praktiken zeigte, dass sich Künstler*innen und Schüler*innen Gruppen schwerpunktmäßig unterschiedlicher ästhetischer Praktiken bedienen, wenn es um die szenische Auswertung der künstlerischen Feldforschung geht. Die Schüler*innen sind stark an Inhalt und Narration orientiert, den Geschichten, die sich anhand des Forschungsfeldes entspinnen lassen – die Künstler*innen am Ausstellen vermeintlich «authentischer» Elemente aus dem Feld, an Performativität und Materialität dessen, was sie im Feld beobachten konnten, sowie am Herstellen von theatralen Bildern. Dabei lässt sich außerdem festhalten, dass der unmittelbare Bezug zum Forschungsfeld in der Arbeit der Künstler*innen von sehr viel stärkerer Bedeutung ist und sich im Gegensatz dazu die Ideen der Schüler*innen oft nicht unmittelbar auf das Feld zurückführen lassen. Stattdessen sind sie eher thematisch vom Feld inspiriert und entspringen hauptsächlich dem Bereich der Alltagsphantasien und rufen bereits vorhandenes Wissen, Erfahrungen und Phantasien ab. Im Hinblick auf die Präsentationen selbst zeigte sich auf Seiten der Künstler*innen eine fragmentarische Schau häufig sehr konkreter, roher Materialien aus dem Feld – hier ging es augenscheinlich darum, Potentiale verschiedenster szenischer Miniaturen zu erkunden und möglichst viele Wege zur Weiterentwicklung des Materials im späteren Probenprozess anzulegen. Die Schüler*innen hingegen präsentieren im untersuchten Unterrichtsentwurf fertige Szenen oder Minidramen, die in der Weiterarbeit lediglich eines Feinschliffs bedürften – ihre Präsentation muten eher als abschließende Bewertung, Konklusion oder Statements an. Generell ließ sich als Beobachtung formulieren, dass die Künstler*innen großen Wert darauf legen, ästhetische Elemente des Feldes möglichst direkt auf der Bühne zu nutzen, Material als authentisch auszustellen und die Bezüge zur Alltagsrealität des Feldes sichtbar zu machen. Die Schüler*innen hingegen nutzten Feldforschung im Hinblick auf ihr narratives Potential, welches ihnen Ideen für eine fiktive Erzählung auf der Bühne zuspielt. Möglicherweise, so wurde herausgearbeitet, liegt eine der Erklärungen, warum die Schüler*innen so stark an Inhalten und Narrationen orientiert sind, darin, dass sie die Intervention als Aufforderung für eine schulische Auseinandersetzung mit einem bioethischen Thema betrachtet haben. Trotz ihrer Erfahrungen aus der Profiloberstufe, in der gezielt theaterästhetische Verfahren mit der Bearbeitung fachlicher Inhalte kombiniert werden, geht es für sie dennoch in erster Linie im Sinne eines schulischen Alltags um die Auseinandersetzung mit Inhalten und Lernprozessen.

Die Gruppendiskussionen und Arbeitsprozesse der Schüler*innen legen aber nahe, dass sie durchaus ein Bewusstsein für die vielfältige materielle oder performative Qualität der von ihnen im Feld beobachteten Dinge und Vorgänge besitzen. Sie können lediglich das ästhetische Potential dieser Qualität für eine theaterästhetische Arbeit nicht wahrnehmen oder es nicht umsetzen. Das zeigt sich sowohl in den Auswertungsgesprächen, in denen die Eindrücklichkeit des Beobachteten, Materialität und Performativität immer wieder thematisiert werden, als auch in der Tatsache, dass eine größere Bandbreite ästhetischer Praktiken innerhalb von diskutierten, aber nicht umgesetzten Ideen zu finden ist. Die große Gewichtung narrativer Elemente und dialogisch aufgebauter Spielszenen sowie die Verschiebung hin zur Narration im Vergleich von diskutieren und tatsächlich präsentierten Möglichkeiten hat somit, so die These, weniger mit ästhetisch motivierten Entscheidungen der Schüler*innen zu tun, als mit einer von den Jugendlichen antizipierten Erwartungshaltung von Unterricht, von dem sie gewohnt sind, dass er von ihnen das Zusammenführen fragmentarischer Informationen in plausible Narrative fordert. Deutlich wird in der Auswertung der Gruppengespräche auch, dass die Schüler*innen ein Gespür für die ästhetischen Elemente des Forschungsfeldes besitzen – im Sinne von *aisthesis* als das, was unsere Sinne bewegt, wenn wir es betrachten: Schönes und Angenehmes, Hässliches und Unangenehmes. Ihnen fehlt anscheinend lediglich der Wille, die Möglichkeit oder Vorstellungskraft dafür, diese Wahrnehmungen in einen theatralen Gestaltungsprozess zu überführen. So fehlen Arbeits- und Seherfahrungen, die die Schüler*innen darin bestärken, dass die ästhetischen Appelle des Feldes für die szenische Arbeit nutzbar sind sowie stellenweise auch eine in der Intervention nicht vorhandene geeignete Infrastruktur.

Beiträge zur Fachdidaktik

Neben den Impulsen für didaktische Fragen, die sich aus dem herausgearbeiteten Stellenwert von Fremderfahrung und Wahrnehmungsvergleichen für ästhetische Bildungsprozesse theoretisch für jegliche theaterpädagogische Praxis ergeben, konnte im Kontext dieser Arbeit auch die konkrete Weiterentwicklung eines theaterpädagogischen Ansatzes geleistet werden, der mit Feldforschung im Rahmen von Probenprozessen arbeiten möchte. Vor dem Hintergrund der Annahme, dass ein ausgereiftes didaktisches Konzept für einen solchen Ansatz Jugendliche noch gezielter dazu eingeladen und befähigen könnte, die Vielfalt von im Feld vorhandenen ästhetischen Appellen wahrzunehmen und entsprechend in den Probenprozess einzubringen, als dies im untersuchten Fall möglich war, wurde eine Neuperspektivierung der entwickelten Intervention vorgenommen. Es wurden auf Basis der Ergebnisse der Studie und den theoretischen Vorüberlegungen nötige Vorerfahrungen und Infrastrukturen herausgearbeitet sowie Stärkungselemente implementiert, die einen Spagat zwischen maximalen gestalterischen Freiräumen und klaren Orientierungspunkten im Prozess ermöglichen könnten. Die Fallstudie hatte gezeigt, dass die große Offenheit des Prozesses stellenweise in Überforderung und Orientierungslosigkeit umgeschlagen war. Institutionsbezogene Irritationen verstellten den Schüler*innen zum Teil die Möglichkeiten, sich auf die kreativen Prozesse einzulassen, die eigentlich in den Blick genommen werden sollten. Die entwickelte Konzeption liefert nun den konkreten Aufbau für eine Praxis, die auf der einen Seite Strukturen vorgibt und der Spielleitung ermöglicht, Schüler*innen in der Rolle eines «Passeurs» durch die unterschiedlichen Phasen der Feldforschung und Transformation von Beobachtungen in szenisches Material zu begleiten. Auf der anderen Seite ist sie jedoch gleichzeitig daran orientiert, so gut es geht, Offenheit und Uneindeutigkeit zu erhalten und Momente anzubahnen, in denen Fremderfahrungen gemacht werden können und bestehende Selbst- und Weltkonzepte in Bewegung geraten.

Ausblick und weiterführende Fragestellungen

Die vorliegende Arbeit stellt eine Fallstudie zur theoretisch und empirisch gestützten Entwicklung eines Praxisansatzes dar. Sie hat in diesem Kontext einen Beitrag zur Begriffsbildung und erste methodische Grundlagen entwickeln können. Eine vertiefende Überprüfung ihrer Thesen und Ergebnisse müsste nun in einem breiteren Kontext und im Rahmen folgender Arbeiten geleistet werden. Zuallererst ließe sich die hier erarbeitete Praxiskonzeption in weiteren Praxisevaluationen testen und weiterentwickeln. In einer breiter angelegten Studie mit einem standardisierten Beobachtungs- und Auswertungssystem ließe sich das hier qualitativ im Einzelfall entwickelte didaktische Konzept auf einer breiteren Datengrundlage kritisch diskutieren und überarbeiten. Auch die rekonstruierten ästhetischen Praktiken könnten in ähnlichen oder anderen Kontexten auf den Prüfstand gestellt, erweitert und spezifiziert werden.

Das Gleiche gilt für die theoretischen Ergebnisse der Arbeit, insbesondere die Thesen zur ästhetischen Bildung: Welche Rolle kommen Fremderfahrungen, Wahrnehmungsvergleichen und einer Auseinandersetzung mit Empfindungs-, Übertragungs- und Reflexionswerten in Kontexten kultureller Bildung tatsächlich zu? Wie realisieren sie sich in Kontexten jenseits der hier sehr spezifischen praktischen Bezugsfelder künstlerisch motivierter Feldforschung? Auch in mit anderen Methoden arbeitenden theater-, tanz- oder kulturpädagogischen Projekten ließen sich solche oder ähnliche Fragen empirisch genauer bestimmen. Folgen wir den Thesen dieser Arbeit, ergeben sich weitere fach- und bildungspolitische Fragen. Eine zentrale Bedeutung von Fremderfahrungen und die Konzeptualisierung ästhetischer Bildung als Praxis der Wahrnehmungsvergleiche könnte Impulse dafür liefern, wie Fachinhalte gedacht und didaktisch aufbereitet werden. Bestehende Unterrichtskonzepte und Bildungspläne könnten vor diesem Hintergrund reflektiert und weitergedacht werden; zum einen im Theater, zum anderen aber auch in anderen ästhetischen Fächern.

Eine Frage, die sich mir darüber hinaus jenseits des eigentlichen Fokus dieser Arbeit immer wieder gestellt hat, eröffnet eine ganz andere Perspektive auf den zentralen Gegenstand der Untersuchung, welchem ich im Rahmen dieser Arbeit leider nicht nachkommen konnte: Die vielen kontroversen, oftmals sehr stark biografisch unterfütterten Diskussionen um tierethische Fragen (wie die nach Fleischkonsum oder dem Recht des Menschen an einer Nutzung des Tieres) scheinen für die Jugendlichen durch die gemeinsam gemachten Seh- und Handlungserfahrungen im Feld an Bedeutung und Relevanz zu gewinnen. Die gesellschaftlichen und ethischen Diskurse werden in den kollektiven Arbeitsprozessen mit großem Nachdruck und Engagement diskutiert, der Aushandlungsprozess durch die unterschiedlichen Perspektiven auf das, was konkret gemeinsam erlebt wurden, befeuert. Bedeutsam schien ferner die jeweilige inhaltliche Positionierung gegenüber den Mitschüler*innen im Rahmen der Präsentationen und die Frage danach, welche Form von kollektiver Perspektive und politischer Haltung gegenüber dem Themenfeld die jeweilige Gruppe entwickelt. Hieran knüpft sich jenseits eines ästhetischen Interesses an die Arbeit mit den vorgestellten Methoden die Frage nach deren Bedeutung im Sinne von Handlungsermächtigung und dem Beitrag künstlerischer (Feld-)Forschungspraxis zur Entwicklung von Formen gesellschaftlicher Teilhabe. Lässt sich die in dieser Arbeit untersuchte Praxis im Sinne eines Handelns auf Probe als Entwicklung eines politischen Handelns, als Anbahnung einer Öffentlichkeit begreifen? Inwiefern kann ein ästhetisch-feldforschender Zugang Impulse für Prozesse politischer Bildung liefern? In welchem Ausmaß werden Schüler*innen in diesem Setting Fürsprecher*innen für gesellschaftliche Anliegen, für Menschen oder Phänomene, deren Stimme im Diskurs nicht gehört wird oder die selbst keine Stimme haben? Welche Wirkung haben diese Verfahren auf das teilhabende Publikum und inwieweit wird das Publikum durch seine Partizipation am Theaterereignis mit direktem Bezug zur Realität sozialer Felder zur eigenen künstlerischen oder gesellschaftspolitischen Auseinandersetzung mit den verhandelten Themen angeregt?

Im Kontext schulischer Vermittlungspraxis könnten die Impulse des hier untersuchten Praxisansatzes sowie anderer Formen *forschenden Theaters* auch zur Weiterentwicklung fächerübergreifender Ansätze und zur Entdichotomisierung von Lernen in naturwissenschaftlichen und musischen Fächern beitragen. Sie treiben letztendlich eine ganzheitliche Idee von Bildungsprozessen und fächerübergreifendem Unterricht voran. Zu guter Letzt hoffe ich, mit der im Rahmen meiner Arbeit entwickelten Methodik, die zheorie- und empiriebasierte Weiterentwicklung einer spezifischen theaterpädagogischen Praxis zu leisten, Anregung dafür geben zu können, weitere Handlungs- und Forschungsfelder entsprechend zu bearbeiten. Vielleicht könnten mit einem ähnlichen Aufbau und einer Verzahnung von Praxis und Theorie neue Impulse für die Arbeit in künstlerischen Fächern konzipiert werden, um aktuellen Entwicklungen und Diskursen zeitgenössischer Kunstpraxis im Kontext von schulischer und außerschulischer Bildung gerecht zu werden.

Literaturverzeichnis

Adorno, Theodor W. (1996, Original: 1970): Ästhetische Theorie. Gesammelte Schriften. Band 7. 6. Auflage. Frankfurt/M.: Suhrkamp.

Aebli, Hans (1981a): Denkprozesse. Stuttgart: Klett-Cotta.

Aebli, Hans (1981b): Grundformen des Lehrens. Stuttgart: Klett-Cotta.

Ahmed, S., Müller, S. & Schwanenflügel, L. v. (2013): Sozialisationstheoretische Erkenntnispotenziale in der biografieorientierten Analyse von Bildungsprozessen. In: Zeitschrift für Soziologie der Erziehung und Sozialisation, 33 (2). S. 134–149.

Ahrens, Sönke (2018): Forschendes Theater im Experiment. In: M. Hinz, M. Kranixfeld, N, Köhler & C. Scheurle (Hrsg.): Forschendes Theater in Sozialen Feldern. Schriftenreihe Kulturelle Bildung 62, München: kopaed. S. 51–61.

Alkemeyer, Thomas (2017): Pratiken und Praxis. Zur Relationalität von Ordnungs- und Selbst-Bildungen in Vollzügen. In: G. Klein & H. Göbel (Hrsg.): Performance und Praxis. Praxeologische Erkundungen in Tanz, Theater, Sport und Alltag. Bielefeld: transcript. S. 141–165.

Amabile, Teresa (1983): The social psychology of creativity. New York: Springer US.

Amann, Klaus & Hirschauer, Stefan (1997): Die Befremdung der eigenen Kultur. Ein Programm. In: S. Hirschauer; K. Amann (Hrsg.): Die Befremdung der eigenen Kultur. Zur ethnografischen Herausforderung soziologischer Empirie. Frankfurt/M.: Suhrkamp. S. 7–52.

Aristoteles (2008, Original: um 335 v. u. Z.): Poetik. Übersetzt und erläutert von Arbogast Schmitt [Werke in deutscher Übersetzung, Bd. 5]. Berlin: Akademie-Verlag.

Asmus, Sven; Klepacki, Leopold & Weig, Maximilian (Hrsg.) (2016): Forschendes Theater. Fokus Schultheater 15. Seelze: Friedrich Verlag.

Austin, John (1962/1979): How to do things with Words. Oxford. (Deutsche Ausgabe: Zur Theorie der Sprechakte. Stuttgart: Reclam 1979.)

Ausubel, David Paul (1973): Entdeckendes Lernen. In: H. Neber (Hrsg.): Entdeckendes Lernen. Weinheim: Beltz. S. 28–69.

Badura, Jens; Dubach, Selma & Haarmann, Anke (2015): Warum ein Handbuch zur künstlerischen Forschung? In: J. Badura, S. Dubach, A. Haarmann, D. Mersch, A. Rey, C. Schenker & T. Pérez (Hrsg.): Künstlerische Forschung. Ein Handbuch. Zürich, Berlin: Diaphanes. S. 9-16.

Badura, Jens; Mersch, Dieter; Rey, Anton; Schenker, Christoph & Pérez, Toro (Hrsg.) (2015): Künstlerische Forschung. Ein Handbuch, Zürich, Berlin: Diaphanes.

Baecker, Roland (2000): Reformpädagogische Praxis. Münster/Hamburg: LIT-Verlag.

Bähr, Ingrid; Gebhard, Ulrich; Krieger, Claus; Lübke, Britta; Pfeiffer, Malte; Regenbrecht, Tobias; Sabisch, Andrea & Sting, Wolfgang (2018a): Irritation als Chance. Bildung fachdidaktisch denken. Wiesbaden, Springer.

Bähr, Ingrid; Gebhard, Ulrich; Krieger, Claus; Lübke, Britta; Pfeiffer, Malte; Regenbrecht, Tobias; Sabisch, Andrea & Sting, Wolfgang (2018b): Irritation und Bildung. Didaktische Wendung der Denkfigur transformatorischer Bildungsprozesse. In: dies. (Hrsg): Irritation als Chance. Bildung fachdidaktisch denken. Wiesbaden, Springer. S. 3-39.

Balme, Christopher (2001): Das Theater der Anderen. Tübingen: Francke.

Balzer, Nicole (2007): Spuren der Anerkennung. Wiesbaden: Springer VS.

Barthel, Gitta (2017): Choreografische Praxis. Vermittlung in Tanzkunst und Kultureller Bildung. Bielefeld: transcript.

Barthes, Roland (1990): Der entgegenkommende und der stumpfe Sinn. Frankfurt/Main: Suhrkamp.

Bauman, Zygmunt (1995). Ansichten der Postmoderne. Hamburg: Argument Verlag.

Baumgarten, Alexander (2009; Original: 1750-1758): Ästhetik. Hrsg. Von D. Mirbach. 2 Bände. Hamburg: Meiner.

Beck, Christian (1993): Ästhetisierung des Denkens. Bad Heilbrunn: Kinkhardt.

Beckstette, Sven; Holert, Tom & Tischer, Jenny (Juni 2011): Vorwort zu Texte zur Kunst. Artistic Research. Heft 82. Berlin: Texte zur Kunst GmbH & Co.KG.

Beer, Bettina (2008): Methoden ethnologischer Feldforschung. Berlin: Reimer.

Beer, Bettina & König, Annika (Hrsg.) (2020): Methoden ethnologischer Feldforschung. 3. Überarbeitete und erweiterte Auflage. Berlin: Reimer.

Beer, Bettina & König, Annika (2020): Einleitung: Methoden der ethnologischen Feldforschung. In: Bettina Beer & Annika König (Hrsg.): Methoden ethnologischer Feldforschung. 3. Überarbeitete und erweiterte Auflage. Berlin: Reimer. S. 9–34.

Benner, Dietrich (2010): Allgemeine Pädagogik. Eine systematisch-problemgeschichtliche Einführung in die Grundstruktur pädagogischen Denkens und Handelns. Weinheim: Juventa.

Benner, Dietrich & Brüggen, F. (2004): Bildsamkeit/Bildung. In D. Benner & J. Oelkers (Hrsg.): Historisches Wörterbuch der Pädagogik. Weinheim/Basel: Beltz Verlag. S. 174–215.

Berg, Jan; Hügel, Hans Otto & Kurzenberger, Hajo (Hrsg.) (1997): Authentizität als Darstellung. Hildesheim: Universitätsverlag.

Bergala, Alain (2006): Kino als Kunst. Filmvermittlung an der Schule und anderswo. Band 553 der Schriftreihe der Bundeszentrale für politische Bildung. Bonn.

Bippus, Elke (Hrsg.) (2009): Kunst des Forschens: Praxis eines ästhetischen Denkens. Zürich/ Berlin: Diaphanes.

Bernard, H. Russell (2004): Research Methods in Antrhopology. Qualitative and quanttitative approaches. (Fourth edition) Oxford: AltaMira.

Blohm, Manfred & Heil, Christine (2012): Was ist Ästhetische Forschung? In: C. Leuschner & A. Knoke (Hrsg.): Selbst entdecken ist die Kunst. Ästhetische Forschung in der Schule. München: kopaed. S. 6–10.

Boehm, Gottfried (1990): Über die Konsistenz ästhetischer Erfahrung. In: Zeitschrift für Pädagogik 36. S. 469–480.

Böhme, Günther & Tenorth, Heinz-Elmar (1990): Einführung in die historische Pädagogik. Darmstadt: Wissenschaftliche Buchgesellschaft.

Borgdorff, Henk (2009): Die Debatte über Forschung in der Kunst. In: A. Rey & S. Schöbi (Hrsg.): Künstlerische Forschung: Positionen und Perspektiven. Ipf Zürcher Hochschule der Künste / Institute for Performing Arts and Film. S. 23–50.

Bourdieu, Pierre (1979): Entwurf einer Theorie der Praxis auf der ethnologischen Grundlage der kabylischen Gesellschaft. Frankfurt am Main: Suhrkamp.

Bourdieu, Pierre (1997): Zur Genese der Begriffe Habitus und Feld. In: P. Bourdieu: Der Tote packt den Lebenden. Hamburg: VSA. S. 59–78.

Bourdieu, Pierre & Wacquant, Loïc (1996): Reflexive Anthropologie. Frankfurt/M.: Suhrkamp.

Brandstätter, Ursula (2012): Ästhetische Erfahrung. In: H. Bockhorst, V. Reinwand-Weiss & W. Zacharias (Hrsg.): Handbuch Kulturelle Bildung. München: kopaed.

Brandstetter, Gabriele; Gareis, Sigrid; Mertens, Heike & Scherer, Bernd (2012): Thesenpapier der Tagung «Forschung zwischen Kunst und Wissenschaft». Herausforderungen an Diskurse und Systeme des Wissens. Auf: www.kuenste-bilden-umwelten.de/fileadmin/user_upload/documents/BNE/BNE_Seite/thesenpapier_kuenstlerische_forschung.pdf [Letzter Aufruf: 10.05.2018].

Breidenstein, Georg; Hirschauer, Stefan; Kalthoff, Herbert & Nieswand, Boris (2013): Ethnografie. Die Praxis der Feldforschung. Konstanz/München: UVK.

Breitig, Renate (2014): Forscher Theater – ein neues TUKI Modell. Auf: www.tuki-berlin.de/images/downloads/tuki_forscher_theater_8.pdf [Letzter Aufruf: 16.03.2018].

Breitig, Renate& Boos, Nadine (2015): TUKI ForscherTheater. Eine künstlerische Entdeckungsreise mit Kindern. Präsentation auf dem TUKI Festtage am 07.07.2015 www.tuki-berlin.de/images/Prasentation_ForscherTheater_Juli2015.pdf [Letzter Aufruf: 01.02.2017].

Brenne, Andreas (2006): Ästhetische Forschung – Revisited. In: M. Blohm, C. Heil, M. Peters, A. Sabisch & F. Seydel (Hrsg.) (2006): Über Ästhetische Forschung. Lektüre zu Texten von Helga Kämpf-Jansen. München: kopaed. S. 193–201.

Brenne, Andreas (2008a): Künstlerische Feldforschung. Ästhetisch-forschende Zugänge zur Lebenswelt. In: Kunst und Unterricht Heft 320/2008. Seelze: Friedrich-Verlag, S. 4–17.

Bruner, Jerome (1973): Der Akt der Entdeckung. In: H. Neber (Hrsg.): Entdeckendes Lernen. Weinheim: Beltz. S. 15–27.

Bubner, Rüdiger (1989a, Original: 1973): Über einige Bedingungen gegenwärtiger Ästhetik. In: Ders.: Ästhetische Erfahrung. Frankfurt/M.: Suhrkamp. S. 9–51. Ursprünglich in: Neue Heft für Philosophie 5/1973. S. 38–73.

Bubner, Rüdiger (1989b): Ästhetisierung der Lebenswelt. In: Ders.: Ästhetische Erfahrung, Frankfurt/M.: Suhrkamp. S. 143–156.

Buck, Günther (1981): Hermeneutik und Bildung: Elemente einer verstehenden Bildungslehre. München: Fink.

Bundesassistentenkonferenz (1970): Forschendes Lernen – Wissenschaftliches Prüfen. Ergebnisse der Arbeit des Ausschusses für Hochschuldidaktik. Bielefeld: UniversitätsVerlagWebler.

Bundesverband Theater in Schulen e. V. (Hrsg.) (2012): Biografie. Theater. Fokus Schultheater 11.

Bundeszentrale für politische Bildung (2015): Dossier Medienpolitik. Auf: www.bpb.de/gesellschaft/medien/medienpolitik/191282/interaktive-grafik-mediennutzung [Letzter Aufruf: 18.01.2016].

Butler, Judith (1993): Das Unbehagen der Geschlechter. Frankfurt/Main: Suhrkamp.

Caduff, Corinna; Siegenthaler, Fiona & Wälchli, Tan (Hrsg.).(2009): Kunst und künstlerische Forschung: Musik, Kunst, Design, Literatur, Tanz. (Zurich Yearbook of the Arts/Zürcher Jahrbuch der Künste. Band 6). Zürich: Scheidegger & Spiess, 2009.

Cassirer, Ernst (1994, Original: 1925): Philosophie der symbolischen Formen. Band 2. Das mythische Denken. 9. Unveränd. Aufl. Darmstadt: Wissenschaftliche Buchgesellschaft.

Center for Imaginative Ethnography (2017): Who we are. Auf: http://imaginativeethnography.org/welcome/ [Letzter Aufruf: 08.04.2018].

Chomsky, Noam (1973): Aspekte der Syntax-Theorie. Frankfurt/Main: Suhrkamp.

Clausen, Bernd (2003): Das Fremde als Grenze. Fremde Musik im Diskurs des 18. Jahrhunderts und der gegenwärtigen Musikpädagogik. Publikationen der Hochschule für Musik und Theater Hannover: Band 14. Augsburg: Wißner-Verlag.

Clifford, James & Marcus, George E. (Hrsg.) (1986): Writing Culture: The Poetics and Politics of Ethnography. University of California.

Combe, Arno & Gebhard, Ulrich (2007): Sinn und Erfahrung. Zum Verständnis fachlicher Lernprozesse in der Schule. Opladen: Budrich.

Combe, Arno & Gebhard, Ulrich (2012): Entselbstverständlichung und Irritation. Konstellationen verstehenden Lernens. Hamburg macht Schule 24 (4). S. 30–31.

Combe, Arno & Gebhard, Ulrich (2012): Verstehen im Unterricht. Die Rolle von Phantasie und Erfahrung. Wiesbaden: Springer VS.

Conquergood, Dwight (1991): Rethinking ethnography: Towards a critical cultural politics. In: Communication Monographs. Volume 58. London/GB: Routledge. S. 179–194.

Copei, Friedrich (1969, Original: 1930): Der fruchtbare Moment im Bildungsprozeß. Heidelberg.

Deci, Edward & Ryan, Richard (1993): Die Selbstbestimmungstheorie der Motivation und ihre Bedeutung für die Pädagogik. Zeitschrift für Pädagogik 39(2). S. 223–238.

Deines, Stefan, Liptow, Jasper & Seel, Martin (2013): Kunst und Erfahrung. Eine theoretische Landkarte: in: Dies. (Hrsg.): Kunst und Erfahrung. Beiträge zu einer philosophischen Kontroverse. Frankfurt/Main: Suhrkamp. S. 7–13.

Deleuze, Gilles (1997): Differenz und Wiederholung. München: Wilhelm Fink.

Deutsches PISA-Konsortium (2001): PISA. Basiskompetenzen von Schülerinnen und Schülern im internationalen Vergleich. Opladen.

Dewey, John (1980, Original: 1934): Kunst als Erfahrung. Frankfurt/Main: Suhrkamp.

Dickie, George (1965): Beardley's Phantom Aesthetic Experience. In: Journal of Philosophy 62. S. 129–136.

Dietrich, Cornelie; Krinninger, Dominik & Schubert, Volker (2012): Einführung in die Ästhetische Bildung. Weinheim/Basel: Beltz Juventa.

Dreysse, Miriam & Malzacher, Florian (Hrsg.) (2007): Experten des Alltags: das Theater von Rimini-Protokoll. Berlin: Alexander-Verlag.

Ehrenspeck, Yvonne (1998): Versprechungen des Ästhetischen. Die Entstehung eines modernen Bildungsprojekts. Opladen: Leske und Budrich.

Feindel & Rausch (2016): Von jetzt an ist alles Material. Auf: www.nachtkritik.de/index.php?option=com_content&view=article&id=11982:recherchetheater-theatermacher-tobias-rausch-und-dramaturgin-ruth-feindel-portraetieren-eine-realistische-kunstform-auf-der-hoehe-unserer-zeit&catid=101:debatte&Itemid=84 [Letzter Zugriff: 20.05.2018].

Fink, Tobias (2012): Lernkulturforschung in der Kulturellen Bildung. München: kopaed.

Fink, Tobias; Hill, Burkard & Reinwand-Weiss; Vanessa-Isabelle (2015): Zur kulturellen Bildung forschen. In: Dies. (Hrsg.): Forsch! Innovative Forschungsmethoden für die kulturelle Bildung. Schriftenreihe Kulturelle Bildung, Vol. 47. München: kopaed. S. 9–18.

Fischer-Lichte, Erika (1999): Das eigene und das fremde Theater. Tübingen: Francke.

Fischer-Lichte, Erika (2004): Ästhetik des Performativen. Frankfurt/Main: Suhrkamp.

Fischer-Lichte, Erika & Pflug, Isabel (Hrsg.) (2007): Inszenierung von Authentizität. Tübingen/Basel: Francke.

Fischer-Lichte, Erika & Roselt, Jens (2001): Attraktion des Augenblicks – Performance, performativ und Performativität als theaterwissenschaftliche Begriffe. In: Paragrana. Internationale Zeitschrift für Historische Anthropologie. Band 10, Heft 1. Theorien des Performativen. Berlin: Akademie Verlag. S. 237–253.

Fischer, Hans (Hrsg.) (2002): Feldforschungen – Erfahrungsberichte zur Einführung. Berlin: Reimer-Verlag.

Fischer, Hans & Beer, Bettina (2020): Dokumentation von Feldforschungsdaten. In: B. Beer & A. König (Hrsg.): Methoden ethnologischer Feldforschung. 3. Überarbeitete und erweiterte Auflage. Berlin: Reimer. S. 261–281.

Foucault, Michel (1996): Der Mensch ist ein Erfahrungstier. Frankfurt/Main: Suhrkamp.

Friebertshäuser, Barbara (2003): Feldforschung und Teilnehmende Beobachtung. In: B. Friebertshäuser & A. Prengel (Hrsg.): Handbuch Qualitative Forschungsmethoden in der Erziehungswissenschaft. Weinheim/München: Beltz Juventa. S. 503–543.

Frl. Wunder AG (2012): Ein Bankett für Tiere. Programmheft. Auf: https://issuu.com/frlwunderag/docs/programmheft_bankett_fuer_tiere [Letzter Aufruf: 16.03.2018].

Fundus Theater (2018): Über uns. Auf: www.fundus-theater.de/ueber-uns/ [Letzter Aufruf: 08.04.2018].

Fuchs, Thomas (2003): Was ist Erfahrung. In: Hauskeller, Michael (Hrsg.) (2003): Die Kunst der Wahrnehmung. Kusterdingen: SFG- S. 69–87.

Gäbler, Claudia (2003): Autobiographisches Theater. In: G. Koch & M. Streisand (Hrsg.): Wörterbuch der Theaterpädagogik. Milow: Schibri. S. 34-36.

Garfinkel, Harold (1967): Studies in ethnomethodology. Eglewood Cliffs, N.J.: Prentice Hall.

Gaudig, H. (1909): Didaktische Präludien. Leipzig/Berlin: Teubner.

Gebhard, Ulrich (2007): Intuitive Vorstellungen bei Denk- und Lernprozessen: Der Ansatz «Alltagsphantasien». In: D. Krüger & H. Vogt (Hrsg.): Theorien in der biologiedidaktischen Forschung: Ein Handbuch für Lehramtsstudenten und Doktoranden. Berlin: Springer. S. 117–128.

Gebhard, Ulrich; Lübke, Britta; Pfeiffer, Malte & Sting, Wolfgang (2017): Die Fremdheit der Schweine – Eine Fallstudie zum Wechselspiel von ästhetischer und diskursiver Praxis im Kontext kultureller Bildung. In: S. Konietzko, S. Kuschel & V. Reinwand-Weiss (Hrsg.): Von Mythen zu Erkenntnissen? Empirische Forschung in der Kulturellen Bildung Schriftenreihe Kulturelle Bildung. Vol. 56. München: kopaed. S. 95–114.

Gebhard, Ulrich; Lübke, Britta; Pfeiffer, Malte & Sting, Wolfgang (2018): Antworten auf Irritationsmomente im Biologie- und Theaterunterricht. In: I. Bähr, U. Gebhard, C. Krieger, B. Lübke, M. Pfeiffer, T. Regenbrecht, A. Sabisch & W. Sting (Hrsg.): Irritation als Chance. Bildung fachdidaktisch denken. Wiesbaden: Springer.

Gebhard, Ulrich; Lübke, Britta; Ohlhoff, Dörthe; Pfeiffer, Malte & Sting, Wolfgang (2018): Natur | Wissenschaft | Theater. Performatives Arbeiten im Fachunterricht. Heidelberg: Beltz-Juventa.

Geertz, Clifford (1987): Dichte Beschreibung. Beiträge zum Verstehen kultureller Systeme, Frankfurt/Main: Suhrkamp.

Geertz, Clifford (1998): Aus der Perspektive des Eingeborenen. Zum Problem des ethnologischen Verstehens. In: G. Gebauer (Hrsg): Anthropologie. Leipzig: Reclam. S. 292–312.

George, David (2004): Peformance Epistomology. In: Performance Research 1/1. S. 16–25. (Übersetzt nach K. Arndt – unter Abruf von www.asa.de/magazine/iss3/10statements.htm)

Gerber, Markus & Luz, Thomas (2008): Feldforschung mit Gerber und Luz. Auf: www.rotefabrik.ch/de/fabriktheater/eventdetail.php?id=4660 [Letzter Aufruf: 08.04.2018].

Goffman, Erving (1989): On Fieldwork. In: Journal of Contemporary Ethnography. S. 125 f.

Goffman, Erving (1991, Original: 1959): Wir alle spielen Theater. (Orig. The presentation of self in everyday life) 7. Auflage. München: Piper.

Goffman, Erving (1996): Über Feldforschung. In: H. Knoblauch (Hrsg.): Kommunikative Lebenswelten. Konstanz: Universitätsverlag.

Gove S & Pelto Gretel H. (1994): Focused ethnographic studies in the WHO Programm for Control of Acute Respiratory Infections. Medical Anthropology 15: S. 409–424.

Gropengießer, H., Höttecke, D., Nielsen, T. & Stäudel, L. (2006): Mit Aufgaben lernen. Seelze: Friedrich Verlag.

Ha, Kien Nghi & Schmitz, Markus (2006): Das Recht nicht dermaßen integriert zu werden. Integrationspolitik und postkoloniale Kritik. In: Analyse & Kritik Nr. 508.

Haarmann, Anke (2007): Artistic Research – Künstlerische Forschung, Vortrag am Institut für Kunst im Kontext. Auf: www.aha-projekte.de/HaarmannArtisticResearch.pdf [Letzter Aufruf: 05.06.2012].

Hammann, M. (2006): PISA und Scientific Literacy. In: U. Steffens & R. Messner (Hrsg.): PISA macht Schule. Konzeptionen und Praxisbeispiele zur neuen Aufgabenkultur. Band 3 der Reihe: Folgerungen aus PISA für Schule und Unterricht. Wiesbaden: Institut für Qualitätsentwicklung. S. 127–179.

Handwerker, W. Penn (2001): Quick Ethnography, (Lanham). Walnut Creek, CA/USA: AltaMira Press.

Hänze & Moegling (2004): Forschendes Lernen als selbständigkeitsorientierte Unterrichtsform: Persönliche Voraussetzungen und motivationale Wirkmechanismen. Psychologie in Erziehung und Unterricht 51. S. 113–125.

Harbsmeier, Michael (1994): Wilde Völkerkunde: andere Welten in deutschen Reiseberichten der frühen Neuzeit. Frankfurt/Main, New York: Campus Verlag.

Hauser-Schäublin, Brigitta (2008): Teilnehmende Beobachtung. In: B. Beer (Hrsg): Methoden ethnologischer Feldforschung. Berlin: Dietrich Reimer Verlag. S. 37–57.

Hauser-Schäublin, Brigitta (2020): Teilnehmende Beobachtung. In: B. Beer & A. König (Hrsg): Methoden ethnologischer Feldforschung. 3. Überarbeitete und erweiterte Auflage. Berlin: Dietrich Reimer Verlag. S. 35–54.

Hegel, Georg Wilhelm Friedrich (2017, Original: 1835–1838): Vorlesungen zur Ästhetik. Herausgegeben von A. Olivier & A. Gethmann-Siefert. Paderborn: Wilhelm Fink.

Heibach, Christiane & Rohde, Carsten (2015): Material turn. In: C. Heibach & C. Rohde (Hrsg.): Ästhetik der Materialität. Paderborn: Wilhelm Fink. S. 9–32.

Hellmer, J. (2009): Forschendes Lernen an Hamburger Hochschulen – Ein Überblick über Potentiale, Schwierigkeiten und Gelingensbedingungen. In: L. Huber, J. Hellmer & F. Schneider (Hrsg.): Forschendes Lernen im Studium. Aktuelle Konzepte und Erfahrungen. Bielefeld: UVW, Webler. S. 200–223.

Helsper, Werner (1993): Antinomien des Lehrerhandelns in modernisierten pädagogischen Kulturen. Paradoxe Verwendungsweisen von Autonomie und Selbstverantwortlichkeit. In: Arno Combe & Werner Helsper (Hrsg.): Pädagogische Professionalität. Untersuchungen zum Typus pädagogischen Handels. Frankfurt/Main. S. 521–569.

Hentschel, Ulrike (1996): Theaterspielen als ästhetische Bildung: über einen Beitrag produktiven künstlerischen Gestaltens zur Selbstbildung. Milow: Schibri.

Hentschel, Ulrike (Hrsg.) (2003a): Entwicklungen und Perspektiven der Spiel- und Theaterpädagogik. Berlin: Schibri.

Hentschel, Ulrike (2003b): Authentizität. In: G. Koch & M. Streisand (Hrsg.): Wörterbuch der Theaterpädagogik. Milow: Schibri. S. 32–34.

Hentschel, Ulrike (2009): Kleine Erzählungen. Dokumentarisches und Biografisches im Theater und in der Theaterpädagogik. In: U. Hentschel & G. Mattenklott (2009): Erzählen. Narrative Spuren in den Künsten. Berlin/Milow/Strasburg: Schibri. S. 75–85.

Hentschel, Ulrike & Mattenklott, Gundel (2009): Erzählen. Narrative Spuren in den Künsten. Berlin/Milow/Strasburg: Schibri.

Hentschel, Ulrike & Pinkert, Ute (Hrsg.) (2014): Theaterpädagogisches Wissen im gesellschaftlichen Kontext. Zeitschrift für Theaterpädagogik. Ausgabe 64.

Hentschel, Ulrike & Schmidt, Maren (Hrsg.) (2004): Theaterpädagogik im urbanen Raum. Korrespondenzen. Fachzeitschrift für Theaterpädagogik. Ausgabe 44. Milow: Schibri.

Hill, Burkhard (2015): Fallverstehen – Praxisforschung – Handlungsforschung. Drei sozialwissenschaftlich begründete Zugänge zur Erforschung der kulturellen Bildung. In: T. Fink; B. Hill & V. Reinwand-Weiss (Hrsg.): Forsch! Innovative Forschungsmethoden für die kulturelle Bildung. Schriftenreihe Kulturelle Bildung, Vol. 47. München: kopaed. S. 113–132.

Hilliger, Dorothea (2006): Theaterpädagogische Inszenierung. Beispiele – Reflexionen – Analysen. Berlin/Milow/Strasburg: Schibri.

Hilliger, Dorothea (2009): Devising Research – Praxisbasierte Forschung für die Theaterpädagogik. In: D. Hilliger (Hrsg.): Freiräume der Enge, künstlerische Findungsprozesse der Theaterpädagogik. Berlin/Milow/Strasburg: Schibri. S. 44–58.

Hilliger, Dorothea (2017): K_Eine Didaktik der performativen Künste. Theaterpädagogisch handeln im Framing von Risk, Rules, Reality und Rhythm. Berlin/Milow/Strasburg: Schibri.

Hinz, Melanie (2014): Forschendes Theater im Sozialen: Künstlerische Feldforschung. Vortrag gehalten im Rahmen der Fachtagung für Lehrkräfte im Fach Theater in Wolfsburg am 24. Juni 2014. Auf: http://fraeuleinwunderag.net/wp-content/uploads/2016/07/DOC_Melanie-Hinz_Vortrag-Künstlerische-Feldforschung.pdf [Letzter Zugriff: 04.05.2018].

Hinz, Melanie (2017): Sozialkünstlerisches Handeln zwischen Alltag und Performancekunst. Am Beispiel von Projekten der Frl. Wunder AG. In: J. Heinicke, J. K. Kalu & M. Warstat (Hrsg.): Kunst und Alltag. Paragrana. Band 26, Heft 2. Berlin: De Gruyter. S.109–122.

Hinz, Melanie (2018): Forschendes Theater als Transfer impliziten Wissens: von der Recherche zur Performance. In: M. Hinz, M. Kranixfeld, N. Köhler & C. Scheurle (Hrsg.) (2018): Forschendes Theater in Sozialen Feldern. Schriftenreihe Kulturelle Bildung. Vol. 62. München: kopaed. i. E.

Hinz, Melanie; Kranixfeld, Michael; Köhler, Norma & Scheurle, Christoph (Hrsg.) (2018): Forschendes Theater in Sozialen Feldern. Schriftenreihe Kulturelle Bildung. Vol. 62. München: kopaed.

Hodel, Jan (2013): Verkürzen und Verknüpfen. Geschichte als Netz narrativer Fragmente. Bern: Hep.

Hofmann, Fabian (2015). Die sozialwissenschaftliche phänomenologische Analyse als Forschungsansatz in der Kulturellen Bildung. In: T. Fink, B. Hill & V.-I. Reinwand (Hrsg.): Forsch! Innovative Forschungsmethoden für die kulturelle Bildung. Kulturelle Bildung. Bd. 47. München: kopaed. S. 85–102.

Holzinger, Markus (2007). Kontingenz in der Gegenwartsgesellschaft. Dimensionen eines Leitbegriffs moderner Sozialtheorie. Bielefeld: transcript.

Honneth, Axel (1992): Soziologie. Eine Kolumne. Ästhetisierung der Lebenswelt. In: Merkur. Deutsche Zeitschrift für europäisches Denken. 46/1992. Frankfurt/Main: Suhrkamp. S. 522–527.

Horaz (Quintus Horatius Flaccus) (1984, Original: um 14. V. u. Z.): Ars Poetica. Stuttgart: Reclam.

Hruschka, Ole (2016): Theater machen: Eine Einführung in die theaterpädagogische Praxis. Stuttgart: UTB.

Huber, Ludwig (1970): Forschendes Lernen. Bericht und Diskussion über ein hochschuldidaktisches Prinzip. In: Neue Sammlung 10 (3). S. 227–244.

Huber, Ludwig (2009): Warum Forschendes Lernen nötig und möglich ist. In: L. Huber, J. Hellmer & F. Schneider (Hrsg.): Forschendes Lernen im Studium. Aktuelle Konzepte und Erfahrungen. Bielefeld: UniversitätsVerlag. S. 9–35.

Huber, Ludwig (2010): Forschendes Lernen ist nötig! Wie ist es möglich? – Vortrag an der TU Braunschweig am 13. Januar 2010.

Huber, Ludwig (2012): Forschendes Lernen: Begriff, Begründungen und Herausforderungen. Auf: https://dbs-lin.ruhr-uni-bochum.de/lehreladen/lehrformate-methoden/forschendes-lernen/begriff-begruendungen-und-herausforderungen/ [Letzter Aufruf: 08.04.2018].

Hügel, Hans Otto (1997): Die Darstellung des authentischen Moments. In: J. Berg; H. Hügel & H. Kurzenberger: Authentizität als Darstellung. Hildesheim: Universitätsverlag. S. 43–58.

Humboldt, Wilhelm von (1851): Ideen zu einem Versuch, die Gränzen der Wirksamkeit des Staats zu bestimmen. Breslau. Onlineausgabe abgerufen auf: www.deutschestextarchiv.de/book/view/humboldt_grenzen_1851 [Letzter Zugriff: 08.05.2018].

Hume, David (2016, Original: 1757): Of the Standard of Taste and Other Essays, übersetzt von M. Köhler. Norden: catware.net Verlag.

Husel, Stefanie (2014): Grenzwerte im Spiel. Die Aufführungspraxis der britischen Kompanie «Forced Entertainment» – Eine Ethnografie. Bielefeld: transcript.

Husserl, Edmund (1950): Husserliana. Bd. 1. Den Haag: Dordrecht.

Jauß, Hans Robert (1972): Kleine Apologie ästhetischer Erfahrung. Konstanz: Universitätsverlag.

Kämpf-Jansen, Helga (2001): Ästhetische Forschung. Wege durch Alltag, Kunst und Wissenschaft. Köln: Salon.

Kant, Immanuel (1992, Original :1790): Kritik der Urteilskraft, Werke 10. Frankfurt/M.: Suhrkamp.

Kavšek, Michael (2018). Visuelle Dominanz. In: M. A. Wirtz (Hrsg.): Dorsch – Lexikon der Psychologie. Auf: https://portal.hogrefe.com/dorsch/visuelle-dominanz/ [Letzter Aufruf: 18.01.2016].

Kersch, Bert Y. (1973): Die motivierende Wirkung des Lernens durch gelenkte Entdeckung. In: H. Neber (Hrsg.): Entdeckendes Lernen. Weinheim: Beltz. S. 204–212.

Kida, Thomas (2006): Don't believe everything you think. The six basic mistakes we make in thinking. Oxford University Press.

Kirchner, Constanze (1999): Spuren suchen – Spuren sichern. In: Kunst und Unterricht, Heft 237. Seelze: Friedrich-Verlag. S. 4–11.

Kirschenmann, Johannes; Seydel, Fritz; Burkhardt, Sara; Zumbansen, Lars; Schulz, Frank & Kirchner, Constanze (2015): Gegen die weitere Marginalisierung von Kunstunterricht und ästhetischer Bildung. In: Kunst + Unterricht, Heft X. S. 393–394.

Klafki, Wolfgang (2007): Konturen eines neuen Allgemeinbildungskonzepts. In: Ders.: Neue Studien zur Bildungstheorie und Didaktik. 6. Aufl. Weinheim/Basel: Beltz. S.43–81.

Köhler, Norma (2009): Biografische Theaterarbeit zwischen kollektiver und individueller Darstellung: ein theaterpädagogisches Modell. München: kopaed.

Köhler, Norma (2012): In: C. Nix, D, Sachser & M. Streisand (Hrsg.): Theaterpädagogik, Lektionen 5, Berlin: Theater der Zeit, S. 123-130.

Kokemohr, Rainer (1992): Zur Bildungsfunktion rhetorischer Figuren. Sprachgebrauch und Verstehen als didaktisches Problem. In: H. Entrich & L. Staeck (Hrsg): Sprache und Verstehen im Biologieunterricht. Alsbach: Leuchtturm-Verlag, S.16–30.

Kokemohr; Rainer (2007): Bildung als Welt- und Selbstentwurf im Fremden. Annährungen an eine Bildungsprozesstheorie. In: H-C. Koller, W. Marotzki & O. Sanders (Hrsg.): Bildungsprozesse und Fremdheitserfahrung, Beiträge zu einer Theorie transformatorischer Bildungsprozesse. Bielefeld: transcript. S. 13–69.

Kolesch, Doris (2005a): Ästhetik. In: E. Fischer-Lichte, D. Kolesch & M. Warstat (Hrsg.): Metzler Lexikon Theatertheorie. Stuttgart: J. B. Metzler. S. 6-13.

Kolesch, Doris (2005b): Natürlichkeit. In: E. Fischer-Lichte, D. Kolesch & M. Warstat (Hrsg.): Metzler Lexikon Theatertheorie. Stuttgart: J. B. Metzler. S. 220–223.

Kolesch, Doris (2005c): Bild. In: E. Fischer-Lichte, D. Kolesch & M. Warstat (Hrsg.): Metzler Lexikon Theatertheorie. Stuttgart: J.B. Metzler. S. 44–48.

Koller, Hans-Christoph (2007): Bildung als Entstehung neuen Wissens? Zur Genese des Neuen in transformatorischen Bildungsprozessen. In: H. R. Müller & W. Stravorvravdis (Hrsg.): Bildung im Horizont der Wissensgesellschaft. Wiesbaden: Springer VS. S. 49–66.

Koller, Hans-Christoph (2012): Bildung anders denken. Einführung in die Theorie transformatorischer Bildungsprozesse. Stuttgart: Kohlhammer.

Koller, Hans-Christoph (2016): Ist jede Transformation als Bildungsprozess zu begreifen? Zur Frage der Normativität des Konzepts transformatorischer Bildungsprozesse. In: D. Verständig et al. (Hrsg.): Von der Bildung zur Medienbildung. Medienbildung und Gesellschaft. Wiesbaden: Springer VS. S. 149–161.

Krämer, Sybille (2001): Sprache, Sprechakt, Kommunikation – Sprachtheoretische Positionen des 20. Jahrhunderts. Frankfurt/Main : Suhrkamp.

Kranixfeld, Michaeil (2018): Forschung aus Protest. Zur Militanz Forschenden Theaters in Sozialen Feldern. In: M. Hinz; M. Kranixfeld; N. Köhler & C. Scheurle (Hrsg.). Forschendes Theater in Sozialen Feldern. Theater als Soziale Kunst III Schriftenreihe Kulturelle Bildung. Vol. 62. München: kopaed. S. 287–294.

Kraus, Anja; Budde, Jürgen; Hietzge, Maud & Wulf, Christoph (Hrsg.) (2017): Handbuch schweigendes Wissen: Erziehung, Bildung, Sozialisation und Lernen. Weinheim/Basel: Beltz Juventa.

Kretschmann, Carsten v. (Hrsg.) (2009): Wissenspopularisierung. Konzepte der Wissensverbreitung im Wandel. Berlin: Akademie Verlag.

Krüger, Heinz-Hermann (2013): Qualitative Forschung in der Erziehungswissenschaft. In: I. Gogolin, H. Kuper, H. H. Krüger & J. Baumert (Hrsg.): Zeitschrift für Erziehungswissenschaft. Wiesbaden: Springer VS. S. 53–75.

Kulenkampff, Jens (2002): Metaphysik und Ästhetik. Kant zum Beispiel. In: A. Kern & R. Sonderegger (Hrsg.): Falsche Gegensätze. Zeitgenössische Positionen zur philosophischen Ästhetik. Frankfurt/Main: Suhrkamp. S. 49–80.

Küpper, Joachim & Menke, Christoph (2003): Einleitung. In: J. Küpper & C. Menke (Hrsg.): Dimensionen ästhetischer Erfahrung. Frankfurt/Main: Suhrkamp. S. 7–15.

Kurzenberger, Hajo (2009): Der kollektive Prozess des Theaters. Chorkörper – Probengemeinschaften – theatrale Kreativität. Bielefeld: transcript.

Kurzenberger, Hajo & Tscholl, Miriam (Hrsg.) (2014): Die Bürgerbühne. Berlin: Alexander-Verlag

Landesinstitut für Lehrerbildung und Schulentwicklung Hamburg (2009): Bildungsplan für das Fach Theater. Gymnasiale Oberstufe. Auf: www.hamburg.de/contentblob/1475196/16daee2cf3e75db7ea 017d830c6fc6e4/data/darstellendesspiel-gyo.pdf [Letzter Zugriff: 01.05.2018].

Lange, Marie-Luise. (2002): Grenzerfahrungen, Wege zur Performance. Königstein: Ulrike Helmer Verlag.

Legewie, Heiner (1995). Feldforschung und teilnehmende Beobachtung. In: U. Flick, E.v. Kardorff, H. Keupp, L.v. Rosenstiel & S. Wolff (Hrsg.): Handbuch Qualitative Sozialforschung. Grundlagen, Konzepte, Methoden und Anwendungen. Weinheim: Beltz. S. 189–193.

Lehmann, Hans-Thies (1999): Postdramatisches Theater. Frankfurt/Main: Verlag der Autoren.

Lehmann, Harry (2016): Gehaltsästhetik. Eine Kunstphilosophie. Paderborn: W. Fink.

Leisen, J. (2001): Qualitätssteigerung des Physikunterrichts durch Weiterentwicklung der Aufgabenkultur. In: Der mathematische und naturwissenschaftliche Unterricht. 54. Jg., H. 7. S. 401–405.

Lesage, Dieter; Busch, Kathrin. (Hrsg.) (2007): A Portrait of the Artist as a Researcher. Andere Sinema/AS Mediatijdschrift, No. 179, Antwerpen (englisch-sprachig).

Leskovec, Andrea (2010): Vermittlung literarischer Texte unter Einbeziehung interkultureller Aspekte. Zeitschrift für Interkulturellen Fremdsprachenunterricht 15:2. S. 237–255.

Leuschner, Christina & Riesling-Schärfe, Heike (2012): Warum brauchen wir Ästhetische Forschung in der Schule? In: C. Leuschner & A. Knoke (Hrsg.): Selbst entdecken ist die Kunst. Ästhetische Forschung in der Schule. München: kopaed. S. 11–12.

Liebau, Eckart; Klepacki, Leopold & Zirfas, Jörg (2009): Theatrale Bildung. Theaterpädagogische Grundlagen und kulturpädagogische Perspektiven für die Schule. Weinheim/München: Juventa Verlag.

Linck, Dieter (2006): Darstellendes Spiel und Bildungsreform oder: Wo steht denn nun das Darstellendes Spiel? In: Spiel und Theater, Heft 178. Weinheim: Deutscher Theaterverlag. S. 2–7.

Lübke, Britta; Bähr, Ingrid; Gebhard, Ulrich; Krieger, Claus; Pfeiffer, Malte; Regenbrecht, Tobias; Sabisch, Andrea & Sting, Wolfgang (2018): Irritation und Bildung. Didaktische Wendung der Denkfigur transformatorischer Bildungsprozesse. In: Dies. (Hrsg): Irritation als Chance. Bildung fachdidaktisch denken. Wiesbaden: Springer. S. 3–39.

Lyotard, Jean-Francois (2012, Original: 1979): Das postmoderne Wissen. 7. Unveränderte Auflage. Wien: Passagen Verlag.

Malinowski, Bronisław (1927): Sex and Repression in Savage Society. London: Kegan Paul, Trench, Trubner & Co.

Manning, Jennifer (2016): Constructing a postcolonial feminist ethnography. Journal of Organizational Ethnography. Vol. 5, Issue: 2. S. 90–105.

Marotzki, Winfried (1990). Entwurf einer strukturalen Bildungstheorie. Biographietheoretische Auslegung von Bildungsprozessen in hochkomplexen Gesellschaften. Weinheim: Deutscher Studien Verlag.

Matzke, Annemarie (2012): Künstlerische Praktiken als Wissensproduktion und Forschung: In: H. Bockhorst, V. Reinwand & W. Zacharias (Hrsg.): Handbuch Kulturelle Bildung. München: kopaed. S. 939–942.

Maxwell, Ian (2001): Learning in/through crisis. In: Australasian Drama Studies 39/2001, S. 43–57.

McAuley, Gay (1998): Towards an Ethnography of Rehersal. In: New Theatre Quaterly 53. S. 75–85.

Mead, Margaret (2003, Original: 1935): Sex and Temperament in Three Primitive Societies (1st Perennial ed.). New York: Harper Collins.

Menke, Christoph (1991): Umrisse einer Ästhetik der Negativität. In: F. Koppe (Hrsg.): Perspektiven der Kunstphilosophie. Frankfurt/Main: Suhrkamp. S.191–216.

Menze, Clemens (1983): Bildung. In: D. Lenzen (Hrsg.): Enzyklopädie Erziehungswissenschaft. Bd. 1. Stuttgart: Klett-Cotta. S. 350–356.

Mersch, Dieter; Ott, Michaela (2007): Tektonische Verschiebungen zwischen Kunst und Wissenschaft. In: Dies. (Hrsg.): Kunst und Wissenschaft. Paderborn/München: Fink. S. 9–33.

Merschmann, Helmut (2012): Authentizität. In: Lexikon für Filmbegriffe. Auf: http://filmlexikon.uni-kiel.de/index.php?action=lexikon&tag=det&id=1242 [Letzter Aufruf: 20.02.2018].

Meyer-Drawe, Käte (1984): Grenzen pädagogischen Verstehens – Zur Unlösbarkeit des Theorie-Praxis-Problems in der Pädagogik. In: Vierteljahrsschrift für wissenschaftliche Pädagogik. Heft 60. Bochum: Kamp. S. 249–259.

Meyer, Hilbert (2004): Was ist guter Unterricht? Berlin: Cornelsen.

Mieruch, Gunter (2006): Nur Andersgläubige können «Heilige Kühe» schlachten. In: Spiel und Theater, Heft 177. Weinheim: Deutscher Theaterverlag. S. 2–9.

Mollenhauer, Klaus (1986): Umwege. Über Bildung, Kunst und Interaktion. Weinheim u. a.: Juventa.

Mollenhauer, Klaus (1988): Ist ästhetische Bildung möglich? In: Zeitschrift für Pädagogik Nr. 34. S. 443–461.

Mollenhauer, Klaus (1990): Ästhetische Bildung zwischen Kritik und Selbstgewissheit. In: Zeitschrift für Pädagogik Nr. 36. S. 481–494.

Neber, Heinz (Hrsg.) (1973): Entdeckendes Lernen. Weinheim: Beltz-Verlag.

Nietzsche, Friedrich (1980): Kritische Studienausgabe (KSA). Herausgegeben von G. Colli & M. Montinari. Berlin: KSA, Bd. 3.

Nohl, Arnd-Michael (2006). Bildung und Spontaneität – Phasen von Wandlungsprozessen in drei Lebensaltern. Opladen: Barbara Budrich.

Nohl, Arnd-Michael; Rosenberg, Florian von & Thomsen, Sarah (2015): Bildung und Lernen im biografischen Kontext: empirische Typisierungen und pragmatisch-praxistheoretische Reflexionen. Wiesbaden: Springer.

Nünning, Ansgar (Hrsg.) (2001): Metzler Lexikon Literatur- und Kulturtheorie (2., überarbeitete und erweiterte Auflage). Stuttgart/Weimar: Metzler.

Patalong, Frank (2016): Steigender Medienkonsum. Auf: www.spiegel.de/panorama/gesellschaft/medienkonsum-steigt-auf-neue-rekordhoehe-a-877354.html [Letzter Aufruf: 18.01.2016].

Peters, Sibylle (2006): Anleitung zur Wundersuche. Auf: www.fundus-theater.de/wp-content/uploads/2017/09/brsch_wundervorn.pdf, [Letzter Aufruf: 16.03.2018].

Peters, Sibylle (Hrsg.) (2013): Das Forschen aller. Artistic Research als Wissensproduktion zwischen Kunst, Wissenschaft und Gesellschaft. Transkript, Bielefeld.

Peters, Sibylle (2013a): Das Forschen aller – ein Vorwort. In: Dies. (Hrsg.): Das Forschen aller. Artistic Research als Wissensproduktion zwischen Kunst, Wissenschaft und Gesellschaft. Bielefeld: transcript. S. 7–21.

Peters, Sibylle (2013b): L t's k y! Kollektive Geldforschung mit der Kinderbank Hamburg. In: Dies. (Hrsg.): Das Forschen aller. Artistic Research als Wissensproduktion zwischen Kunst, Wissenschaft und Gesellschaft. Bielefeld: transcript. S. 73–94.

Peukert, Helmut (1993): Ästhetik – die Hoffnung der Pädagogik? In: Kunst und Unterricht, Heft 176. S. 23.

Pfeiffer, Malte (2009): Theater des Handelns. Strategien der Performance Art als Methode in der Theaterpädagogik. Weinheim: Deutscher Theaterverlag.

Pfeiffer, Malte (2012): Performativität und kulturelle Bildung. In: H. Bockhorst,V. Reinwand-Weiß & W. Zacharias (Hrsg.). Handbuch Kulturelle Bildung. München: kopaed. S. 211–216.

Pfeiffer, Malte (2018a): Dritte Räume. Zur Hybridität eines Theaters zwischen Wissenschaft und Kunst am Beispiel des Künstler*innenkollektivs Frl. Wunder AG. In: M. Hinz; M. Kranixfeld; N. Köhler & C. Scheurle (Hrsg.) Forschendes Theater in Sozialen Feldern. Schriftenreihe Kulturelle Bildung, 62. München: kopaed. S. 161–177.

Pfeiffer, Malte (2018b): Zuwenden und Vermeiden. Irritation in kollektiven Theaterprozessen. In: I. Bähr, U. Gebhard, C. Krieger, B. Lübke, M. Pfeiffer, T. Regenbrecht, A. Sabisch & W. Sting (Hrsg.): Irritation als Chance. Bildung fachdidaktisch denken. Wiesbaden: Springer VS. S. 323–346.

Pfeiffer, Malte & List, Volker (2009): Kursbuch Darstellendes Spiel. Leipzig: Ernst Klett.

Pfeiffer, Malte & List, Volker (2018): Kursbuch Darstellendes Spiel. 2. überarbeitete Auflage. Leipzig: Klett.

Pfeiffer, Malte & Lobert, Verena (2013): Trinkspiele und Trachtentanz. Interaktion und Publikumsteilhabe in der Arbeit der Frl. Wunder AG. In: Spiel und Theater Nr. 191. Weinheim: Deutscher Theaterverlag. S. 33–35.

Pilarczyk, Ulrike (2009): Erzählformen in Computerspielen. In: U. Hentschel & G. Mattenklott (Hrsg.) (2009): Erzählen. Narrative Spuren in den Künsten. Berlin/Milow/Strasburg: Schibri. S. 98–107.

Pinkert, Ute (2004a): Transformationen des Alltags. Modelle, Konzepte und Verfahren kultureller Bildung. Berlin: Schibri.

Pinkert, Ute (2004b): Erzählen als Notwendigkeit. Theaterpädagogische Überlegungen zu einer Form postdramatischen Theaters. In: Korrespondenzen. Zeitschrift für Theaterpädagogik. Heft 44. Milow: Schibri. S. 56–64.

Platon (2015, Original: um 400 v. u. Z.): Das Symposion. In: Platon Werke : Band 3. Herausgegeben von G. Eigler. Darmstadt: Wissenschaftliche Buchgesellschaft.

Plath, Maike (2009): Biografisches Theater in der Schule. Weinheim/Basel: Beltz.

Polanyi, Michael (1985): Implizites Wissen, Frankfurt/Main: Suhrkamp.

Pollner, Melvin & Emerson, Robert (1983): The Dynamics of Inclusion and Exclusion in Fieldwork Relations. In: Robert M. Emerson (Hrsg.): Contemporary Field Research: A Collection of Readings. Prospect Heights: Waveland. S. 235–252.

Prange, Klaus (1973): Platos Lehre vom Lernen im ‚Menon' und das Problem des Allgemeinen. Pädagogische Rundschau. 27, Nr. 10. S. 685–700.

Profund Kindertheater e. V. (2007): Das Forschungstheater im FUNDUS THEATER. Grundlagen, Leitlinien, Spielregeln. Hamburg.

Przyborski, Aglaja & Wohlrab-Sahr, Monika (2009): Qualitative Sozialforschung. Ein Arbeitsbuch. 2. korrigierte Auflage. München: Oldenbourg: Wissenschaftsverlag.

Rat für Kulturelle Bildung (2017): Wenn. Dann. Befunde zu den Wirkungen Kultureller Bildung. Essen: Eigenverlag Rat für kulturelle Bildung.

Reckwitz, Andreas (2003): Grundelemente einer Theorie sozialer Praktiken: Eine sozialtheoretische Perspektive. In: Zeitschrift für Soziologie 32/4. Berlin: De Gruyter Oldenbourg. S. 282–301.

Reimers, Inga (2018): Ethnographie als Perspektive, Experiment und Grenzgang. In: M. Hinz; M. Kranixfeld; N. Köhler & C. Scheurle (Hrsg.). Forschendes Theater in Sozialen Feldern. Theater als Soziale Kunst III Schriftenreihe Kulturelle Bildung. Vol. 62. München: kopaed. S. 71–79.

Reinhard, Franz Volkmar (1782): Über das Wunderbare und die Verwunderung. Wittenberg.

Reinmann, Gabi (2013): Entwicklung als Forschung? Gedanken zur Verortung und Präzisierung einer entwicklungsorientierten Bildungsforschung. In: S. Seufert & C. Metzger (Hrsg.): Kompetenzentwicklung in unterschiedlichen Lernkulturen. Paderborn: Eusl, S. 45–60.

Reinmann, Gabi (2015): Reader zum Thema «Entwicklungsorientierte Bildungsforschung». Auf: http://gabi-reinmann.de/?page_id=4000 [Letzter Aufruf: 12.03.2016].

Reinmann, Gabi & Sesink, Werner (2011): Entwicklungsorientierte Bildungsforschung. Diskussionspapier. Auf: http://gabi-reinmann.de/wp-content/uploads/2011/11/Sesink-Reinmann_Entwicklungsforschung_
v05_20_11_2011.pdf [Letzter Aufruf: 16.03.2018].

Rey, Anton; Schöbi, Stefan (Hrsg.) (2009): Künstlerische Forschung: Positionen und Perspektiven. ipf Zürcher Hochschule der Künste / Institute for the Performing Arts and Film.

Rheinberger, Hans-Jörg (2001): Experimentalsysteme und epistemische Dinge. Eine Geschichte der Proteinsynthese im Reagenzglas. Göttingen: Wallstein.

Ricoeur, Paul (1988): Zeit und Erzählung. Bd.1., Zeit und historische Erzählung. Paderborn: Fink.

Rieger-Ladich, Markus (2014): Walter White aka «Heisenberg». Eine bildungstheoretische Provokation. Vierteljahrsschrift für wissenschaftliche Pädagogik 90. S. 17–32.

Rittelmeyer, Christian (2011): Über Transferwirkungen künstlerischer Tätigkeiten. In: J. Kirschenmann & B. Lutz-Sterzenbach (Hrsg.): Kunst.Schule.Kunst. Modelle, Erfahrungen, Debatten. München: kopaed. S. 237–256.

Rittelmeyer, Christian (2012): Die Erforschung von Transferwirkungen künstlerischer Tätigkeiten. In: H. Bockhorst, V. Reinwand & W. Zacharias (Hrsg.): Handbuch Kulturelle Bildung 2012, München: kopaed. S. 928–930.

Rittelmeyer, Christian (2013): Leibliche Erfahrung und Lernen. Über den Sinn einer allseitigen Sinnesbildung. In: Reiner Hildebrandt-Stramann, Raalf Laging, & Klaus Moegling (Hrsg.): Körper, Bewegung und Schule. Teil 1: Theorie, Forschung und Diskussion. Immenhausen: Prolog-Verlag. S. 36–53.

Rittelmeyer, Christian (2014): Aisthesis. Zu Bedeutung von Körper-Resonanzen für die ästhetische Bildung. München: kopaed.

Root-Bernstein, R., Allen, L., Beach, L., Bhadula, R., Fast, J., Hosey, C., Kremkow, Benjamin; Lapp, Jaqueline; Lonc, Kaitlin; Pawelec, Kendell; Podufaly, Abigail; Russ, Caitlin; Tennant, Laurie, Vrtis, Eric & Weinlander, Stacey (2008): Arts foster scientific success: Avocations of Nobel, National Academy, Royal Society, and Sigma Xi members. Journal of Psychology of Science and Technology, 1(2). S. 51–63.

Rosa, Hartmut (1999): Bewegung und Beharrung. Überlegungen zu einer sozialen Theorie der Beschleunigung. In: Leviathan, Jg. 27. S. 386–414.

Rose, Nadine & Koller, Hans-Christoph (2011): Interpellation – Diskurs – Performativität. Sprachtheoretische Konzepte im Werk Judith Butlers und ihre bildungstheoretischen Implikationen. In: N. Ricken & N. Balzer (Hrsg.): Judith Butler: Pädagogische Lektüren. Wiesbaden: Springer VS. S. 75–94.

Rosmanitz, Kate (2004): Making Theater-Making: Rehearsal Practice and Cultural Production. Abstract of PhD dissertation. Department of Perfomance Studies, University of Sydney. Unveröffentlichtes Manuskript.

Roth, Heinrich (1962): Die realistische Wendung in der pädagogischen Forschung. In: H. Becker, E. Blochmann, O. Bollnow, E. Heimpel & M. Wagenschein (Hrsg.): Neue Sammlung. Göttinger Blätter für Kultur und Erziehung. 2. Jg. Göttingen: Vandenhoeck & Ruprecht. O.S. S. 481–490.

Ruhloff, Jörg (1991): Bildung – nur ein Paradigma im pädagogischen Denken? In: D. Hoffmann (Hrsg.): Bilanz der Paradigmendiskussion in der Erziehungswissenschaft. Weinheim: Deutscher Studien Verlag. S.171–184.

Sabisch, Andrea (2009): Aufzeichnung und Ästhetische Erfahrung. Hamburg: Hamburg University Press.

Sabisch, Andrea (2015): Historische Perspektiven zur Reflexion wissenschaftlicher Selbstverständnisse. In: T. Meyer & A. Sabisch (Hrsg.): Kunst Pädagogik Forschung. Aktuelle Zugänge und Perspektiven. Bielefeld: transcript. S. 35–50.

Said, Edward (1981): Orientalismus. Frankfurt/Main: Ullstein.

Sautermeister, Wolfgang (2006): JETZT – Notizen zur Lehrbarkeit von Performance Kunst. In: Lange (Hrsg). Performativität erfahren. Aktionskunst lehren – Aktionskunst lernen. Berlin: Schibri. S. 77–88.

Schatzki, T.R.; Knorr-Cetina, K. & Savigny, E. von (Hrsg.) (2001): The Practice Turn in Contemporary Theory. London: Routledge.

Scheller, Jörg (2014): The Embedded Artist. Zur Heimholung der Künste in Kultur und Gesellschaft durch künstlerische Forschung. In: R. Widmer (Hrsg.): Laienherrschaft. 18 Exkurse zum Verhältnis von Künsten und Medien. Zürich/Berlin: Diaphanes Verlag. S. 201–212.

Schiesser, Giaco (2015): What is at stake – Qu'est ce que l'enjeu? Paradoxes – Problematics – Perspectives in Artistic Research Today. In: F. Bast & E. Carayannis (Hrsg.): Arts, Research, Innovation and Society. (ARIS, Vol. 1). Wien/New York: Springer. S. 197–209.

Schlünzen, Wulf (2000): Balanceakte. In: Bundesarbeitsgemeinschaft für das Darstellende Spiel. (Hrsg.): Theater in der Schule. Hamburg: Edition Körberstiftung.

Schmid, Simone & Heckmann, Carsten (2017): Im Theaterspiel dem Fremden begegnen. Interview mit Günther Heeg und Micha Braun. Auf: http://bdat.info/wp-content/uploads/2016/11/Im-Theaterspiel-dem-Fremden-begegnen-_LUMAG_Online-Magazin-der-Universität-Leipzig.pdf [Letzter Aufruf: 18.03.2018].

Schmidt, Robert (2012): Soziologie der Praktiken: konzeptionelle Studien und empirische Analysen. Berlin: Suhrkamp.

Schmidt, Robert (2012): Soziologie der Praktiken. Berlin: Suhrkamp.

Schouten, Sabine (2004): Der Begriff der Atmosphäre als Instrument der theaterästhetischen Analyse. In: H. Kurzenberger & M. Matzke (Hrsg.): TheorieTheaterPraxis. Berlin: Theater der Zeit Verlag. S. 56–65.

Schouten, Sabine (2005a): Atmosphäre. In: E. Fischer-Lichte, D. Kolesch & M. Warstat (Hrsg.): Metzler Lexikon Theatertheorie. Stuttgart: J. B. Metzler. S. 194–196.

Schouten, Sabine (2005b): Materialität. In: E. Fischer-Lichte, D. Kolesch & M. Warstat (Hrsg.): Metzler Lexikon Theatertheorie. Stuttgart: J. B. Metzler. S. 194–196.

Schulz, Wolfgang (1997): Ästhetische Bildung. Beschreibung einer Aufgabe. Weinheim/Basel: Beltz-Verlag.

Seel, Martin (1985): Die Kunst der Entzweiung – Zum Begriff der ästhetischen Rationalität. Frankfurt/Main: Suhrkamp.

Seel, Martin (2003): Ästhetik des Erscheinens. Frankfurt/Main: Suhrkamp.

Seitz, Hanne (2012): Performative Research. In: T. Fink, B. Hill, V. Reinwand & A. Wenzlik (Hrsg.): Die Kunst, über Kulturelle Bildung zu forschen. München: kopaed. S. 81–95.

Sekretariat der Ständigen Konferenz der Kulturminister der Länder Deutschlands (2007/2013) (Hrsg.): Empfehlungen der Kulturministerkonferenz zur kulturellen Kinder- und Jugendbildung. Beschluss vom 1.2.2007, erweiterte Fassung 2013.

Selle, Gert (1988): Gebrauch der Sinne. Eine kunstpädagogische Praxis. Reinbek: Rowohlt.

Senft, Gunter (2002): Feldforschung in einer deutschen Fabrik – oder: Trobriand ist überall. In: H. Fischer (Hrsg.): Feldforschungen – Erfahrungsberichte zur Einführung. (Neufassung), Berlin: Reimer-Mann-Verlag. S. 207–225.

Sesink, Werner (2015): Entwicklungsorientierte Bildungsforschung. Plädoyer für einen «dritten Weg» in pädagogischer Forschung. Auf: www.sesink.de/wordpress/wp-content/uploads/2015/11/Entwicklungsorientierte-Bildungsforschung_Sesink_2015.pdf [Letzter Aufruf: 16.03.2018].

Seydel, Fritz (2006): Knöpfe und immer wieder Knöpfe. Fragmente eines biografischen Gesprächs. In: M. Blohm, Manfred, P. Peters, A. Sabisch & F. Seydel (Hrsg): Über Ästhetische Forschung. Lektüre zu Texten von Helga Kämpf-Jansen. München: kopaed. S. 39–49.

Shusterman, Richard (1997): The End of Aesthetic Experience. In: The Journal of Aesthetics and Art Criticism 55. Hoboken/N.J./USA: Wiley – Blackwell., S. 29–41.

Shusterman, Richard (2005): Leibliche Erfahrung in Kunst und Lebensstil. Berlin: Akademie Verlag.

Sojitrawalla, Shirin (2016): Begehren – Eine doku-fiktionale Feldforschung von Gesine Schmidt am Staatstheater Mainz. Auf: www.nachtkritik.de/index.php?option=com_content& view=article&id=13355:begehren-eine-doku-fiktionale-feldforschung-von-gesine-schmidt-am-staatstheater-mainz&catid=38:die-nachtkritik-k&Itemid=40 [Letzer Zugriff: 08.05.2018].

Sons, Eric (2015): Die Erforschung kultureller Bildungsprozesse mit Hilfe Grounded Theory basierter Einzelfallstudien. In: T. Fink, B. Hill & V. Reinwand-Weiss (Hrsg.): Forsch! Innovative Forschungsmethoden für die kulturelle Bildung. Schriftenreihe Kulturelle Bildung. Vol. 47. München: kopaed. S.103–112.

Sons, Eric (2017): Interaktivität und Dinge in der kulturellen Bildung. Theoretische Reflektionen und Ergebnisse einer Grounded Theory der Bildhauerei. Wiesbaden: Springer VS Verlag.

Stagl, Justin (1981): Kulturanthropologie und Gesellschaft : eine wissenschaftssoziologische Darstellung der Kulturanthropologie und Ethnologie. Berlin: Reimer.

Stäudel, Lutz & Wodzinski, Rita (2008): Aufgaben als Katalysatoren im Lernprozess – Das Beispiel Naturwissenschaften. In: J. Thonhauser (Hrsg.): Aufgaben als Katalysatoren von Lernprozessen. Münster: Waxmann, S. 183–196.

Sting, Wolfgang; Köhler, Norma & Hofmann, Klaus (Hrsg.) (2010): Irritation und Vermittlung: Theater in einer interkulturellen und multireligiösen Gesellschaft. Berlin/Münster: Lit.

Sting; Wolfgang (2003): Devising Theatre. In: G. Koch & M. Streisand (Hrsg.): Wörterbuch Theaterpädagogik. Berlin: Schibri.

Sting, Wolfgang (2012): Inszenierung. In: H. Bockhorst, V. Reinwand & W. Zacharias (Hrsg.): Handbuch Kulturelle Bildung. München: kopaed. S. 217–219.

Stojanov, Krassimir (2006). Philosophie und Bildungsforschung. Normative Konzepte in qualitativ-empirischen Bildungsstudien. In: Ludwig Pongratz, Michael Wimmer & Wolfgang Nieke (Hrsg.): Bildungsphilosophie und Bildungsforschung. Bielefeld: Janus Presse. S. 66–85.

Strauss, Anselm & Corbin, Juliet (1996): Grounded Theory: Grundlagen qualitativer Sozialforschung. Weinheim: Beltz.

Sutton, David E. (1991): Is anybody out there? Anthropology and the Question of Audience. In: Critique of Anthropology 11(1). S. 91–104.

Theater Freiburg (Hrsg.) (2009): Die Bettleroper. Programmheft. Auf: http://lahengst.com/downloads/Programmheft_Bettleroper.pdf [Letzter Zugriff: 08.05.2018].

Thielicke, Virginia (2016): Antworten auf Aufführungen. Fremderfahrung als Anlass für ein theaterpädagogisches Rezeptionsverfahren. München: kopaed.

Thonhauser, J. (Hrsg.) (2008): Aufgaben als Katalysatoren von Lernprozessen. Münster: Waxmann. S. 183–196.

Tiefel, Sandra (2005): Kodierung nach der Grounded Theory lern- und bildungstheoretisch modifiziert: Kodierungsleitlinien für die Analyse biografischen Lernens. In: Zeitschrift für qualitative Bildungs-, Beratungs- und Sozialforschung 6 (2005) 1. S. 65–84.

Tippelt, Rudolf & Schmidt, Bernhard (Hrsg.) (2010): Handbuch Bildungsforschung. Wiesbaden: VS Verlag.

Wagenschein, M. (1970): Ursprüngliches Verstehen und exaktes Denken I. Stuttgart: Klett.

Wagner, Beatrice (2010): Warum Künstler wie Wissenschaftler ticken. Auf: www.welt.de/wissenschaft/article8792140/Warum-Kuenstler-wie-Wissenschaftler-ticken.html [Letzter Aufruf: 16.03.2018].

Walberg, Hanne (2011): Film-Bildung im Zeichen des Fremden. Ein bildungstheoretischer Beitrag zur Filmpädagogik. Bielefeld: transcript.

Waldenfels, Bernhard (1994): Antwortregister. Frankfurt/Main: Suhrkamp.

Waldenfels, Bernhard (1997): Topographie des Fremden. Studien zur Phänomenologie des Fremden. Frankfurt/Main: Suhrkamp.

Waldenfels, Bernhard (1999): Sinnesschwellen. Studien zur Phänomenologie des Fremden 3. Frankfurt/Main: Suhrkamp.

Waldenfels, Bernhard (2000). Das leibliche Selbst. Vorlesungen zur Phänomenologie des Leibes. Frankfurt/Main: Suhrkamp.

Waldenfels, Bernhard (2002). Bruchlinien der Erfahrung. Frankfurt/Main: Suhrkamp.

Waldenfels, Bernhard (2006): Grundmotive einer Phänomenologie des Fremden. Frankfurt/Main: Suhrkamp Frankfurt.

Waldenfels, Bernhard (2010): Sinne und Künste im Wechselspiel. Modi ästhetischer Erfahrung. Frankfurt/Main: Suhrkamp.

Wartemann, Geesche (2011): Experimentierfelder. Eine kameraethnographische Studie zum Modell des Helios Theaters, das Publikum im Probenprozess zu beteiligen. In: M. Hinz & J. Roselt (Hrsg.) :Chaos und Konzept. Proben und Probieren im Theater. Berlin: Alexander-Verlag. S. 242–260.

Welsch, Wolfgang (1998): Ästhetisches Denken. Stuttgart: Reclam.

Welsch, Wolfgang (1990): Ästhetik und Anästhetik. In: W. Welsch & C. Pries (Hrsg.): Ästhetik im Widerstreit. Weinheim: VCH. S. 67–90.

Welsch, Wolfgang (1993): Die Aktualität des Ästhetischen. München: Wilhelm Fink.

Welsch, Wolfgang (2003): Ästhetisches Denken. 8., durchgesehene und ergänzte Auflage. Stuttgart: Reclam.

Wenzel, Karl-Heinz (2011): B.E.S.T. – Das Praxisbuch. Weinheim: Deutscher Theaterverlag.

Westphal, Kristi & Bogerts, Teresa (2018): Reflexion der wissenschaftlichen Begleitforschung Kunst_Rhein_Main. In: K. Westphal, T. Bogerts, M. Uhl & I. Sauer (Hrsg.): ZWISCHEN Kunst und Bildung. Theorie, Vermittlung, Forschung in der zeitgenössischen Theater-, Tanz- und Performancekunst. Oberhausen: Athena. S. 471–485.

Westphal, Kristin (2004): Bildungsprozesse durch Theater. In: K. Westphal: Lernen als Ereignis. Zugänge zu einem theaterpädagogischen Konzept. Baltmannsweiler/Hohengehren: Schneider. S. 15–47.

Wiese, Hans-Joachim (2005): Bausteine für eine Theorie der ästhetischen Erfahrung. Lingener Beiträge zur Theaterpädagogik. Band 2. Berlin: Schibri.

Wikipedia, Die freie Enzyklopädie (Hrsg.) (2018): Seitentitel: Fremde. Autor(en): Wikipedia-Autoren, siehe Versionsgeschichte. Datum der letzten Bearbeitung: 8. Januar 2018, 23:10 UTC / Versions-ID der Seite: 172736121, Permanentlink: https://de.wikipedia.org/w/index.php?title=Fremde&oldid=172736121 [Letzter Aufruf: 09.01.2018].

Wilhelm, Edgar (1994): Theater der Themen. Erfahrungen und Beispiele aus 17 Jahren Theaterarbeit mit Kindern und Jugendlichen. Berlin: Bezirksamt Reinickendorf von Berlin 1994.

Wilson, T. (1982). Qualitative «oder» quantitative Methoden in der Sozialforschung. Kölner Zeitschrift für Soziologie und Sozialpsychologie, 34. S. 469–486.

Wolter, Marleen (2015): «Was bedeutet Recherche im Kontext interkultureller Koproduktionen?» Auf: http://fraeuleinwunderag.net/wp-content/uploads/2016/07/DOC_Essay_Interkultur_Recherche_Wolter.pdf [Letzter Aufruf: 20. 02. 2018).

Wulf, Christoph & Zirfas, Jörg (2007): Performative Pädagogik und performative Bildungstheorien. In: C. Wulf & J. Zirfas: Pädagogik des Performativen. Theorien. Methoden, Perspektiven. Weinheim/Basel: Beltz. S. 7–40.

Wünsche, Konrad (1987): Zur neuen ästhetischen Begeisterung. In: Pädagogik heute 11/1997. S. 7–11.

Zirfas, Jörg (2005): Aisthesis. Ästhetische Bildung im theatralen Sinnenspiel. In: E. Liebau, L. Klepacki, D. Link, A. Schröer & J. Zirfas (Hrsg.): Grundrisse des Schultheaters. Weinheim/München: Juventa. S. 69–85.

Zitierte Transkripte, Feldnotizen und Beobachtungsprotokolle

TR1, Auswertung des Rundgangs, Transkription der Gruppendiskussion, 17.01.2014

TR2, Entwicklung der Präsentation, Transkription der Arbeitsphase, 17.01.2014

TR3, Szenische Präsentation, Transkription anhand Videodokumentation, 17.01.2014

TR4, Abschlussgespräch, Transkription der Gruppendiskussion, 17.01.2014

TG1, Auswertung des Rundgangs, Transkription der Gruppendiskussion, 17.01.2014

TG2, Entwicklung der Präsentation, Transkription der Arbeitsphase, 17.01.2014

TG4, Abschlussgespräch, Transkription der Gruppendiskussion, 17.01.2014

TA2, Aufgabenstellung Feldauswertung AG, Transkription der Gruppendiskussion, 2012

BP3, Feldforschungen und Präsentationen Frl. Wunder AG, 2012

Tabellenverzeichnis